Studies on Development,
Human Rights and Rule of Law

发展、人权与法治研究

——区域发展的视角

主　编　汪习根

副主编　曾宪义　司马俊莲　廖　奕

WUHAN UNIVERSITY PRESS

武汉大学出版社

图书在版编目(CIP)数据

发展、人权与法治研究:区域发展的视角/汪习根主编.—武汉:武汉大学出版社,2011.9
ISBN 978-7-307-07174-2

Ⅰ.发… Ⅱ.汪… Ⅲ.社会主义法制—中国—文集 Ⅳ.D920.0-53

中国版本图书馆 CIP 数据核字(2011)第 177579 号

责任编辑:田红恩 责任校对:王 建 版式设计:马 佳

出版发行:**武汉大学出版社** (430072 武昌 珞珈山)
(电子邮件:cbs22@whu.edu.cn 网址:www.wdp.com.cn)
印刷:荆州市鸿盛印务有限公司
开本:787×1092 1/16 印张:19.25 字数:426 千字 插页:1
版次:2011 年 9 月第 1 版 2011 年 9 月第 1 次印刷
ISBN 978-7-307-07174-2/D·914 定价:38.00 元

发展、人权与法治研究
编委会名单

序　言

在西方法学发展的历史长河中，法律与权利结下了难解的亲缘。德国著名哲学家莱布尼茨早就明言："法学者，权利之学科也。"近代以来，关于权利保障的政法学说可谓纷纭璀璨、蔚为大观。特别是，"自然权利"（Natural Right）理论的兴起，直接催生出作为西方法律终极价值的人权话语体系。伴随着殖民主义时代的法律输出浪潮，西方人权理论开始影响到世界各国，尤其是"第三世界"的"后发展"国家。

中国具有源远流长、光辉灿烂的法制传统，其中包蕴着丰富的权利思想和机理。但"西法东渐"打断了"自生自发"的法权秩序，让"老大帝国"难以在天朝迷蒙中继续沉醉。西方法律文明，尤其是人权观念的涌入和熏染，为近代资产阶级民主革命提供了珍贵的政治机遇和思想资源。辛亥革命的重要法治遗产之一，就是将权利保障和权力分立设置为国家宪定的基本制度，虽然这些制度承诺最终破产，但毕竟为权利话语在中国的奠基作出了贡献。

新中国成立后，党和国家的第一代领导人以革命家的气魄创立了法治和人权保障的总体框架，1954年宪法的成功颁行，为人权法治化奠定了牢固的制度基石。在此基础上，第二代领导人以设计师的智慧规划了法治与人权保障的实施蓝图，正式确立了社会主义法制建设的根本方向和基本原则，并在改革开放的伟大历史征程中切实践履。沿此方向，第三代领导人以建设者的理性继续为中国人民合法权益的法治保障事业不懈奋斗，在立法、执法、司法、守法、护法等各方面取得了重大进展。

在新的历史条件下，以胡锦涛为总书记的党中央提出"科学发展观"，强调"以人为本"的重要性。以人为本的科学发展观是建立在马克思主义世界观和方法论的基础上的具有全局性的伟大战略，是中国共产党人创造性运用马克思主义世界观、方法论，解决中国发展问题的新思想，是马克思主义中国化又一重大成果，是马克思主义与时俱进的理论品格的又一生动体现，具有划时代的意义。

从法理学视角理解，以人为本的科学发展观是对中国人权与法治事业的最新定位和时代要求。"科学发展"范围宽广，"以人为本"蕴含深厚，与当下中国法治建设结合，我们可以推导出"人本法律观"的基本体系。人本法律观是科学发展观在法学领域的应用与体现，它要求社会主义法律在保障和体现人民利益的基础上，合乎人性、尊重人格、讲究人道、体恤人情、保障人权。人本法律观是科学发展观引领法治理论的集中体现，它以唯物史观为理论基础揭示法律与人权、人权与发展的内在联系，是社会主义法治理念的创新内容。

将人权与发展在法律过程中有机结合，不仅是新时期执政党治国理政的制度创新，也是中国法学研究创新的重要路径。我欣喜地看到，这部《人权与发展》正代表了这一前沿领域的最新进展。该书主编以及各位作者一直致力于研究人权法与社会发展法治化问题，其发展权研究已在国内外产生了广泛影响。细读这部书稿，我感觉出作者对中国人权与发展问题的现实关注和创新诠释，其敏锐的洞察和富有前瞻的问题意识，无疑是我国发展权和人权法研究新方向的代表，值得向各界推荐。

第一，此书立意富有时代性。如前所述，以发展的眼光看人权，以人权的路径促发展，正日益成为中国模式与西方文明沟通的桥梁，也是未来世界法治文明发展的必然趋势。深入研究发展中的人权问题以及人权背后的发展机制，可以为法学的创新和应用增添新的生机和活力。书中的很多文章对科学发展观的法学意蕴作出了深入的解读，对发展权的法治化路径作出了理论的构造，对人权和发展的内在关联作出了实证化的研讨，这些都是当前中国法学研究重要的学术增长点，值得不断"定点"开掘。

第二，此书主题富有针对性。作为《人权与发展》系列丛书的首部，此书主题聚焦于"区域发展权的证立与推演"，可见作者的理论深思和实践敏锐。如主编卷首所言："通过区域发展推进全局发展是当代国际社会解决和平与发展这两大主题的根本出路，不仅国际社会将解决发展主题的重心置于不发达地区的发展，而且在中国这样一个最大的发展中国家，区域发展也已经成为最为引人注目的发展战略。"围绕该主题的近十篇专论，直面中国区域发展与人权保障问题，力求避免空洞的理论大话，分别从各个视角切入，言之有物，有的放矢，给人实实在在的"悦读"之感。

第三，此书风格富有实证性。值得特别指出的是，书中许多文章出自政法实务部门的作者之手，他们有良好的理论素养，同时又具备丰厚的实践经验，能够凭借实证的观察和第一手的材料，将亲历的体会上升为理论的表达，难能可贵。许多研究报告，对于法学理论界的研究者来讲，都是不可多得的可采资料。

第四，此书编排富有创新性。一般性的文集，要么没有针对性的主题，采取相关性编排方式；要么只有主题，没有二级类型化的处理。此书编排有别于这两种方法，既有主题研讨，又有"法理析论"、"方略探津"、"当下实证"这样的二级栏目，可以将理论探讨与实践思索有机结合，将重点关注与整体关照有机结合。

总之，这是一部可观的论著，我乐见它不断生长，形成"规模"，铸就"品牌"，为人权与发展的法治化研究不断贡献智慧与力量！

武汉大学人文社科资深教授　李龙

前　言

在当下中国，"人权与发展"可谓时代的最强音。人权，人性尊严之圭臬；发展，国家社会之鹄的。基于人权保障的科学发展，不仅是国家治理的良策，更是全球和平的福祉。如果将"发展"(Development) 理解为西方现代性观念的内核，那么可以确定无疑地说，发展观是一种带有浓郁西方现代性色彩的观念形态。然而，历史与现实告诫我们，虽然从表达层面看，发展观内蕴有不可否决的西方性和现代性，但从实质意义考究，发展问题的理性沉思，正是贯穿人类历史的普遍价值体系。

从内容上讲，发展观的要义有三：一是发展的目的是什么？二是发展的主体是什么？三是发展的形式是什么？在发展观三要素背后，竞相博弈的是人们对于生存问题的理性思考与价值选择。热爱诗性生活的哲学民族会对发展的理念性、文化性、精神性大加颂扬；而陷于温饱危机的部族、地区和国家可能对此无动于衷，他们更关心发展带来的直接物质改善。即便是同一民族和社群，不同生活取向的人们，对于发展要义的理解也会大相径庭。可以说，发展观是一个多元主义的概念，它与生活状态的千姿百态直接相关，它是人生哲学的核心构件。

当多元主义的发展观形成某种理念共识，并经由权威国家意志的宣告，便会形成特定时空环境下支配特定主体发展的指导性方针和路线。这种"政治化"的发展观绝非是对"物理式"发展观的铲除或类同，它是多元主义发展观的共识凝聚，具有整体化的功能和意义。政治化发展观的基础是个人发展观，个人发展观的高级形态和根本依据是政治化发展观。发展问题一旦成为全民共识性的利益问题，便不可避免地演变为政治化发展观的中心议题。理性的政治化发展观的构造和实践，必定会尊重多元主义的物理式发展观。因为，个人对发展的企盼和想法可能很零碎、肤浅，不够理论化、体系化，但它们却是形成共识性的政治化发展观必不可少的前提性资源。

政治化发展观的形成，关键在于"发展共识"的达成。除了内部性共识，发展共识还包括超越区域、种族等差异的"全球性共识"。客观而论，要达成国内外的普遍共识，造就"普适天下"的发展观几乎是神话，但可以肯定的是，愈接近于普遍性共识，政治化发展观的驱动力和引领力就会愈强劲。

正因为政治化发展观需要通过共识程序的凝聚和撮合，故其形态不同于个别性的人生哲学。一般而言，它具有社会科学的性质。现代社会科学需要融为一体，协力研讨发展问题。二战后的半个多世纪里，发展政治学、发展经济学和发展社会学的研究范式日趋成熟，相互吸收、彼此补足的趋向日渐明朗。我们认为，应当不失时机地构建一门新兴的交叉法学学科——发展法学。以对发展的审视推促法学的优化，以法学含摄发展问题并通过法律的规范模式致力于发展理想的逻辑实证化与现实化。"发展法学"势必会对传统法学的主题与范式提出重大挑战，也为法学的更新创造了难得时机。

从更为广泛的视野来看，放眼全球发展这一最重大主体，回首法律这一现代社会最重要的调控规范，我们没有理由不将同样处于最高层面的"发展"与"法学"连接起来，通过它们的融会贯通与相互渗透，孕育出新的知识增长点——"发展法学"。我们认为，发展法学是以法律的价值观与方法论研究发展问题的法律科学，是关于发展的法律本体论与法律价值论、法律认识论与法律实践论的统一，是将发展之社会学、经济学、政治学、哲学等与法学交叉起来进行分析与探讨形成的新型边缘学科，以发展权为根本价值，对依据法治实现人的全面自由协调而持续发展意义重大。可细分为一般发展法学、区域发展法学、可持续发展法学、经济发展法学、政治发展法学、社会发展法学、文化发展法学等，从而形成为一个有机联系的学科体系。这些将为包括区域发展在内的中国发展奠定独有的法律理论基础，同时，也可能为世界发展提供一个经验样本。

有鉴于斯，我们编辑的《人权与发展》系列文集，正是着眼于法律内蕴的人权价值以及人权保障背后的科学发展，以当代中国和谐社会构建过程中具体的难点、热点、亮点为切入，为中国法治现实找寻"发展法学"的理论框架，也为中国的"发展法学"积累实践解释的资源。

本辑为《人权与发展》系列文集首部，研讨的主题是"区域发展权问题"。通过区域发展推进全局发展是当代国际社会解决和平与发展这两大主题的根本出路，不仅国际社会将解决发展主题的重心置于不发达地区的发展，而且在中国这样一个最大的发展中国家，区域发展也已经成为最为引人注目的发展战略。无论是沿海地区的发展还是中部崛起和西部开发，无一不是这一战略的生动体现。然而，将发展权与区域发展有机地联系起来至今依然还是一个空白。从区域的视角研究发展权和从发展权的视角探讨区域发展是发展研究的两大特色。为此，有必要在区域发展与发展权融会贯通的基础上催生出一种新型的人权范畴——"区域发展权"（Right to regional development）。区域发展权创新了传统的人权理念；区域发展权拓展了人权的存在空间；区域发展权厘清了区域发展的价值定位；区域发展权优化了发展法治的建设路径。收入本辑主题研讨中的文章，旨在从一个全新的视域研究发展权问题，推进中国区域发展与人权法治建设，并试图为国际社会提供中国版本的理论渊源与实践思路。

我们应该庆幸，中国高速的现代化进程，特别是奇迹般的经济增长与繁荣，为"发展法学"的创立和成熟提供了根基和土壤。我们也很忐忑，毕竟"发展法学"还是一种正在形成中的新范式，需要研究者敏锐创造、勤勉耕耘和坚守的热忱。编辑《人权与发展》系列文集，正是"万里长征第一步"，在"发展法学"的主题谱系中，至少有如下问题值得长期关注、深入研究：和谐、发展与人权的内在逻辑；发展进程中人权保障面临的困惑和挑战；人权与发展的法哲学问题；人权与发展的法律制度与机制的构建；法治实践中的人权与发展个案研究；政治发展权利与民主自治问题研究；经济发展中的人权法问题；文化、社会发展中的人权法律保障；可持续发展权与法律发展；人权救济问题的法学研究等。问题意识是当下学术研究的基本前提，也是学术创新度与实践性的重要评判准则。我们期盼：在发展问题上的法学理论创新与这一创新对发展的实践价值随着研究的持久纵深推进必将日益得到凸显。

目 录

◎第四部分 当下实证——"地方性法制"的困惑与反思

第一部分
主题研讨——"区域发展权"的证立与推演

通过区域发展推进全局发展是当代国际社会解决和平与发展这两大主题的根本出路，不仅国际社会将解决发展主题的重心置于不发达地区的发展，而且在中国这样一个最大的发展中国家，区域发展也已经成为最为引人注目的发展战略。无论是沿海地区的发展还是中部崛起和西部开发，无一不是这一战略的生动体现。然而，将发展权与区域发展有机地联系起来至今依然还是一个空白。从区域的视角研究发展权和从发展权的视角探讨区域发展是发展研究的两大缺陷。为此，有必要在区域发展与发展权融会贯通的基础上催生出一种新型的人权范畴——"区域发展权"（Right to regional development）。区域发展权创新了传统的人权理念；区域发展权拓展了人权的存在空间；区域发展权厘清了区域发展的价值定位；区域发展权优化了发展法治的建设路径。本辑主题研讨系列文章，旨在从一个全新的视域研究发展权问题，推进中国区域发展与人权法治建设，并试图为国际社会提供中国版本的理论渊源与实践思路。

论区域发展权与法理念的更新

汪习根　王康敏

内容提要： 对区域发展的研究应当引入"人权"的新视角，而对发展权的探讨也应当导入"区域"的新维度，从而构建"区域发展权"新概念。为了将区域发展导入法理学的视角进行法哲学的深层解剖，有必要开发一个新的学科领域——发展法学。

关键词： 区域发展；发展权；区域发展权；发展法学

一、区域发展的法哲学意义

区域发展是在和谐语境下从整体意义上重构人际关系模式的重大战略举措。在区域发展的操作层面，国内已有珠三角、长三角、东北老工业基地、西部大开发等富有代表性的区域发展样本。而随后提出的以武汉城市圈（8+1）和长株潭一体化构建为重点的"中部崛起"发展战略，则是这一模式的延续和深化。区域发展已成为当下中国法治建设不可回避的重点。然而，在法学领域，对区域发展的研究多流于规范主义的表面，缺少法哲学的深层思考。

提升到法哲学上去解读区域发展，事关重大。首先，它有助于超越单纯地从实践论看待发展不均衡问题，而通过追寻其法本体论根源、将分配正义与矫正正义真正连为一体。区域发展不平衡已经并将继续超越单纯的制度现实而日益进入人类的主观世界。必须正视到，地区与地区之间、农村与城市之间、内地与沿海之间形成的差异较大的发展不协调格局，既是一个历史累积的必然，也是一个社会主观价值取向的结果。社会的协调与可持续发展，不仅是一个外在经济的"增长"问题，更是关乎人民内在心灵的"幸福"问题。① 而地区发展的相对滞后和资源倾斜性配置带来的社会人心失衡，则有可能从民族共同体之心灵秩序上动摇对和谐社会的认同基础。因此，统筹区域发展不能片面地用经济的视角去权衡，更要把它上升到平衡人心秩序，提升国家道义伦理的层面来考量。从这个意义上说，对社会发展之公平正义的不懈追求既是制度优越性的法哲学基础所在，也是区域发展的价值合理性基础。

其次，它有助于将褊狭的个体主义价值观进化为基于公共理性的社会价值观。区域

---

① 有关外在经济增长可能导致的心灵失序及其克服可参见 Robert E. Lane , *The Loss of Happiness in Market Democracy*, New Haven and London：Yale University Press, 2000。

发展不仅是单纯的局部区域发展，还是社会和谐发展的整体战略。因此，尽管我们在语词上使用的是"区域"发展的字眼，但在观念和战略目标上，应有"整体"的恢宏视野，要立足区域、放眼国家、走向世界。立足区域，说明在制定特定区域的发展战略时要因地制宜，要考虑相关地区的历史、文化、民族和舆情因素，说到底也就是要通过对地方性知识的信息收集和加工，从而将其进行法律上的创造性转化。因此，区域发展不必刻意强调奉行某种单一的发展模式，尽管该模式可能在特定时间和特定地区曾取得巨大成功，但基于"地方性知识"的用场和局限，[1] 其他地区在借鉴其经验时，务必要保持谨慎和反思的开放态度，应根据本地区的实际情况进行必要的取舍和修正。一句话，区域发展的模式是由特定"区域"决定的，离开了"区域"这一空间要素，发展模式只是一个空洞言辞。放眼全局，表示在制定特定区域的发展战略时要有大局观，要具备普遍联系的战略视角，要能够站在"一国"的角度思考"区域"的问题。正如人手脱离身体后就会变成功能缺失的肢体，区域发展一旦丧失了整体格局，就容易演变成琐屑偏私的地方心态，从而泯灭公共伦理，甚至不无可能诱发地方分离主义倾向。因此，我们应当将区域发展和民族国家的未来与命运联系在一起，将区域发展和国家治理结合起来，用一种完整的公共治理视角去审视区域发展的战略制定。走向世界，意味着我们思考区域发展时不但要有国内法的眼光，还要有国际法的视角。区域发展不是一个道义上的伦理概念，它在本质上是一项权利。但与一般的个人人权不同，是隶属于作为基本人权的发展权的拓展性权利。正是这一从道义到权利的理念升华，使得区域发展由特定性的国内政策递归为普遍性的基本人权。人权的属性使得"区域"的内涵大为丰富，国内法中央与地方关系意义上的"区域"放置在国际法的观照下，就变成了中国与亚洲、中国与西方、中国与世界意义上的"区域"，而这恰恰可能构成中国法学对世界人权法的原创性贡献。

最后，它有助于推促和谐社会的法治构建。区域发展本身是世界共同关注的一个核心议题。冷战结束后，和平与发展成为时代的主题。发展问题之所以重要，不仅在于它是社会进步的指标，而且在于它是维护和确保和平的前提所在。当今世界尽管在总体上维持了和平的态势，但区域冲突不断。而引发区域冲突的关键原因之一就是在不尽合理的国际政治经济体制下，有些国家和地区被人为地剥夺了自由发展的权利——即使有少数国家或地区获得了表面上的经济增长，那也是以牺牲可持续发展为代价所换得的短时期的畸形发展。[2] 于是，如何更好地在全球范围协调区域发展，如何妥帖地解决代内正义和代际正义之间的张力，就成为世界普遍关注的全球性问题。

---

① ［美］克利福德·吉尔兹：《地方性知识：从比较的观点看事实与法律》，邓正来译，载梁治平主编：《法律的文化解释》（增订本），三联书店1998年版。

② 经验数据的分析，请参见［美］迈克尔·托达罗：《经济发展与第三世界》，印金强等译，中国经济出版社1992年版，第三章、第四章。国际关系学上的分析，请参见蔡拓：《全球问题与当代国际关系》，天津人民出版社2005年版，第二章，第五章。

二、区域发展对法理学的挑战

（一）切入视角的转换

国内现有的关于区域发展的研究成果大多表现为经济学的系统分析、公共管理的宏观透视、社会学的实证调查以及文化伦理学的意义追问。然而，在这些蔚为大观的研究成果中，法律分析的视角明显不足，使得我国当前对区域发展的研究缺少规范性。在这些理论指导下的区域发展实践，也就成为特定区域向中央要政策、争资源的利益博弈，从而丧失了国家法治与社会治理的整体分析；而且，法律的内在视角中法理学洞见的缺失，又使得少有的规范分析停留在应用性的法律对策方面，窭乏自洽的理论基础。

因此，认真对待区域发展的问题，就有必要将规范的视角——尤其是法理学的视角——延伸到其问题意识内部，不但要从"政策"的角度去解读区域发展，更要从"法治"的立场思考区域发展的价值理念与战略布局。换句话说，区域发展不仅需要政策化，更要强调法治化，尤其是权利化与责任化。从这一原点出发，我们可以首先从法理学的研究对象上对区域发展做一个身份定位。法理学是研究一般法律现象之共性问题的法学学科，而法律现象归根到底是人与人之间的法律关系，因此对于"人"之属性的思考是法理学上的首要命题。对于区域发展这一崭新的法治实践，意味着我们不能用传统法律关系上作为原子化个体的"公民"来衡量，而要用多维视野重新定位区域发展法律关系中的"人"。经过这样重新定位之后的"人"，不再是那个传统法律关系中无知无欲的抽象个体，而是个体主体和集体主体经由法律的反思机制沟通之后，所重塑的自然人、社会人、理性人、政治人、生态人的统一。[①] 这一法律关系上"人"之地位的重新定位，说明区域发展不仅是经济上的增长，而且是包纳人之欲求、社会和谐、公共交往理性、政治重建和生态平衡的综合性问题，它涉及整体的人与社会和谐；不单强调增长，且更为注重作为一个"类别"的"人"的全面自由发展。

法理学固然研究的是法律的一般性问题，但"法律"本身却一定是时空性、地域性的、是和特定民族共同体的历史命运紧密结合在一起的。正是出于这个原因，孟德斯鸠在游历欧洲各国之后才得出法律和一个国家气候、地理因素、生活方式密切相关的结论。[②] 概言之，法律的问题要放置在特定的时空区域才有意义。我们强调发展权，探寻弱势群体的发展权障碍，研究文化发展权，其实，这些都是在特定的时空中思考的结果。应当在发展权与社会发展中融入空间的要素，而时间又是在特定空间内部才得以延展的。

---

① 汪习根：《论人本法律观的科学含义——发展权层面的反思》，载《政治与法律》2007 年第 3 期。

② 参见［法］孟德斯鸠：《论法的精神》，张雁深译，商务印书馆 2005 年版，第 6~11 页。

因此，今天我们用发展权的视角来观照区域发展的问题①，就意味着要将时空维度注入之前的发展权研究中，形成"区域发展权"的新理念。时间和空间属于自然的要素，而发展权则是法律的人为建构，将发展权置于时空维度，意味着将自然与人为、事实与价值进行编织与勾连。发展是现代社会的重大价值目标，每个地区的居民都有主张自我发展的正当权利，但哪些地区该优先发展，什么时期重点发展什么，如何发展则必须与地区自身的发展现状这一事实结合起来。于是，区域发展权便不再是地方与中央、地方与地方之间的博弈与讨价还价，而是要和特定区域的实际条件、发展程度、历史传统、风俗舆情联系起来的综合考量。正是在这些空间要素当中，法治的时间刻度折射了不一样意涵。尽管都是中华人民共和国的领域，但像北京、上海这样的大城市，事实上业已迈入现代工商文明，应当移植和市场经济密切相关的先进法律制度；农村地区由于仍旧处于由农业文明向工商文明过渡的阶段，作为无言之知的民间法以及乡规民约或许是更为适销对路的法律产品；至于少数民族聚居的地方，则可将民族习惯法视作法律的关切重点。正是在这种将时间和空间综合分析的过程中，中国的法治才呈现出多元性的面貌。而在单一制国家的宪政预设下，多元的法律生态竞争与共生，方有可能为中国法治提供一条区别于西方法治的原创性的发展路径。

(二) 法律价值的更替

当前关于区域发展的研究都有一个基本预设，就是将区域发展理解为一项社会政策。这本身并没有错；但如果仅将其作为一项政策来理解，一旦社会情势发生了变化，便有可能离弃区域"发展"这一价值取向而另择其他。但正如邓小平同志所说，"中国解决所有问题的关键是靠自己的发展"，"发展才是硬道理"。因此，要让发展成为中国社会的普遍性要素，不仅要将发展政策化，还要将其法律化，尤其是宪法化。只有这样，发展问题才和法治一样，无论在事实上还是观念上都将成为与中国崛起紧密联系的核心问题。而法律价值是区域发展与法律文本连为一体的纽带。

人权始终应当是法律的终极价值追求。将发展问题宪法化并不意味着一定要通过重新修宪的方式正式将"区域发展权"等字眼，写进宪法文本。宪法，与其修改，不如应用。法律人应当通过法律解释的这一精妙的技艺，将"发展"这一社会主义事业的内在使命与宪法典中"国家尊重和保障人权"的宪法使命结合起来，使其获得祝福与不朽。事实上，立法者同样没有将"生存权"三个字写进宪法典文本，但不会有人怀疑生存权是中国人民应当享有的基本人权。因为生存和发展原本就是国家立宪的逻辑前提和基础预设，可以说整部宪法都是围绕这两大核心主题才得以创制的。没有生存就无所谓政治，政治自身就是人类进行生存斗争的伟大创造；政治无存也就无所谓宪政，宪政就是按照宪法来组织和运作的政治。但仅将宪政定位于"生存"需求之上的政治只是"低俗而稳靠"(Low but Solid) 的秩序，它将因没有公共性而丧失追求共同体美好生

---

① 一个先期性的理论尝试，参见汪习根：《论西部发展权的法律保障》，载《法制与社会保障》2002 年第 2 期。

活方式的政治美德。是以在满足"生存"的底限需求之外,宪法还要将"发展"纳入自身的超越追求。在这个意义上,生存权和发展权不是如同"劳动权"、"休息权"一般宪法明示的基本权利,毋宁说它们是宪法上的始源性权利和母体性权利,整个宪法的基本权利体系都是为落实中国人民的生存权和发展权才得以建构的。在这个意义上,生存权,尤其是发展权可以理解为中国前宪法状态的"自然权利",它们是不证自明的,而宪法以及法律意义上的实证权利反而需要通过此二者而获得证明。于是,生存权和发展权便成为我们思考宪法,权衡宪政问题的观念基础,而一旦确立了发展权的宪法地位,再将发展权与国家的地方组织建设与区域发展联系起来,便形成了今天我们意欲提倡的"区域发展权"法律制度系统。

同时,如果放宽历史的视界,不单将区域发展视为改革开放以后的一项经济政策,我们就会发现,无论是新中国成立初期为改造日占区和防御苏联势力扩张所进行的东北老工业基地建设,还是出于"积极备战,准备打仗"的国防目的所进行的三线建设,乃至改革开放初期,为打破守旧势力,选择南方和沿海城市进行开放试点,通过经济改革推动政治体制改革,其内在逻辑都是以"效率"——包括经济效率——为衡准。决策者希望在资源有限的条件下,通过特定区域的优先发展以发挥引领和示范的杠杆功能,短期内取得明显的政治与经济效应。这也就意味着,当时的区域发展,主要价值是"效率优先,兼顾公平"。然而,当效率与公平的张力日益加大而衍生出畸形的"唯经济增长"恶果时,社会公平便成为共同瞩目的焦点。围绕法理学上公平与效率这一对看似寻常实则不然的关系范畴,至今依然存在不同观点:要么将公平等同于平等,认为既然在宪法和法律中已经确立了法律面前人人平等的原则,就不必再去讨论公平正义问题了;要么将经济学中的公平效率关系模式不加分析地移植到法学之中,将经济效率与法律效率等量齐观;要么采取折中调和的做法,将公平与效率的关系肢解为两层:一部分如初次分配领域以公平为优先,另一部分如再分配领域以效率为重心;要么简单地、单一地理解公平与效率的关系,而不是从法律的多维视角加以分析。其实,法律与经济的最大区别在于,市场经济始终以利益最大化亦即高效率为中心,而法律从古到今则莫不被喻为公平正义的化身。无论经济模式和制度机制发生怎样的转化,法律的重心永远应当是公平正义。当然,这并不是彻底否认效率价值的必要性。只是告诫我们,在公平与效率的天平上,始终会倾斜于公平一方,效率不过是补充而已。此其一也。其二,应当克服法学界对效率的混沌的模糊的观点、分清法内效率与法外效率之不同。效率价值是西方经济分析法学派正式提出的,随后被引入中国。但是,殊不知其所谓法律效率主要是指法律自身内部的效率,即法律规范与制度安排在时间、人力、金钱等方面的成本节约与费用降低。这与中国法学界讨论的问题并不完全吻合或者甚至大异其趣。因为我们更多关注的是法律外部的效率,即法律所推进和追求的经济利益的最大化。其实,无论是西方还是中国法学界,都存在片面之处,有必要将两者联系起来,是法外效率与法内效率有机结合起来。而任何法律效率的提升都应该有一个底线,这就是公平正义。超越公平正义的效率是不应当为理性的法律所容忍的。基于这一分析,以正义为核心、以效率为必要补充、以人权为最高价值追求的制度逻辑,预示着我们要重新思考当下以西部大开发和中部崛起为标志的区域发展问题。此时此刻同样强调区域发展，其内涵已发生了改变，即从效率优先到社会之公平正义。

为此，需要厘清两个关系：一是中央与地方的法律关系，充分发挥国家公共权力的法律干预与引导功能，以强效法律手段及时介入地方区域之间和区域内部，保障区域发展。正如联合国 1986 年《发展权利宣言》第 3 条所指出的："国家有权利和义务制定适当的国家发展政策，其目的是在全体人民和所有个人积极、自由和有意义地参与发展及其带来的利益的公平分配的基础上，不断改善全体人民和所有个人的福利。"第 8 条："各国应在国家一级采取一切必要措施实现发展权利，并确保除其他事项外所有人在获得基本资源、教育、保健服务、粮食、住房、就业、收入公平分配等方面机会均等。应采取有效措施确保妇女在发展过程中发挥积极作用。应进行适当的经济和社会改革以根除所有的社会不公正现象。"二是地方与地方的法律关系，尤其是发达区域与不发达区域的关系，从单纯的形式平等转变到在形式平等的基础上更加注重实质的正义，使不发达区域的发展成为该区域的一项权利、而同时成为发达区域的一项法律义务。这不仅是历史的逻辑延伸——因为发达区域正是依赖其他区域的协助来完成自身的发展过程的，也是国际社会发展的经验之谈，联合国 1986 年《发展权利宣言》第 3 条明确指出："各国有义务在确保发展和消除发展的障碍方面相互合作。"因此，构建区域协调、合作、保障发展的法律制度应当被优先考虑。

（三）调整机制的转变

由于之前支配区域发展的制度逻辑是中央主导下的"效率优先"，因而实践形态上采用的是由中央向特定地区放权让利，提供优势资源，给予特定优惠政策来扶助地方发展。深圳由一个小渔村发展到现在国际性的商业大都市就是受惠于国家提供的特区政策。这种制度实践在法理学上又可称作"权利的倾斜性配置"。[①] 权利的倾斜性配置即可以用来扶助特定地方的发展，又可用以保护弱势群体的利益，因而是立法者予以广泛应用的权利配置方法。

然而，制度的实践效果并不由制度初衷来决定，好的出发点未必一定能获得可欲的功效。权利的倾斜性配置必须考虑到制度参与者特定情形下的利益关联度、利益受损者的对策行为、对制度优惠方的影响、对特定行业的影响以及干预者的能力限度和干预困境。我们要看到，过去通过权利的倾斜性配置而进行的区域发展实践，一方面固然促使特定地区在短时间经济得到迅猛发展，但同时也导致产生了一些不应有的地域歧视、短视行为和资源浪费，从而也影响了公权力的公信力。[②] 可见，在发挥法律的非对等性调

[①] 应飞虎：《权利的倾斜性配置研究》，载《中国社会科学》2006 年第 3 期。

[②] 有人认为，国家在实施西气东输大型工程为北京、上海等地输送了洁净能源的时候，却通过《矿产资源法》"合法地"剥夺了陕北人民祖辈留存下来的，以开掘当地矿藏为生的自然正当的生活方式（参见强世功：《科斯定理与陕北故事》，载《读书》2001 年第 8 期）。尽管这一观点不一定能够得到大众的完全接受与赞同，但是至少反映出利益关系的复杂性与利益整合的难度。

整机制指功效的同时，对于因权利的倾斜性配置不当可能导致的零和博弈结果也不能视而不见。

因此，如果将区域发展的问题放置在和谐法治的背景下去理解，就有必要反思现有权利的倾斜性配置这一法律调整机制。按照法律面前人人平等的宪法原则，法律权利是一种公共善品，就本质而言，它应当是无差别的，任何适格的法律主体都可以凭借其法律行为的实施而获得。在这个意义上，法律权利本不应存在倾斜性配置的问题。但是，这并不意在否认该法律调整机制的重要性。相反，可以在以下向度实施该机制：从实体利益的倾斜向程序利益的倾斜转变，允许存在对相关主体实现其权利的手段和方式给予特别优待与补偿。这就要求立法者在今后的立法工作中，要转换惯有的实体权利倾斜性配置的立法思路，而更多将目光投射到程序性的权利实现保障机制当中，制定统一的《区域发展法》或《发展保障法》。这也意味着，从此区域发展将由以往的特殊主义的政策优惠转变成普遍主义的权利期待：立法上向各地区开放出统一的、均等的发展权利，但在具体的法律适用和法律执行过程中，可以针对各发展地方的实际情况和具体需要，在追求和实现其发展权利的路径与方式上给予个别性的特别处理。这种与众不同的调整机制使得我国立法避免了对各地方发展权利做价值性的评判——不存在哪些地区应当优先发展，哪些地区就应该在后发展，各地区都有自我发展的公平机会。但究竟如何发展，发展什么，则是由地区实际条件这一"事实"因素来决定。由此，中央与地方、各地区之间的关系将由单向的施予/接受和受惠/忍让，转变成各发展权主体借助理性的对话协商机制而进行的双赢沟通；同时中央和各地方政府对之提供的支援，也将由以往输血型的资源输送，转变为清除发展障碍和提供发展条件的诱导型援助。正是经由权利的倾斜性配置向区域共同发展原则之下，关注区域差异事实的法律调整机制转换，使得刚性的权利倾斜性配置变成为区别对待的柔性利益平衡法则。刚柔转换之间，抽象权利与具体权益，制度理想与制度实践，整体利益与局部利益得到妥善的兼顾。

（四）宪制格局的重新配置

宪制问题并不一定要是轰动性的社会问题，有时候一些细微然而却涉及权力/权利配置的普遍性法律问题反而可能蕴含更为深刻的宪政意涵。例如，当前一些地区在尝试区域发展模式的创新实践时，组建工商、司法、税务等部门的联席会议，允许外地城市企业以本市名称注册产品，这里面就涉及行政权的合法划分问题，即同一级别且不互为隶属的行政主体之间的行政决定是否得以承认的问题。如果得以承认，那么这是否构成对中央统一行政权的改变抑或补充？其法律根据何在？另外，省际或市际之间联席颁发的规范性文件是否具有立法的性质？如果是，创制权何在？其行为是否具有上位法的授权？是否会对我国当前一元两级多层次的立法体制造成冲击和影响？这些都是亟待法理学作出解答与回应之处。如根据国家发展与改革委员会文件，武汉"8+1"城市圈作为国家"两型社会"（环境友好型、资源节约型社会）构建的试点区域，整合武汉市与周边八个城市的资源以促进中部崛起，一度成为最为热门的话题。人们提出建立规范性文件的联合创制机制，由这九个城市共同起草、共同讨论、共同通过、在该城市圈内一体实施。其实在这些城市中，只有武汉市才拥有部分地方性法规的"立法权"，其他八个城市无此权力。既然如此，法定的提案权、通过权与颁布权以及解释与实施监督权就只能由武汉市一个城市行使。这就遇到三个问题亟待解决：一是立法的民意基础与代表性是否覆盖全部城市圈？二是一个城市通过的立法对无立法权的其他城市发生效力的权力渊源、法律依据与具体方式何在？授权乎？认可乎？还是批准乎？三是这一做法与我国的单一制的宪政体制以及其衍生的下位法律制度尤其是立法体制的逻辑关联性是什么？立法创新是一项关乎全局的重大制度创新，不可墨守成规，而应当符合基本的法理与法则。

三、法理学的回应与应对

（一）在价值上，奉行人本法律观为根本指导思想

当下的区域发展是在不同区域的发展状况不和谐这一宏观背景下的伟大社会实践，以人为本则是和谐发展的本质与内核。全面、协调、可持续的发展观应用并体现于法治领域，外化为人本法律观的法治理念①，法治视野下的区域发展必须坚持以人本法律观为根本指导思想。

区域发展的法治建设必须奉行"以人为本"的法律观，以实现、维护和发展区域内全体主体的共同利益为价值追求，尊重人的主体性地位，促进人在心性、灵性和智性上的全面发展，尊重人格，保障人权，弘扬人文精神。因此，从表面上看，区域发展似乎是如何促进经济增长的问题，但追思其实质，区域发展更是关涉重新塑造现代民族国家之公民主体及其理想人格的本体性问题。正如临海散落的希腊城邦孕育了爱智的雅典哲人，而作为内陆帝国的罗马，其宽远辽阔疆域则打造了罗马人恢宏热烈的共和气质。区域的自然特质对个体心灵习性的塑造具有重大的影响作用，反过来，公民个体的气质内涵又会醇化相关区域的文化氛围，这就是区域发展与公民建设的辩证法。新时期的区域发展，要注重经济的要素，但更要注重区域内"人"的品质提升，只有具备健全完整的公民人格，为权利而奋斗的道德勇气，和睦向善的人文素养，这样的公民才有可能成为社会主义建设事业的担纲者。而同时，以人为本的法治理念又要求在区域法治的制度语境下，通过体现公平正义之核心价值的良法体系，来实现人权保护的终极目的。这表明我们的区域立法在形式上要具备规范合理性、程序合理性和体制合理性；在实质上要蕴涵尊重人格、合乎人性、讲究人道、保障人权的价值合理性，一切以人的全面发展和人民群众的根本利益为出发点与归宿。一句话，就是用制度理性来形塑公民美德，以公民美德来填充制度理性。

---

① 关于人本法律观的系统阐述，请参见李龙主编：《人本法律观研究》，中国社会科学出版社2006年版。

（二）在知识上，创构中国特色的"发展法学"，包括区域发展法理学

任何知识与认识都可能会存在三个面向：哲学本体论上的最高最深思考与探究、政治社会实践上的治国理政智慧、日常生活与工作中的知识观念。"纯学问"似乎只关注前者而对后两者不屑一顾。其实，正如改革开放的历史实践是建立在中国自身的科学理论指导基础之上一样，任何伟大的制度实践都要有可靠的知识论基础。在哲学层面，我们将科学发展观定位为支撑区域发展的观念基础，但落实到的区域法治的构建细节，除了哲学层面的合法性论证外，我们还要有一套系统的、具有可操作性的法理分析框架，这就是有关区域发展的法理学。事实上，从更为广泛的视野来看，放眼全球发展这一最重大主体，回首法律这一现代社会最重要的调控规范，我们没有理由不将同样处于最高层面的"发展"与"法学"连接起来，通过它们的融会贯通与相互渗透，孕育出新的知识增长点——"发展法学"。我们认为，发展法学是以法律的价值观与方法论研究发展问题的法律科学，是关于发展的法律本体论与法律价值论、法律认识论与法律实践论的统一，是将发展之社会学、经济学、政治学、哲学等与法学交叉起来进行分析与探讨形成的新型边缘学科，以发展权为根本价值，对依据法治实现人的全面自由协调而持续发展意义重大。可细分为一般发展法学、区域发展法学、可持续发展法学、经济发展法学、政治发展法学、社会发展法学、文化发展法学等，从而形成为一个有机联系的学科体系。这些将为包括区域发展在内的中国发展奠定独有的法律理论基础，同时，也可能为世界发展提供一个经验样本。

痛感于现代西方法治强势话语对中国法学界的思想支配，部分卓见不凡的法学家开始严肃思考"中国法学何处去"的历史走向问题。[1] 然而，对中国法学何处去的关切不应徘徊、停留在西方思想资源内部——由于存在隔地性，我们对西方思想的研读无论如何不可能超越西方学者自身。中国法学欲无愧于这个伟大的时代，欲为中国社会主义的本土实践作出有原创性、有竞争力的理论贡献，正确的选择应当是立足当下，定位于这片具有蓬勃生命力的热土，凝视社会主义建设这个前人未有的事业和由此展开的制度实验，并以此回归中国古典的政治哲学传统。申言之，中国法学何处去的重音不在"法学"和"去处"，而是"中国"。

正是立基于"中国"这一特定时空场域，区域发展法治的意义便由此凸现出来。着眼于全球结构，中国本身就是特定的区域主体；但同时中国内部恰恰又是一个多种区域并存，各地区发展极不均衡的多民族国家；如果再将内地和港澳台地区"一国两制"的多重结构考虑进去，中国的"区域发展"问题就呈现出无比复杂的一面。这一问题是中国特有的，也是中国法学所要面对，并必须作出理论上阐释与整合的法治现代性问题。因此，如何思考区域发展对法治全球化可能构成的挑战；如何在传统发展权的基础上，论证出"区域发展权"的命题，权衡区域法治及其法治建设的价值选择和内在困惑；如何在对经验事实的收集和总结中，妥善地建构区域发展权的法律制度和实施机

---

[1] 参见邓正来：《中国法学何处去》，商务印书馆 2003 年版，第一章。

制，便成为区域发展法理学的理论聚焦。只有在理论上透彻厘析了上述问题，我国的区域发展实践才可能建立在牢靠的知识基础之上，中国法理学也才因此建立了自身的知识逻辑。

（三）在视域上，承继与超越中国古典法哲学传统

今天，经过法学院专业训练所培养出来法律人早已将"三权分立"、"权利至上"和"社会契约"等这样的西方法政术语诵记得滚瓜烂熟，多年的英语学习甚至使我们可以流利地直接阅读西方的文献。毕竟，我们当前的整个法律体系和术语称谓乃至程序构造都是移植西方法律再加以改造的成果，借助西方法律的视角来思考和比较本土法治的实践也就成为再自然不过的行动选择，这不难理解。尽管遭遇后现代法学思潮的涤荡和冲击，但整体而言，西方法治的主流意识形态仍然稳固地建立在自由主义权利哲学之上。对个体权利和自由的强调，对形式平等的注重，对国家权力的警惕等都是这套话语体系背后不言自明的共识。然而，当我们下意识地凭借这套的西方法治的经典命题去审视中国当下区域发展的制度实践时，一些困惑和不解之处便浮现出来。例如，当 20 世纪 50 年代一声令下要开展三线建设的时候，全国各地一哄而上地将大量的优质资源和技术人员源源不断地无偿输送到大西北地区；当 80 年代决定以沿海城市为试点推进改革开放时，多数内陆省市自觉压缩了其国民经济与其他资源的分配指标，以此来支持沿海地区的试点改革；东部沿海城市开发完毕，国家又将注意力投向了西部地区的开发。中国传统和谐、礼让、谦抑的精神是西方人难以理解的。在西方政治法律哲学视域中，尽管就政治主权层面而言，各地区都隶属于统一的主权国家；但在治权上，各地区实际上是利益分殊的独立单位。没有哪个地区有义务要为另一地区的发展作出牺牲和让步，在局限条件下，谋求本地方利益的最大化才是顺理成章的逻辑结论。也就是说，在西方政制的预设中，中央与地方以及地方与地方之间的国家结构关系，其实质就是理性主体间的竞争/合作关系。过去的中国尽管在政制形式上早已建成为民族国家的政治共同体，但其政制实质或曰政制灵魂上仍然是那个传统上作为"儒教中国"而存在的文明共同体。① 儒家伦理的政治原则，而不是法律技术上的权利/义务计算，才是划分中央与地方以及地方与地方之间关系的衡准，这一原则也就是融"修身、齐家、治国、平天下"为一体的"家政"原则。在这一政治原则的观照下，"国"无非是一个放大了的"家"，国家结构上中央与地方以及地方与地方之间的关系，就类似于一个家庭内部父母与子女以及兄弟与兄弟之间的关系。② 因此地区与地区之间的定位不是西方地区间的竞争/合作关系，而是兄友弟恭，互敬互让的家礼关系：什么时候，哪些地区该进行发展，哪些地方必须作出克制和牺牲，先发展起来的地方又该如何回馈和帮助后发展地方，也不再是一个权利交换或者权利倾斜性配置问题，而是服务于整个"家庭"兴旺

---

① 参见［美］列文森：《儒教中国及其现代命运》，郑大华等译，中国社会科学出版社 2001 年版。

② 参见蒋庆：《政治儒学——当代儒学的转向、特质与发展》，三联书店 2003 年版。

发展的大局问题。只有站在这个角度，我们才能深刻理解某一区域的发展是其他区域发展的前提这一事关大局的问题。就沿海与内地的关系而言，内地要顾全沿海特区先发展这个大局。反过来，发展到了一定的时候，又要求沿海拿出更多力量来帮助内地发展，这也是个大局。而今天，和谐社会的法治构建，其要义也就是通过扬弃儒教中国"和合"、"中庸"的法哲学传统，在创造性的改造、提升与发展基础上形成本土特色的新思维，以求克服现代性问题所蕴涵的内在危机。新时期的区域发展问题必须置放在这一宏观视域中才能得以准确把握。为此，在法哲学中，应奉行和谐、协调、人性的理念，在伸张个体性的同时强调利益之共生性与社会性，从而谋求全部主体之间及其与对象性世界的持续性同构。

（作者单位：武汉大学法学院）

试论可持续发展权法治化的路径选择

周昕 向敏

内容提要：可持续发展权是指当代人和未来人都普遍享有的充分利用自然环境资源，自主促进其经济、社会、文化和政治全面发展并享受这一发展成果的权利。可持续发展权的法治化是可持续发展规范法律化的基本手段，其路径可以分为经验式、先验式和理性式三种。理性式的可持续发展权道路既重视法律的形式理性，也重视法律的价值理性，在保证法律形式正义实现的同时，实现法律的实质正义与人的现实权利，是确保能够实现从自然权利到法治权利，再到现实权利的飞跃的前提，也是可持续发展权法治化的内在逻辑指向。只有在理性的指导下，可持续发展权作为一项基本人权才能在人类政治文明历史上书写下光辉的一笔。

关键词：可持续发展权；理性；法治化

一、可持续发展权法治化的三种路径

可持续发展权是指当代人和未来人都普遍享有的充分利用自然环境资源，自主促进其经济、社会、文化和政治全面发展并享受这一发展成果的权利，是将可持续发展观放入人权语境中进行考察的必然结果，也是传统权利理念在面对环境恶化、资源枯竭、人类的世代发展受到威胁等新的社会和自然条件下的自我更新和自我完善。1980年，联合国环境规划署、国际自然和自然资源保护联合会（IUCN）制定的《世界自然资源保护大纲》首次提出了"可持续发展"的问题。1987年，世界环境与发展委员会在《我们共同的未来》中第一次将"可持续发展"定义为"既能满足当前的需要，又不危及后代满足其发展需要的能力"。① 1992年在里约热内卢召开的世界环境发展大会上，可持续发展的观念被各国政府所接受，逐渐成为指导各国政府发展社会经济的行动纲领。1994年我国制定了世界上首部国家级可持续发展战略——《中国21世纪议程》，其第一批优先项目计划中将《中国可持续发展的法律制定和实施》列为62个项目中的首位项目，这可以看做是中国可持续发展权法治化的开端。

可持续发展观的物化和可持续发展战略的实现需要采取经济、行政、法律等手段与

---

① 王进：《我们只有一个地球——关于生态问题的哲学》，中国青年出版社1999年版，第240页。

措施。其中最重要的应是法律手段，特别是推进与实现可持续发展的法治化尤为必要。具体而言，可持续发展权法治化的意义在于：

首先，法治化是可持续发展观普及化的有效途径。可持续发展权作为一种新的人权类型和生活方式，要使之成为全体社会成员的共识，自觉地指导其行为，虽然思想宣传、道德教化是实现的途径之一，但法治才是最有效的途径。由于法治具有普遍性、权威性等特点，它能通过法律把可持续发展观念上升为国家意志，进而通过法律的指引、评价、教育等功能，使之成为全体社会成员的行为准则，从而加速人们克服传统观念、树立新观念、塑造新道德的过程，达到实现可持续发展观普及化的目的。

其次，法治化是可持续发展规范法律化的基本手段。可持续发展权以可持续发展规范为基本表现形式。规范的作用在于"范天下之不一而归于一"。① 作为一种综合性的社会技术规范，可持续发展规范既是一种技术规范，即调整人与自然的关系的规范，又是一种社会规范即调整人与人之间关系的规范。只有通过良好的法律的制定及其实施等法治化手段将可持续发展规范以法律方式肯定下来，并赋予其法律效力，才能使之上升为法律技术规范，从而使可持续发展规范具有法律规范的属性，发挥其作为法律规范应有的功能和作用。

再次，法治化是可持续发展秩序持续化的有力保障。秩序是指一定人和物存在和运转中具有一定一致性、连续性和稳定性的结构、过程和模式等，是人类生存和发展的必要前提。要实现可持续发展权，就必须建立相应的社会秩序。而法治化正是这种秩序持续化的有力保障。法律不仅为这种秩序提供预想模式和调节机制，更重要的是它的国家强制性使得法律在调节秩序的众多规则中独树一帜，成为社会秩序的有力保证，确保社会秩序免遭非法的破坏和干扰。法治本身就意味着是一种根据依法办事原则形成的法律秩序。通过法治化，就能建立起一种可持续发展的良好的法律秩序。在这种状态下，社会主体的权利得到合理的确认和保护，政府权力在高效运行的同时受到有效的约束，可持续发展权的行使就具备了良好的法律环境。法治能保障可持续发展秩序的相对稳定。它能"确保法律秩序里的变化不会突然地或大规模地发生，而是经过一段合理的时间"，因此，法治能为可持续发展秩序的持续化提供坚实的保障。

如前所述，从自然权利到法治权利的飞跃，再从法治权利回归现实权利的飞跃是人权法治化的必然路径选择。可持续发展权作为现代人权在政治文明中的表现形式，必然也将经历从应然到实然的进化，实现从自然权利到法治权利，再到现实权利的飞跃。这两次飞跃是可持续发展权走向理性法治化的集中体现，必然将伴随着人们对可持续发展权理念认知程度的深化而逐渐走向深入，实现从经验式认知到先验式认知、再到理性式认知并指导实践、改造社会的升华。

具体而言，可持续发展权法治化的路径可以分为经验式、先验式和理性式三种，其内涵和外延各不相同：

---

① 参见（清）段玉裁：《说文解字注》。

（一）经验式的可持续发展权道路

近代人权的概念源于西方，主要的推导方式有两种，一种是经验式的，就是根据现存的某种制度事实，推导出人是平等地享有某些基本权利的结论；另一种是先验式的，以存在高于人类的自然法为前提，推导出人生而应当具有超越现存社会制度的自然权利。① 经验式是可持续发展权法治化的基本路径之一。经验式是一种认识论学说，诞生于古希腊，距今已有 2400 余年的历史，现为英美法系的人权法治实践所广泛采用。经验式的经院哲学认为人类知识起源于感觉，并以感性认识为基础。经验主义者声称唯有观察和感觉者是唯一有效的知识源泉，人的感觉经验能够发现和揭示真理，正是观察才引起了知识。

经验式的权利认知态度对法学理念的影响源远流长。萨拜因认为："在社会演进的所有部门……经验所起的作用大于逻辑。"② 庞德认为，"法律是知识和经验的集合体，经验是法的渊源，法官判断案件应当主要依靠经验而不是法律规则"。③ 美国法学家霍姆斯也认为"法律的生命不在于逻辑，而在于经验。众所周知的或者尚未被人们意识到的、占主导地位的道德或政治理论，对公共政策的直觉甚至法官和他的同行所持有的偏见，在法官决定人们都应一体遵守的法律的时候，所起的作用要远远大于三段论所起的作用"。④

人类经验的获得离不开对社会实践的感知。由于每个人感知事物的方式、角度不同，所获得的经验也不同。但是，这种个体经验对法律产生的影响并不大，这是因为法律具有普遍性，要想得到公众的认同，个体性的法律经验必须上升为公众性的法律经验。另外，个体性的法律经验尽管比公众性的法律经验具有更多的创造性，但它的局限性也是明显的；个体法律经验再丰富，也无法与公众的法律经验相比。对法律这样一个复杂的社会现象来说，单靠个体法律经验是无法制定出良法来的。因此，法律必须是公众经验的产物，是在个体法律经验的不断累积、不断归纳的基础上形成的。⑤ 法律经验一旦由个体性法律经验上升为公众性法律经验，就"形成了一种带有普遍或一般意义的规范，这种规范为经验的运行设定了一条公众所公认的标准。从事相同活动的人都可以借鉴或遵守这一标准，这就为经验的操作与传授提供了极大的便利。具体来说，公众性即体现为范本形式的出现"。⑥ 从这个意义上而言，可持续发展权的出现本身就是社会公众为争取人权而斗争的实践经验的产物，是一种实践智慧。

---

① 夏勇：《人权概念起源——权利的历史哲学》，中国政法大学出版社 2001 年版，第 150 页。
② ［英］萨拜因：《政治学说史》，刘山等译，商务印书馆 1986 年版，第 714 页。
③ ［美］罗斯科·庞德：《通过法律的社会控制、法律的任务》，沈宗灵、董世忠译，商务印书馆 1984 年版，第 24 页。
④ 任鹏：《"法律的生命不在逻辑在经验"——捷克对法官年龄的一场争论》，载《光明日报》2005 年 3 月 22 日。
⑤ 何柏生：《论法律与经验》，载《法律科学》1999 年第 4 期。
⑥ 吾淳：《中国思维形态》，上海人民出版社 1998 年版，第 118 页。

经验式的可持续发展权道路源自英美法系对自然权利到法治权利的人权推定，推定的根据是一国特定时期内的可持续发展的客观状况，既包括环境资源的配置情况，也包括可持续发展权利主体的社会地位、财产、利益、社会习俗等。这一道路是从固有的法律体系出发主张权利，权利的范围由社会的既成事实来确定，在可持续发展法治变革的实践中注重改革的循序渐进。对于广大发展中国家而言，经验式的可持续发展权道路主张向人权法制健全的国家学习，强调以人权治理的立法经验和丰富的人权司法审判案例为基础来构建可持续发展法治化的体系。经过英美国家一个多世纪以来较为成功的人权法治实践，经验式的可持续发展权道路逐渐为广大发展中国家所认同、吸纳。例如，1987 年联合国世界环境与发展委员会在《我们共同的未来》中，吸收了英美国家的立法经验，将可持续发展定义为："既满足当代人的需求，又不对后代人满足其自身需求的能力构成危害的发展。"该概念逐渐得到了世界各国的认同，体现在多国的可持续发展战略条文中。又如，SPCC（英国防止儿童虐待协会）参照秘鲁的环境法处理儿童权益保护案件①，1993 年菲律宾最高法院"奥伯萨诉环境与自然资源部长案"（Oposa et al. v. Fulgencio S. Factoran, Jr. et al.）② 被各国司法审判广泛援引等都充分说明了这一点。

经验式的可持续发展道路具有如下的特性：

1. 偶然性。可持续发展权作为人权领域中的新生类型，要获取丰富的法治经验，就必须从可持续发展实践的点滴认知开始，一个个地去感知抽象的"一般"规律，这就使经验不可避免地带上了偶然性的烙印，而并非对事物全面性、必然性的认知。例如，某地区原住民以狩猎谋生，必然会造成对生态物种的破坏，但是出于少数民族保护的考虑，法律对其狩猎又是不予禁止的。这种偶然因素注入法律后，顽强地生长下来，成为习惯，成为人们必须遵守的法律，累积为法律经验。尽管这些延续下来的习惯、法律缺乏理性的指导，不具有必然性，但"任何个人试图凭据理性而成功地建构出比经由社会逐渐演化出来的规则更具效力的规则，都是不可能的……因此，我们别无选择，只有遵循那些我们往往不知道其存在之理由的规则"。③

2. 可靠性。作为一种新的人权形态，可持续发展权的法治经验的取得需要反复的实践、反复的检验，这就使经验式的可持续发展道路本身的缺陷得到了一定程度的弥补。"进步的观念从来没有同哲学上的经验主义完全分家。"④ 尽管一套完美的可持续发展法律理论也许能较好地回答"应然"的问题，但理论高高在上，得不到实践的反复检验；而且理论不像经验那样直接同客观现实发生接触，这样，它就容易产生谬误。

---

① 参见 Stanford Environmental Law Journal, January, 2005, pp. 160-161.

② 在该案中，原告对菲律宾政府环境与自然资源部长提出指控，认为大量签发木材砍伐许可证，破坏了原始热带雨林的更新能力，这侵害了原告及其后代的健康权对平衡与健康生态享有的权利，这是《菲律宾宪法》(1987 年) 第 2 条第 15、16 款保障的权利。1993 年 7 月 30 日，菲律宾最高法院作出判决，支持了原告的主张。这一司法判例后被广泛援引。

③ ［英］哈耶克：《自由秩序原理》，邓正来译，三联书店 1997 年版，第 77～78 页。

④ ［美］萨拜因：《政治学说史》(下册)，盛葵阳等译，商务印书馆 1986 年版，第 639 页。

3. 渐进性。法治经验由长期、反复的法治实践积累而成，具有渐进性，各种与可持续发展权相关的道德、习惯、制度、法律都是以一种累积性发展的方式而逐渐形成的，"只有依据这一累积性发展的框架和在此框架内，人的理性才能得到发展并成功地发挥作用"①。因此，法律文化就不能中断，应具有持续性和继承性。经验式的可持续发展权法治道路正是从固有的法律体系出发主张权利，在社会法制变革的实践中注重改革的循序渐进，而并非一蹴而就。

4. 零散性。由于经验是在感知事物的基础上获得的，而感知事物的过程往往是从个别事物开始的，这就难免带有粗糙、杂乱的特征。例如，美国各个州由于对环境权的认知差异，导致各州对湿地保护的态度不一，有的州规定可以开垦湿地和猎杀野生动物，有的州又严格禁止。比起法律理论来，法律经验就显得比较粗糙，而且往往烙上了躬行者个人的特征。②

5. 保守性。经验式的可持续发展权道路必然带有保守性。一旦可持续发展观由经验上升到法律，由于法律不能朝令夕改，需要一定的稳定性，而保持法律的稳定性必然会形成法律的保守与滞后，特别反映在作为人权宣言书的宪法中，修宪要经过极为复杂的程序，因此，可持续发展权的法治经验也就具有了相对的保守性。但是，社会生活瞬息万变，新的社会关系不断出现，这就与法治经验的保守性产生了矛盾。梅因指出，"在法典时代开始后，静止的社会和进步的社会之间的区分已开始暴露出来"③，使法治经验脱离了社会实践，导致出现经验独断论，使社会的创新进取机能严重衰竭。这种保守性对于缺乏人权法治传统和人权保障观念的当今中国社会危害性极大，有学者甚至认为中国实用理性的传统阻止了思辨理性的发展。④

总之，经验式的可持续发展权道路既有先验式和理性式所无法替代的优点，也有天生的缺陷。在可持续发展权的法治实践中，我们只有在对经验式的特性进行深入考察的基础上才能应对自如，弥补其缺陷。

（二）先验式的可持续发展权道路

先验式也是一种哲学上的认知范畴，与经验式是一组相对应的概念，认为人的知识是与生俱来的、主观自生的，而不是来自经验。例如孟子的"良能"论，笛卡尔的"天赋"论，康德的"意识"论等都属于先验范畴。⑤ 先验式的经院哲学认为在现实世界之外，有一个超越经验、超越时空、永恒存在的理念世界，人们的经验是无法认识理念世界的；人们关于理念世界的知识是先天地存在于人的心灵之中的，先于社会实践而

---

① ［英］哈耶克：《自由秩序原理》（上册），邓正来译，三联书店1997年版，第65页。

② 何柏生：《论法律与经验》，载《法律科学》1999年第4期。

③ ［英］梅因：《古代法》，沈景一译，商务印书馆1959年版，第13页。

④ 李泽厚：《中国古代思想史论》，人民出版社1986年版，第306页。

⑤ 例如，孟子认为人都有"良知"、"良能"。"人之所不学而能者，其良能也；所不虑而知者，其良知也。"这种不需学习便能做到的"良能"，不待思考便会知道的"良知"，是人生下来就具有的"善性"。

存在。德国古典哲学家康德认为,赋予知识以普遍性必然性的范畴形式,是主体先天具有的,是先于经验而存在的。①

一般而言,法学理念中所指的先验式权利是指"应该享有的权利","与生俱来的权利"。先验式的可持续发展权道路是人的自然权利在可持续发展权法治化过程中的直接体现,是一种"应然式"的法治化道路。法学研究的任务应是对先验法则的认识和提示,而不是创造和评价已由先验主体意识所构造出来由其自身显现的先验法则。法学研究应以符合先验法则为最终目标,如果认为在认识之外有一个客观存在,就会陷入反映论和形而上学二元论。②

大陆法系和英美法系对人权的认知态度截然不同。在柏克的英国传统中,人权是英国人的传统权利、习俗权利,认为人权不过是要求君主尊重他们古已有之的东西,人权的根据是既成的事实,这就是一种经验式的人权推定。从经验式路径出发,往往采用狭隘法条主义或法律实证主义的视角,容易拘泥于既成事实,只看到法律的字面规定而忽视立法的原意和法律的精神。③ 而在法国传统中,人权是来自于自然法则的自然权利,是简单的无可辩驳的政治原理,享有人权是因为自然法则的规定,这是一种先验式的人权推定④,体现了自然权利的思想逻辑。例如,1946 年法国《新人权宣言》草案在继承"第一个人权宣言"关于人权普遍性的主张的同时,更注重宣告法国人的公民权利,宣言草案正文详细确认了居留与迁徙自由、住宅不可侵犯、通信秘密不受侵犯、正当程序条款,信仰、言论、写作、印刷、出版自由,集会、游行、结社自由,职业自由、诉讼权、请愿权等几十项"与生俱来"的社会经济权利。这些详尽的列举式规定就是对自然法精神的最好诠释。

先验式的人权推定将人权构建在自然权利的基础上。霍布斯将自然权利作为权利理论的起点,这种自然权利是一种绝对合理的主观声称,它非但不依赖于任何事先存在的法律、秩序或义务,相反,它本身是所有法律、秩序或义务的渊源⑤,是自然状态中每一个人都享有的权利。于是,作为保障自然权利的自然法出现了,在自然权利观念的统摄下,自然法进化成了人权法。

先验式的可持续发展权道路以"天授人权"的形式强调权利的自发性与自然性,在现代政治文明衍生发展的过程中,这一道路对于在世界范围内传播可持续发展权的法治理念、唤醒公民社会的权利意识,推进政府可持续发展法治建设发挥了重要作用。然而,先验式的可持续发展权道路仍然存在着缺陷。恩格斯指出:"经济关系反映为法原则,也同样必然使这种关系倒置过来。这种反映的发生过程,是活动者所意识不到的;

① 参见《马克思主义百科要览》,来源于"中国社科院"网站:http://myy.cass.cn/file/200512177028.html。

② 陈莹莹:《从现象学方法看纯粹法学》,来源于"吉林大学理论法学研究中心"网站:http://www.legaltheory.com.cn/info.asp? id=9389。

③ 汪习根、占红沣:《妇女发展权及其法律保障》,载《法学杂志》2005 年第 2 期。

④ 曲相霏:《人权的正当性与良心理论》,载《文史哲》2005 年第 3 期。

⑤ 李强:《自由主义》,中国社会科学出版社 1998 年版,第 74 页。

法学家以为他是凭着先验的原理来活动，然而这只不过是经济的反映而已。"① 在自然权利理论基础上构建起来的先验式的可持续发展权道路虽然一度成为人权革命的倡导者，却始终无法有效证明自然法、自然状态和自然权利的存在，无法解析权利自由与权利制约之间的博弈关系。人类社会步入 21 世纪以后，伴随着功利主义和实证法学的兴起，特别是法学界对人与自然和谐相处的认知更新，先验式的可持续发展权道路面临着新的挑战。

（三）理性式的可持续发展权道路

哲学上的理性一般指概念判断、推理等思维活动或能力。② 理性法律观的奠基人是古希腊斯多葛学派的创始人芝诺。他认为自然法体现着理性，人类制定的法应当符合那种代表理性，统治全世界且永恒不变的自然法。理性主义者将人们对有关事物的见解区分为一般的、易犯错误的信念和永久的、已被证实了的真理性知识，并在其中划出一条深深的鸿沟。他们声称，感觉经验只能产生关于表象世界的意见，由于表象可能使人受到蒙蔽，所以这种得之于观察的经验是不可靠的，无法被确认为知识。理性主义者主张全面放弃感觉，而专注于理智地控制自己的思想和行为能力，选择和调节自我行为，对自己行为的判断是经过思考、分析，形成自己的判断和推理，通过这种判断和推理，全面反映事物的本质和内在联系，而不是凭喜怒好恶去判断。③

理性思辨是法学品格最主要的特征之一，几乎在所有关于法的言和行等相关问题都会涉及理性。"言和行的理性历来是哲学探讨的主题，我们甚至可以说，哲学思维本身便产生对于体现在认识、言说和行为中的理性的反思，哲学的根本问题便是理性问题。"④ 法学的理性强调法的秩序性、系统性和内在的一致性，理性式的法学思辨可以揭示与人的主观思维协调或冲突的客观事物，可以精确地把握住法的规律性。所以，法学中的理性已不单是一个人的理性能力问题，而是涉及主体相互间的语言沟通、交涉与理解的架构以及对行动模式的检讨问题。⑤

与经验式、先验式不同，理性式的可持续发展权道路既重视法律的形式理性，也重视法律的价值理性，在保证法律形式正义实现的同时，实现法律的实质正义与人的现实权利。理性作为可持续发展立法的内在逻辑力量，经由一系列制度安排，赋予可持续发展规则与可持续发展秩序以明晰、稳定、确切、可靠以及可操作等技术秉性。理性式的可持续发展权道路要求按照法治运作的轨迹，架构体系完备的现代可持续发展权法律模

---

① 恩格斯：《致康·施米特》，载《马克思恩格斯选集》第 4 卷，人民出版社 1972 年版，第 484 页。

② 参见《辞海》，上海辞书出版社 2000 年版，第 1467 页。

③ 张树军：《自然法思想的进化》，来源于"中国商法网"：http：//www. jianwangzhan. com/101/163557/page3. asp？webid = jianwangzhan&userid = 163557&menuno = 19&articleid = 3602.

④ ［德］哈贝马斯：《交往行动理论》（第一卷），洪佩郁、蔺青译，重庆出版社 1994 年版，第 15 页。

⑤ 王申：《论法律与理性》，载《法制与社会发展》2004 年第 6 期。

式，实现法律的形式合理性：在立法上建构概念科学、逻辑严密、内部结构相互和谐统一的可持续发展法律体系；在司法上建立程序严格、运作规范、各司法机构相互制约与配合的司法机制；在执法上建构严格执法、依法办事，既保证国家公权力的有效运作，又使这种权利能得到有效监督的执法体制；注重法治观念的普及和权利意识的培养，以体恤人的自由和权利，构建人与人之间、人与自然和谐相处的社会为终极目标。可以认为，理性式的可持续发展权道路的本质就是通过建立起科学、理性、客观、健全的可持续发展权法律机制，为权利的实现提供可靠的制度保障与运行机制。

首先，理性式的可持续发展权道路倡导一种法的逻辑思维。法的逻辑思维是指人们对法律概念、判断、推理等问题进行思维活动。可持续发展作为人类新的发展观，要成为共同的信仰和行动，必须有制度和体制的保证。人们对可持续发展权认知水平的高低，不仅反映在其正确感知权利内容的能力上，更重要的反映在其对感知的法律事实进行抽象、判断、推理进而上升到对权利本质的认识，并在社会制度和体系中加以确认。将可持续发展纳入法制化轨道，消除因非制度化造成的短期行为和无序行为，是国际社会公认的有效途径。然而，在过去很长一段时间内，可持续发展权一直为人们所忽视，人们往往更加重视生存权、言论自由和政治权利等传统人权。在环境问题和资源问题日益凸显后，法学的视角才开始从传统人权转移到人的发展和可持续发展上来。什么是可持续发展？什么是环境权？法律的态度一开始是抽象、模糊的。我国改革开放初期，一些地方为招商引资搞活经济不惜以牺牲环境为代价，甚至出现地方立法为企业污染排放开绿灯的现象。随着法学对可持续发展的认知日趋理性化，人们逐渐认识到环境资源与人的自身发展息息相关，《环境保护法》、《水污染防治法》、《大气污染防治法》、《野生动物保护法》等相继出台，但这也仅仅是从末端"治理"了侵害可持续发展权的违法现象，并未体现出法律和可持续发展的内在联系，也没有真正在全社会范围内形成尊重可持续发展的法治氛围。直到最近几年，可持续发展的法律体系才粗具规模，特别是1994年《中国21世纪议程》白皮书明确提出"可持续发展以人为本"的观念，将可持续发展作为现代化建设的一项重大战略之后，极大地促进了法制建设特别是环境与资源法的迅猛发展。由此可见，通过走理性式的可持续发展权道路来调整社会关系，实现人与自然的有序和协调发展的过程，实际上就是人们在理性的法学思辨指引下对可持续发展权法治化的路径选择的过程。

其次，理性式的可持续发展权道路还是一种调节、控制人的欲望和行为的精神力量。"法之内在秩序与统一性不仅是法学科学性之前提与方法论之预设，它更是法伦理之要求，根源于法理。"① 法的理性要求社会组织和成员凡事均应诉诸理性，这实际上就是人们面对社会的一种态度和伦理②，一种用以控制和规范人的行为的力量。可持续发展立法是用理性指导人权实践的产物，立法本身并不单纯是一种智力活动，更多的是一种行动上、伦理上的意识反映。以立法为例，可持续发展权立法首先应当科学、明确

---

① 颜厥安：《法与实践理性》，中国政法大学出版社 2003 年版，第 45 页。
② 王申：《论法律与理性》，载《法制与社会发展》2004 年第 6 期。

地制定人在自然环境和社会生活中的行为规范和活动规则，要求人们运用理性对法的实践进行思考，产生可持续发展的法律思维，运用归纳逻辑的方法探索与发现可持续发展法治的客观规律，再应用于自身生产生活的实践中去。这种原创性认识法的客观规律性的能力，就是一种对可持续发展权法治化的实践理性的探索能力。例如，过去我们修筑大坝蓄水发电，经济效益有了，但也造成了对水域生态环境的破坏。现在政府和理论界有了可持续发展的观念，盲目追求经济效益的欲望就必须通过法制来加以克制，于是水资源生态保护的立法出台了，人们开始有意识控制对大自然的开发和索取。这种意识就是理性的可持续发展观。

二、理性式是可持续发展权法治化的内在逻辑指向

理性是法治的力量源泉，是人类控制恶性，发扬善性的思想调节器。[①] 法治要求克服任意性，依理性思维行事。斯宾诺沙认为，"愈是在理性的指导下生活和更好地控制诸种欲望，人的自由也愈大"。[②] 由于理性本是一种认识论的哲学，所以，面对本非理性的社会，法治的任务是将它法理性化。因为"理性能树立正义，理性能揭示真理，理性能确定价值和理想，理性能批判权威和强权，理性能创造出理想社会"，[③] 也只有理性的法治才能给予一切社会群体以人文的终极的关怀。

体现在可持续发展权中，任何权利都蕴涵着特定的社会秩序，权利运行的本身就是遵循社会秩序的结果。可持续发展权所蕴涵的内在道德秩序和法治秩序是现代人权得以产生发展的必要前提，而理性法治化正是这种秩序持续化的有力保障。首先，理性的可持续发展立法不仅为这种秩序提供了可靠的预想模式和调节机制，还运用国家强制力使立法成为可持续发展法治秩序的有力保证，确保社会秩序免遭非法的破坏和干扰。其次，法治本身就意味着是一种根据依法办事原则形成的法律秩序。通过理性法治化，社会主体的可持续发展权得到合理的确认和保护，政府权力在高效运行的同时受到有效约束，为可持续发展提供良好的法律环境。再次，理性的法治能够保障可持续发展秩序的相对稳定，能"确保法律秩序里的变化不会突然地或大规模地发生，而是经过一段合理的时间"[④]。

法体现着理性的状况，理性是法发展的追求。建构理性式的可持续发展权道路是确保能够实现从自然权利到法治权利，再到现实权利的飞跃的前提，也是可持续发展权法治化的内在逻辑指向。一方面，由于法治具有普遍性、权威性等特点，它能通过法律把

---

① 许增裕：《理性——法治的心理基础》，来源于"北大法律信息网"：http：//law. chinalawinfo. com/newlaw2002/slc/slc. asp？ db = art&gid = 335565449.

② ［荷］斯宾诺莎：《政治论》，商务印书馆1999年版，第20页。

③ 李庆均、杨春福：《西方古典自然法的理性之维》，载《国家检察官学院学报》1999年第2期。

④ 夏勇：《法治是什么：渊源、规诫与价值》，载《中国社会科学》1999年第4期。

可持续发展观念上升为国家意志，进而通过法律的指引、评价、教育等功能，使之成为全体社会成员的行为准则，帮助人们加速克服传统观念，树立新观念，塑造新道德，达到实现可持续发展观普及化的目的；另一方面，理性体现了法律所固有的规则性及其内在的逻辑力量以及据此而来的明晰、确定和可预测性，特别是法律在复杂的法益关系中的平衡感与判断能力。用理性的法治观来指导法治实践更加系统、准确、全面，具有客观性、高效性和易操作性，有利于观念变革时期社会秩序的稳定，降低了制度变革时期的社会成本。因此，法治和理性的结合，便成为通向可持续发展道路，促使现实人权得以实现的基本路径。

对可持续发展权法治化的理性认识，并不是简单意义上的、孤立的认知，而是一种从实际出发的、整体意义上的认知。如果我们仅仅局限于可持续发展权的"应然"层面，或是盲目照搬西方的经验，而不去深入研究可持续发展权的内在深层意义指向，就会把对可持续发展观的理解片面化。具体而言，理性式的可持续发展权法治化道路相对于经验式和先验式道路的优点体现在：

（一）理性式相对经验式的优点

如前所述，经验式的可持续发展权道路尽管在英美国家有着较为丰富的历史积淀，但仍然具有偶然性、零散性、保守性的缺陷，人们对事物的感知过程难免带有片面性、孤立性和粗糙性，而由经验上升到法以后又容易形成法律的保守与固步自封，使法治经验脱离了社会实践。特别是针对可持续发展这样一个涉及社会生活和政治文明方方面面的复杂的系统工程，国家与国家之间、地区与地区之间的差异是客观存在的；即便是在同一国家和地区内部，可持续发展法律关系也是不断变化着的。盲目依靠经验，而不从社会关系的客观变迁出发去探求法治路径的实然选择，只会导致法律的僵化与保守。这些缺陷是经验式的法治模式所无法克服的。最显著的例子就是在 2006 年世界经济论坛达沃斯年会上公布的世界环境绩效排名，即使是发展水平相当的国家，环境法制的取舍也会影响环境绩效。比如立足本国国情制定环境法律的多米尼加共和国与照搬美国环境法经验的海地的排名分列第 54 位和第 114 位；注重本国环境保护创新的瑞典和单一适用欧盟环境立法的比利时的排名分列第 2 位和第 39 位。①

理性式的可持续发展权道路较好地避免了经验式的缺点。一方面，理性式的可持续发展法治道路必然是系统的、全面的，立足本国国情的，以客观公正的态度看待经验，既不过分依赖经验，唯经验是从，也不排斥从既往经验和国外法治的成功范例中汲取精华，为我所用；另一方面，理性式的可持续发展法治道路有着完善的自我纠正和自我修复功能，能及时适应社会关系、自然环境的发展变化进行变迁，丰富法的理论，完善法的创制，改善法的实施，不拘泥于中国社会既成的法治传统、既往的司法裁判案例或盲目照搬别国经验，而是立足于本国资源环境与社会环境的特点进行创新。以环境权立法

---

① 参见《世界环境绩效排名中国靠后》，来源于"搜狐网"：http：//news. sohu. com/20060127/n241633 795. shtml。

为例，1998 年修改的《土地管理法》首次在法律中将"促进社会经济的可持续发展"明确为立法目标，体现出可持续发展权的内涵；1994 年《中国 21 世纪议程》又将可持续发展法制建设明确为今后立法指导思想之一。随着可持续发展法治进程的深入，我国环境法所涉及的范围和对象，已从最初的对个别环节的控制（如强调对污染物处理、处置的污染源"末端控制"）发展到对包括决策过程在内的全过程控制（如污染的"源头控制"、"从摇篮到坟墓"的全过程控制），从最初的对个别对象或某类对象的管理（如废物管理）发展到对各种相关对象的管理（如废物管理和产品管理、资源管理和环境管理），并开始推广一些新的法律制度，如综合决策制度，综合环境影响评价制度，环境标志制度，清洁生产制度，新的环境资源税费、排污许可证制度等，这些都充分体现出理性式的可持续发展法治道路的自我创新机制。

（二）理性式相对先验式的优点

先验式的可持续发展权道路将人权构建在自然权利的基础上，强调人的"应然"权利，在可持续发展观创立初期为可持续发展观的普及和可持续发展法律体系的构建奠定了坚实的基础。然而，先验式的可持续发展权道路也存在其固有缺陷。首先，作为由道德原理和自然正义支撑起来的法治模式，先验式的可持续发展权道路所主张的应然权利将人权定义为最高的普适性的道德权利，认为"人权"不是指"由人"享有的权利，而是指"人作为与自然理性相通的类"而享有的权利。[1] 这种人权推定方式仅仅是从权利依据的角度，而不是从权利主体的角度来讲的，虽然利于论证人权的神圣，但是它将人权作为一个超越现存社会制度之上并与之相对立的原则，其方法论的革命性和批判性不利于现存法律体系的稳定，从根本对人权保护也存有不利，它忽略了人本身是历史的产物，权利必然也是由历史产生的，具有客观性，而非先验的存在。其次，先验式的自然权利理论缺少实证法及法治传统的支持，往往流于形式。罗伊德就认为："在某些现代成文宪法中，对于人权或者自然权利虽然有广泛的陈述，却没有赋予它们特定的法律效力，或授权法院使它们生效。这类宪法就人权所作的宣言，不过是劝诫和口号。"[2] 再次，任何社会制度接纳一个新的法治理念都需要一个渐进的过程。先验论者高举"人权至上"的口号与现存的法制体系相对抗，在社会的法制变革实践中，注重变革的急变与激进，是一个强制性地将浪漫、抽象的权利理念直接提升为法律条文的过程，缺乏社会实践的检验，往往要付出巨大的社会成本，甚至以牺牲社会稳定为代价才能将一个新的法治理念树立起来。近代法国资产阶级革命为实现先验性的普适人权而付出的巨大代价就是一个例证。[3]

人权与可持续发展相结合是消除贫困、解决人类所面临的环境资源危机，促进人与

---

[1] 吴春岐、王彬：《受刑人权利的法律定位》，载《法学论坛》2006 年第 4 期。

[2] 刘连泰：《宪法的彼岸世界与此岸世界》，载《浙江社会科学》2004 年第 6 期。

[3] 例如，法国革命在恐怖时期自身对人权也进行了肆意的践踏，也说明先验式的人权道路远非颁布一部理想化的宪法或者人权法案那样简单。

自然和谐发展的必由之路。理性式的可持续发展权法治道路将可持续发展权放在具体的社会环境中进行考察，以既存的社会制度与环境资源现状为蓝本来勾画适合本国的可持续发展的法律体系，不仅使可持续发展的法律保障更加现实、有效、富操作性，也有利于处在观念变革中的社会秩序趋向稳定。例如，我国人均 GDP 低，地区差异大，脱离贫困、提高人民的生活质量还是中西部大部分地区发展的首要任务。在实现小康社会的过程中，感性的"人权至上"口号和浪漫的应然权利构想显然还只应作为可持续发展的价值目标而不是指导现实生活的行为依据；另一方面，公民社会的权利理念在传统中国社会尤其是广大农村的普及仍是一个循序渐进的过程，可持续发展权在全社会的理念传播更主要依靠政府主导而不是公民自发，急变与激进式的法制变革必然会增加社会成本，无疑是不合时宜的。因此，由政府主导，由非政府组织（NGO）① 和公民积极参与，将可持续发展的应然人权价值分解为符合我国国情的一个个具体的法治目标，有计划、有步骤地面向纵深推进，逐渐实现由"乡土社会"向公民社会，由漠视权利向积极主张权利、保障权利转型，最终实现由自然权利向现实权利的飞跃。这一理性的法治道路才是可持续发展权中国化的实然选择。

　　总之，理性是法治的品格。尊重理性，符合理性，以理性的态度去分析现实，用理性的思辨去提炼真理，是法的追求之一。可持续发展作为一种新的发展观、道德观和生活方式，要使之成为全体社会成员的共识，自觉地指导其行为，理性法治化是最有效的途径。理性式的可持续发展权法治化道路的目标在于推动人类与自然的和谐与大同，在于体恤人的自由和发展，实现全人类自身的解放。只有在理性的指导下，可持续发展权作为一项基本人权才能在人类政治文明历史上书写下光辉的一笔。

（作者单位：武汉行政学院　中南财经政法大学）

---

　　① 非政府组织（Non-Governmental Organization，简称 NGO）是指非政府的、非营利的、带有志愿性的致力于公益事业的社会中介组织。相对于企业来说，非政府组织不具有营利性；相对于政府来说，非政府组织不是政府机构及其附属部分。

区域经济一体化发展下的立法模式

——现代化进程中中央与地方关系之考量

巢容华

内容提要：中央与地方之间的关系，一直是作为最高领导者苦苦思量的重大问题，历史的经验证明，作为我们这样一个幅员辽阔的大国，中央与地方关系极其复杂。在目前的单一制国体下，各级政府的功能和目标存在着一定的差异和区别。以往多从二元对立的关系来考量，而在现代进程中，我国经济呈现出区域性一体化的特点，随着这一趋势的深化，笔者也在思考，经济区域化发展的趋势，是否将给我国中央与地方立法格局、中央与地方目标的调和带来新的气象。

关键词：区域经济一体化发展；立法模式；中央与地方政府

我国是一个单一制的国家。但自 1978 年经济体制改革以来，由于我国地域辽阔，各地自然资源和自然状况、地理位置和历史发展的不同，各地的经济诉求不同，导致中央的决策无法在一些地方得到贯彻甚至政策变形，而这必将影响到我们新一轮的经济发展。因此，我们有必要反思我们目前中央和地方的关系，构建区域经济一体化发展下的立法模式。

一、中央与地方关系之考量

（一）我国当下的区域经济一体化发展与现状

区域经济一体化，是指在区域经济总体目标的规划下，发挥地区优势，在全区域内，通过合理的地域分工来实现生产要素的优化配置，从而推动区域经济的协调发展，提高区域经济总体效益。① 根据有关研究表明，当前我国已经呈现出区域经济一体化的趋势。②

---

① 关于这一论述，参见宋巨盛《长江三角洲区域经济一体化研究》，载《当代财经》2003 年第 2 期。

② 关于相关表述，具体参见中国科学院可持续发展战略研究组：《发展体制的战略突破——欧盟架构的借鉴》一文，其中论及我国区域经济一体化趋势的具体表现，主要有以下几个方面：首先讲到了市场一体化，这里的市场一体化主要是一体化的资本市场、消费市场、技术市场、人力资源市场、产权市场、文化市场、旅游市场等。其次表现在产业一体化，依据区域内各个地区的 （转下页）

这一经济局面的出现，与我国的发展历程不无关系。在改革开放以后，我国的东部、中部和西部逐渐形成了三大经济带，辽、冀、京、津、苏、沪、浙、闽、粤、琼、桂 12 个省市区为东部经济带，中部包括黑、吉、内蒙、晋、豫、皖、鄂、赣、湘 9 个省区，其余陕、甘、宁、云、贵等 10 个省市区属于西部。为促进民族地区的发展，在西部大开发战略中，又将广西和内蒙古自治区划入西部。三大经济带之间和各经济带内部还有一些二级、三级经济区。在"九五"计划中，我国提出七大经济区的理念。在"十五"时期又恢复了三大地带的提法。温家宝总理在 2004 年的政府工作报告中，首次提出了东部、中部、西部、东北的划分。在"十一五"规划中延续了对东、中、西和东北这四大板块的划分。总体而言，我国对全国区域的划分是在经济类型区和综合经济区这两者间交替。经济类型区的划分基本是在二分法、三分法和四分法之间变动。这几次大的变动如下：沿海和内地——东中西三大地带——东中西和东北。而且，特别引人注目的是，在"十一五"规划纲要中提出要推进主体功能区建设，即"根据资源环境承载能力、现有开发密度和发展潜力，统筹考虑未来我国人口分布、经济布局、国土利用和城镇化格局，将国土空间划分为优化开发、重点开发、限制开发和禁止开发四类主体功能区，按照主体功能定位调整完善区域政策和绩效评价，规范空间开发秩序，形成合理的空间开发结构"[1]。这一理念必将对我国区域经济的发展格局产生深刻的影响。应该指出，区域划分和功能区的界定是国家调控区域经济发展的一项重大内容。在"十一五"时期，有必要在东部、中部、西部和东北四大板块的基础上，按经济发展水平、自然地理环境、历史延续性等逐级划分跨省的综合经济区、跨地市级的标准区以及县级的基本空间单位。

（二）没有硝烟的"战争"——特殊情况下地方与中央的博弈

当我国确定进行以经济建设为中心的经济体制改革以后，中央政府和地方财政由原来的"统收统支"改为"分灶吃饭"，地方经济发展水平也成了官员晋升与政绩考核的重要标准甚至唯一标准。[2]当然，我们可以看到，在改革后相当长的一段时期内，虽

（接上页）比较优势，通过合理的产业分工来实现区域产业结构合理化，从而提升区域产业配套能力、整体水平和核心竞争能力。再次表现在交通设施的一体化，这一点体现在区域内高速公路、城际列车等快速交通干道建设为重点，加快城市通道的配套与衔接，共同完善交通、物流网络（例如笔者所在的武汉市围绕武汉城市圈的相关高速、城际特快的建设）。这一趋势还表现在信息一体化上，在一个大的经济区域内冲破信息封锁，强调各种公共信息的公开、透明、顺畅，实现信息资源互通、共享。然后还体现在生态环境一体化上，统筹规划区域环保和环境治理战略，共同打造区域绿色经济圈。最后表现为人文资源一体化，力争在人才的培养中突破地域限制，实现区域内人才资源合理、有序的流动。

① 《中华人民共和国国民经济和社会发展第十一个五年规划纲要》，人民出版社 2006 年版，第 37 页。

② Susan Young, Policy, Practice and the Private Sector in China, *21 Australian Journal of Chinese Affairs*, 1989, pp. 57-80.

然各地的具体状况和各地政府的运作状况不同，但是地方政府在以经济建设为中心这一总体战略下对于经济发展的贡献是毋庸置疑的，我们可以把这一时期的政府称为一种发展型的政府。在这个过程中，由于要引进投资、出台各种优惠政策，政府需要相当宽泛的自由裁量权。

当国家财政"分灶吃饭"以后，地方政府使尽浑身解数寻求财政资金的来源，一方面地方自身有着追求经济发展的内在需求，另一方面这也是中央考核地方工作的几乎最重要的指标。在这样一种情形下，人事任免权成为了中央对地方最为有效的控制方式，问题就在于，在现状下，地方也需要相当的自由裁量权，如何在给予地方相应自由裁量权的状况下，保持中央对地方的有效控制就成为当局要充分考量的问题了。

由于上级掌握着人事任免权，下级政府大致上要听命于上级政府，我们可以把下级政府视为上级政府的代理人。从理论上来说，处于代理人/被代理人关系的下级与上级政府之间的目标应当是一致的，但是在实际上，两者并不一定一致：由于我国地域广阔，地区经济差异较大（我国基尼系数之大已经在很早以前就引起了诸多经济学家的警惕），中央的统筹战略势必与各地区之间的"小算盘"发生冲突，各地为实现本地区利益的最大化，对于中央基于更高层面的战略考虑很难不折不扣地完成；而对于地方来说，无论是相对落后的地区还是发达的地区都面临着更高的竞争，这种经济发展的呼声使得它们有内在的冲动去突破中央的政策，追求更多的自主权力。

实际上，在我国的单一制国体下，政府层级相对较多，代理链很长，再加上政府间信息传递的复杂性（主要是信息的极大不对称），加上地方有自己的偏好与具体情况，在代理链另一端的地方政府会努力实现有利于己的政策而不积极追求甚至忽视上级的利益。

面对这种信息不对称和过于冗长的代理链，我国学者也提出了一些应对措施，政府当局也作出了相应的努力（比如去年提出的"省管县"的规划的回归）。而笔者认为，当下区域经济的发展局面和一体化进程或许是解决这一"战争"的最好手法，通过一体化进程的推进，把具备组合优势和互补机能的区域加以整合、拿捏，而当局也不必直接面对为数众多的"代理人"，中央和地方政府有了"一体化的大区域"作为缓冲地带，上传下达，每个区域可以根据自己的特点和具体情况，在中央的大方针下具备相对合理的自主权，或许这正是中央"统筹"与地方"自主"之冲突的解决之道。

二、他山之石，可以攻玉——欧盟经验带来的启示

目前世界上一体化进程最为完善的经济体非欧盟莫属，自20世纪末的"煤钢共同体"开始，欧盟经历了一系列的探索，为欧洲战后经济的崛起发挥了巨大作用。在此过程中欧洲的地缘经济相对差距逐渐缩小，政治上亦具有趋同倾向，并且已经拥有了几乎在全欧洲通用的货币——欧元，甚至要进一步推动欧洲的统一宪法（虽然最后遭遇障碍）。作为人类文明的发源地之一，经历了战争后的满目疮痍，面对各地、各民族之间文化和自然环境、经济基础的不同，欧盟在前进的路上与中国有许多相似之处，个中

经验，弥足珍贵。

（一）确立了坚实的法律基础

为保障区域政策的有效实施，欧盟制定了明确的法律法规。作为欧盟区域政策的最终法律依据，欧共体成立条约第70条第158～162款对"经济和社会凝聚"做了这样的规定：共同体的目标是缩小区域间的发展差距，消除落后地区、岛屿及农村地区的落后状况，并规定以结构基金的手段来实施。① 欧盟及成员国各级政府非常重视法律法规的制定，对区域政策实施的每一步、每一方面都严格按照法律的规定来实施。欧盟为此而制定的法律文本内容非常详细，具有很强的可操作性。由各类定义、规范和标准构成的机制来指导援助政策，可以最大限度地避免长官意志，避免地方与决策机构间的纠纷以及避免由此造成的决策拖延，同时也可以最大限度地遏制腐败。②

（二）确定了明确的发展目标，并且拥有具体的阶段性发展规划

虽然欧盟是一个经济体，其中由许多利益取向不同的国家组成，但是欧盟的发展进程中确实把经济的协调放在了重要的位置。如前所述，共同体条约已明确规定：共同体的目标是缩小区域间的差距，实现经济与社会凝聚。为了实现这一目标，欧盟自20世纪70年代以来，制定了一系列阶段性的发展规划，以此来协调区域经济的发展。每一时期发展规划都包括一整套优先发展目标和具体的政策手段。在明确欧盟内部不同区域类型的基础上，欧洲委员会将不同成员国及其不同地区划定到各优先发展目标中，对其进行资金支持。在欧盟区域政策综合性计划的框架之下，欧洲委员会及各成员国的各级政府还共同制定一些专门计划，将生产性项目、基础设施项目、地区内在潜力的开发及人力资源开发这四个领域确定为优先发展领域，以保证欧盟区域发展目标的最终实现。

（三）严格遵循相应的运行机制

为保证区域政策的有效实施，欧盟一直遵循严格的运行机制。第一，欧盟与成员国政府之间基本实现了协调运转、合理分工。欧盟及其成员国的第一要务就是实现经济的协调发展和社会的有效凝聚，因此，各成员国既是欧盟区域政策的具体实施者，也是其主要责任者，在大方向上，两者的目标是一致的。在充分发挥各成员国及地方政府主动性和积极性的基础上，欧盟将区域政策的实施纳入其总体规划，并制定阶段性目标。每项具体规划的制定和组织实施，都经过先自下而上、再自上而下两道程序，以使该规划既符合地方实际、具有针对性，又做到点面兼顾、综合发展。第二，在投入大量资金的同时，欧盟也实行了严格的监督机制。欧盟利用结构基金政策工具（例如欧洲区域发展基金、欧洲社会基金、欧洲农业保证及指导基金都是欧盟用来实现其区域发展计划的基金项目）资助成员国或地区时，不仅要将资金落实到具体项目，还要由项目法人承

---

① Third Report Economic and Social Cohesion, *European Commission*, 2004.

② 张健雄：《欧盟结构政策的启示》，载《人民日报·海外版》2002年12月21日。

担责任和风险，成员国中央政府和欧盟都要进行调研和审批，欧盟还要派专家组对项目进行独立监督，以防资金被挪用或浪费。一旦发现违规行为，立即停止拨款，并追究责任。第三，实行"中央财政转移"与"地方配套资金"结合的机制。根据欧盟的要求，欧盟区域政策遵循"辅助性"原则，各类项目投资以成员国政府或地方政府为主，结构基金的援助起到辅助性作用。① 接受欧盟结构基金资助的成员国，不仅要接受欧洲委员会的监管，还要提供同等比例的配套资金，对受援地区和企业进行相应的投资。欧盟结构基金对项目投资所占比例在目标地区为 25% ~75% ，在其他地区为 25% ~50% 。②

（四）农村经济的发展

在采取以上这些措施的同时，欧盟也着力于促进农村经济的发展。随着农业生产率的提高，欧盟农业生产过剩日益严重，大量劳动力必须从农业生产中转移出来。欧洲农业指导与保证基金中的指导部分，其宗旨是引导农村过剩的劳动力从农业生产领域中转移出来。欧盟实施的措施包括：农业生产潜力的转向、多样化；投资于当地优质农、林产品加工业，并帮助建立品牌和推销；开展多种经营的计划；保护和保存农村文化遗产；鼓励发展旅游业和手工艺生产。③

三、作为协调双方发展目标之立法模式之考量

在我国区域经济一体化的目标提出之后，必须考虑立法模式的转变，区域经济发展，不同于各自为政的蜂拥而上，对每个大的经济圈，既要考虑到中央的总体目标，又要念及每个经济圈的不同特征（例如面对相对发达的东部，对其行政运作的程序合法性要求就应当高于对西部的要求）。经济圈的形成，不是简单的叠加，而是一定量变之后形成的质变，区域之间的互补优势和产业组合将更好地整合资源，发挥比较优势，优化经济结构，实现资源的合理配置，寻求区域间经济均衡发展之道。

鉴于我国的实际状况，参考欧盟战后所走的经济复苏之路，结合我国当下中央政府与地方政府之间的关系，笔者对我国在区域经济一体化发展时期的立法模式有以下的建议：

（一）关于区域经济的立法，应当坚持中央统筹、地方细化的模式

虽然我国是单一制的国家，但是，由于国土面积广大，地区发展不均衡，各地特征各异。因此，在立法模式上可以参照欧盟的方式：由最高立法机关（全国人大）和中

---

① 杜平：《国外开发欠发达地区的经验教训》，载《城市经济 区域经济》（人大报刊复印资料）2001 年第 5 期。

② 张可云：《区域经济政策——理论基础与欧盟国家实践》，中国轻工业出版社 2001 年版，第 36 页。

③ 祝宝良、张峰：《欧盟地区政策》，中国经济出版社 2005 年版，第 78 页。

央制定原则性的法律规范，其中由人大对于区域经济发展的目标与原则进行规定，以法律的形式来确定我国区域经济一体化的大方向和总体目标；对于中央来说，以手中的最高行政权力与对全国总体状况的把握，对全国经济区域的划分、各个经济区域的主要发展路向作出原则性的规定。各个经济区域具有各自不同的情况，因此，关于本区域内诸如招商引资、特色产业、龙头产业的一些具体规定，还是交由各个经济圈自行决定、中央审核即可。地方政府的作用主要在于把中央的宏观发展政策具体化。

中央统筹，地方细化，拥有相当的自主权之后，地方不仅是中央政策的具体化者，也将对自主细化的经济政策负责，由于地方在将中央宏观法规具体化的过程中，会结合自身特色和实际情况，并拥有了一定的依据实际情况和具体偏好自主选择的权力，地方在施行法律的时候会更具备积极性，同时，因地制宜的法律会更具有生命力和可操作性。

（二）拥有强有力的制度保障

给予权力的同时也要准备好相应的枷锁。我们与欧盟不同，我们是一个单一制的国家，中央政府维护权力的同一性的动机要远大于欧盟，而且，中央政府实现区域经济协调发展的决心和压力也要大于欧盟（这压力源于掌权者对国家的责任心和作为国家精英的责任感）；同时，掌权者要考虑到政权的稳定性问题，以及中央的权威性问题（如果一旦有地方跨越了中央放权的"底线"，可能会使统治者给予警惕而放缓"放权"的进程甚至产生"收权"的念头），因此，我们的保障制度一定要比欧盟更为完善和有力。（在现实中，确实存在地方政府对于立法权的僭越，就以湖北省为例，湖北省人大常委会 2004 年 4 月 1 日公布的《湖北省征兵工作条例》，就存在相应的问题。①）

因此，从这一点来看，中央有必要建立起有力的保障措施，来防止地方过于频繁的越权行为；防止地方大员成为"封疆大吏"，危及中央的总体目标甚至是中央政权的稳定性。

（三）针对特殊地区制定经济支持的特别法

由于地区先天条件的不同和政治等影响因素，各国都不同程度地存在区域差距。无论是发达国家还是发展中国家，都对区域经济的发展予以不同程度的干预。发达国家中诸如美国、英国、法国、德国、意大利、西班牙等；发展中国家中的巴西、印度、巴基斯坦等国家无不经历过或正经历着不同程度的人为缩小区域差距的工作。从几个有代表性的大国缩小地区差距的实践看，发达国家区域经济相对均衡发展并不是市场力量自然形成的，而是政府有效干预的结果。一些经验数据表明，大概是在 20 世纪 30 年代以

---

① 根据有关学者的分析，这一条例至少存在以下问题：1. 越权增删法律；2. 扩大调整对象；3. 涉嫌改变兵役管理制度。虽然这种现象有可能是由于中央的上位法没有考虑到本地具体情况造成的，但是这确实僭越了它应有的权限。关于这方面的具体论断，参见秦前红、曾德军：《地方立法的主要问题及其反思——以湖北省为例》，载《江汉大学学报（社会科学版）》2007 年第 2 期。

后，发达国家的区域差距开始渐渐由逐步扩大变为逐步缩小，这正好是发达国家市场经济由自由放任到政府干预的时期。虽然发展中国家都把经济增长视为首要目标，但是各国政府也都致力于区域经济的均衡发展。

我国改革开放以来的地区性发展几乎大部分是靠引进外资（包括港澳台地区的资金）来实现的。然而，这是一个漫长的（虽然发展速度可能是世界第一）、付出了非常大代价（包括环境与一定的地区利益）的过程。况且，目前有些地区几乎是一穷二白，根本没有外资可"引"，更何况，今年以来的金融风暴席卷全球，"外资们"几乎无暇自顾，如何引进？我国拥有大量的外汇储备，也有"以富国富民为己任，支持经济社会发展"①的国家开发银行，面对资金稀缺的地区（例如西部经济圈），可以考虑以行政法规的形式来确立一定的倾斜性扶植政策。地域经济差异的弥合是无法靠完全的市场方式来实现的，政府的有效干预将是最为有力的推手。当然，要严格遵循行政法规和相关的规定，要明确权责，否则，这一良好愿望又将成为镜花水月。

（四）针对农村问题制定法律

我国目前还处于半农业社会状态，农民基数大，农地矛盾在改革过程中日渐突出，因此，在建设经济圈，实现区域化经济发展的时候，一定要特别关注农业问题。农业不会成为经济迅速发展的"引擎"，但农业却是整个国家生存的根基，切忌改革进程中出现犹如英国"羊吃人的圈地运动"一样的悲剧。

关于农地法规，还是坚持以中央加强控制为宜，因为从历史发展和我国实践来看，为了经济的快速发展，政府确实具备相当的冲动，牺牲土地、以求一时之快，掌权者应当把这一权力集中起来，并严加监管。

四、结论和意义

我国是单一制国家，历代以来中央政府对于权力都非常敏感，伴随着近百年的变革历程，国家的经济形态（由农业向工业转向）和政治体制（民主政治已经深入人心）已经发生了巨大的变化，但是，中央与地方之间的关系问题依然是困扰统治者的难题。中央要保证统治的权威性，地方也要拥有一定的自主性，伴随着我国经济的区域发展，我认为，转变新的立法模式，采取由中央统筹、地方经济圈拥有相当自主权（当然这种自主不能危及政权的稳定，例如在资金和土地方面我提出的，地方拥有极其有限的自主；而且，中央要拥有极强的监督权力），双方权责分明的模式，或许能够在新的时代，发展出几个"区域经济圈"，来实现上传下达，解决中央和地方相互矛盾的这一对冲动。

本文站在政治统治的视角上来看待问题，因此，也就没有提及传统法学所关注的正义、效率等问题，本文关注的重点在于，如何在区域经济一体化的大形势下，合理运用

---

① 见国家开发银行网站：http://www.cdb.com.cn/web/。

法律这一调控手段来实现国家政权的稳定，缓和地方与中央之间的矛盾，同时，对国家经济的平衡和产业结构的优化有所助益，如果通过论证，本文的目的能够有所达到的话，也就实现了本文的意义。

（作者单位：中南财经政法大学法学院）

区域经济发展要坚持什么：一种法理分析

何跃军

内容提要：区域经济发展是当下中国的重要理论与实践课题，法学上对之关注不多。从法理学的角度对区域经济发展的基本理论问题进行分析，有助于构建区域经济发展的法律基础，实现区域经济发展的法律规划，促进区域经济发展的法治化。

关键词：社会整体效益原则；公平；效率；可持续发展

在中国发展经济的过程中，资源浪费、重复建设、环境安全以及地区发展不平衡等问题相伴而生，且日益影响到整个国民经济的可持续发展。区域经济的发展已经成为保证国民经济顺利发展的重要组成部分。① 从法治的角度探讨如何保障区域经济的发展已经是构建中国特色社会主义法律体系的新课题和新使命。本文主要从法理学的角度来阐述区域经济发展所应当关注的基本法理问题，以期避免出现发展经济中的效率和公平的冲突，促成整个区域的人们都能享受到区域经济发展的成果。

一、问题的提出：区域经济发展应法理先行

区域经济是根据社会劳动地域分工的不同而形成的各具特色的地域经济综合体。发展区域经济，是各个国家公共政策的核心问题之一。从历史上考察，世界各国的经济发展史表明，在市场经济条件下，区域差距不会自动缩小，相反会越来越大，需要政府积极地加以干预。政府干预经济是一种与市场自发调节相对应的力量和手段。凯恩斯主义的出现，标志着国家干预理论的基本形成。从罗斯福新政之后，发达市场经济国家的政府干预得到全面发展，政府在经济发展中发挥着重要作用。政府干预经济起源于市场失灵的存在。区域经济发展首先必须进行区域经济的宏观调控，市场机制固有的局限性需要宏观干预，"宏观经济学是关于协调失灵的，政府的宏观经济作用就是避免协调失灵"。② 此外还包括两个因素：一是个人因"合成谬误"的理性行为导致整体经济灾难的情况；二是存在较为悬殊的贫富差距，即使资源配置达到了"帕累托最优"，从社会

---

① 十届全国人大四次会议通过的《中华人民共和国国民经济和社会发展第十一个五年规划纲要》，将统筹区域发展明确为"根据资源环境承载能力、发展基础和潜力，按照发挥比较优势、加强薄弱环节、享受均等化基本公共服务的要求，逐步形成主体功能定位清晰，东中西良性互动，公共服务和人民生活水平差距趋向缩小的区域协调发展格局"。

② Helm, *The Economic Borders of the State*, Oxford University Press, 1989, 43.

伦理和价值判断上来说也需要政府干预。新制度经济学的制度创新理论表明制度也是一种资源，国家在制度资源的配置上具有组织优势。

我国的传统和现实都需要国家在调整区域发展时，提供及时的和适当的制度供给。这既是国家的职责所在，也是区域发展的必需。新中国成立以来，我国地区差距的制度特征从一个侧面也证明，制度创新在区域发展中的关键性。借鉴世界各国调控区域发展的制度经验和教训，最重要的一条是以法律为主导，立法先行。即发达国家和发展中国家干预地区差距、协调区域发展、促成区域内部发展，都是以宪法和法律为基础进行的，都是以法律来规范和保障政府的干预行动。这对我国统筹区域发展具有借鉴意义。

但是，立法固然是重要的，在此之前，我们还必须总结中国在立法层面上的得失，总结当今社会发展的总体要求，总结我们所面临的时代和实践要求，否则所立之法很可能成为盲目之法、"无理之法"。而对于这些问题的总结，其最先感知的载体应当是法理学上的变化。而这正是本文的目的所在。

本文认为，区域经济发展在进行立法规划之时，必须以法理先行。正确的理论不一定产生成果的实践，却能避免谬误和迷失。法理之于立法的重要作用，自无须本文在此赘述。下文要讨论的是在区域经济立法之前应当注重的法理问题。

二、整体与个人：社会整体效益原则的调适

区域经济发展总体上追求社会整体效益价值的实现。从经济法的角度，经济法所追求的经济效益指的是社会整体经济效益，经济法是国家从社会整体利益出发对经济运行进行干预和调控、协调和规制的法律"[1]，同时，有学者将经济法的本质界定为"适应经济性即社会协调性要求的法律"[2]。区域经济发展追求的经济性特征与经济法追求的经济性特征具有一致性，即社会整体效益。法律经济学认为，效率的目的，是衡量一切法律乃至所有公共政策适当与否的根本标准[3]。可见，特别在如区域经济立法等经济立法当中，社会整体效益价值既是经济法追求的价值，也符合法律经济学对法律和公共政策的要求。

但是整体效益原则却蕴含着基本的内在矛盾。社会整体效益原则在一定程度上确实能够于"个体私利"的自有追求中自然成就，它能够在一定程度上在个人利益与个人利益的复杂交织中获得实现。但是这种实现始终蕴含了整体利益与个人利益的矛盾，其在根本和长远上对个人利益的促进可能导致二者在局部和短期的背离，因而理性经济人对个人私利的追求并不必然导致社会整体利益的最大化。这已经是经济学家们的共识。因而，我们在法理上绝不可忽视这种共识，盲目地一味地想促使社会整体利益的最大化，而罔顾个人利益的实现，从而导致实质不公平和不正义。

---

① 张英：《论经济法的基本价值取向》，载《西北政法学院学报》2004 年第 4 期。
② ［日］金泽良雄：《经济法概论》，满达人译，中国法制出版社 2005 年版，第 27 页。
③ 钱弘道：《法律经济学的理论基础》，载《法学研究》2004 年第 6 期。

事实上需要说明的是，这种对社会利益优先性和重要性的强调，并非不重视个体利益，而正是基于对个体利益的考虑，只不过其对个体利益获取所依赖的基础认识不同而已。① 但是根据实践的经验，我们不能简单地如上宣称，而是必须对社会整体效益原则进行调适，整体优位、个人让步的理念应当适当的转换成为整体优位、个体基础的理念，必须首先承认个人利益的基础性地位，转换逻辑的思维方式，才能够在此基础上确保整体利益。换而言之，即形式上，社会整体效益处于主导地位，个人利益服从社会整体效益的约束。但是从实质而言，国家对社会整体利益的干预应当受制于个体的利益，个体利益的自发实现和自觉实现应当成为社会整体利益必不可少的考量内容。

整体利益和个人利益的并存发展，其实质就是要造就一种和谐的发展。我国区域发展是基于把社会作为有机整体加以认知，认为构成社会的诸要素是功能互补的，从而追求整体和谐发展的结果。由此，保障区域协调发展的法律制度在制度设计上就要具备下列秉性：权利与义务的角色性、规范性质和功能的二元结构性、责任的二重性等。② 随着生产力的高度发展和社会分工的日益细化，社会中的每一部分和处于不同部分的不同个体在社会整体运动中扮演不同的角色和发挥不同的功能。整体和个人的和谐需要区域经济发展法律制度对功能个体的角色予以确定并保护其功能发挥所需条件的存在和生成。这样，功能主体的权利义务具有与其角色或功能的对应性。同时，这种和谐认为任何主体的行为不仅影响直接作用的对象，而且影响到整个社会。这就要求处于社会的个体不仅对其他个体负有不侵害的义务，而且对整个社会负有维护与促进的义务。

三、公平原则：一种实质公平观

区域经济发展所追求的公平是分配公平、实质公平。所谓分配公平，是在社会生活中由于种种原因造成的地区发展不平衡、产业畸形发展、个体贫富悬殊等分配不均衡现象所引起的再分配需求。不是指社会财富的平均分配，而是指利用国家经济能动力，在调整产业结构、均衡收入分配和协调地区发展方面发挥积极的作用。③ 所谓实质公平，是指社会整体利益的公平。简单地说，它强调人们追求利益最大化的行为，必须对全社会的经济发展而不是对个别人的特定利益承担义务，当某经济行为即便并不造成特定的损害结果，但却对整个社会经济造成危害时，该行为就是不公平的。

区域经济协调发展追求公平公正的发展环境。在各国的区域经济发展过程当中，虽然国情不同，但所遇到的问题都存在着共性。在发展中国家遇到的最大的问题，莫过于地方保护主义。比如，地方政府为了保证当地企业能够获利以保证其财政收入，限制外来商品进入当地市场。地方政府往往打着"地区经济调控"的幌子实行地方保护主义、

---

① 刘水林：《经济法的基本方法论探讨》，载《中南民族大学学报》2005 年第 2 期。

② 刘水林、雷兴虎：《区域协调发展立法的观念转换与制度创新》，载《经济法学、劳动法学》（中国人民大学复印报刊资料），2005 年第 11 期。

③ 单飞跃：《经济法基本原则研究》，载《经济法论坛》2003 年第 1 期。

地区封锁、行政性贸易壁垒等。这严重影响了社会整体经济的发展，破坏了市场竞争秩序，而且纵容了一些违法违规现象的发生。可以说，地方保护主义是行为主体追求个体利益而损害社会整体利益的典型，剥夺了市场主体公平竞争的机会，从规则上限制了市场经济主体的"机会公平"，最终破坏了"实质公平"的和谐发展局面。而区域经济发展的任务之一即是打破地区封锁，建立和健全统一的产品、生产要素流通市场，保护市场竞争机制。通过以上分析说明，在这点上即体现了区域经济发展所追求的公平价值理念。这种公平价值理念，应当是一种实质的公平价值理念。

社会公共利益的核心是公平（或公正）。公平，有静态、外部的层面，也有动态的、实质的层面。所谓静态、外部的公平，即着眼于形式上法律地位平等、意思表示自由，而不问行为的结果；而动态的、实质的公平，则超然于权利行使之上，直接关注利益实现的公平，即结果公平，其属于有利于效率最大化的公平。①

区域经济发展应当更注重的是最终实际利益的归属，注重动态的、实质的公平，并对此进行法律提升和制度保障。在区域总体经济发展的时候，不能忽视那些和整个区域发展存在差距的现象。应当利用法律的杠杆对社会的财富进行再分配和对社会上处于不利地位的人予以一定的补偿和救济。从理论角度讲，法律在追求和实现实质公平的过程中，其强调针对不同情况和不同的人予以不同的法律调整，要求根据特定时期的特定条件来确定法律的任务，以实现大多数人的利益；同时，赋予执法者不同程度的自由裁量权，执法者解决问题时针对个别情况、个别主体作特殊调整，体现了实质公平要求法及其调整所具有的能动作用、灵活性和适应能力。从实践角度讲，法律在追求实质正义的过程中，亦努力平衡各种市场主体的意志和利益，维护和保障大多数人的福祉。一方面，从市场规制角度出发维护自由公平的竞争环境，另一方面，从国家宏观经济角度，通过金融、税收、产业指导等经济手段引导市场主体，促进社会经济收益的公平和社会分配的公正。

四、效率与公平：两种价值之争

就经济法而言，经济法学界基本达成了共识，正如漆多俊教授所言，经济法的原则可简要地表述为社会总体经济效益优先，兼顾社会各方利益公平。② 经上文分析，区域经济发展追求的价值当然地包括了社会整体效益及公平公正，这就产生了区域经济发展的主导价值取向的问题，是社会整体效益优先，还是公平优先的问题。

公平与效率是区域经济发展需要解决的两个重要目标。区际之间存在一定的经济发展差异才能体现区域经济增长效率，但是经济发展差异过大，又不利于实现社会经济公平，因而只有经济发展差异限定于一定的范围内，才有可能同时实现经济增长效率和社会经济公平双重目标。要把经济不公平或贫富差距维持在刺激而不是损害经济效率的最

---

① 单飞跃：《经济法理念与范畴的解析》，中国检察出版社 2002 年版，第 89 页。
② 漆多俊：《经济法基础理论》，武汉大学出版社 2005 年版，第 172～173 页。

低限度，以实现最高程度的相对的经济公平。实践证明，这个"差异的适度范围"其上限应以不影响区域经济增长和整个国民经济发展为界线，其下限应以该区域的人们可能承受并不至于发生民族的或社会的问题为界线①。如果超过上限，虽然区域经济高速增长，整个国民经济快速发展，但区域经济发展带来的区际差异过大使人们难以接受，那么，经济增长的高效率可能被社会经济的不公平所引起的政治社会震荡相抵消。另一方面，如果低于下限，区际间发展差异过小，政治社会问题虽说不会发生，但区际间则会产生平均主义，丧失掉区域经济发展动力，以致影响到整个国民经济的发展。因此，适应区域经济成长阶段确定"差异的适度范围"，对于实现区域经济发展的双重目标显得十分必要。

在传统的计划体制下，区域经济发展能够依靠的最为重要的手段是国家的调控，而国家为了摆脱经济的困境，往往过于注重效率的提高，从而造成地区的实际不公平。在市场经济条件下，效率或者增长目标应主要依靠市场机制来取得，而公平的实现主要依赖于国家的调控，这就能明确两者的责任。国家也能因此从更多的方面调整区域之间的差距。但是我们应当明白，经济增长、技术进步、收入分配以及社会现代化等固然是人类追求的目标，但它们最终只属于工具性范畴，人的发展和人类福利才是目的。发展必须以人为中心，发展的最高价值标准就是公平与公正。发展要求消除限制以人为中心发展和实现公正与公平目标的所有障碍。

这跟法律的价值目标是相吻合的。法律在社会生活中担负着分配权利和义务、创造社会各方面利益合作的渠道、平衡缓和各方冲突和矛盾的作用，应把那些行之有效的、具有正义目标的处理方法上升为系统的规范体系，使社会生活处于有条不紊的秩序状态，防止社会发生大量的冲突和矛盾，使已发生的问题和冲突能迅速找到较为妥善的解决方法，从而减少社会资源的损耗，促进社会的发展，由此我们得出结论，正义、秩序、效率都是法律追求的必不可少的价值目标。我国古代法学家派和西方分析法学派认为制定实施法律规范的目的就是为了使社会达到有序的状态，秩序自然是法律的最终价值目标；自由、平等、安全是衡量正义与否的基本标准；市场经济领域中不同的经济主体有着不同的利益，其全部经济活动旨在追求利益实现效率最大化，容易导致不正当竞争、垄断等非效率现象的发生，必须用带有强制力的法律规范来引导、约束不同经济主体追求效率的行为。正义和效率是法律价值目标的本质内涵，是法律规范的灵魂，它们以法律规范为媒介作用于社会生活，形成法律秩序。

正义与效率是矛盾的。效率是以利己性倾向为动因追求利益的最大化，关注的是个体利益，正义则呼吁人们从只顾自己利益的私心中解放出来，关注其他人和群体的利益，两者从不同出发点作用于同一对象，自然会产生矛盾。② 正义要求给人更多的自由，人们享受的自由越多，可供作为生产成本的社会资源就越少，创造出的社会财富也因之减少，人们都渴求自己的重大利益和需要能受到坚强保护，然而过于安全会抑制或

---

① 李树桂：《我国区域经济政策的调整和完善》，载《经济体制改革》1998 年第 1 期。
② 梁家峰：《法律的价值目标和社会经济效益》，载《求索》1995 年第 6 期。

妨碍人类社会的发展。平等和效率的艰难抉择，使得区域经济学研究领域出现许多流派，讨论的焦点不在于是否解决地区经济发展差距过大的问题，而在于什么时候，通过什么方式解决。① 在不同的法律部门和不同的历史发展时期，法律对正义和效率追求的程度不一样。正义保证社会的稳定，效率推动社会的发展，正义和效率要达到一种平衡，这种平衡因不同的法律部门和不同的历史时期而异，实现平衡的条件是正义和效率的最佳资源组合，即在不影响社会稳定的前提下，社会的发展已达到最高速度。② 正义保证社会的稳定，效率推动社会的发展，秩序则为社会的稳定和发展提供了保障服务，因此法律追求的效益是公平、正义、安全、秩序的和谐统一。

但立足于法律的评判标准而言，公平与正义应该作为"法学的第一位的尺度"③。德国法哲学家古斯塔夫·拉德勃鲁赫指出，法律的终极目标是公平、平等下的正义。公平与公正在法律正义体系中的首要地位是无法被撼动的，这是统摄整个法律价值体系的活的灵魂和终极的理念追求。正义是"法治社会中所有价值体系所追求的最高目标"④，法律作为一种最具权威性的价值体系和规范体系，自然要将其作为自己的终极归宿和理想，作为价值判断的最高尺度，不能照搬经济学的价值判断标准取而代之。在经济视角下，公平与效率的价值统一体中是"效率优先，兼顾公平"，但在法律视角下应该考虑为"公平优先，兼顾效率"。公平与效率的法律价值目标，具体化到区域经济发展的指导和评价中，即看该区域经济中的立法是否符合实质公平观和发展观。

五、发展的法理念：可持续发展法理念

可持续发展战略形成于 20 世纪 80 年代，是在对传统的工业文明和发展模式进行深刻反思的基础上形成的一种新的发展观和发展模式。"工业社会存在着人与自然相互矛盾的内在逻辑冲突，因为它所取得的巨大财富是建立在对不可再生资源主要是矿产资源和化石能源的大规模消耗和高度物质消费基础上，其物质基础的不可再生性决定了传统工业社会是不可持续的。"⑤ 1992 年，联合国在巴西里约热内卢召开"环境与发展"大会，可持续发展战略被定为大会的主题，并被具体贯彻到《里约宣言》、《21 世纪议程》等重要文件中。会后，各国纷纷制定本国的可持续发展战略。可持续发展战略成为迄今为止人类历史上最为普遍接受的发展战略。在国际层面，它已为众多的国际组织普遍接受并成为国际立法的重要指导思想和原则；在国家层面，它已经成为众多国家的总体发展战略。

---

① Powell, Walter W. and Peter Prantley, *Competitive Cooperation in Biotechnology: Learning Through Networks*, In Organizations and Networks, edited by NitinNohria and Robert Eccles. Cambridge, Mass: Harvard Business School Press, 1992.

② 阮防：《法律的价值目标》，载《法学》1994 年第 7 期。

③ 经济学家科斯将效率称为"经济学的第一位的尺度"，本文在此借用其称法。

④ 刘作翔：《迈向民主和法治的国度》，山东人民出版社 1999 年版，第 18 页。

⑤ 黄鼎成、王毅、康晓光：《人与自然关系导论》，湖北科学技术出版社 1997 年版，第 4 页。

1994 年 3 月 25 日，国务院发表了《中国 21 世纪议程——中国 21 世纪人口、环境与发展白皮书》，确立了中国的可持续发展战略。其核心内容有三项：（1）以经济发展为核心，通过完善市场机制，发展科学技术，加强可持续发展能力建设来促进经济持续发展；（2）控制人口数量，提高人口质量，发展教育，改善卫生和健康状况，改善社会福利制度，消除贫困，从而实现社会的可持续发展；（3）通过对自然生态环境的有效保护和自然资源的永续利用，实现资源和环境的可持续发展。进入 21 世纪以来，可持续发展战略在中国得到进一步落实和加强。党的十六大把可持续发展列为本世纪头 20 年全面建设小康社会的四大战略目标之一。党的十六届三中全会提出牢固树立和落实科学发展观，科学发展观是可持续发展观。

可持续发展战略深刻地影响了当代法学。可持续发展战略的实施将带来法律的重大变革，其显著领域就是建立新的调节经济、社会和环境关系的法律规范以及人与自然关系的行为规范。上述规范以可持续发展的思想为立法的理论依据和指导思想，以自然规律为其科学基础，以追求人与自然的和谐为法律的最高目标。它改变了传统法律中只重视经济利益和权益，忽视环境利益和权益的利益观，改变了仅以人的意志、利益和需要为判断标准的正义观和价值观，立足于更广的领域和更客观的视角，以人和其他生物都要共同遵循的自然准则为标准确立新的正义观和价值观。它在人与自然之间确立相互的权利和义务关系，不仅明确人对自然的权利，而且明确人对自然的义务。它要求以可持续发展的思想重新审视和评估现行立法，以构建可持续发展的法律体系。①

可持续发展思想对区域经济发展法律制度的建设有很大的指导意义。区域经济发展法律制度的立法宗旨和基本原则要反映可持续发展的要求，在立法内容上要将环境与经济发展的要求贯彻其中，在执法和司法上要将可持续发展的要求作为重要价值取向。

结　语

中国的区域经济发展的制度基础并不完善，没有形成完整的体系。对于我国实行的区域战略不能一味地赞扬，而要从现有成果上反思一条民族之路，不仅仅分析其经济效应，还应讨论其法律效应，在制度中探讨法律的地位问题。而目前有关于区域经济政策的学术著作大多是从区域经济学、制度经济学、行政管理学等角度来对其进行研究的，在法学领域的没有系统的研究成果与理论体系。因此本文的写作权为抛砖引玉，需要能够引起更多的对于区域经济发展的法学关注。

（作者单位：中南财经政法大学法学院）

---

① 李挚萍：《经济法的生态化》，法律出版社 2003 年版，第 4~8 页。

利益阶层对发展权理论及实践的影响

伍文辉　薛报春

内容提要： 人类各项权利的演变过程实质上就是有关利益主体的利益博弈与分化过程。发展权作为人类的一项基本权利，同样会受到各利益阶层的深刻影响。从利益及利益阶层视角深度挖掘发展权的理论内涵，注重发展权制度供给的价值序列，强化实现发展前提公平的促进机制、实现发展环境公平的运行机制与实现发展共享成果保障机制的建立，从而真正促进发展权的平等实现。

关键词： 利益阶层；发展权；价值序；制度实践

利益问题，特别是利益矛盾和冲突及协调问题是文明社会的制度焦点，也是人类设立制度的原点问题。[①] 英国思想家霍布斯也明确指出："在所有的推论中，把行为者的情形说明得最清楚的莫过于行为的利益。"在我国当前社会快速转型的过程中，经济体制转轨和社会结构转型相互交织，阶层分化趋势加剧，在利益多元化的格局中各阶层的利益冲突出现了新的表现形式。要在这种市场经济改革的大背景下，体现和协调各利益阶层不同的利益关系和利益诉求，实现不同主体之间的全面、可持续发展。就必须对发展权的理念和制度实践有一个系统的认识。

一、利益博弈群体化下发展权的理论变奏

发展权作为第三代人权，其产生有着深刻的历史背景和现实基础。同样它也会随着社会利益格局的不断变化而发生变化并不断在现实中得到丰富，其理论经历了侧重集体发展权向集体与个体共同发展的演进过程。

（一）利益博弈时代发展权的理论渊源

发展权是参与和享有发展进程及其结果的权利。其理论渊源可以追述到 20 世纪四五十年代。当时，原有的殖民地、半殖民地相继取得独立并建立了具有独立主权的国家，但由于受殖民主义和帝国主义的长期盘剥和压榨，它们仍处于贫穷落后的状态。一些国家的经济命脉仍不同程度地受到殖民主义势力的控制。广大发展中国家为了摆脱殖民控制，谋求本国经济、社会、文化的全面发展，借助国际社会建立起来的联合国体

---

① 李长健：《论农民权益的经济法保护》，载《中国法学》2005 年第 3 期。

制，同发达国家开展了激烈的对抗。另一方面，发达国家无视《联合国宪章》中"共同发展"的基本宗旨，借助"二战"后建立起来的"布雷顿森林体系"，以无条件、互惠的最惠国待遇作为调整国际贸易关系的一般国际法原则，以"加权表决制"的方式来决定国际金融和货币领域内的重大问题。以便继续维护传统的国际经济关系和经济秩序。该体系最大限度地实现了发达国家的单方面发展，以致生产力的发展和进步所带来的利益并没有与广大发展中国家公平分享，广大发展中国家发展缓慢，南北贫富差距继续扩大，双方的矛盾也进一步激化。

然而，在随后的经济发展过程中，双方开始充分认识到只有放弃对抗，开展对话与合作，才能解决各自的问题，从而最终促进全球的发展。一方面，广大发展中国家经济的持续恶化并没有给发达国家带来更多的实惠，反而造成了本国生产过剩、出口下降，人口失业率增高的不利影响。另一方面，发展中国家为了改造国际经济旧秩序、发展本国经济，也必须要有发达国家的大力支持。就在这种大背景下，塞内加尔最高法院院长凯巴·巴耶，从集体共同发展的理念出发，于 1970 年在斯特拉斯堡人权国际研究所的演说中第一次提出了发展权的基本观点。① 此后，发展权是一项人权的观念为一系列国际法律文件所普遍承认。在 1985 年的第 40 届联合国大会上，我国政府关于发展权的主张也进行了系统的阐述，即发展权是一项不可剥夺的人权，该权利是民族自决权的必然延伸，也是为非殖民化、民族解放、经济独立和发展而斗争所取得的成果。实现发展中国家的发展权，将促进发达国家和发展中国家的共同繁荣，有利于维护世界和平。发展中国家之所以将发展权视为集体权利②中最重要的乃至根本的人权，就在于它们认识到发展与人权密切相关。在发展中国家看来，如果将发展权仅仅看作公民的政治权利，就忽视了经济权利与政治权利之间的直接联系。经济落后和社会的不发达，是个人人权充分实现的障碍，集体权利是个人人权的基本前提，是个人人权得以实现的保障。

随着发展权理论的影响力不断扩大，世界各国根据本国的具体国情开始把国际法上人权理论逐步发展为一项国内人权。我国在改革开放之后，也开始逐步把保护个人的发展权作为政府工作的重点。一方面，在计划经济条件下，个人与个人之间的利益很少发生冲突，因为既没有财富，又没有竞争与交换关系。而社会成员之间的非利益矛盾主要通过所在组织来化解，通常一个组织内部发生的矛盾不会轻易地转移到社会或推向上级组织甚至政府。但是，另一方面，随着改革开放的顺利进行，在市场条件下，社会成员之间产生了大量的利益冲突，尽管这种矛盾大多属于人民内部矛盾，是经济性的而不是政治性的，也不具有敌对的性质，但是，利益是刚性的，在资源相对短缺的情况下，如

---

① ［南斯拉夫］米兰·布拉伊奇：《国际发展法原则》，陶德海等译，中国对外翻译出版公司 1989 年版，第 365 页。

② 集体人权包含国内集体人权与国际集体人权。国内集体人权，又称特殊群体权利，包括少数民族权利、儿童权利、妇女权利、老年人权利、残疾人权利、罪犯权利、外国侨民与难民权利等；国际集体人权，又称民族人权，按国际社会的通常理解，主要包括民族自决权、发展权，还有和平与安全权、环境权、处置自然财富和资源权，人道主义援助权等。

果某些人获得了利益，那么另外一些人就会失去利益，由利益竞争与利益纠纷引起的矛盾，不能及时疏导，就会上升为具有对抗性的冲突。对整个社会而言，当人们的主观利益期望与客观现实之间的差距突破了人们的心理承载力，最容易爆发叛乱或革命，著名的 J 曲线理论（J-Curve Theory）对此作了图谱式的注解。① 因此，欲实现社会的稳定与和谐，消解利益失衡是关键。国家正是出于此种目的考虑开始对发展权的基本理论进行发展，开始更加重视国内个体发展权的保护。

（二）利益博弈群体化下发展权的理论发展

在我国目前社会转型的历史背景下，出现了利益博弈主体的群体化现象。社会的阶层结构进行重新组合，实质上，这种组合是社会各个阶层在对社会利益博弈的基础上进行的重新分配。公共经济学的公共选择理论中，有利益集团又称压力集团之说。利益集团是宏观政府与微观个体之间的桥梁，属于中观层次的范畴，其目的在于建立一个常态的制度化的利益聚合与代表机制。这正如奥塔·锡克所指出的那样："当私有财产、私人土地占有者和手工业者产生了，特别是当不再通过自己的亲手劳动而获得所需要的生活材料并变得正在形成的奴隶的剥削者的大土地占有者分离出来了，社会中便开始出现不再有共同基础的根本对立的物质利益。"② 在这一背景下，产生了大量的具有人民内部性质的形形色色的利益矛盾的摩擦与冲突，影响了社会的稳定。具体的表现形式有：在城市，失业工人对就业状况不满引起的上访，退休、离休人员对福利待遇不满引起的行为，被拆迁人员对补偿不满引起的"闹事"，农民工人不能按时拿到工钱举行的抗议，出租车司机对牌照不满引起的罢工……在农村，由征地引发的不满，由过多派生的费用引发的事件，由基层腐败引起的群体集体行为，由账目不公开引起的群众不满，以及因此引发种种上访、信访等。近年来，我国法院审结的经济纠纷案件、民事纠纷案件、民事申诉来信来访数量等大幅度增长，表明在我国社会结构的基层层面积压着大量的人际矛盾和社会矛盾，这些矛盾有的是行政或司法机构处理问题不公正、不当，有的是社会管理机构基层工作人员懈怠渎职，处置问题的能力、水平不够，使矛盾升级上移。在计划社会中，没有协调、处置基于人民内部利益冲突的社会整合机制，而转型时期社会结构性中利益格局的变化，使社会微观层面的个人与个人之间、个人与集体之间、集体与集体之间、个人与地方政府之间、集体与地方政府之间的利益矛盾大量产生，其原因又是形形色色、十分复杂的，而各种问题交织在一起，形成了许多一时难以解决的"死结"。面对改革中复杂的社会现实，对于人们权益的平等实现，发展权的内涵产生了深刻的变化，从单纯注重主体发展权实现，向兼顾客体发展权实现集合，从单一社会维度向主客体多维载体转变，以集体发展权向集体与个体和谐发展转变。

---

① Rod Hague, Martin Harrop, Shaun Breslin, *Political Science: A Comparative Introduction*, New York: St Martins Press, 1992.

② ［捷］奥塔·锡克：《经济—利益—政治》（中文版），中国社会科学出版社 1984 年版，第 358 页。

二、利益阶层冲突化下发展权的实践困境

冲突理论强调不平等是冲突的最终根源。① 当然，大多数公平的概念都允许收入分配上有一定程度的不均等。② 但是，根据 2001 年的一些民意测验显示，这种不平等的问题在我国有越演越烈的趋势。这一点我们可以通过网络、书刊以及各种报纸收集到这方面的数据来加以证明。二十年来，无论是城市还是农村，贫富差距都有了大幅度的上升。特别是 20 世纪 90 年代以来，贫富差距开始加速拉大。用国际上通用的基尼系数的测量方法，全国城乡居民家庭人均收入的基尼系数在 0.46～0.47，不同的调研数据测算略有一些差异，高的有超过 0.5 的，低的为 0.43 左右。③ 总之，这些数据都超过了国际上通常认为的基尼系数在 0.3～0.4 的中等贫富差距程度。这样，在短短的二十年时间里，我国已经从一个经济平均主义盛行的国家，转变为超过了国际上中等不平等程度的国家，贫富差距在这样短的时期内迅速拉开，这样巨大的变化在全世界也是不多见的。我国居民这种财产收入差距的明显扩大，正是基于这种特殊利益，也会形成某些趋同的初级的阶层意识，诸如政治态度、价值观念、社会心态等，这种精神性的趋同因素会凝固化，并会传递下去。处于社会底层的阶层如农民、工人、失业人员等阶层，他们一方面处于经济、政治、文化方面的劣势地位，面对地位较高的其他阶层有强烈的差别感和相对剥夺感，而相对剥夺感正是对社会不满、与人际摩擦的根源。当前的社会矛盾也突出地表现为不同社会利益阶层之间的利益矛盾，尤其是新产生的利益群体之间的一致与摩擦、相同和相异，形成了不同利益要求的相互冲突博弈。④ 发展权在维护各个阶层的平等发展方面面临一些现实困境。

第一，实现发展前提公平的促进机制缺失。发展前提的公平是指社会主体在某一过程或者某一阶段的起始点上的公平，即站在同一起跑线上，在同一规则下进行公平发展。这些前提往往是先天和后天因素交互作用的结果，有些前提如自然造成的则是人们无法选择的，这就需要社会对此进行必要的调整或弥补，使竞争个体不至于输在起跑线上。而我国在长期的计划经济条件下，人为的设置种种限制，限制一些阶层，尤其是广大弱势群体的发展，使其根本不具备公平发展的前提。

第二，实现发展环境公平的运行机制缺失。发展机会的公平是指在机会有限的情况下，社会主体参与某种活动和拥有相应条件方面的公平，它意味着人们有公平的机会选择和从事不同的经济活动。凡是有相同能力和相同利益诉求的社会主体，社会都应对他

---

① ［美］乔纳森·H. 特纳：《社会学理论的结构》，浙江人民出版社 1987 年版，第 216 页。

② Amartya K. Sen, *On Economic Inequality*, New York: Oorton, 1973. Richard Szal and Sherman Robison, *Measuring Income Inequality*, in Richard R. Frank and Richard C. Webb Income Distribution and Growth in the Less Developed Countries, pp. 491-533.

③ 以上数据来自：金锋锋：《在发展中反贫困》，上海三联书店 2005 年版，第 11 页。

④ 郑杭生：《当前我国社会矛盾的新特点及其正确处理》，载《中国特色社会主义研究》2006 年第 4 期。

们一视同仁，平等地为其提供相同的机会与舞台，以确保其在社会认可的范围内享有同等的发展机会和条件。而目前我国的户籍制度、医疗制度及城乡二元结构等制度，则削弱了广大农民享有平等的机会。

第三，实现发展共享成果的保障机制缺失。发展结果的公平是收入分配的公平。它要求社会依据合理的分配制度、分配机制和分配政策，按照社会主体提供的劳动的数量与质量、贡献的大小以及生产要素的多寡优劣进行初次分配，适时运用政府干预手段调节社会产品的再分配，并鼓励慈善事业的发展对社会财富进行的三次分配，以促进效率的提高、社会制度的完善、社会秩序的和谐与稳定。在我国目前情况下，贫富分化加剧、不公平的社会现象增多，这也充分表明了我国有不少阶层并不能公平的享有发展成果。

三、利益和谐语境中发展权的理念构想

"理念"作为西方思想史上一个十分重要而又十分古老的范畴。就其古希腊的词源而论，是指见到的东西即形象。柏拉图排除了这个词的感性意义，用它指称理智的对象，进而把理念看做是离开具体事物而独立存在的精神实体。在这之后的历代西方思想家从亚里士多德到阿奎那，从康德到黑格尔都对理念有着不同的哲学见解。但就其一般意义上说，他们普遍把理念归结为思维中对某一对象的一种理想的、精神的普遍范畴。实际上"理念"总是某一对象的理念，因此，思想家们在借"理念"范畴塑造自己的理论时，总不免要论及具体事物的理念。无疑，发展权的理念也成了我们视野中一道独特的风景线。

尽管人们对发展权的理念关注远不如像民法理念、刑法理念、商法理念那样热烈而富有思想。但是，如果我们循着制定法律理念概念的方法论思路，可以把发展权的理念定义为：特定时代的主体对作为发展权的本质及其发展规律的一种宏观的、整体的理性把握与建构，是发展权理性的最高表现形态，既是一种方法、一种观念，又是一种知识，也是发展权的最高原理。自市民社会理论的兴起和社会二元架构的形成，社会整体利益和国家利益逐渐分野并明晰。① 为此，要在社会整体利益和谐的背景下，做到各个利益群体和谐相处、共同发展就至少必须确定以下三方面内容：

第一，发展权的核心理念：公平与和谐。公平正义作为法律的核心理念对维护社会良好秩序发挥着重要作用，要在利益整体化的背景之下实现共同发展的目标。就必须维护法律的正义，为各个利益阶层提供平等的发展前提、提供平等的发展机会、享有足够的发展成果。

第二，发展权的制度性理念：价值序。公平正义虽然是发展权的核心理念，但是，社会中的广大弱势群体由于自身条件的限制、社会资源的占有和地理环境的恶劣等原

---

① ［英］J·C. 亚历山大：《国家与市民社会：一种社会理论的研究路径》，邓正来译，中央编译出版社 2002 年版，第 32 页。

因，使其即使在法律公平和正义的前提下也很难获得平等的发展。因此，国家在设计制度与分配资源时，要考虑到各个利益阶层在获取资源时的前后顺序，使质高、量广、同向的价值要求在制度供给中得到优先体现，从而保证各个阶层能够共享社会发展成果。

第三，发展权的措施理念：利益协调。有利益就存在利益冲突，从我国目前的形式来看各个阶层之间的利益碰撞还是十分剧烈的。这也严重地影响着社会的安定与和谐，如果单从公平正义、价值序方面来考虑，仍然解决不了现阶段社会的冲突局面，国家还必须要对各个阶层进行利益协调，使其能够和谐共处。

四、利益成果共享中发展权的制度实践

赫拉克利特说："如果没有不公正，人们就不知道什么叫公正。"① 同理，如果没有不和谐，人们就不知道什么叫和谐。因此，循着赫拉克利特的思路，对不和谐因素的探究，则为利益和谐语境中发展权的制度实践提供了逻辑进路。上文已经列举了有关发展权的实践困境，并结合发展权实施中的理念，从利益阶层和谐的角度对发展权制度设计，主要从实现发展前提公平的促进机制、实现发展环境公平的运行机制、实现发展共享成果的保障机制三个方面着手。

第一，实现发展前提公平的促进机制。首先，要完善发展前提公平的公共财政制度。这类措施要以经济投资收缩原则、公益性服务投资原则和平等对待原则为行动理念来完善公共财政制度，并以此来规范财政预算、财政收支和财政转移支付，保证公共产品向落后地区和弱势群体给予倾斜。其次，要完善发展前提公平的公共投资制度。这类措施要以法律的形式保证服务类投资，如能源、交通、水电气等实物类投资和基础教育、通讯、社会保障等向农村、落后地区或弱势群体倾斜，以弥补这些地区或群体在先天或后天上的局限，使其能够在改革开放中争取到与其他区域或群体同样的发展前景。最后，要完善确保发展前提公平的社会救助制度。这类措施要通过法律的形式来规范政府财政和民间资金对城市和农村贫困人口的救助行为，从而在保障贫困群体生存权的前提下，增强其参与各种经济社会活动和谋求自身发展的能力。

第二，实现发展环境公平的运行机制。首先，要完善发展环境公平的劳动就业利益分享运行机制。具体措施有：建立起完善的劳动就业制度，包括保障就业机会功能的劳动合同法律制度、以及对劳动力市场的监管、劳动执法的监察和劳动机会的保护制度。其次，要完善发展环境公平的产业利益分享运行机制。具体措施有：完善产业政策扶植制度，建立工业反哺农业的运行机制，建立产业调整的利益平衡机制和产业布局优化机制，实现产业发展机会和产业利益的公平分享。再次，要完善发展环境公平的环境利益分享运行机制。具体措施有：建立和完善生态难民个体补贴制度、产业补贴制度、流域财政转移支付制度、生态保险制度、生态融资制度，设立征收生态补偿税，建立生态难民公益诉讼机制等。最后，要完善发展环境公平的公共投资利益分享运行机制。具体措

---

① 北京大学哲学系外国哲学史教研室：《西方哲学原著选读》（上卷），商务印书馆 1983 年版。

施有：建立公共投资主体准入制度、公共投资决策行为和实施行为规制制度以及公共投资利益分享主体的权利救济制度等。此外，还要完善发展环境公平的土地利益分享机制、自然资源利益分享机制、融资利益分享机制等制度。

第三，实现发展共享成果的保障机制。首先，要完善发展成果公平的财政税收制度。具体措施可以包括：改革财政制度，完善财政收支制度、财政预算制度、财政转移支付制度以及非税收入管理制度；改革税收制度，完善现行各项税制，建立财产税、环境税和社会保障税等税收制度。其次，要完善发展成果公平的劳动利益保护制度。具体措施可以包括：建立劳动报酬差距的合理性标准体系及预警机制、完善最低工资保障制度和解决劳动薪酬方面的劳动争议处理机制。最后，要完善发展成果公平的社会保障利益分享制度。具体措施可以包括：完善城镇社会保险制度，建立农村社会保险制度，完善社会救助制度，完善社会福利制度等。

（作者单位：华中农业大学文法学院）

区域协调发展的法治保障

覃美洲　陈　军

内容提要：区域协调发展是我国总体发展的一个根本性方针，解决我国现在所突出存在的区域性发展不均衡的现状，是我们党在对待国家、社会发展问题时的建设性突破。本文旨在通过从法律的角度来分析区域协调发展的法治保障这一重要问题，以期在区域协调发展建程中有所助益。

关键词：区域协调发展；法理念；法治保障

一、区域协调发展概述

区域协调发展对中国这样多民族的大国不仅是重大的经济问题，也是关系长治久安的重大政治问题。要科学地解决这个问题，首先必须认识和把握区域协调发展的内涵，并对中国区域经济的演变与现状作出客观的分析。

（一）区域协调发展的内涵

发展既要全面，又要协调，更要可持续。如果认为可持续发展侧重于"代际公平"①，那么我们就自然地将区域协调看做是"区际公平"的倾斜。区域协调发展是属于区域和空间的范畴，强调全面而和谐的发展，是一种水平发展路线。它与垂直发展的可持续发展有所区别，可以说是整体发展的两个方面，其健康发展必是一种体现统筹城乡发展、经济社会发展、人与自然和谐发展以及区内发展与对外开放的发展状态。

区域协调发展是指在国家宏观政策指导下，通过各地资源的优势互补，实现资源的有效配置，最终达到经济的共同发展，这是我国整体发展战略的重要内容。因此，解决好区域协调发展的关键，除了国家宏观政策、法律法规的支持外，通过区域法制建设打造良好的法制环境，也是促进区域协调发展的重要制度保证。

实现区域协调发展的实质就是要缩小地区发展差距，实现区域之间的平衡协调，共同发展。但是地区差距是经济发展到一定阶段的必然现象，许多发达国家在工业化过程中也都曾遇到过这个问题。根据国内外的经验以及我国的特殊国情，我国区域发展应该

---

① 《布伦特兰报告》对可持续发展下的经典定义：可持续的发展是指既满足当代人的需要，又不对后代人的生存和发展构成威胁。

坚持以下原则：既要允许一部分人一部分地区先富起来，又要防止差距过分悬殊，两极分化；在发展中解决地区差距问题；正确处理效率与公平的关系，效率优先，兼顾公平；地区差距问题必须通过国家的宏观调控来解决。

（二）实现区域协调发展的现实意义

区域协调发展是国民经济平稳、健康、高效运行的前提。作为多民族的大国，区域协调发展不仅是重大的经济问题，亦是重大的政治问题、社会问题和国家安全问题，具有极其重要的现实意义。

1. 实施区域协调发展，一部分人、一部分地区先富起来，先富带后富，这是世界各大国发展经历的共同过程。发达地区与落后地区发展的落差不可过大，先富与后富的人群在时间的差距上不可太久。世界上凡是发展成功的国家，在开发落后地区上决策及时、措施得力，确保了经济社会的持续、快速、健康发展。凡是忽视了落后地区的发展或者发展延误了时间，就会拖累整个国家经济社会发展的进程，甚至前功尽弃。大国能否成为强国，区域经济协调发展是一个重要的标志。

2. 实施区域协调发展是一个任重道远的过程，功在当代，利在千秋。美国用了150年，日本用了130年才基本实现区域协调发展。前苏联开发落后地区缺乏连续性，因此开发没有取得重大的成功和突破。巴西政府频繁更迭，每一任总统关心的重点又各不相同，而不少工程浩大，往往需要多年才能完成，因此有的工程出现虎头蛇尾，没有达到预期目标。协调发展不是一劳永逸的，即使是发达国家，也还会产生新的失衡问题，还要有新的协调发展。法国去年发生的社会骚乱，范围之广、持续时间之长，令人吃惊，使法国政府不得不提出要关注和解决新的社会贫困阶层的问题。美国的飓风暴露出那里的贫困阶层也令世人触目惊心。

3. 实施区域协调发展规划是科学在现实生活中的具体体现。前苏联建设中亚过程中许多违背科学规律的掠夺性开发导致土地荒漠化、水资源污染等严重的生态破坏问题。其中最典型的是造成世界第四大内陆湖咸海的干枯，成为中亚社会经济发展的隐患。巴西在开发北、中、西部的过程中也有一些教训值得吸取。巴西亚马逊大公路几乎完全是在原始热带雨林中穿过，林木砍伐无数，加上其他的无序开发和移民，造成严重的生态破坏。巴西政府涉及全球生态的森林保护不力，遭到世界环保组织的批评和警告。

4. 实施区域协调发展是一个极其复杂的工程，其成功要靠政府的决策、民众的支持、企业的参与，同时，也促进了民众与企业自身的发展。世界大国正反两方面的经验都说明，政府的正确决策是成功的关键和前提，民众广泛支持是必不可少的基础，企业积极参与是重要的动力。只有在全社会共识的基础上，大家才会自觉地接受区域协调发展过程的先后次序安排；才会理解它的长期性，既有紧迫感，又不操之过急；才会在建设过程中，自觉尊重科学发展观，努力实现人与自然、人与人的和谐发展。

"十一五"时期将是我国落实科学发展观，实施全面协调可持续发展的重要时期，我们不仅要面对发达国家的先发优势问题，也面临与新崛起的大国的竞争问题。他山之石，可以攻玉。我们在认真总结自己发展的宝贵经验时，积极吸取他人的经验，一定会创立中国科学发展的成功模式。

（三）实现区域协调发展的路径依赖

要实现区域协调发展这一总体性布局，就必须采取健全市场机制、合作机制、互助机制和扶持机制这一基本路径，这四大机制的健全和维护是实现区域协调互动、优势互补、相互促进、共同发展的重要途径。①

1. 健全和维护市场机制是实现区域协调发展的根本途径

在实现区域协调发展之前，先要使市场机制充分发挥市场对资源配置的基础作用。这就要求，打破行政区划的局限，形成全国统一的大市场，促进生产要素在区域间自由流动，引导产业合理有序转移。区域发展不平衡是自然、历史、经济和政治的各种因素综合作用的结果，与市场经济体制不完善、市场配置资源的作用没有充分发挥有很大关系。

2. 健全和维护合作机制是实现区域协调发展的重要途径

健全和维护合作机制，需要鼓励和支持各地区开展多种形式的区域经济协作和技术、人才合作，形成以东带西、东中西共同发展的格局。

总的来说，中西部地区具有资源优势，东部地区具有资金、技术、人才优势，这些优势要在合作中得到最佳配置，避免资源大跨度大规模调动，降低全社会运输成本和交易成本。要探索建立制度化的区域合作机制，开展多层次、多形式、多领域的区域合作，要加强统筹协调，避免重复建设和资源浪费。还要充分发挥政府和中介机构的作用，建立区域合作的服务体系，鼓励区域合作方式创新。

同时，我们必须清醒地认识到，中国要想打破地区的不平衡，不能让快的慢下来。因为，东部地区提供国家税收，占全国总税收的比重较大，富的地方交了税，中央政府转移支付，支持西部，支持东北老工业基地，东部一下来，西部地区也下来。虽然东部地区已经具备了自我发展的能力无须国家投入，它的发展全是自己投资，社会投资，但是西部还不行，还需要国家投资，所以东部不仅仅是改革开放的前沿、领路人，而且是提供财源的钱库，要加快发展。然而，这个发展不能完全照老模式，应该是走向高新技术现代化，注重环境，注重土地，注重社会的均衡等。向西部倾斜是指我们国家的政策和财力，中部是支持和引导，中央给钱也不会像西部给得那么多，因为中部地区条件比西部条件好得多，无论是地域条件、资源条件、人力条件、科学技术教育都比西部好得多，扶持它有自我发展的能力。

3. 健全和维护互助机制是实现区域协调发展的重要补充

互助就是先富帮后富，发达地区要采取对口支援、社会捐助等方式帮扶欠发达地区。地区经济都是互补的，每个地区搞地区封锁闭关自守是不对的，从市场的统一性看把它隔离成块更是不对的，还一定要看到它的互补性，互补性的结果是双赢的结果。未

---

① 鹿永建：《健全四大机制促进区域协调发展》，载《协商新报》2005 年 12 月 30 日第 3 版。

来五年，要在总结经验基础上，鼓励发达地区采取多种方式帮扶欠发达地区，这包括继续做好对口支援，鼓励社会各界给贫困和受灾地区捐资捐物。在互助方式上，要在继续搞好资金和项目援助基础上，加大技术和人才援助力度，将外生援助转化为内生机制。

4. 健全和维护扶持机制是实现区域协调发展的重要手段

健全和维护扶持机制，要求我们按照公共服务均等化原则，加大国家对欠发达地区的支持力度，加快革命老区、民族地区、边疆地区和贫困地区经济社会发展。仅靠市场机制、合作机制、互助机制，区域发展不平衡的问题在短时间内仍很难解决。在这三个机制充分发挥作用基础上，加大政府特别是中央政府的调节力度，才能更好地促进社会公平，保障全体人民共享改革发展成果；才能从全局和战略的高度保护好重要生态功能区，使中华民族的生存空间得到保护和改善；才能更好地提供公共服务，创造良好的生活环境和公平的起点。我国现阶段的公共服务，至少包括义务教育、公共卫生、公共安全、公益文化、最低生活保障和扶贫等。通过财政转移支付，逐步实现城乡之间、区域之间公共服务均等化，这是一个长期目标，需要努力为之奋斗。

二、区域协调发展的法理念

区域协调发展最先源于经济学领域的发展经济学和区域经济学。在社会科学中，对区域发展研究最多的也是经济学。经济学的研究表明，20世纪中叶以来，在有关区域经济发展的主流观念中，尽管仍存在种种分歧，但至少形成了两点共识：第一，区域协调发展是基于整体发展思考的结果；第二，国家作为社会的代表，制定适当的区域政策对社会经济进行干预，并使之制度化为法律，是区域协调发展的保障。

1. 法的本位变化是区域协调发展中法理念的源泉

目前对于"法的本位"的定义大概具体有两种：一是认为法的本位是"关于在法这一规范化、制度化权利义务体系中，权利和义务何者为主导地位（起点、轴心、重点）的问题"。[1] 二是认为法的本位就是法保护的利益的基点或重心。因此，有学者认为"法之基本目的，或基本作用，或基本任务"。[2] 这两种划分各有千秋。

在这里，我们赞同刘水林先生的观点[3]，"法的本位"问题实际上就是一种以何种利益为重心或基点的问题，是由社会观决定的价值选择与工具选择的统一利益为重心或基点及以何种性质的规范为核心予以保护的问题，是由社会观决定的价值选择与工具选择的统一。因为，我们由权利和义务的双向规定可以得知，法律具有在不同社会主体之间按一定标准分配利益的功能，也正是这种功能使法律调整社会关系形成符合一定价值观的社会秩序成为可能。因此，对于以权利和义务何者为主导地位的法本位观点实际上

---

① 张文显：《法哲学范畴研究》，中国政法大学出版社2001年版，第34页。
② 梁慧星：《民法总论》，法律出版社1996年版，第35页。
③ 刘水林：《区域协调发展观下的经济法理念》，载《城市经济与微区位研究——全国城市经济地理与微区位学术研讨会论文集》，2004年。

也就是一种何种利益为重心的法本位观点。

我们翻开历史，可以得知，人们的社会观念及认识社会的方法论随着经济由团体到个人再到整体的发展而发展。与此相应，法的本位经历了由团体本位（义务本位）到个人本位（权利本位）再到社会本位（权利与义务的总体均衡本位）。现今，法已由个人本位进入社会本位。"二战"后，社会经济生活已高度社会化。社会分工愈益细化，不仅使人们之间的相互依赖、相互联系的程度增强，也使个体之于社会整体，休戚相关，甚为密切，个人利益的实现对其所处的社会高度依赖，于是法律在这里的目的更多地体现在协调各种相互冲突的社会利益，使之协调整体发展，以降低对社会资源的不合理使用和浪费，社会整体利益成为法保护与促进的重心。为社会整体利益，不同的法规有的重于社会权利的赋予，以权利性规范为核心，有的重于社会义务的担当，以义务性规范为重点。但从权利和义务的总体发展上来看，它们又是均衡的，这意味着此时的法本位既可称社会本位（整体或总体本位），又可称权利义务总体均衡本位（简称总体均衡本位）。① 这种整体思想的法本位观，使得区域协调发展中所体现的法理念都具有了整体、和谐的共性，可以说是它们存在与发展的源泉。

2. 二元结构性的法规范

社会作为一个整体，自然具有它独立性的利益，即社会整体利益。这种利益可被社会中的每个人享用，并不等同于个人利益的简单相加，在与个人利益的关系中，具有无可厚非的重要性与优先性。这种整体性利益更加强调个人利益，是个人利益实现和存在的依赖性基础。

社会离不开个体，而个体更离不开社会。就具体而言，社会先于个体存在，对个体发挥着基础性作用。个体一旦踏入社会，特别是经济个体一旦参与经济活动，就不可避免地从社会汲取着营养，即从社会获得了某种程度的利益。同时，随着经济的发展与进步，个体利益的获取对社会利益的依赖性不断增强，特别在科学技术及社会化高度发展的现代社会，社会经济发展状况对个体利益的取得尤为重要。

社会在个体互动中谋求着整体性发展，但它并不能自动表明与维护自己的利益，而需以组织体的形式来表现。为使组织体能真正代表社会的整体利益，法律（特别是经济法和社会法）就必须对其有所规范。例如，从实体上，直接对这些组织的组织机构、人员的任职资格进行了详细规定，使其具有表达社会整体利益之能力；同时，在程序上，对其权限及行使程序作了严格规定，以防止理性的执事人超越权限或滥用职权，达到对社会利益的维护。因此，区域协调发展中的法规范像其他社会法律规范一样，不仅有实体性规范，而且有程序性规范，是一种二元结构的法律规范。

整体和谐主义把社会看作一个有机体，各个部分互相关联又充满矛盾。这种有机观念的基础是每一个体的差别，每一个体都有其自身特点的人格和自由。差别产生了冲突与矛盾，承认这种差别自然就会承认这种对抗。但这种承认始终是在社会整体的范围

---

① 刘水林：《区域协调发展观下的经济法理念》，载《城市经济与微区位研究——全国城市经济地理与微区位学术研讨会论文集》，2004 年。

内，于是矛盾与冲突自然也受社会的限定。社会要整体发展，必须要将这种冲突与矛盾所产生的资源耗费降到最低。在这种情况下，和谐作为一个大的原则确定下来，而内部激流浮动的是个体冲突，这是一种和谐下的冲突，和谐压倒冲突，但也承认它。

这种和谐与冲突的状态，使得调整它的法规范也具备了两种功能，即又要具有化解冲突的消极功能（传统法的功能），更要具有促成和谐的积极功能（经济法与社会法的主要功能）。①

3. 具有二重性特点的责任

法律所直接调整的是人的行为，间接调整的是社会关系。这决定了任何主体的行为都有间接性，其行为不仅影响到直接作用的对象，而且影响到整个社会。上面我们认识到社会是作为一个有机体而存在，那么有机体要求社会中的个体之间的冲突不得最终影响到和谐的建立与发展，那么在这种有机性质的社会中，作为有机社会的个体，不仅对其他个体负有不侵害的义务，也对其赖以生存的社会机体负有维护与促进的义务。与此相应，每一个体违反法定义务的行为——违法行为，后果都存在两种情况：一是对其行为的直接作用（个人对个人）对象产生损害；二是因其行为的间接性作用，对社会有机体产生损害。这样，违法行为的发生自然就同时损害了社会整体利益与某一个体的利益，这是违法行为后果的二重性。产生了一定影响的后果，就必须承担一定影响的责任。这里，责任也呈现了二重性，即对个人与社会的二重性法律责任承担。

4. 区域协调发展中的法与社会、经济、环境诸方面相互补充、相互依存

区域协调发展的要旨在于依靠整体力量，通过政策性倾斜或经济扶持，促进落后地区的发展，使地区发展的差距缩小到适度范围内，以实现一国社会整体的发展。可见，其根本还在于促进落后地区的更快发展。落后地区的快速发展，最终落脚点在于个体的理解，尤其对于发展的理解。通过党中央的宣传教育及结合国内外历史经验教训，落后地区的发展更应视作一种总体协调发展，也就是经济、社会、环境诸方面的总体协调发展。这种总体协调发展要求我们在制定法律时，应更多地考虑到实际情况，不能孤立地认识问题解决问题，应广泛地考虑环境、经济、社会等各方面的影响，应将与此有关的环境法、经济法、社会保障法、劳动法及教育法等看作一个法律体系，强调它们之间的互补性、相互依存性，建构一个协调、有效、全面的法律体系，为区域协调发展起一种根本性的保障作用。

三、区域协调发展的法律规制

（一）深化政府机构改革，为区域协调发展提供制度保障

西部地区政府机构改革要在厘清改革思路的基础上，从以下几方面的制度构建为区

---

① 刘水林、雷兴虎：《区域协调发展立法的观念转换与制度创新》，载《法商研究》2005 年第 4 期。

域协调发展提供制度保障。

1. 稳步推进干部人事制度改革，实行干部异地交流制度

异地交流制度是指通过组织上的考察和考核，从经济文化相对性落后（发达）地方的党政干部中选派各方面综合素质好，能力强，有知识水平的年轻干部到经济文化发达（相对落后）的党政机关挂职，学习发达地区先进的管理理念和管理方法或帮助落后地区转变政府职能，发展地方经济的一种干部交流制度。西部地区党政机关干部的思想一般比较保守僵化，缺乏市场经济观念和进行市场经济建设方面的经验，行政管理理念陈旧及行政管理方式落后，已成为西部地区经济建设的桎梏。为了改变这一现状，西部地区可以通过考察、考核，选拔40周岁以下，综合素质较高，各方面能力较强的各级政府领导班子成员到东部发达地区相对应的党政机关挂职锻炼，学习发达地区先进的管理政府的经验和模式，并利用地方资源发展本地经济的经验及招商引资的经验。经过一段时间的学习之后，挂职干部再回到岗位工作。同时，作为东部发达地区也应该采取积极主动的姿态从制度、经费等方面为挂职锻炼的领导干部充分提供学习交流的机会。

2. 改革行政审批制度

行政审批制度的改革可以说是政府机构改革的突破口，行政审批是计划经济时代行政管理的重要手段，在改革开放相当长一段时间内被各级政府所采用。目前，西部地区的一些政府机关还是习惯于把行政审批制度作为干涉经济和社会生活的主要手段，导致老百姓"跑断腿，磨破嘴，客没少请，礼没少送，章没少盖，事办不成"的现象时常发生，严重阻碍了市场经济的正常发展，增加了政府的管理成本，加大了财政负担。更为严重的是，行政审批制度造成一部分政府官员向民要利，与民争利，甚至还有的政府官员向民索利，大搞权钱交易，权色交易，严重影响了党和政府在人民群众中形象，降低了党和政府在人民群众中的威信，严重阻碍了西部地区经济的协调。因此，切实改革行政审批制度，规范行政审批权力已成为政府机构改革进程中迫在眉睫需要解决的关键问题。在市场经济条件下，必要的行政审批制度是必不可少的，否则会导致市场经济竞争的无序，但必须按照政企分开的原则和转变政府职能的要求，使行政审批制度制度化、规范化。必须要以现行的法律、法规为依据，清理现有的行政审批事项，简化和规范行政审批程序，彻底改变计划经济体制下主要依靠行政手段进行管理的做法。对违反法律法规的审批事项，要坚决取消；能精简的审批事项一定要精简，能下放的一定要下放；可改为备案的必须要改为备案管理。而且，随着市场经济的不断完善，能够用市场机制解决的，政府应果断取消行政审批权能，交由市场解决，确实需要政府审批的，也要尽可能地引入市场机制的做法，提高行政审批事项的透明度，实行各职能部门集中办公，公开审批，简化审批程序，改进服务，并建立有效的行政审批监督制约机制。

3. 逐步实现行政机构组织职能法制化

政府机构改革是一项复杂的系统工程，如果没有配套的法律规制，全面展开是很难取得成功的。政府机构改革取得成功与否，在很大程度上取决于能否实现行政机构组织职能的法制化。以往历次政府机构改革都只重视机构的撤并，人员的增减等"硬件"系统，而忽视机构组织制度化、法制化这个"软件"系统，致使历次改革都很难将县

乡政府规模控制在合理的范围内，很难走出膨胀——精简——再膨胀——再精简的怪圈。现阶段，我国现行有效的行政机关组织法是《国务院组织法》，而我国各级地方政府并没有根据《国务院组织法》制定相应的组织条例，也没有制定规范某一类，某一级地方政府的组织通则或组织法。目前，各级地方政府要根据各地实际情况，本着转变职能，理顺关系，依照政企分开和精简、统一、高效的原则，以确保地方政治稳定，经济发展，政府办事高效为目的，以定职能、定机构、定编制这"三定"方案为基础，尽快为县乡政府机构编制立法，实行法治，彻底改变"因人设岗"的局面。用法律手段约束政府机构膨胀，通过完善各级地方政府组织法等法规，对地方各级政府及其工作部门的名称、地位、性质、任务职责权限划分、内部机构设置、人员编制、领导职数等事项作出具体详细的规定，使地方各级政府机构的组织发展和机关编制管理有法可依，依法管理。

（二）　加强财政法制建设，为区域协调发展提供财力保障

1. 健全和完善中央对民族地区的转移支付法律制度

西部地区自身财源形成能力弱，特殊需求支出多，财政的自给能力差，维持其机构正常运转的财力在很大程度上依赖于国家的转移支付，中西部地区的协调发展离不开中央对西部的财政转移支付制度。

中央对西部地区的财政转移支付制度是随着 1994 年分税制改革而逐步建立起来的，而我国的分税制又存在诸多缺陷，这就使得作为其配套措施的财政转移支付法律制度也就难免"先天不足"。因此，西部地区的财政转移支付法律制度有待进一步的健全和完善。

根据财政转移支付制度的内在规定性，结合西部地区的实际情况，笔者认为应从以下几个方面着手健全和完善中央对西部地区的财政转移支付法律制度。

第一，必须明确建立中央对西部地区财政转移支付制度所追求的目标。在目前条件下，对西部地区实施财政转移制度的目标主要有二：（1）保证西部地区政府能够拥有相应的财力，提高西部地区政府为其所辖的地区和居民提供公共产品的服务能力。政府向其居民提供基本的区域性公共产品和服务是其应有的职责，国家通过财政转移支付制度帮助西部地区改善基础设施和服务体系。（2）确保农民负担得到明显减轻、不反弹，确保乡镇机构和村级组织正常运转，确保农村义务教育经费正常需要。

第二，规范转移支付手段，用因素法取代基数法。基数法延续了财政包干体制造成的地区间财力分配不公、不合理的内涵，同时，以某一年收支为基数也带有很大的偶然性。因此，用因素法取代基数法是健全和完善转移支付制度的前提和必然要求。用因素法取代基数法，健全和完善中央对民族地区的财政转移支付制度除了必须考虑自然因素、社会人文因素和经济因素外，还要考虑农村税费改革的因素，参照税费改革前各民族地区乡镇两极办学、计划生育、优抚、乡村道路修建、民兵训练、村级基本经费以及教育集资等统计数据，核定各民族地区上述各项经费开支需求和税费改革后地方减少收入额，以此确定中央对民族地区的财政转移支付额。

第三，完善中央对西部地区财政转移支付的监督法律体系。（1）组建专门的监督机构进行监督。包括对一般转移支付资金的拨付和使用，专项补助资金的拨付和使用等，增加转移支付制度的公开性和透明度，以避免违反财经纪律或出现决策失误的情况。（2）组建一个平行于本级财政部门，隶属于上级财政部门的资金转移监督部门，监督本级财政部门对转移支付资金是否按规定的用途使用，对是否有违法、违规使用转移支付资金的情况进行监督和检查。（3）充分发挥本级人大的监督职能。在每年向人代会提交的财政预决算工作报告中，要对本年度的转移支付资金如何使用向人代会作出详细的说明，并提交本级人代会讨论，认真听取人大代表对转移支付资金使用的建议和意见；对上年度转移支付资金的使用情况向人代会报告和解释，接受本级人大代表的监督和质疑。同时还要鼓励社会公共和媒体参与对转移支付资金使用情况进行监督。

第四，完善与财政转移支付制度相关的法律法规。首先是完善我国现行的《预算法》，应在《预算法》中强化有关转移支付的条款，对转移支付的政策目标、资金来源、核算标准等作出明确规定，从而确保转移支付政策到位、结构合理、目标明确、计算科学、资金分配有法可依。另外，还要完善其他一些与财政转移支付法律制度密切相关的法律，诸如完善相关的财政、税收法律制度等。

2. 充分行使经济自主权，加强县乡财源建设

西部地区财政收支矛盾十分突出，这种财政收支矛盾的解决，既要靠财政转移支付这种"输血"模式，更要增强自身财力的"造血"功能。西部地区的经济基础比较薄弱，生产力发展水平相对较低，要想搞好民族地区县乡的财源建设，必须充分行使经济自主权。

首先，西部地区要合理开发利用自然资源，增加财政收入。大多数西部地区具有较为丰富的自然资源，这些自然资源既是民族地区的宝贵财富，又是民族地区经济发展的必不可少的物质条件。国家在资源开发投资和引资渠道方面应给予西部地区优惠政策，以此促进西部地区经济的发展。对于已列入国家规划的自然资源开发项目，要充分考虑西部地区的经济利益，在税收分成比例上向西部地区倾斜，从而增加西部地区的县乡财政收入。

其次，调整农业和农村经济结构，夯实县乡财源的基础。西部地区应在有目的地退出和放弃那些不具备比较优势的产业和产品基础上，结合本地实际，因地制宜地进行农业和农村经济结构调整，积极开展多种经营，加速农业产业化进程，通过对农产品的深加工等措施，培育新的经济增长点。

再次，建立具有本土化特色的区域经济，为各级政府开辟新的财源。

西部地区悠久的人文历史，独特的民族风情，辽阔的地域空间和复杂的自然环境，孕育了丰富的生物资源、民族文化资源，使其成为我国生物多样性、民族文化资源最富集的地区。这就为西部地区发展本土化经济、民族特色经济，创造了极为有利的条件。西部地区可以从本地区的实际情况出发，依据产业比较优势，利用丰富的"生物多样性、民族多样性"的优势，建立区域性的本土化民族特色经济，构筑具有民族特色的产业结构体系。

3. 健全和规范民族地区政府采购制度，加强财政支出的监管

如果说，健全和完善国家对西部地区的财政转移支付制度和西部地区充分行使经济自主权，是从开源增加财政收入的角度对西部地区财力予以保障的话，那么，健全和规范西部地区政府采购制度则是通过节流的方式提高西部地区的财力。

第一，依法理顺政府采购管理体制。为了理顺西部地区政府的管理体制，各级政府应设立政府采购中心和政府采购管理办公室两个机构。政府采购中心应是不隶属于任何行政机关的政府直属事业单位，主要是负责接受采购委托，按照采购协议规定的事项开展采购活动，不具有政府采购的行政管理职能。政府采购管理办公室属于同级财政部门，主要职责是参与制定政府采购政策、编制政府采购预算、进行采购数据统计、政府采购的分析、评估和协调政府管理采购事务和负责政府采购的监督管理事务。依法理顺政府采购管理体制，可以从源头上加强对政府采购的法制化、规范化的建设。

第二，完善政府采购监督体系。要逐步形成以法律监督为主，内部监督、纪检监察和审计监督及其他部门共同配合的监督机制。首先要建立一整套较为完善的政府采购规章制度，从政府采购制度运行的外部环境对政府采购过程进行监督和约束，以达到法制化管理的目标，这是搞好政府采购的法律保障。其次要认真做好采购主管部门和采购执行机构之间的监督检查，通过内部制度的制约和监督，使得整个采购过程环环相扣，有条不紊，这是搞好政府采购的制度保障。再次要进一步明确纪检、监察和审计部门对政府采购的监督重点，方式和方法，发挥好这些部门在监督上的优势，强化对政府采购行为的约束。最后要开辟社会监督渠道。在政府采购具体运行过程中，各职能部门应制定对外信息发布的制度和办法，定期将采购信息、政府采购规章制度和采购结果向社会公开，接受社会媒体和公众舆论的监督，提高政府采购的透明度，更好地维护政府采购的形象。另外，还要建立供应商投诉机制，有效发挥供应商对政府采购活动的监督作用。

第三，加快与政府采购制度相配套的相关措施的改革力度。诸如改革现行的行政、事业单位会计管理体系和具体操作办法，在县级政府成立会计核算中心，统一核算。各行政、事业单位由原来的会计核算单位改为报账单位，严格执行收支两条线的政策，各行政、事业单位的收入全额上缴会计核算中心，经费支出经会计核算中心审核后下拨等。

（作者单位：三峡大学政法学院法学系）

区域协调发展与司法公正的思考

张　莉

内容提要：司法公正是政治文明的重要方面，区域协调发展是物质文明的重要内容，区域协调发展为司法公正提供物质基础，司法公正为区域协调发展提供司法保障，两者共同促进了我国社会主义和谐社会建设的全面发展。

关键词：区域协调发展；司法公正；和谐社会

多年来，我国经济区域的发展已经取得令人瞩目的成就，并对于完善社会主义市场经济资源的合理配置，保障国民经济持续稳定健康发展起到了积极的推动作用。在"十一五"规划中，我国明确提出了促进区域协调发展的总体战略，将区域经济发展提升到了一个全新的高度。在今天法治经济时代的前提下，如何将区域协调发展和司法公正有机结合起来，为建设社会主义和谐社会作出更大的贡献，这样一个时代命题就摆在了我们面前。

一、区域协调发展的内涵

党的十六大以来，逐步确立了以人为本的科学发展观的新思路，提出了构建和谐社会的新目标，进一步完善了区域发展新战略，在十六届五中全会上通过的《国民经济和社会发展第十一个五年规划（2006—2010）》中明确提出了"继续推进西部大开发，振兴东北地区等老工业基地，促进中部地区崛起，鼓励东部地区率先发展"的合理区域发展格局总体部署，形成东中西互动、优势互补、相互促进、共同发展。

区域协调发展实际上是科学发展观的指导方针在构建社会主义和谐社会中的具体运用，其核心是协调，通过统筹兼顾达到公平和效率的统一，在各地区的共同发展中缓解和逐步缩小地区差距问题，最终实现共同富裕。在党的十六届六中全会上，对于和谐社会更是有了新的认识和突破，"社会和谐是中国特色社会主义的本质属性，是国家富强、民族振兴、人民幸福的重要保证"。和谐社会是一个系统的概念，是一个社会各阶层和睦相处，社会成员各尽所能、各得其所的社会，是经济社会协调发展的社会，是人与人、人与自然协调相处的社会，其核心是利益的和谐。当前经济社会发展存在的诸多不和谐、不稳定现象，其深层次原因实际上就是一种利益的失衡，而区域发展差距的不断扩大是这种利益失衡的集中表现。区域收入差距的扩大，会影响到经济增长，会加剧经济秩序和社会秩序的混乱，甚至会威胁到社会政治稳定和国家安定。在构建和谐社会的进程中,如何解决区域之间协调发展的问题是中国走向社会和谐的关键。贫穷不是社会主义,贫穷也建不成社会主义和谐社会,只有通过发展,才有可能缓解和逐步解决发展中的难题;失衡不符合社会主义本质,失衡更建不成社会主义和谐社会,注意协调发展,才能使发展更加顺利、更加可持续、更加符合共同富裕的发展目标。在十六届六中全会通过的《决议》中,明确指出:"社会和谐在很大程度上取决于社会生产力的发展水平,取决于发展的协调性……更加注重解决发展不平衡问题,更加注重发展社会事业,推动经济社会协调发展。"因此,实现区域协调发展是顺应中国经济发展潮流的必然趋势,是构建和谐社会的重要内容与要求。

二、区域协调发展是司法公正的前提和基础

司法公正是现代司法理念的核心,指司法人员在司法活动的过程和结果中坚持和体现公平与正义的价值准则,以实现程序公正和实体公正为目标,最大限度地实现社会正义的理念。司法公正是法治国家的基本特征之一,也是社会主义和谐社会的重要特征之一。司法公正是政治文明的重要方面,区域协调发展是物质文明的重要内容,区域协调发展为司法公正提供物质基础,司法公正为区域协调发展提供司法保障,两者共同促进了我国社会主义和谐社会建设的全面发展。

(一) 区域协调发展为司法公正酝酿法治的土壤

马克思的政治经济学强调经济基础决定上层建筑,法作为上层建筑的重要组成部分,它来源于和决定于一定的经济基础,换句话说,一定的经济基础决定了法的产生、存在和变化。从历史来看,法律依商品交换的客观要求而产生,其发展程度直接受到商品经济、市场经济发展的制约,市场经济愈发展,法律就愈兴旺并逐步形成体系,覆盖面越来越大,遍及国家生活、政治生活、经济生活等各个领域,使法律成为人们之必需,法律权威也随之树立。

司法是法治的一个重要内容,作为上层建筑的组成部分,其发展与完善受到经济的制约。我国是一个法制统一的社会主义国家,除了特别行政区外,其他地区都统一适用同样的法律。但由于经济发展程度的差异,不同地区在适用同一部法律时可能会得到不同的判决,如盗窃、诈骗以及贪污贿赂犯罪等经济犯罪,立案标准、量刑标准等方面,东西部就存在不一致的现象。在这种状况下,我们如何来评价司法的公正与否呢?如果按照东部的标准来认定西部的违法行为,则很多事实上的犯罪会被否定,那么这样的司法能算是公正吗?但是,在统一的法制下,出现不同的适用标准和判决结果,从长远的效果来看,是不利于司法正义的。所以,完善立法、司法的同时,加强区域之间的协调发展,逐步淡化和解决这个现实中的矛盾。

(二) 区域协调发展为司法公正的实现提供人才储备

众所周知,人是生产要素中最活跃的因素,在法治社会也是如此。"徒法不足以自

行"，法律作为社会控制和实现正义的工具，最终发生作用，需要通过执行法律的人来实现，其中尤以法官为代表。"法官是法律由精神王国进入现实王国控制社会生活关系的大门……法律凭借于法官而降临尘世。"① "在法律帝国里，法院是法律帝国的首都，法官是法律帝国的王侯。"② 理想的法官就是公正的化身。对正义的实现而言，操作法律的人的质量比其操作的法律的内容更为重要。正如培根所言："一次不公正的判决比多次不平的举动为祸尤烈，因为这些不平的举动不过弄脏了水流，而不公的判决则把水源败坏了。"由此可见，法官是实现法治的关键，法官的素质的高低直接影响到司法的公正。法律所有的权威、公正以及稳定的生命力都不是主要取决于自身内容的规定，而是来自于职业法官对法律的解释和运用。职业化的法官对于司法的公正与效率具有决定性的作用，中国要想发展成为现代法治国家，使法律在社会生活管理中占据主导地位，起主导作用，必须建立职业法官队伍。

我们国家的法官队伍中，全国现有 20 多万名法官，法律本科的科班毕业生只占法官比例的 25%，研究生毕业只占 1.2%，法官整体素质不高。法官的来源十分复杂，一些从未接触过法律、更未接受过相应培训的人员相继调入法院，担任法官审判案件。有的学者认为：在《法官法》颁布之前，我国法官来源主要以调干和复员转业军人为主体，这就造成了法官群体在知识结构上的不合理和理论水平上的参差不齐，这种结构性缺陷表现为：（1）成人教育培养的法官多，正规院校培养的法官少。成人教育培养出来的法官具有三个局限性，即缺乏宽厚的人文素养、缺乏扎实系统的理论功底、未养成以法律的概念去思考问题的习惯。（2）经验型的人多，知识型的人少。（3）单一型的人多，复合型的人少。20 世纪 90 年代以来，法律专业的大学毕业生在逐年增多，但是法官队伍的结构并没有大的改善。尤其在有些偏远的基层法院，一个法律科班出身的法官都没有。为什么北京、上海、广东一带的司法效率高？实际上，大学毕业生在就业时有这么几种选择：想稳定的，即当法官或检察官的首先报考的是东部沿海地区的大中城市，如果落榜再选择内地的大城市；想多赚点钱的，则纷纷涌向东部发达地区去当律师。这样，不论是法官、检察官还是律师队伍，东部地区的素质比中部、西部要高得多。归根到底，还是收入吸引人。实际上，中西部地区有一批高等院校集中地，如武汉、重庆、成都、西安、兰州等，并且这些城市都有法律学科建设比较好的大学，即便如此，留在这些大城市的法律毕业生比例并不高，去地级市以下的更是寥寥无几。所以，加强区域的协调发展，促进西部、东部、中部经济的快速发展，是改善司法队伍结构的一个重要因素。

从另外一个方面来看，由于经济的发展，东部的市场化远高于中西部。在商品经济发达的市民社会里，公民的民主意识和法律意识都比较高，即他们习惯于用法律来保护

---

① ［德］拉德布鲁赫：《法学导论》，米健等译，中国大百科全书出版社 1997 年版，第 100 页。
② ［美］德沃金：《法律帝国》，转引自孙谦：《检察：理念、制度与改革》，法律出版社 2004 年版，第 61 页。

自己的权利和利益，这便是法治的真谛。而在经济落后的地区，人治的作用仍占主导，人们习惯于去寻找各种关系来解决问题，久而久之促进了恶性循环。所以，公民法律意识的提高也是建立在经济基础之上的，解决的办法就是发展。毕竟，我国是个法制统一的社会主义国家，经过区域的协调发展，通过国家政策的倾斜和扶持，在经济逐渐平衡的同时引导人才的平衡，对法治的建设最终司法公正的实现是非常关键的。

（三）区域协调发展为司法公正的实现提供物质准备

法律是一门社会科学，同时它也包含了大量的技术性事项。从司法领域的角度来看，技术装备的程度直接影响到司法公正的力度。例如，在亲子鉴定的案例中，有相关技术和设备的地方对于此类案件的审理是快捷而又准确的，而不具备相关技术的地方因为要求助于其他地方则一方面增加了诉讼成本、延长了诉讼时间，另一方面则增加了当事人对案件审理的不信任感。再例如，法院的数字化程度也会影响司法公正的效果。在电子设备和监控系统齐全的法院，当事人不仅可以准确掌握自己案件的进程，并且案件审判中的一些过程也可以受到很好的监督。可以这样说，发达地区和欠发达地区对同类案件审理的成本和效率是不一样的，其公示力和公信力也是不一样的。

从司法体制来看，目前我国的司法系统的管理主要在地方。人事权在地方党委、财政权在地方政府、监督权在地方人大，虽然上级法院对下级法院有审判监督权和人事协管权，但是从根本上来说没有人事和财政的制约。因此，法院不得不听命于地方的领导，受限于各种关系之中，形成了事实上的司法不独立，直接影响到司法公正的实现。目前的司法改革就是以司法公正为目标进行的，许多学者和实务工作者都提出了司法独立的建议。但从我国的国情和政治体制来看，党的领导是必须坚持的基本原则，离开了这条不会有好的结果。党的领导在目前我国人口众多、经济并不发达的状况下，还必须依靠于各级地方党委，从地方到中央逐级领导，财政也是如此。所以，一个地区的经济发达程度影响到财政总收入，进而影响到财政对司法机关的支持力度，司法公正也因此而受到制约。解决的办法是抓住发展这个第一要务，然后国家再给予适度的协调和倾斜，切实实现效率和公正的逐级平衡与和谐。

三、司法公正是区域协调发展的体现和保障

如前所述，法作为上层建筑，它根源于、决定于一定的经济基础，同时，它也服务于一定的经济基础。通过引导、促进、保障、制约和协调，法对宏观经济行为进行调控；通过确认经济活动主体的法律地位、调整经济实体从事经济活动的各种关系、解决活动中的各类纠纷和维护正常的企业秩序，法对微观经济行为进行调控。

公平是法律的基本价值，不能以牺牲公平为代价来追求高效率。但是，没有效率的正义本身就是非正义，正如法谚所云：迟到的正义不是正义。所以，科学地把握并贯彻实现公平的法律价值具有重大意义。在经济领域，一般认为是"效率优先，兼顾公平"，在法律运行领域是"公平优先，兼顾效率"。实现公平是法的基本价值和重要任

务之一，法律通过保证机会平等、缩小贫富差距、保护多数人权利来实现公平，通过确认与保障市场经济制度、解决市场失灵、降低交易成本、确定科学的方法来提供经济效率，同时法的可确定性为经济效率提供了动力。

（一）司法公正有利于树立法律权威，提高公民的崇法意识，为法治社会的实现奠定思想基础

司法公正是民主法治建设的重要内容。当今时代，和谐社会应当建立在民主法治的基础之上。按照科学发展观的要求，发展不仅仅是经济增长与效率，而且应当包括民主法治在内的社会的全面发展。依法治国，建设社会主义的法治国家是我们党的治国方略，其基本要求就是有法可依、有法必依、执法必严、违法必究，司法公正是这一基本要求的应有之义。在这个意义上，和谐社会必定是法治社会，法治社会则必须维护司法公正。法治社会的重要特征之一，就是要在整个社会确立法律具有高于任何个人和组织的权威，树立起法律至上的意识和观念。只有这样，才能保证依法办事，实现依法治国的方略。公平正义是法律的最高价值，法律也是公平正义的象征。司法公正对法律至上观念的形成和维护起着非常重要的作用。司法机关通过公正执法可以向人们明确昭示：什么行为是合法的，什么行为是不受法律保护的，人们可以从中获得一种稳定的行为预期，并在此基础上形成遵法和守法的心理，从而使法律的评判功能和导向功能得以充分发挥。人们对法律的尊崇和拥护，必然进一步维护法律至上的权威。反之，如果司法过程和结果是不公正的，人们不仅会怀疑司法机关的权威性，而且也必然动摇对法律尊崇的理念，进而影响对法律权威和法治社会秩序的维护。

（二）司法公正提供给人们的法律确定性有利于节约成本、提高效率，促进区域协调发展

公正司法与经济发展之间的关系是显而易见的。现代市场经济离不开通过司法对社会关系以及利益冲突的合理调整。已故历史学家黄仁宇先生对于英国近代以来的市场经济发展史的研究表明，所谓市场经济并不仅仅是一种经济管理模式；英国之所以能够在世界范围内率先走向市场经济，与英国法律尤其是司法制度为市场经济的发育和发展提供了良好的基础与环境是分不开的。公正的司法制度严格地界定产权，对契约自由以及交易安全提供坚实的法律标准，对违反规则的行为给予及时而适当的制裁。不仅如此，公正的司法制度在有效地解决个别纠纷的同时，更能够产生对市场交易所需要的游戏规则加以细化和深化的效果。法官对一个具体纠纷的解决，会给当事人以及其他获得相关信息的人们以宣示：什么样的行为是合法的，什么样的行为是不受法律保护的。人们会从中获得一种预期，从而可以更好地设计今后的行为，使交易得以在更广泛的范围内顺利地开展，也为法律中的公民权利与自由提供坚实的保障。

从这个角度观察，制约我们今天的市场经济建设的最大的障碍或许正是司法不公的问题。如一些地方的司法地方保护主义使得人们对于交易安全缺乏信心；同一类型纠纷的判决结果往往只是因为受理法院跟自己的地理距离的差异而大相径庭，以至于人们在打官司时也会像踢足球一样发生主客场感受；对于类似的案件事实或者同样的法律条文，不同的法官甚至同一法官在不同的场景下会作出完全不同的判断或解释，从而严重地违反了同样情况同样对待的基本准则；非法律以及非市场逻辑的因素经常对司法的过程和结果产生影响，加剧了司法决策的不确定性。在诸如此类的情况下，法律以及司法就完全无法保障市场经济的发展，提供公正司法所建立的社会信用越来越稀薄，人们只能依赖朋友、亲属、熟人等因素来保证交易安全，从而加大了交易成本，使整个经济发展难以走上更高的层次。

（三）司法公正为经济发展中出现的纠纷提供及时而有效的解决，从而尽快地恢复经济秩序

现代的市场经济非常不同于古典资本主义时期的自由市场经济，它讲究一种规范的自由，其中，政府的权力和公民的权利之间有十分明确的划分，当权力与权利发生冲突时，由处于独立和中立地位的司法机关来裁定。可以说，现代市场经济是一种法治经济，如果法的崇高地位没有形成，司法机关的权威还没有建立，我们很难说建立市场经济体制的任务就已经完成。美国学者伯尔曼（Harold J. Berman）曾说，在法治社会中，"法律必须被信仰，否则它将形同虚设"。因此，法治的真正实现是建立完善、发达的市场经济的前提。

正是由于司法作为社会公正的最后一道防线，具有维护公平正义的功能，因此，如果司法是公正的，即使社会上存在着不公正的现象，亦可通过司法来矫正和补救，使社会公正得以恢复；但如果丧失司法公正，整个社会就可能没有公正了，当然也就不可能有社会的和谐。司法公正是保障社会公正的最后一道关口，也是保障法律得以贯彻实施的最重要和最有实效的一种手段。在这个意义上，司法公正是维护和实现社会公平正义的基础性条件和底线保障。司法不公不仅会纵容和放大社会的不公，而且必然造成对社会公平正义底线的严重损害。

司法公正是维护和实现社会安定有序的重要内容。和谐社会是安定有序的社会，但和谐社会并不是不存在矛盾冲突的社会，而在于它拥有一套有效处理和化解矛盾冲突的社会机制。司法就是社会机制的重要构成部分。公正司法是化解矛盾冲突的有效方式。在和平时期，对于大量一般性的社会矛盾和冲突的化解，很大程度取决于当事人的诉求能够得到充分表达，正义能够得到伸张。公正的司法过程恰恰就具有让当事人合法充分地表达诉求，伸张正义的功能。司法机关通过公正司法，充分发挥法对社会的控制功能，依法妥善处理新形势下的人民内部矛盾和冲突，引导民众以理性合法的形式表达利益要求，使违法行为受到制裁和纠正，及时地消除社会的紧张关系，维护和谐的社会秩序。和谐社会的安定有序必须以公平正义作为前提和基础。如果丧失司法公正，即使司法裁判可以用国家强制力来维持，也不会长久，社会的矛盾和冲突不仅不会得到有效的解决，反而可能会越来越激烈。构建社会主义和谐社会，需要通过公正司法来为维护和实现安定有序提供有力的保障。

四、完善司法制度，促进区域协调发展，共同构建社会主义和谐社会

民主法治是和谐社会的核心。和谐社会的六个特征并不是完全并列的，其中，民主法治居于首要位置，其他要素都依赖于民主法治：只有多数人民群众参与社会管理，参与决策、参与监督，依法办事，才能实现公平、维护正义，保证社会及个人诚信、建立诚信与友爱，人民才有安全感和依靠感，从而安定有序、心情舒畅，社会主义建设的积极性和创造性就会迸发，社会必然充满活力，促进人与自然和谐相处。可以说，民主法治是建设和谐社会之纲，纲举才能目张，构建社会主义和谐社会要在民主法治建设上进一步下工夫。

科学发展观强调以人为本，强调全面、协调、可持续的发展，强调经济社会和人的全面发展，强调按照"五个统筹"的要求推进改革和发展。坚持以人为本，就是要以实现人的全面发展为目标，从人民群众的根本利益出发谋发展、促发展，不断满足人民群众日益增长的物质文化需要，切实保障人民群众的经济、政治和文化权益，让发展的成果惠及全体人民。以人为本是科学发展观的本质。全面发展，就是要以经济建设为中心，全面推进经济、政治、文化建设，实现经济发展和社会全面进步。协调发展，就是要统筹城乡发展、统筹区域发展、统筹经济社会发展、统筹人与自然和谐发展、统筹国内发展和对外开放，推进生产力和生产关系、经济基础和上层建筑相协调，推进经济、政治、文化建设的各个环节、各个方面相协调。可持续发展，就是要促进人与自然的和谐，实现经济发展和人口、资源、环境相协调，坚持走生产发展、生活富裕、生态良好的文明发展道路，保证一代接一代地永续发展。

区域协调发展和司法公正是共生于科学发展观和社会主义和谐社会之中的。区域协调发展的目标在于科学地发展、构建和谐的社会，司法公正则既是和谐社会的内容又为和谐社会的实现提供司法保障。它们二者具有共同之处，目标一致，殊途同归，如何让二者之间形成有机的联动，犹如鸟之双翼，更好地为构建和谐社会服务，这是摆着我们面前的任务。

司法公正程度在很大程度上取决于司法制度和体系的完善程度。从当前中国司法制度的现状以及外部环境来综合分析，我们可以大致勾画出实现司法公正的具体路径。第一，制度设计的整体性。中国司法制度的建立与发展历来是在多重因素的综合作用下不断获得自己进步的机会。当前，面对司法改革进程中存在的问题，我们必须加强和改进中国共产党对司法改革全程的领导，这是我们快速推进司法改革进程的重要保证。同时，我们既要继续深化法院内部的审判方式改革，又要着手审判权力运行的外部环境的改革，从整体上对现行法院的管理制度、法官选拔制度、经费保障制度等进行全方位的改革，充分考虑制约司法权力正常运行的一切因素，确保制度设计上的全局性和系统性。第二，制度设计的逻辑性。司法权力的运行是一种高度程序化的专业性活动，其权力运行的各个环节和要素之间都具有一种潜在的逻辑关系。如司法的效率取决于程序设

计和法官的素质，而法官的调配和选拔又决定于政府各级人事部门的人事政策。如果我们仅仅在审判方式上进行改革而不能彻底改变法院现行的人事制度，就必然颠倒逻辑上的因果关系。此外，审判独立是我国宪法确立的一项基本原则，但是我国现行司法机关的人、财、物都由地方政府掌管。这样，我们强调司法要排除行政和地方干扰就违背了权力运行的逻辑性。因此，我们对当前中国司法改革的制度安排必须充分考虑体制与制度之间的逻辑性。第三，制度设计的科学性。司法制度的改革必须建立在对司法权自身性质的正确认识之上，只有尊重司法权力运行的内在规定性，我们才能够保证制度设计的科学性。第四，制度设计的渐进性。中国当前正在进行的司法改革既是制度性法律文化的一次变革，又是观念性法律文化的一次重大革命。这种文化转折的双重性决定了中国司法改革的进程必将是一个渐进的过程。

区域协调发展要更进一步落实科学发展观。只有社会各个方面得到全面发展，人们的文化精神、物质需求才能得到全面的提升，公民意识、法治观念才能逐步形成，每个公民的潜能得到发挥，公民个人自我价值得以实现，真正做到人尽其才，实现社会的和谐协调发展。

在十六届六中全会通过的《决议》中进一步确立我国构建社会主义和谐社会的目标，包括"社会主义民主法制更加完善……城乡、区域发展差距扩大的趋势逐步扭转"等内容，总的说来就是要在建设中国特色社会主义的伟大实践中使社会主义物质文明、政治文明、精神文明建设与和谐社会建设全面发展。完善的司法制度和体系的确立，必将进一步促进区域协调发展，为区域协调发展保驾护航，而区域协调发展状况既受制于司法公正程度又影响司法公正。我们无法想象在司法地方保护主义现象严重的地区能够有良好的经济等各方面的协调发展，只有司法公正的区域公民的权利能得到公正保护，其社会各个领域才能得到更加有效协调的发展。

目前的中国，社会转型期、经济发展黄金期、社会冲突高发期同时并存。唯有法治可以维护现代社会的"和而不同"，保障经济主体的自由、社会结构的稳定有序和社会的公平正义，为社会和谐奠定基石。区域发展和司法公正建设，两者应共同进行，不可偏废。以经济发展来促进司法的完善，同时，用司法公正来保障经济发展。法律制度乃是社会理想与社会现实之间的协调者。每个历史时代都会面临一些社会控制的重大问题，但我们必须使法律在运动与静止、保守与创新、僵化与变化无常之间谋求某种和谐，正如庞德所言："法律必须是稳定的，但不可一成不变。"

（作者单位：武汉市中级人民法院政治部）

促进区域法律流变

牟伦胜

内容提要：法律是由能量强弱不等的法律要素构成的整体。法律内在的各系统、各要素之间具有巨大的能量势差。这种能量势差必然导致法律的运动变化。当外在的力量和内在的相互作用对法律系统产生刺激时，法律就会发生能量的流动，出现资源的再分配，从而导致整个法律系统的流变。不同的区域法律系统之间形成的关系构成法律系统的分配格局。充分利用法律流变的规律，促进不同区域法律系统、要素的能量流动和资源再分配，构建法律流变模式，是实现区域法律系统流变的基本路径，更是促进法律向善发展的必然。从而，引导宏观世界的和谐向善，建立高效的法律能量采集机制与信息反馈机制，组建具有法律职业道德情感的法律群体，创建永恒的牵引法律发展的引擎，共同构成法律向善发展的必要条件。

关键词：流变性；异化；法律流变模式

一、法律的流变

（一）流变性

流变（rheology）一词来源于古希腊哲学家 Heraclifus 所说的"λαυταρεΙ"，意即"万物皆流，万物皆变"。它是对世界存在状态的哲学阐述。后来随着近代物理学，尤其是流变物理学的发展，流变被赋予了确切的定性和定量的含义。在流变物理学上，流变是指"流体在剪切流动条件下，流体所受剪切应力与剪切速率之间的关系，二者比值成为动力黏度"。这是一个表征数量关系的物理学概念，它可以作一般的定性状态的描述：流体在外力作用下，由剪切应力与剪切速率之比值关系所表征的流体内在黏性的可变程度，即流体发生形变的可能性。由此推知，流变性就是指在外力作用下流体发生形变的可能性。

流变是世界一切事物的共性，即"万物皆流，万物皆变"。万物的流变具有以下共同的特征：

（1）事物流变是因为接受了外力的刺激作用，外力的作用构成了流变的原因。外力的表现形式是相对的。世间万物皆是无限因果循环构成的复合整体。原因与结果在整个世界存在、发展、变化的链条上都是相对而存在的。外力的定性，也是随着具体的相互制约、相互影响关系而确立的。在一个环节上的因可能构成另一个环节上的果,在此环节上的果又构成彼环节的因,其地位和作用总是相对而存在的。外力的定义是某种关系状态的产物。作为万物流变依据之一的外力,对于其作用对象的系统而言,它是一个外因,一个外力,但置于一个放大的母系统而言,它又成了一个系统的内因,成为影响母系统相对稳定和绝对运动变化的因素。只要不同的系统之间和系统内不同要素之间存在着相互作用的关系,那么那些独立于被刺激对象的要素和系统就构成被刺激系统和要素流变的外力条件。

(2)差异性、多元性和相对独立性构成系统和要素流变的主体依据。作为世界的本体,万事万物都存在着本质上的差异性。差异性的存在,使事物之间产生了相互作用的内在需求和互补条件,从而产生了相互刺激、共同流变的可能性和必然性。同时,差异性的存在导致了万事万物之间多元性和相对独立性的存在。只有差异性存在,事物才会具有相对独立性;只有相对独立性,事物才会具有多元性。

(3)由于本体世界构成元素的差异性、多元性和相对独立性,再加上整个系统运行的不规则性,各系统和要素就具备了自由判断、选择的随机性和偶然性。各系统和要素之间就会呈现出组织结合、自由运行的任意性和不规则性。在这种自为组合的状态下,各系统、各要素及相互之间就会产生相互刺激的多种可能性,导致事物任意发展的必然性。

导致系统和要素流变的主要条件在于系统和要素自身具备的能量大小,事物之间具备的吸引力和排斥力的对比以及事物整体对系统和要素具备的整合能力。如果在一定的外力作用下,各系统、各要素之间能量流动均衡,相互之间力量对比适中,系统自身整合到位,那么系统就会呈现出相对稳定的运动变化状态。因此,如果要修正、改变、维护系统和要素早先形成的结构、运行路径,恰当地利用其运行结合的规律,那么就必须引入新的外力,使事物发生流变。

(4)流变具有永续性。在外力作用的条件下,世界内部包括的系统和要素会发生特定形式的流变,但是这种特定形式的流变本身只是事物本身的一种偶然状态。当用以结合事物的内在能量耗散或者吸引力和排斥力之间力量发生逆转之时,事物原来具备的结构就会解体,先前运行的轨迹就会改变,从而会产生重新组合的可能性和必然性。新的外力的引入,事物又会发生新的流变。

(二)法律的流变

法律在最初的意义上就是由一系列的习惯、禁忌、命令组成的。混沌一体的法律格言、警句、诗歌、散文是文明发展到一定程度的结果。专门的、抽象的法律规则、法律文本和正式法典的大量出现则是晚近的事情。而法律的载体系统则是在不断地实践过程中,由不断地创制法律、适用法律的巫师、长老、裁判官、国王、封建官僚转化而来的。法律的价值虽然包括在最初的法律规则之中,但是系统的归纳和整合则是从具体的法律规则及其实践中提炼出来的。从结构意义上看,法律价值、法律规则和法律载体正是这些分散的元素从开始的随机结合到后来的有意识整合发展而来的,是各种元素在一定的刺激条件下发生作用的结果。法律的流变就是法律的这些构成要素在外界刺激下生成法律价值系统、规则系统和载体系统的过程。而这些系统不断接受新的刺激，又为整个法律系统不断发生形变提供了可能性。

法律在形成自己的系统结构之后，既从属于宏观的世界系统，又隶属于一个相对独立的自为系统。在宏观世界的背景下，法律系统作为子系统不可避免地会接受外界的刺激而发生形变。外界的政治力量对比发生的改变，政府政策作出的调整，社会改良或革命的发生，经济中心的转移，全球化区域一体化进程的加剧，文化、风俗、历史传统及相关价值理念的更新，社会生产方式、生活方式的发展，社会思潮的冲击等诸多因素，都会使法律价值理念更加丰富、追求更加全面，法律规则体系更加庞大、结构更加合理，法律载体组织更加科学、设计更加精巧、运行更加高效，都会使整个法律系统的空间分布格局发生改变，都会使整个法律系统内部，各区域法律系统之间能量发生流动，力量对比发生改变，运行机制出现革新，使法律系统整体发生形变。

作为相对独立存在的自为系统，法律系统内部的各子系统和子系统内部各要素之间也会因为内部相互之间的刺激而发生流变。法律系统内部各要素之间相互之间刺激是以法律内部各要素之间力量对比发生改变，系统整合能力变化为条件的。其具体作用的形式，就是在法律系统内部出现力量不平衡的情况下，法律工作者对法律系统的批判、修正、改良和变革，使法律系统不断系统化、使法律系统的内在结构由不平衡转向平衡。

无论因为来自外在系统的刺激，还是来自内在法律自身的批判，法律总会发生或强或弱的形变。

二、区域法律流变的条件

(一) 区域法律系统之间流变的条件

在空间意义上，法律系统是由若干个能量不等的区域法律系统和区域法律子系统构成的。从人类历史和现实世界形成的格局上看，区域发展的不平衡是绝对的，区域法律系统及其子系统所分配的能量不均衡也是绝对的，因而，各区域法律系统和区域法律系统内部各子系统之间由于能量势差而相互作用更是绝对的。

在长期的社会生活中，不同地域积淀形成的传统形成了既有的相对稳定的区域法律系统格局。在古代社会，人类因交通地理封闭的缘故，形成了适合农耕文明的法律系统、适合游牧文明的法律系统及适合海洋文明的法律系统等几大不同的法律系统。但是这些相对不同的法律系统之间的封闭和稳定不是一成不变的。往往因为世界地域界限的突破、经济利益的扩张、政治版图的扩大、文化交流的增强、社会交往的加剧的缘故，使这些宏大的区域法律系统之间的格局发生流变，使其内部结构系统发生形变。

随着丝绸之路的开辟、兼并战争的爆发、地理大发现的完成、特别是工业革命的发生，人类文明出现逐步扩大交流的趋势，并在后来导致了世界文明中心的转移，使包括法律文明在内的各种文明之间广泛传播交流，导致法律能量聚集中心的改变，导致了区域法律文明的移植、继受、整合和创造发展，从而极大地推动了各区域法律系统的交流，促进了各区域法律系统内部的发展和整个法律系统总体水平的提升。

继之而来的全球化、网络化和区域一体化运动正在以前所未有的姿态改变着整个世界的法律系统结构。各种法律系统的能量正在重新分配，各种法律系统交流的平台逐步形成，各种法律文明之间的冲突整合不断加剧，使法律系统多元并存的格局清晰可辨。

由于生产力、生产方式、生活方式、社会思潮、文化传统在东、西、南、北、中不同地域之间存在着巨大差异，因而，整个中国法律系统从价值理念到规则结构再到法律载体等诸多方面呈现出不同的区域特征。这些区域法律系统在国家改革开放政策推动下，正发生着横向交流，总体格局也正经历着历史性的变革。

在区域法律系统之间及其内部，法律系统都因为不同系统发展程度的差异而导致相互之间产生能量势差，导致法律系统之间发生能量的交换，导致法律资源的流动。

（二）区域法律子系统内部流变的条件

法律从其产生之时起，就不可避免地具有双重价值，即法律对人的工具价值和法律自身的目的性价值。法律发展程度越高，法律自身的目的性价值就越强，其自我整合的能力就越强，其发展就越显示出自身的价值追求和运行轨迹与逻辑规律，其异化也就越明显。在微观的区域法律子系统内部，异化是法律发展的一种必然。而通过批判促使整个法律系统按照符合人的目的性方向运行也是一种必然。异化和批判构成法律系统内部流变的根本动因。

法律的异化是指法律形成后背离它的初衷走向反面的趋向性。法律的异化既包括法律在整体意义上，其存在和发展背离其最初的目的性，又包括法律内部各要素在产生之后背离其产生的目的性，从而走向其存在价值的反面。法律系统发展到一定程度，可能会变成一种背离最初目的规则系统，变成一种奴役人的形式。这种情形既发生在法律的产生发展过程之中，也出现在法律发展的历史轨迹之中。

从法律产生的程序分析，法律整体是一个充满异化的过程。法律从理念产生到付诸实践的过程就是一个充满异化的过程。法律是社会治理的事业，但最终属于人的事业。每个人因为其自身种族、民族、宗教信仰、财产收入、社会地位、知识结构、社会经验、价值观念、性格气质等诸多因素的影响，其对冠以同一概念的法律价值、法律规则、载体系统的性质、职能和具体功用的认识、判断存在着明显不同甚至迥异差别，从而在环环相扣的信息传递过程中，最终出现异化不可避免。

由于法律规则的长期控制，规范生活的潜移默化，在漫长的社会历史发展过程中，法律既有的价值目标和规则系统及载体形式都会因为文化惯性的缘故，出现格式化、固定化的茧丝的形式，从而使社会生活被僵死规则奴役的局面，从而就产生了一种历史维度意义上的异化。

法律各要素的异化，主要来自于各要素在其发展的过程中出现了力量发展的不平衡，各系统分离聚合能力发生变化，使各要素之间经常出现打破原有平衡、危及法律整体系统稳定的状况发生，使法律系统长期处于一种不平衡的状态。

法律要素的异化，是由法律自身的结构机理、自身的运行机制决定的，是世界发展不平衡原理在法律领域的集中体现。要使法律维持内在的平衡，要使法律系统保持相对的稳定性，就必须利用法律批判克服法律异化。法律批判在这个意义上是法律的生命所在。只有通过法律批判，通过法学思潮的批判，法律才会在现实中重新恢复到原初的目的性上，法律才会找到它的根基和活力源泉，才能够使其自身的结构合理。

所以，外在世界系统的刺激和内在法律批判的开展构成了法律流变的刺激条件，它们共同改变了法律的能量结构和流动方向，建立了法律交流的平台，促使法律不断形成新的能量势差，导致法律处于永恒的流变之中。

三、法律流变模式初探

法律流变模式的形成是与法律系统内各区域法律系统之间、区域法律系统子系统之间及子系统内各要素之间发生能量交换和资源流动联系在一起的。整个能量流动的过程就是区域法律系统、子系统和各要素能量发生改变，力量对比发生变化，整个法律系统格局不断更新的过程，也是法律流变模式的形成过程。

首先，从各个区域法律系统的整体上看，各区域法律系统因为受到外界的刺激和内在法律批判的影响，而发生能量的变化。在力量分配不均衡的状态下，强法律系统与弱法律系统之间在争夺法律资源和能量的过程中，会出现强者占据优势，弱者占据劣势，从而产生强者更强，弱者更弱的局面。这种强弱对比发生到一定程度就会形成巨大的能量势差，产生能量由强区域法律系统流向弱区域法律系统的必然性。再加上法律人的价值判断、行为选择促进资源的流动，最终使之成为现实，形成强的区域法律系统的能量流向弱的区域法律系统的能量输出格局。在这种格局中，能量的流动遵循金字塔的由上向下逐级流动的路径。高级能量系统流向次级能量系统，次级能量系统则流向低级能量系统。这种纵向向下的流动顺序是自然形成的，一般不能出现越级流动。（因为能量流到之处必须具备储存和利用能量的能力，否则就会导致能量的浪费，甚至适得其反。）如果能量非要越级流动，那么就必须全面把握能量运行、储存、利用的规律。

强区域法律系统既会发生能量的输出，又必须获得能量的补给。强法律系统的能量补给主要来自两种途径，一种是突破自身所在的区域限制，向更高级的能量系统获取能量；另一种就是从次级和低级的能量系统获取能量。

从更高级的能量系统获取能量包括两个方面；一是从法律系统之外的宏观世界系统获取能量，从中寻找法律新的价值、知识、物质保障及其他宝贵的资源，寻找新的法律生长点和新的法律智慧；二是从本区域法律系统之外的更高的法律系统寻找资源和能量，实现法律系统能量的直接转换。

从次级系统和低级系统获取能量主要依赖于民间法的挖掘、基层法律经验、法律价值的吸取。通过对低级法律系统的挖掘和与现代法律知识相整合的过程，实现高级法律系统的创新和能量的提升。

在法律能量纵向流动过程中，其能量来源主体和接受对象来自于法律价值理念、规则结构、法律载体及运行程序等。

其次，法律系统能量除了纵向流动以外，还存在着平级法律能量系统的横向流动。在评估法律系统能量的高低之时，主要是从总体上作出评价。但是，不是所有被称为强能量系统的法律系统在所有方面都是最强的，正像所有称为弱能量系统的法律系统不是在所有的方面都弱一样。这是各区域法律系统存在的客观现实，也是各区域法律系统之间能量流动的重要依据。

在总体水平相同的区域法律系统之间，各自在特定的领域存在着强弱之别并相互借重取长补短的可能性。在价值理念丰富、发展程度较高、结构合理的区域法律系统中，可能因为其在规则结构、载体形式、运行机制上的不足，会向那些法律价值理念发展水平不高，但是规则更加丰富、结构更加合理、载体更加健全、运行更加高效的法律系统吸取能量。反之，那些规则全面、结构合理、载体功能强大、运行高效的法律系统则需要向那些价值理念先进的法律系统吸取能量，从而实现法律能量的流动。只是这种能量流动主要是一种横向的平等交换式的流动。

再次，区域法律系统的各子系统内的各构成要素在空间结构上的流变则处于更为特殊的状态。这些要素之所以会发生流变，是因为各自产生之后，吸取的能量不一样，发展的水平不一样，常常出现某个要素或某些要素过于膨胀或过于萎缩，而导致整体结构出现比例不协调的畸形发展。于是，法律批判者就立足于这种不平衡状态，通过批判发现问题，引入新的能量，修正畸形或者补充不足，使整个结构又趋于合理。这种不断批判、不断引入能量的过程必然会导致法律系统整体结构能量的改变，出现形变。

无论是法律能量主动流动而导致法律的流变，还是法律能量被动引入而导致法律的流变，无论是各系统之间相互作用引起的流变，还是法律系统内各要素之间相互作用引起的流变，法律都因为在外力的作用下，发生着能量的交换和资源的流动，并在最后出现法律整体能量的改变，造成法律格局的形变。这种因为外在刺激，使法律能量交换、资源流动，使法律各系统、各要素能量结构发生变化，并导致整个法律系统格局发生变化的形式，构成了法律流变的模式。

四、促进区域法律系统流变

区域法律系统总是接受着宏观世界的刺激，总在经受着相互作用，总处在不停地批判之中，因而其发生流变是必然的。但是，区域法律系统的这种流变并没有必然符合人的目的性及法律本身的向善性。它只是一种自发的现象和规律作用形式。要使之符合向善性的价值取向，就必须利用法律流变规律促进区域法律的流变。

首先，必须维持整个世界的和谐向善，始终引进维持和谐的力量。只有在和谐力量占据主导的和谐世界里，世界提供给法律刺激的条件才会是平和有益的，否则，便会带有其他邪恶或者畸形的目的，而这一旦融入法律的流变过程中就将会产生灾难，不只是法律系统自身的灾难，而且是整个人类的灾难。

其次，建立法律流变的能量采集机制和信息反馈机制。法律系统的流变在根本上是法律能量的交换和资源的流动。只有在不断地从更高的系统中获取能量，在次级和低级法律系统采集能量才可能形成法律流变的永不枯竭的动力源泉，才可能使整个法律系统处于永恒的向善的流变之中。只有建立问题反馈机制，法律系统的根基才会扎根于社会最深层次，才可能发现法律能量流动、资源配置中的问题，使法律的流变处于高效契合目的的状态，而不是异化为其他。

再次，建立高能量的法律引擎系统，设立法律能量分流机制。建立高能量的法律引擎系统就是为了使法律始终处于前沿创新的状态，不断为其他的低级法律系统提供知识、人才和其他资源。设立法律能量的分流机制，就是当法律的能量集中到一定程度之后，使那些在本系统中处于相对落后而又较其他低级系统显得相对先进的法律系统的法律能量和资源通过一定的分流方式，实现合理流动的机制，从而，避免恶性竞争带来的不必要的能量耗散。

最后，法律的流变在根本上还是要依赖于人的力量。只有在法律价值目标设定、规则系统构建、法律载体运行的整个过程中充分发挥人的主观能动性，法律的流变才可能顺畅；也只有充分激发人的善性，才可能导致法律始终服务于人的目的，使法律既是制定得良好的法律，又是执行得良好的法律。因此，培养具有公平正义价值观念、遵守法律职业良心道德并能够承担法律职业责任的法律群体是法律流变所必需的。

五、结语

法律流变是法律在受到外力刺激的情况下发生形变的一种属性。法律在接受各种刺激之后，会使法律系统发生能量的变化和系统资源分配的改变。通过对法律流变的原因的探索，引进法律流变的外力条件，建立法律流变的平台，形成法律流变的模式，促进区域法律系统流变，既是遵循法律运行规律、促进区域法律和谐的必然选择，更是保障法律始终合乎人的目的性和法律价值向善性的必然要求。

（作者单位：中南民族大学党委宣传部）

区域法律发展中政府行为的变化

——以法律多元背景下的西部大开发为例

张　俪

内容提要： 区域发展是当今社会发展的有效途径之一，区域法律发展对整个区域的发展有着不可替代的作用。本文以我国的西部大开发为研究切入口，先从两个方面分析了当今法律多元化的大环境——中国传统法文化复苏并受到一定的重视，世界政治经济一体化也带来了西方多样性的法文化，世界范围内法律规范也趋于一致，再提出了政府体系如何应对的对策，包括构建适应多元化法文化的政府管理体制，强化职能转变意识，推进政府管理的制度化、法制化和规范化以及推行地方自治四个方面。

关键词： 区域发展；问题区域；法律多元化；民间自治

一、区域问题的定性及政府在其中的作用

当今社会的发展越来越重视个性化的差别，由于经济基础、人文习俗、自然环境的区别，从区域入手发展整体社会得到了普遍的认同。区域政策就是针对区域问题而设计的，从世界范围内看，区域问题落实到地域空间就形成了问题区域（Problem Region）。实际上，除了计划经济国家实施覆盖全国的区域规划外，各国的区域通常都是指向国内特定的问题区域。一般地，问题区域通常都是指国内经济落后地区，如美国的阿巴拉契亚山区、加拿大的大西洋沿海各省、意大利南部和英国的北爱尔兰，等等。在中国，最大的问题区域就是西部。不管是发展中国家还是发达国家，落后的区域都有一些共同特征。美国区域经济学家 J. 弗里德曼（John Friedman）列举出人均收入低、经济增长率低、劳动生产率低、对外援助依赖性强等 12 项指标。① 在法律方面，表现为法律规范繁乱、民众法律意识整体低下、行政主体执法甚至守法不严、司法作用不被重视等。

关于是否应该由政府来负担起解决区域问题的责任一直是人们争论的主题，争论是围绕新古典经济理论展开的。新古典经济理论的基本假设是，每个人都是理性的，都会追求自身利益的最大化，市场是解决资源配置的效率问题的最佳机制，最终消除地区间的差异，政府应该被排除在区域经济以外。自由经济理论在世界范围内的经济危机和世

---

① 李秀潭、田忠林、汪开国：《西部地方政府行为模式》，浙江人民出版社 2004 年版，第 134页。

界经济一体化的趋势下暴露了越来越多的问题。G. 缪尔达尔（1957）通过对社会规律观察认为，"社会系统与自然界不同，不会自然而然地趋向稳定。社会过程往往是累积性的，并以加速方式展开，但一个社会的发展过程可以被中止甚至达到一种平衡，或者同国外来自外部的冲击力在反方向上作用，使社会系统达到一种平衡，而政府干预就好似这样的平衡剂"。① 当然，我们所说的"干预"不是计划经济里的全面控制，而是起到宏观整体上的规划以及在出现资源极度不平衡时候的调节作用。区域发展本质上就是政府在整体发展环境中的对问题区域的政策倾斜，是一种宏观调控。

二、区域法律发展的大环境——法律多元化

21 世纪，区域法律发展问题面对的最大现实就是法律多元化的整体环境。当今的世界日益纷繁复杂，存在着不同法律文化相互交流、融通、排斥、碰撞的表现，在交流中融合、在碰撞中改变。多元化的法律环境直接影响了区域的法律发展，如何在多元化的世界中发展区域法律，即如何在整体环境保持区域个性而又可以融入大环境对经济和社会的发展产生有益的影响是我们应该关注的首要问题。以我国西部为例，多元化的环境也给我们的政府提出了新的挑战，这也是西部经济、社会发展的瓶颈问题之一。

（一）中国传统法文化的复苏及在西部大开发中的作用

传统文化和现代法治理念在中国一直处于拉锯战中，从"大跃进"运动开始，以"文化大革命"为典型代表，中国的民间社会经历了一场又一场的深刻革命，具体表现在政府对民间社会控制手段的变化上——由过去的经济、教育等手段全面扩展到政治、文化、宗教甚至是思想等"全方位，多层次"的介入手段，而这种手段完全是政府和政治国家强加给民间社会的，并且对民间社会是一种伤及体魄、触及灵魂的涤荡。它对广大民众"脱胎换骨"，对社会"天翻地覆"。"曾有一度，国家权力不仅深入到社会的基层，并且扩展到社会生活的所有领域，以至在国家权力之外，不再有任何民间社会的组织形式，中国社会发生了戏剧性的变化"②，其最后的结果是政治国家成为民间社会的主宰，民间社会沦落为政治国家的仆人。随着改革开放的发展与深入，我们逐渐开始面对并纠正我们犯下的错误，其中最重要的事之一就是重新正视政治国家的法律体制与民间法律传统之间的关系——把分析角度从二者的矛盾对立面转移到了二者的理性互动关系上，并得到了理论界的一致认同。公众意见所认可的一般原理对政治国家具有不可忽视的反作用，而民间传统习惯正是公众意见的统一并经过了历史的磨合、沉淀下来的，所以对政治国家有反控制力。中国传统文化中以儒家和道家为代表，二者都植根于

---

① 转引自李秀潭、田忠林、汪开国：《西部地方政府行为模式》，浙江人民出版社 2004 年版，第 137 页。

② 王铭铭、王斯福主编：《乡土社会的秩序、公正与权威》，中国政法大学出版社 1997 年版，第 413 页。

传统的"天人合一"的观念之上，儒家对于立根于血缘关系之上的伦理纲常有突出的强调，道家则对"与万物齐一"的境界有赞美，使每个人都建立在一个给定的、自然的关系之中，使人在习惯与经验为特征的文化因素之中自发自然地生存。因而这种以自然主义为本质特征的中国传统文化哲学，表达了中国传统农业文明条件下的中国民众的文化模式。

西部地区自然环境严酷，地貌形态复杂多变，平原、盆地、高原、山区、沙漠、滩涂，各种地貌形态几乎样样俱全。这些复杂的自然、地理状况衍生出复杂的生态环境，而每一种相对独立的生态环境，又孕育繁衍了不同品格、不同形态的文化范式和居民生存方式，如同为农业，就有平原农业、山区农业、河谷农业、高原农业之分；同为畜牧业，就有草原畜牧业与高寒畜牧业之别。不同的生存方式体现出不同的法律内涵，追求着不同的法制信仰。吐鲁番的盆地法文化、秦陇的墓藏法文化、丝绸古路法文化、青藏高原的高原法文化、滇黔民族法文化、秦陵兵马俑和广汉三星堆法文化使西部的法文化异彩纷呈，其地域性与民族性丰盈厚达，时空性与影响力浩博远弥。① 国家法体系总是不能很好地穷尽每个区域的特性，在调整方式和调整功能上有很大的局限性，所以，把传统的法律文化融入西部的法律发展规划，具有现实的可行性和急切性。当然，政府对民间法文化的选择要遵循自由、正义、公平、正当程序等法律原则，否则不能彻底剔除传统法律文化伴随而来的不符合现代法治理念的封建残余。

除了传统法律文化对区域法律发展的冲击，全球化发展带来的法律规则体系的一体化对区域法律的发展同样有至关重要的影响。西方不同于东方，它的哲学与文化的源头是希腊哲学，它强调的是理性主义哲学。希腊哲学家们表达的是一种古典的理性主义的文化模式、人的理性的生存方式。

（二）WTO 带来的世界范围内法文化的交融及其在西部大开发中的影响

加入 WTO 后，政府的很多行为都要以 WTO 规则为转移，形成规范的制度化体系。其中一个重要的要求就是政府行为要以市场经济为基础，主要体现在：首先，WTO 要求企业决策自主化。1994 年《关税与贸易总协定》第 3 条规定："任何成员不能以直接或间接的方法对产品的构成、加工、使用有特定的数量或比例的国内数量限制，或强制规定优先使用国内产品。"WTO 还认为，政府的行政规定会扭曲企业的正常经营活动，不利于资源实现有效的配置。其次，WTO 要求政府宏观调控间接化。如《农业协定》要求各成员将现有的对农产品贸易的数量限制（如配额、许可证）进行关税化，承诺不再使用非关税措施实施管理农产品贸易并逐渐降低关税水平，从而使农产品贸易更多地由国内外市场的供求关系决定价格，不至于造成农产品价格的过度扭曲。再次，WTO 要求政府经济管理法制化。它的基本原则及其谈判达成的一系列协议，形成了一套国际贸易政策与措施的规章制度和法律准则，这些成为各缔约国方处理彼此间权利与

---

① 王允武：《西部开发法治与少数民族习惯法文化》，载《甘肃政法行政学院学报》2006 年第4 期。

义务的基本依据，并具有一定的约束力。它的三大职能中的第 1 条就是制定国际经济贸易的规则，并监督这些规则的执行。WTO 作为具有约束力的国际组织，各成员方的加入，实际上意味着承诺自己的经济管理政策和职能要按照国际标准进行调整和转变。《关税与贸易总协定》第 2 条规定："附件 1、2、3 中的各项协议及有关法律文件，是本协定的组成部分，对所有成员均具有约束力。"接下来第 16 条规定："各成员国都要保证使其法律、规章与管理办法均符合本协定附件中规定的义务。"这两条规定实际上确立了世贸组织的法律制度或规则优于各国国内法的宪法性原则。从这些我们可以看出 GATT/WTO 要求各成员国按市场经济规律办事，其目的在于各成员方政府的贸易政策行为不能扭曲市场竞争，不能人为地干预市场交易，要努力减少对国际贸易的限制，大幅度地降低关税、非关税及其他阻碍贸易进行的壁垒，在更大范围内让市场配置各国资源、最优运用世界资源、保护生态平衡和维护环境。

以西部大开发为例，探寻适应国内外大市场新态势、适合西部发展战略的对策，加快西部改革开放的步伐，来自外部的种种帮扶才能转化为自身的'造血'功能，形成自我发展的机制，成为推动西部大开发永不衰竭的内动力。政府任重而道远。加入 WTO 后，使得国家继续实行优惠政策的空间不断缩小，其直接推动力减弱；此外，国家在解决地区发展不平衡的问题时，坚持的是"效率优先，兼顾公平"的原则，不可能像当年发展东部沿海、建设经济特区或 20 世纪 60 年代的"三线"建设那样，将所有的优惠政策集中向西部倾斜。综上所述，中国的区域发展面临着传统法文化和世界多元法文化的"双重作用"，在这种"内忧外患"的大环境中，政府如何为区域的法律发展量身定做一套规则路线是摆在中国政府面前的首要问题，而问题的突破口就是政府行政行为的变化。

三、法律多元化环境下政府行政行为的变化

（一）增强体制创新意识，积极构建适应多元化法文化的政府管理体制

在现代化建设中政府既是法律法规的执行者，又是政策性法规的制定者；既是市场运行的调控者，又是市场体制的构建者；既是市场经济体制的设计者，又是经济体制的改革者，一个成熟的法律体制必须要和当地的法文化和法传统结合起来，在实践中一步步磨合和完善。此外，面对"入世"后新的竞争环境——外国法文化和国际一体化法规制的冲击，国内加速的经济结构也要求法律体系的完善，各级政府必须增强创新意识，根据本地市场经济发展的要求，创建新的法律机制，充分利用本地条件，调动各方面的积极性，营造本地法律优势。实践证明，营造体制优势也是加快发展的重要条件，如果缺乏这种创新意识和魄力，很可能会延误时机，延缓发展，甚至丧失优势。

（二）强化职能转变意识，注重调控功能的间接化、精确化、层次化和综合化

加强对社会主义市场经济运行的宏观调控是政府的重要职能。有效的宏观调控可以

矫正市场失灵，弥补市场调节的缺陷，抑制垄断，维护市场正常秩序，保证经济的健康发展。市场经济必然要求建立以间接调控为主，面向全社会的调控体系，而这种体系的正常运转以政企分开和政府职能的转变为前提，由审批为主的管理转向依靠经济、法律手段的管理，改善投资服务，创造公平的市场环境，强化政府的服务功能。再创造市场经济的微观基础，理顺中央政府与地方政府的关系，使不同层次的法律调控紧密相连是解决问题的有效方式之一。笔者认为，各级政府可以各自从不同的方面进行系统的调控：对中央政府而言，制定各种政策和法律法规是其主要的职能之一，立法是国家有效宏观调控的主要方式之一，对西部大开发而言，中央立法应将国家扶持政策的着力点放在为西部营造良好的发展环境上，变直接的推动为间接的引导；对省级政府而言，应该切实保障中央政府各种职能在本辖区有效实施，制定本辖区发展规划，实施地方立法与执法功能。中央关于西部大开发的各种政策，只是规定了人们的思考和行动的范围，并没有也不可能规定如何去做，结合本辖区的实际情况进行创新，包括政策创新、体制创新、管理创新和市场创新等是省级政府应该切实实施的；对市级政府而言，发挥好替代职能是其行政工作的重点。替代职能是针对市场发展不充分而言的，指的是直接运用强制性的行政、经济和法律手段培育市场，对企业不规范行为进行严厉制裁。对市场不规则运行进行强制校正，可以极大地减少交易费用，大大缩短本地区市场经济发展和演进的历史进程；对县级政府而言，应该把重点放在具体的行政职能上，譬如保障农民可支配收入持续增长、促进本地区工业化和城市化进程、完善和强化市场监管职能和缓解、消除、管理社会冲突的职能。

（三）坚持依法行政观念，推进政府管理的制度化、法制化和规范化

依法行政既是经济文化先进国家实现现代化行政管理的重要经验，也是现代市场经济国家民众普遍接受的理念。我国市场经济的发展，也要改变人治行政传统，建立依法行政的机制和体系。依法行政要求将政府的运行纳入法制化轨道，依法规范政府行为。在依法行政方面，目前依然需要加强法律体系建设，政府的职能应由行政审批转到行政立法和制定完善公共政策上来，逐步实现运行体系的法制化和行政运行程序的法制化。同时应实现各级政府之间关系的法律化调节，逐步实现职责权限划分和利益关系的法律调节，扭转权大于法的现状。也应注重政府行政监督体系的法制化，行政监督部门应能够依法独立地行使监督职能，通过法律对各个监督机构的职能进行协调，使其有机配合，更好地发挥功能，并得到适度约束。

（四）在法律区域发展中推行地方自治

地方自治是指一定的地域范围内的居民通过民主方式组成自治团体，产生自治机关，自行处理与自己有关的事务的一种社会管理方式。地方自治学说的理论渊源是人民主权理论下的"辅助理论"。"辅助理论"是指，任何上一级的政府（或称为"公共组织体"）都是辅助性的，公共事务应首先交由距公民较近的下一级政府（地方自治团体）来处理，只有下一级公共组织体无法处理的事务，才得提交给上一级公共组织体或由其向下级提供协助，地方自治事务不受上级公共组织体的干涉。就对外的向度来看，自治意味着个人自由及宪法上的基本自由权。托克维尔在论述北美的地方自治精神时曾断言："个人是本身利益的最好的和唯一的裁判者。"这一命题可以从经济学个人主义的方法论和最大化原则的基本立场得到支持，即只有每个人自己才对自己的偏好最为了解，并最乐于基于这种了解作出最有利于自身利益的判断和选择。自治原理的成立正是出于这一基本假定，也正因为如此，在仅与个人有关的一切事务上，每个人都应当是自主的，近现代宪法也因此而必须承认个人的基本自由权。就对内的向度来看，自治意味着基本的民主要求。自治原理天然地排斥外来的不当干涉，但这仍不是自治的全部要求，除此之外，自治还在对内的向度上要求一切相关者都有资格和机会来参与、影响和决定相关范围内的公共事务。否则，所谓的自治，不外乎就是独裁，从而演变成了另外一种形式的他治了。由此可见，自治在本质上包含着基本的民主要求，它与民主的实现休戚相关。自治理论是符合多元化法律环境的，要把传统的法文化融入区域法治建设中，必须交由最熟悉的组织来实施，也只有接近群众才能领悟到那些融入到群众灵魂的传统法文化精华。对问题区域的扶持在世界一体化的环境中受到越来越多的限制，只有真正培养问题区域的"造血"功能，才能吸引外部投资，降低依赖性，真正发挥"内因"作用。

（作者单位：中南民族大学法学院）

第二部分
法理析论——"和谐法治"的现代与传统

　　法治化是中国社会发展的必由之路。正如区域发展离不开中国发展的大背景一样，区域发展的法治化也离不开中国发展法治化这一基本预设。探讨法治的基本理论与现实难题，尤其是当代中国法治建设与社会和谐发展的关系，成为解决困扰发展难题的关键。塑造以人为本的全面、协调、可持续的科学法律发展观在法治构建中至关重要。而通过法律的方式解决城乡、贫富、经济与社会、人与自然、国内与国际之间在发展上的不和谐是法治回应发展实践的主要课题。法治是一个全球性话题，法治精神既有普适性也有特殊性。毋庸讳言，应当在共识性前提下，探寻对全球法治资源的本土转换以及中国特色法治理论作为当下具体法治的导引。既呼应全球、全国的一般要求，又立基于一地方、一区域的特殊实际，并回应传统中国千百年积淀下来的优秀法律文化遗产，此所谓世界性、中国性、区域性在空间上的连接及其与民族历史法律文化精华在时间上的融合。从和谐世界到和谐中国再到和谐区域，从以人为本的立法观上的和谐到司法执法上的实践和谐，正是循着这一理路思考的结果。

论和谐司法

汪习根　夏　雨

内容提要：和谐司法是司法权良性运行的理想状态和科学概括，强调一种平衡、折中、矛盾中的统一，价值追求与运行过程的统一，通过法律至上与人权至上、司法公正与司法效率、程序公正与实体公正、司法独立与司法约束、司法精英化与司法社会化、司法刻板化与司法人性化的统一来达致和谐的司法境界。和谐司法理念具有普适性。

关键词：和谐；司法；司法权；司法改革

一、和谐司法的提出

由于司法与人们的日常生活的密切性，也由于司法与法治的内在关联性，当法治成为一个时代最强烈的诉求时，司法自然首当其冲被关注、要求与受责难。这也就不难理解为什么司法改革的呼声不绝如缕，司法改革研究成为法学研究中的显学，政党、政府、司法界、律师界、大众对这场改革投入了应有的热情。在一个社会整体变迁的背景下，司法改革具有内在的必然性，以回应国家和社会的希望与要求。从 20 世纪 80 年代开始的司法改革是沿着"强调当事人举证责任—庭审方式改革—审判方式改革—审判制度改革—诉讼制度改革—司法制度改革"[①] 的轨迹发展的，在此之前的中国司法体制，是伴随着中华人民共和国的成立，吸取革命根据地时期的经验，批判国民党旧法统，借鉴前苏联司法体制，结合中国国情建立起来的，其理论基础是马克思主义国家与法的理论。如果继续朝前追溯，源自清末的司法改革，也对后世司法制度的建立产生了悠远的影响。"在司法制度方面，清末统治者采纳了西方资产阶级的一系列司法原则和司法程序。从历史演变看，虽然这些原则、程序未能在实践中真正推行，但是，这场司法改革对后世司法制度的影响是不可置疑的。"[②] 晚清司法改革制度，标志着中国古代司法制度整体没落及其近代转型。不过古代的司法文化不会自动退出，它仍然在深层影响着近现代司法制度的生成，甚至产生强烈的文化抵抗。新中国成立初期，作为主管政法的领导，董必武同志就反复论述了"人民司法"的思想，旨在构建民主、和谐、有序的崭新社会关系。新中国的司法制度建立以后，经历了艰难和曲折，从 1957 年"反

---

① 景汉朝、卢子娟：《经济审判方式改革若干问题研究》，载《法学研究》1997 年第 5 期。

② 詹复亮：《宪政视野中的司法制度及其改革》，载孙谦、郑成良主编：《中国的检察院、法院改革》，法律出版社 2004 年版，第 63 页。

右"斗争扩大化到"十年浩劫"结束的20余年间，历经了从民主、和谐到无序、对抗与冲突的根本扭曲。① 中国司法制度的曲折历史表明，任何主观的制度设计必然要和一个国家的文化、国情相碰撞、磨合，才可能在新的起点上综合、生成。20 世纪 80 年代开始的司法改革从整体上是尽可能在旧有体制不变的条件下发挥现有司法机关的潜能，无论是《人民法院五年改革纲要》还是《检察工作五年发展规划》，都是司法机关内部的局部改革，缺少改革的整体性、全局性，远远满足不了法治社会对司法的要求。中国司法的历史和现状中的一个共同点是忽略司法权的内在规律性，导致实践中司法权的运行始终忽左忽右。无论是"反右"斗争中对审判独立的否定，群众运动式审判制度的推广；还是大跃进时期的"一长代三长"、"一员代三员"、合议庭上山下乡、就地审判方式的创新；及至 1960 年审判机关的精简、"十年浩劫"中对审判机关的砸乱，不是否定司法权，就是扭曲司法权。甚至改革开放以后，司法工作也在不断地为各种中心工作服务，诸如为经济体制改革保驾护航，为国有企业服务，为西部大开发服务等，这一切都偏离了司法权的本性与内在规定性。正如陈瑞华教授所言："如果不了解司法权的性质，不对司法活动的基本规律形成明晰的认识，那么任何司法改革都将成为丧失目标和方向的试验活动。可以说，在司法改革问题上，当前最需要的是对一系列基本理论问题的冷静分析和对一些司法改革举措的理性反思。"② 从一种历史的同情的目光，我们似乎可以找到各种各样的解释来为我们司法的历史和现状开脱。同样是透过历史，我们可以看到过去的司法理论与实践仿佛故意和司法本性过不去，缺乏一种长期的能够掌控中国司法改革的理念导引，缺乏对司法权本性的正确理解和应有尊敬。站在一个新的高度上，我们有必要秉承司法的本性与规律，回归司法的应有位置，检讨我们在司法理论与实践上的误区，以全新的司法理论指导实践。虽然历史的发生并非都是理念引导的结果，但是理念的更新与引导一直是历史发展的动力。提出和谐司法理念，虽缺乏先见之明，事后聪明也算不错，所谓亡羊补牢犹未晚。

二、和谐司法的根据

倡导和谐司法，首先是司法的价值目标决定的。在司法的价值追求中，司法公正一直占据优先地位。司法独立、司法民主、司法公开、司法受制、司法程序的制度设置，都是为司法公正这个价值目标服务的。站在法律的视野，司法公正具有当然性。站在社会的视野，司法公正具有工具性，它的目标是导向社会和谐。如果把司法还原到社会生活中，可以认为司法是国家和社会生活中导向和谐的一个结构性因素。司法的出现，意味着人类纠纷解决方式的文明化。每一次纠纷的司法解决都应当是朝秩序与和谐的迈进。司法的出现表明，人类为了不至于在各种纠纷和冲突中自我毁灭，告别了早期的神明裁判，同态复仇甚至战争等纠纷解决方式，将纠纷交由国家设定的审判机关解决，以

---

① 张培田：《法与司法的演进及改革考论》，中国政法大学出版社 2002 年版，第 104～141 页。
② 陈瑞华：《司法权的性质》，载《法学研究》2005 年第 5 期。

公力救济取代了私力救济。起初司法与行政混同，到了资产阶级革命时期，伴随着对权力规律的认识和三权分立理论的奠定，司法开始独立，司法权由专门的司法机关行使。如果说在社会层面上司法是导向和谐的基本方式，那么这种和谐具有特殊性，它是通过国家司法权的行使达致的和谐。由于司法的国家垄断性、程序性、权威性、中立性等特质，使得通过司法的理性化过滤所达致的和谐在国家和社会秩序的形成中占有举足轻重的地位。但是司法的和谐社会目标能否实现，取决于司法权的正确有效运行。偏离了司法权本性的司法不仅与司法权设定的目的相背离，反而成为暴力的帮凶，其中不公与腐败的司法甚至成为社会纷争和暴力冲突的根源。

倡导和谐司法，是司法权的复杂性及其运行规律的内在要求。司法权作为一项独立的国家权力，在权力归属上属于人民。将立法权、行政权、司法权从国家权力中分离出来并协调行使，是人类对权力运行规律认识的结果。其背后的价值指向是政治文明，人权保障。而"神权政治或意识形态者总是希望控制这一切，反对实施法治所要求的政治透明和权力分立"。① 因此对司法权自身特性和规律的遵从，是司法权价值实现的前提。一旦丧失这一前提，人类生活必然重回专制与野蛮状态。然而，法治状态下司法权的确立却是一个长期的过程，在一个国家和社会走向法治的过程中，司法权的正确运行离不开正确而可行的理念指引。从司法的理念来看，过去的司法理念过于强调司法的静态理想，如司法公正理念，司法效率理念，却忽略了司法的价值冲突与运行中的矛盾，无法为司法工作提供切实指引。司法公正与司法效率是一对矛盾，和谐司法理念认为应该在司法公正与司法效率的矛盾中寻找平衡，而不是静态列举便万事大吉。司法始终是生活中的司法，社会中的司法，运行中的司法，必须在矛盾的动态展开中寻找出路，价值理念的设定也不例外。毫无疑问，"司法为民"是当下司法活动的根本指导思想，对转变司法作风、倡导司法便民、防治衙门风气的蔓延至关重要。但也要注意把握好"为民"与"依法"的分寸。在法官的依法裁断中，双方当事人谁是民谁不是民？谁是人民？怎样作才算为民？很显然，如果说法律是人民意志的体现的话，法官依法裁断就是为民。在法官的眼里，法律就是国王，就是圣经。不需要一浪高过一浪的意识形态话语来粉饰法官的工作。司法权天然地与外界保持冷静的理性的距离。正是这一距离，维持了公共权力与私人权利的和谐与协调。在司法权的运行中，同样面临一系列矛盾，如程序正义与实质正义的矛盾，司法独立与司法制约的矛盾，司法公正与社会正义的矛盾等，和谐司法是在这些矛盾中寻找平衡点的必由之路。

最后，倡导和谐司法还具有矫正现实误区和在世界范围内普遍适用的现实意义。概念法学的司法观由于仅仅从法律形式上理解司法，遮蔽了司法背后的生活世界和社会纽带，使司法步入形式主义流弊，在司法改革问题上弃绝公众参与。"由司法机关自身决定司法改革的具体内容和实际进程，不仅容易导致司法改革的片面性和随意性，而且也往往使司法改革很难赢得社会的认同和大众的支持。"② 至于我国司法中的送法下乡、

---

① 约瑟夫·夏辛：《法治》，法律出版社 2005 年版，第 87 页。
② 胡夏冰：《司法权的探析》，清华大学法学院网。

案件久调不决、过分调解等误区，都需要在恢复司法本性的基础上找准司法的位置。无论对于司法改革，还是矫正现实误区，和谐司法都具有不可替代的意义。因为和谐司法理念是行动中的司法理念，是司法规律内在特性的体现。对于和谐司法理念而言，司法首先回复自身，是价值理念与司法运行客观规律的统一。就世界范围而言，和谐司法理念还具有普适性。无论英美法系还是大陆法系国家都面临司法和谐问题。诺内特和塞尔兹尼克所著《转变中的法律与社会》的基本要旨可以理解为是对和谐司法的一种期待。由于和谐司法理念揭示了司法的内在矛盾及其规律性，在一种整合的视点上指明了司法运行的方向，避免了实质主义和形式主义的两极，因而赢得普遍适用的世界通行证。

三、和谐司法的内涵

和谐司法是一种理念，是一个蕴含丰富、更多地揭示了司法权的本性与规律、更有利于指导司法实践的理念，是一个使司法回复于生活与社会中的动态的理念。简而言之，和谐司法是指司法权运行的一种理想状态，它强调一种平衡、折中、矛盾中的统一，价值追求与运行过程的统一。和谐司法直面司法权的内在矛盾，在矛盾的统一中探寻司法权运行的理想之径。"在理解和把握司法权自身及其与外部世界之间的关系时，应摒弃狭隘的非此即彼的思考方式，以一种宽容的多角度的思考方式深化我们对司法权的认识。"① 使理想的司法与司法权的现实运行过程在一系列相互对立的价值范畴中予以统合：即司法公正与司法效率的统一，司法宽容与司法规序的统一，司法理性与司法经验的统一，司法判断与司法良知的统一，司法专业化与司法民主化的统一，司法工具理性与司法价值理性的统一。② 这六个方面所选取的角度是不一样的，有的从价值层面，有的从技术层面，有的从社会层面。这些统一无疑能够型构出司法权运行的和谐状态、理想状态。但和谐司法更强调自身是一种理念，因之将和谐作为司法理念提出。和谐是秩序与正义的结合体，和谐司法体现了司法价值与运行的平衡，表现为法律至上与人权至上的统一，司法公正与司法效率的平衡，程序公正与实体公正的统一，司法独立与司法约束的统一，司法精英化与司法社会化的统一，司法刻板化与司法人性化的统一。前四个方面体现了司法对实质性法律价值的整合，而后两者则试图实现在司法的工具性、主体性上的融合，并最终通过和谐主体的和谐方式达到实质和谐的法治境界。

（一）法律至上与人权至上的统一

一边是法律至上，一边是人权至上，这两大价值如何并行不悖？在司法领域追求法律至上，就是强调法治。对法治的追求与信仰，是司法权存在和发展的精神命脉与根基。司法权的产生，是出于分权、控权的需要。不追求法治，就没有分权和司法独立的必要，甚至司法权的存在似乎也无必要。司法权和法治交织在一起才是有意义的，因而

---

① 诺内特、塞尔兹尼克：《转变中的法律与社会》，中国政法大学出版社 1994 年版。
② 孙万胜：《司法权的法理之维》，法律出版社 2002 年版，第 147 页。

对法治的追求与信仰是司法最核心、最根本的理念。我们常讲司法公正与效率，却忽略了这个最根本的理念。作为司法人，不是被动地适用法律，而是要通过适用法律维护法律的价值，维护法的安定性。正如拉德布鲁赫所言，法官是在法上安身立命的。倡导法律至上的理念，追求法治的理想具有现实针对性。有的司法人员仅仅将从事司法工作当做谋生的工具，甚至以权谋私，枉法裁判，放弃了司法人捍卫和追求法治的义不容辞的责任。法治不是恩赐的，法律人不追求法治，法治能实现吗？法律至上的司法理念的现实意义还在于：法律至上与整个法律职业共同体、全社会的法治理想统一了起来。人权至上也是一个重要的司法理念，我们常在一种同情的意义上讲尊重人权。其实在价值上讲，法律至上只是人权至上的手段。在法律至上的背后，是人的价值与地位高高在上。只有法律至上，人权才能得到切实保障。所以说法治的终极价值是人权。人治的结果是人没有价值与尊严，在人治社会，连皇帝的人权也没有保障，一旦失去皇位连性命都难保。所以在价值追求层面上，法律至上和人权至上能够也应该统一起来。

（二）司法公正与司法效率的平衡

司法公正与司法效率的平衡，是司法权在现代社会安身立命的基础，也是司法机制良性运行的标准与尺度。司法公正并没有统一的定义，一般认为包括实体公正与程序公正，但这两者面临内在的紧张。这里搁置这种争议，因为大家对司法应追求公正没有异议，司法公正是得到普遍承认的价值理念。司法效率则是以经济学的效率概念对司法运行及其结果的一种评价。效率的一般意义是"快"，又指"既快又好"。[①] 站在司法的角度，司法公正与司法效率两种价值在"既快又好"这个层面上能得到完美的统一。效率正义是对这种统一的最好的注释。但是人们更多在"快"这个含义上定义效率，这样司法公正和司法效率就有了矛盾。因为司法公正是相对的，司法效率是绝对的，绝对的司法公正不仅难求，而且意味着无效率，意味着对案件的事实会无穷地探知下去。绝对地追求效率，必然会废弃司法公正。同时，由于司法的程序化特征，它注定与人们主观要求的效率有矛盾。正如"迟来的正义为非正义"的法谚所隐含的，人们对司法公正与司法效率两种价值都有着难以割舍的要求。在这种情况下，价值权衡应选择在不影响司法公正的情况下考虑效率的要求。效率正义本身既体现了效率的要求，又丰富了正义的内涵，更加有利于促进正义的实现，从这个角度来讲，司法公正与司法效率必须通过和谐的司法而一体化。

（三）实体公正与程序公正的统一

司法公正一般可分为程序公正和实体公正。从实体公正与程序公正表述的含义来看，这两个概念容易导致歧异。因为实体公正并不排斥程序法的参与，程序公正也不排斥实体法的参与，它们体现的是两种不同的诉讼价值取向。导致这种歧异的原因在于对程序法和实体法关系的不同认知。国外关于程序法与实体法关系的理论主要有以边沁为

---

① 谭世贵主编：《中国司法原理》，高等教育出版社 2004 年版，第 55～57 页。

代表的"程序工具论",以日本学者谷口安平为代表的"母子关系论",以日本学者兼子一和竹下守夫为代表的"双轮子关系论"。① 实体公正与程序公正的价值取向分殊固然与对程序法和实体法关系的不同认知有关,更与民族心理、法源历史乃至哲学认识论上不同有关。② 我们可以把程序公正与实体公正视为两种不同的诉讼价值模式,它是从不同的实践土壤抽象出来的,实体公正模式强调审判结果的公正,是将实体法所确定的权利义务落实到具体的个案中去,体现一种对实质结果正义追求的价值倾向性,它强调严格适用法律,强调对案件事实的无穷探知,诉讼程序围绕发现案件真实这一目的而设计,取程序唯工具主义的立场,不重视甚至否认程序本身的价值,以实体公正作为司法公正的唯一标准。程序公正模式强调程序自身有其独立的价值,认为司法公正主要指诉讼过程的公正。程序公正模式和实体公正模式都有自己的生存土壤,前者受英美法系青睐,后者为大陆法系重视。这两种诉讼模式各有利弊。"这两种类型的司法模式都有极端的选择取向和做法,不具有普遍推广和借鉴意义。"③ 在实体公正与程序公正的关系上,目前主要有"并重论"和"优先论"两种取向,无论是并重论还是优先论,都可以在某种程度上综合,因为简单套用程序正义司法价值模式不可能,不重视程序的绝对实体公正司法模式已被摒弃。结合我国的实际,应当认为,司法对公正结果的追求是正确的,但是公正结果获得的前提是程序合法。也就是说,程序正义对于实体正义具有优先性。当程序正义运行的结果与实体正义相符时,两者兼得;当两者发生冲突时,程序正义优先。强调程序正义的优先性,并不是要套用英美法系的司法诉讼模式,因为其适用有严格的前提:如陪审制度的存在,先例拘束原则,衡平法的存在,当事人主义诉讼结构等。在"重实体,轻程序"的文化背景下,强调程序正义的优先性具有现实意义。在程序优先的理念下,达成实体公正与程序公正的统一,这样的司法公正理念,为和谐司法所嘉许。

在学术界和司法实务领域,对"客观真实"和"法律真实"的截然不同态度,就鲜明地反映出对实体公正与程序公正关系的不同看法。我们认为,一味强调"法律真实"而不问"客观真实"的做法不符合司法追求真理、解决真实生活纷争的特性,必须谋求在"客观真实"和"法律真实"之间的协调一致才是正确选择。

(四)司法独立与司法约束的统一

司法独立是司法权良性运行的前提条件。司法独立既是原则、又隐含一系列制度安排。对于司法人员,司法独立还是具有价值意欲的信念。由于司法独立是抗争而不是恩赐的结果,又是一项国际通行原则,它要求司法机关将其作为使命来承担,即为争取和捍卫司法独立而抗争。从西方资本主义国家确立司法独立原则以来,司法独立日益受到国际社会的关注,并上升为一项普遍原则。从联合国的一系列文件中,可以看出司法独

---

① 谭世贵主编:《中国司法原理》,高等教育出版社2004年版,第13页。
② 谭世贵主编:《中国司法原理》,高等教育出版社2004年版,第15页。
③ 谭世贵主编:《中国司法原理》,高等教育出版社2004年版,第17页。

立的国际准则主要包括以下几个方面：（1）司法独立的主体包括法官、检察官。（2）司法独立的含义主要是指司法机关和法官、检察官有权独立地进行司法活动，不受任何外来干涉。（3）司法独立的基础是法官、检察官必须具有很高的素质，以便其能够胜任所进行的司法工作。（4）司法独立的保障是国家应为司法机关提供充分的资源并完善立法，建立必要的制度，以及确保司法人员享有言论自由和结社自由。（5）司法独立的目的是确保司法公正，维护人权。① 司法约束同司法独立一样，内生于对司法公正与维护人权的要求。司法约束包括司法自律与司法他律两个方面。司法自律是指司法机关和司法人员自我约束、自我管理、自我监督以保障司法权的公正有效行使。司法他律是指对司法权的外部监督与制约。在西方许多国家建立起一套行之有效的司法自律制度，如法官考核制度、惩戒制度、职业道德约束制度等。我国的司法自律包括法官、检察官职业道德制度，院长、庭长审核案件制度，审判委员会和检察委员会讨论决定制度，法定检察官考核制度，责任追究制度，引咎辞职制度，法官、检察官惩戒制度等。② 我国的司法自律制度亟须完善。司法自律与司法他律同样是司法权良性运行的条件，是司法权完成自身使命的内在要求，也是国家和社会对司法权的要求。从司法独立和司法约束的关系来看，两者的目的都是一致的，都是为了确保司法权的公正有效行使，但在现实生活中存在两种极端倾向，即绝对独立倾向和干预独立倾向，前者借口独立拒绝监督，为司法腐败打开理论缺口，后者借口监督干预独立，同样导致司法不公与腐败。因此，和谐司法认为应将司法独立与司法约束有机地结合起来，而不机械地强调一个方面。

（五）司法精英化与司法社会化的统一

司法是面向社会的司法，但是随着司法的精英化而愈益成为脱离社会的封闭的技术。司法精英化包括司法的专业化（法言法语、复杂的程式、推理技术）、职业化（经过层层挑选的法官）。司法精英化是司法自身内在逻辑发展的结果，但也造成与社会的疏离。"随着法律逻辑与社会生活逻辑的不相符，法律活动变成一个普通人除了依赖于专门人员之外无法也没有时间涉足的领域。法律运作因此成了一部分人的事，对大多数人来说，只有最后的结果是真实的，可接触的，而整个法律结论与产生的过程及理由则是不可知的、无法控制的，这必然使大多数人对法律望而生畏。"③ 司法与社会疏离必然影响司法功能的发挥。和谐司法认为，司法精英化与司法社会化可以在较大的程度上统一起来。

例如，通过赋予法官自由裁量权，使法官能在法律的限度内，根据社会情势变迁和价值观念的变化使司法判决相对能动地适应社会变迁的需要，在一定程度上克服成文规则僵硬、滞后的弊端；司法判决说明理由以及司法程序中的公众参与，都能较好地使司

---

① 谭世贵主编：《中国司法原理》，高等教育出版社2004年版，第161~162页。
② 谭世贵主编：《中国司法原理》，高等教育出版社2004年版，第467~473页。
③ 苏力：《法治及其本土资源》，中国政法大学出版社1996年版，第144页。

法与社会互动。应进一步探索司法与社会互动的新形式，使精英化司法满足社会的需要。

（六）司法刻板化与人性化的统一

司法必定与特定的程式、方法、步骤或流程来展开，并依据设定的标准进行判断。任何对法律严格设置的标准与界限或程式的偏离与超越，都势必会损坏法律的尊严。可见，刻板化是司法的一个应有特征。然而，法律绝不应该只是一副冷酷无情的面孔，实际上，法是最讲情面的，法本身就是人民意志的记载和反映，蕴涵着对人格的尊重和对人的价值的终极关怀，渗透着浓烈的人文精神。以人为本的法律观格外青睐于司法的便民、利民性、而反对司法扰民、防民的陈腐司法理念。法与私情无关，但是，"法是最有情的，法条与法理是建立在对情——一种对社会关系人的最为和谐与圆满状态的描述与概括之上的，是情的载体与结晶。合法是以合理与合情为基础与前提的，合情合理，才是合法。一种法，如果既不合理也不合情，则是非法之法——恶法。"① 人性化的司法不仅弥补了司法刻板化的局限，而且折射出司法的深层本质和价值目标。当然，这并不是意味着以人性化彻底去掉司法的刻板化，而是互补互动、互为关联。人性化的司法要求：一方面司法必须深切地回应立法的人本精神，以人格尊重和价值关怀为己任；另一方面，司法风格、审判作风应融和人文理念，坚守人民主权的最高法治原则。

四、和谐司法的价值

和谐司法立足于国内外司法的实践，克服了旧有司法理念的片面、简单和非科学性，系统地揭示了司法权运行的复杂性、矛盾性。在中国古人关于和谐的释义中，和谐作为一种社会价值理想，具有四个方面的内涵，即多样的统一、关系的协调、力量的平衡、功能的优化。我们不难从司法的多种价值冲突与平衡、当事人的控辩平等、司法目的的定纷止争、司法的独立与受制等描述中发现和谐的丰富内涵体现在司法的制度设计及其运行中。和谐司法是司法权良性运行的理想状态和科学概括，体现了司法的动态之美和自由之境。过去我们只谈公正、理性、效率，都过于简略，忽略了复杂的关系、矛盾的过程和多元的构造。和谐的概念里面已经隐含了一个冲突得到了解决的复杂过程、多样性及冲突的存在。因此，和谐司法的价值首先是理论上的，是对旧理念的超越与创新。这种超越与创新体现在：（1）科学性。它紧紧地追随司法权的本性和运行规律，体现了理念总结的理性精神。（2）综合性。司法权的价值追求是多元的，和谐司法理念将这种多元性追求综合起来。（3）动态性。动态性侧重于从司法权运行过程中提炼对司法运行有价值的理念，更有利于对司法实践的指导。（4）前瞻性。它着眼于法治的要求，又将司法回复于社会，因而具有统观全局的视野。（5）普适性。由于立足国内外司法实践，又揭示了司法的本性和运行规律，因而具有普适性。和谐司法是世界性

---

① 陈兴良：《刑法疏议》，中国人民公安大学出版社 1997 年版，前言，第 5 页。

话题，随着对和谐司法内涵的进一步科学揭示，和谐司法的理念价值将为更多的人所关注。

任何理论都是为现实服务的。和谐司法理念既为现实生活提供精神向导，又将在实践层面体现其构造性价值。例如：司法独立与司法制约的统一理念，既科学揭示了司法良性运行的条件，又必将在意识层面上唤起司法人员争取和捍卫司法独立的使命感和社会公众对司法独立与司法制约制度的理解与支持。在司法改革方面，这一理念既具有引导作用，又必然要求在制度层面予以落实。由于和谐司法理念立足于司法权的本性和内在规律，必然与那些时髦的政治口号和为某某中心任务服务的虚假司法理念保持冷峻的距离，成为他们天然的清毒剂。这就使司法权始终保持理性、中立的克制态度，为其良性运行设置了一道保护屏障。和谐司法的实现必然是在社会中由国家和社会提供必要的经济、政治、文化等条件。正如马克思所言："一切社会变迁和政治变革的终极原因，不应当在人们的头脑中，在人们对永恒的真理和正义的日益增进的认识中去寻找，而应当在生产方式和交换方式的变更中去寻找；不应当在有关的哲学中去寻找，而应当在有关的时代的经济学中去寻找。"① 司法改革牵涉到社会的整体变革，仅仅由司法自身是难以完成的。一旦社会内在地对司法变革提出要求，司法变革的理念便格外重要。中国目前的司法改革同样要遵循和谐司法理念来进行社会构造。主要应该从两个方面着手：一是从司法权的构成要素即司法主体、司法行为、司法客体、司法程序的协调统一方面着力，探求司法权良性运行的内部机制。二是整个社会体制为司法权的合理配置提供基础性条件，包括进一步理顺立法权、司法权、行政权三者之间的关系，完善司法权的社会构造。把握好这两点，就抓住了司法改革的核心。因为这恰恰是和谐司法所追求的司法权良性运行的根本条件和基本内容，离开了这些，改革无异于缘木求鱼。

（作者单位：武汉大学法学院）

---

① 《马克思恩格斯全集》第 3 卷，人民出版社 1956 年版。

论公平的制度安排与社会和谐

张德淼　何跃军

内容提要：因为资源的稀缺性导致的不公平在社会大行其道，如何矫正这种不公平成为和谐社会建设的一个重要问题。从经济学稀缺性原理和罗尔斯的公平正义观念出发将公平作为一种制度安排的理念有助于我们对和谐社会的构建，早日促成真正的和谐社会。

关键词：资源稀缺性；公平；制度建设

在建设社会主义和谐社会成为社会的主流话语之后，它所受到的关注已经形成一种强效的社会态势，它表达了人们心中对于美好社会与理想生活的渴望。同时，蕴藏在和谐社会幕后的一系列相关问题都被睿智的人们挖掘出来并加以分析。总结近年来对社会主义和谐社会的研究，多数学者或将自己的视野集中于对社会主义和谐社会建设的必要性与可能性进行论证[1]，或认为建设和谐社会已经是不可避免的潮流而将自己的研究专注于如何进行具体的构建问题，这其中有比较借鉴发达国家经验的[2]，有针对本国的实践问题的，有从民间角度论述构建社会主义和谐社会所需要的公民道德基础的[3]，有从国家政府角度论述在建设过程中政府责任的。[4] 应当承认，这样的研究是真正务实的研究，是学者们处于深切的责任诉求而对实践的密切关怀，他们的学术良心是值得敬佩的，这种实证主义的态度也是我们一贯坚持的立场。不过，在今天这样一个关系社会未来发展方向的重大问题上，笔者认为，在进行实证的具体分析之前更应当从理论上进行分析与求证，而不是在人云亦云的基础上盲动与乱动，否则在这种哲学上的全盘建构主义的思想指引下，很容易走上歧途与岔道，造成社会资源的极大浪费，相信这是所有人都不愿看到的。罗素有言，"在先进的国家，总是实践引导理论，在落后的国家，则是理论鼓动实践"[5]，承认落后并没有什么可耻，可耻的是知耻而不上进。因而本文在实证方法的基础上，运用经济学的相关理论，解释在和谐社会的建构过程中为何公平如此重要，以及什么是公平，并借助罗尔斯所论述的公平正义的立场论证在建设和谐社会过

---

① 段华明：《构建社会主义和谐社会》，载《同舟共进》2004 年第 10 期。严国萍：《社会主义和谐社会的当代可能性》，载《毛泽东邓小平理论研究》2005 年第 3 期。

② 谢立中：《和谐社会：发达国家的启示》，载《解放日报》2005 年 3 月 20 日。

③ 万俊人：《"和谐社会"及其道德基础》，载《马克思主义与现实》2005 年第 1 期。

④ 张秀兰、徐月宾：《和谐社会与政府责任》，载《中国特色社会主义研究》2005 年第 1 期。

⑤ ［英］罗素：《西方哲学史》（上），商务印书馆 2003 年版，第 78 页。

程中如何实现作为一种制度安排的公平。

一、问题的提出：公平何以如此重要

公平在建设和谐社会中的重要意义问题，早在 2005 年 4 月 23 日至 24 日由浙江工商大学法学院与中国人民大学书报资料中心在杭州共同举办的"和谐社会与法制建设"专家座谈会上，与会的专家已经进行了深入的探讨。① 邓正来先生在归纳法制建设中的不和谐问题时贯穿其中的主线就是社会公平问题，孙笑侠教授认为和谐社会的五个特点中有一个重要特点是"和谐"必须要求公共资源得到公平地分配；而有的学者甚至认为，"和谐"实质上是西方的正义在当代中国的一种表达，"和谐社会"就是一个正义的社会，一个人人都能得到平等的关怀与平等的对待的社会。由此可见，公平正义对于和谐社会的重要性。但是在这样一种重要性面前，人们不免进一步追问：在建设和谐社会的过程中，公平为何如此重要？这样追问不是没有道理的，因为在我国经历从阶级斗争到建设经济社会的转变以及目前如火如荼进行的经济建设中，一直提倡的是效率优先，兼顾公平，效率长期被摆在社会发展的首位，在这样的背景下提倡社会公平的重要性是否合适？也许运用经济学的相关理论来分析，可以让我们看出一些端倪。

众所周知，人类面对的是一个资源相对稀缺的世界。生于 18 世纪初叶的思想家休谟在论及正义所以必要的条件时说："把人类的慈善或自然恩赐增加到足够的程度，你就可以把更高尚的德和更有价值的幸福来代替正义，因而使正义归于无用"。② 在另一处，休谟又十分风趣地说，如果大自然所赐予我们的任何一种东西，能够像水和空气那样丰足，我们便将"总是让它为整个人类所共有，而不作任何权利的所有权的划分"。③ 在休谟那个时代以及更早之前的时代，空气与水等各种资源在人们的观念中还是取之不尽、用之不竭的，对这些资源的利用和分配也就与正义无关。但是，随着工业化进程的加速与科学技术的进步，人类对于环境和资源的利用以及由此引发的社会问题已经远远超出了早些时代人们的想象。对于这样的现象本文不再赘述。

应当说稀缺性原理不仅在经济学上适用，它在各种学科的运用也是十分频繁。在当代正义理论家那里，社会资源的适度稀缺也已经是正义所以必要的前提。罗尔斯在重述休谟的正义理论时便说："在许多领域都存在着一种适度的匮乏。自然的和其他的资源并不是非常丰富以致使合作的计划成为多余。"④ 事实上在我们的社会里，人们的社会生活所需要的社会资源也是稀缺的。诸如职位、职务、权力、荣誉、社会关系等，我们可以开出一份长长的稀缺资源清单，任何一个社会都不能把这些资源等量地分配给它的社会成员。在现时代，作为社会正义的前提条件的适度稀缺，较之早前人们生活的时代

---

① 《"和谐社会与法制建设"专家座谈会综述》，载《宪法学、行政法学》2005 年第 6 期。
② ［英］休谟：《人性论》，商务印书馆 1980 年版，第 535 页。
③ ［英］休谟：《道德原则研究》，商务印书馆 2001 年版，第 36 页。
④ ［美］约翰·罗尔斯：《正义论》，何怀宏等译，中国社会科学出版社 1997 年版，第 121 页。

要复杂得多。

从反向的角度我们可以这样解释"适度稀缺"，它意味着在物质资源极度匮乏或者极度充裕的情况下，正义都是没有意义或者不必要的。因为一方面，在物质资源极度匮乏的社会里，人们连正常的生存问题都无法解决，道德与公平将成为一种奢侈品被人们放弃在对日常生活满足的追求道路上，因此管子的"仓廪实而知礼节，衣食足而知荣辱"是正确的；另一方面，在资源无限富足的情况下，正义也是不必要的。假如我们所面对的是如卢梭所描述的理想社会——树上满结着面包，河里流淌着芳香的牛奶——那样一个极其丰足的社会，每个人的需求都能得到最大的满足，那么，我们就没有必要为这种极大丰富的物质资源制定一个分配原则，因为从纯粹经济的角度来看，在物质资源极大丰富的社会条件下，更大份额的获取对于每一个人来说都是可能的而且完全可以实现，是以即便在人性的贪婪下作出的抢夺等都是不必要的，人的欲望完全可以通过社会资源的极大丰富来满足，每个人的情况都是这样。在这种情形下，正义将变成无用的多余。

然而人类面对的是资源相对稀缺的环境，与此相应，人类却有着天然的利己本性。人性的首要法则是维护自身的存在，人性的首要关怀是对于其自身所应有的关怀。① 因而应当认识到，在社会中生活的绝大多数人都是利己的主体，都是一般的人，仅仅具有一般的道德，虽然也有"毫不利己、专门利人"的特例，但无可怀疑的是大多数人首先关注的是自己的利益，只有在自己的利益需求得以满足的情况下，才会考虑到他人的需求和利益。于是，我们有理由假定，在社会分配过程中，"每个人都更喜欢较大的份额而非较小的份额"②，这就决定了我们的社会生活不可避免地存在着利益冲突的背景。如果任由人的利己本性无限膨胀，每个人的利益都将无法得到有效的保护，这正是洛克所说的无限的自由就是没有自由，是我们无法接受的。这也是古典经济学所提倡的自由主义的不足之处，因此，通过一种合理的社会安排，使每个社会成员都受到公平的对待，对于每一个社会来说都是必需的。这也是制度经济学诞生并得以盛行的缘由。在公平的面前，我们应当承认差别与不平等的存在，由于稀缺的资源无法在社会成员之间均等分配，由此而导致的社会后果就必然是每一个社会内部的等级差别或不平等。英国学者布莱恩·巴里在回顾正义理论发展的历史时说道："在柏拉图的时候，如同我们的时代一样……在我们的社会里存在着的政治、社会地位以及在经济资源支配方面的巨大的不平等。"③ 布莱恩·巴里所陈述的恰恰是为近代思想家所忽略的一个十分重要的历史事实。把平等与社会公正联系在一起，是近代思想家的贡献。平等才能够做到社会公正，两者之间的内在联系是不言而喻的。

---

① [法]卢梭：《社会契约论》，商务印书馆 2003 年版，第 5 页。

② [英]阿莱克·诺福：《可行的社会主义政治》，乔治·艾伦 & 尤文出版社 1983 年版，第 2 页。

③ Brian Barry, *Theories of Justice*, Berkeley and Los Angeles: University of California Press, 1989. p. 3.

时至今日，我们必须承认，尽管在消灭不平等方面我们做了很大的努力，但不平等仍是我们无法回避的社会生活中的事实。由于资源的相对稀缺和不均衡分配，在价值分配过程中，一些社会阶层和个人总是处在相对不利的位置上，从而成为社会生活中的最少受惠者，成为整个社会的弱势群体，他们是整个社会价值分配的不利承担者，这种人在我国就是下岗的工人，广大农村的农民，进城打工的农民工等，他们承担的是整个改革的副价值；而另一些人，由于种种原因成为价值分配的获利者，处于有利的地位，并且一直延续着有利的地位。事实证明，任何一个社会都没有能力使它的社会成员生活在齐一的水平上，其唯如此，社会公正才成为我们社会生活的必需品，才成为人们不懈追求的理想状态与目标。

经济学的研究已经证明，无论生产怎样发展，物质生活资料丰富到什么程度，都无法改变资源"适度稀缺"的状况，因而也无法消解人们对于社会公正的渴求。在近代历史上，曾有些思想家过分乐观地估计了大工业生产为人们提供有用物品的能力，以为机器的进步已经使生产问题得到了根本解决，从而使得"不间断的生产"成为可能，凭借大机器生产，人类可以进入一个物品极其充裕的状态，富足可以消解在资源分配方面的冲突，也可以在根本上消灭现实生活中的不公正。① 可是如前所述，技术手段的进步不仅没有改变"适度稀缺"的状况，相反，却进一步扩大了稀缺的范围。在现时代，仅就自然资源而言，作为社会正义的前提条件的适度稀缺，较休谟的那个时代要复杂得多。当然，不能否认，经济的发展能使社会为它的成员提供更多的可分配物品，人们的生活需求也能得到更大的满足，所以，我们可以推断，相对富裕的社会可能较之相对贫穷的社会有更多的公正。但是，我们必须看到，即使是在经济高速增长的今天，相对于人的需求而言，每一个社会的物质资源依然是相对稀缺的，人类永远没有能力用有限的物质生活资料来满足无止境的需求。在某种意义上说，单纯的经济增长不仅不能在根本上消灭不公正，相反，由于经济增长过程中不可避免的贫富差距的扩大，公平分配将会变得更为急迫。在任何一个社会里，社会公正都应该具有绝对的优先性，那种把效率置于公平之上的做法，只能理解为特定历史条件下的权宜之计。② 这也是对于我国经济发展的一个劝诫。难怪有的学者指出：从阶级斗争——社会稳定（经济建设）——和谐社会的轨迹，可以看出共产党执政理念的与时俱进。③

和谐社会需要社会公平的支撑，作为它的基本框架，公平将成为和效率一样的和谐社会的支柱。一个和谐的社会，必定是一个公平的社会。只有社会公平，各方面的社会关系才能融洽协调，人们的心情舒畅，人们的积极性、主动性和创造性才能得到充分的发挥，整个社会才会和谐稳定。

---

① ［英］阿莱克·诺福：《可行的社会主义政治》，乔治·艾伦＆尤文出版社1983年版，第15～16页。

② 夏文斌：《公平原则与和谐社会的建构》，载《北京大学学报》(哲学社会科学版) 2005年第2期。

③ 段华明：《构建社会主义和谐社会》，载《同舟共进》2004年第10期。

二、进一步的追问：公平究竟是什么

在人们的观念里，公平与正义一般是同义词。因而本文下面讨论的基础是将公平与正义理解为同等含义。

"正义"一词的渊源可以追溯到亚里士多德的著作。亚里士多德认为，"正义是某些事物的平等观念"。① 他将正义分为"普遍的正义"和"个别的正义"两种，后者又分为"分配的正义"和"矫正的正义"。亚氏从他的正义的平等观出发，认为正义就是按照均衡平等的原则将这个世界的万事万物公平地分配给社会的全体成员。与此同时，亚氏还将正义理解为城邦国家"这一政治共同体秩序的基础"，是城邦国家"为政的准绳"。由于"城邦在本性上优于家庭和个人"，因而作为城邦国家之政治美德的制度正义在其价值普遍性和重要性上也就优于家庭的美德和个人的美德。② 在当代，哲学与伦理学家罗尔斯在他的《正义论》里首次将正义与社会制度的建构结合在一起。开篇他就提道："正义是社会的首要价值。"他说："社会正义原则的主要问题是社会的基本结构，是一种合作体系中的主要的社会制度安排。"他提出了"正义是人们各得其所应得"的观点，在这里正义的基本含义就是每一个社会成员都应得到与其行为相适应的合理的平等的对待，通俗地说就是得其所应得，罚其所应罚。③

总结归纳使我们认识到在近年来有关正义与社会公正的讨论中，人们已经达成了基本的共识：社会公正的"主要问题是社会的基本结构"，"是社会主要制度分配基本权利和义务，决定由社会合作产生的利益之划分方式"。④ 我们赞同这样的观点：在一个社会里，无论这个社会既定的制度安排规定了怎样的内容，但只要这个社会是在一个有效的制度管理下，社会合作的全部成果都是在这个制度的规范之下分配的，这个社会在某种程度上就有正义可言。不过应该指出的是，这一表述的意义只在于，公正的社会生活只能通过基本的社会安排才能实现，如果一个社会基本的政治、经济制度不能保证社会公正，任何个人的努力都是无能为力的。

制度安排所以重要，在于它是我们的社会生活的可靠程序。孙笑侠在前述"和谐社会与法制建设"讨论会上提出，和谐是一种正当程序。他的意思在于指出和谐社会应当为人们提供一种正当的程序，以保证程序正义和实质正义。这样的观念也是近年来对程序正义和实质正义讨论的结果。在很难为社会成员提供一致的公平的结果时，程序正义的重要性日益突出。

罗尔斯在《正义论》一书中讨论了三种意义上的程序正义。第一种是完善的程序

① ［古希腊］亚里士多德：《政治学》，商务印书馆1983年版，第148页。
② ［古希腊］亚里士多德：《政治学》，商务印书馆1983年版，第5~35页。
③ ［美］约翰·罗尔斯：《正义论》，何怀宏等译，中国社会科学出版社1997年版，第50、51页。
④ ［美］约翰·罗尔斯：《正义论》，何怀宏等译，中国社会科学出版社1997年版，第5页。

正义，也就是人们预先能够确定一个正义的分配标准，而后再为实现这个目标而确定一个合理的程序，其典型的事例便是在分蛋糕时切蛋糕者后取。第二种正义是不完善的程序正义，其特点是人们首先有一个正义的期望结果，可是，却无法设计一个保证实现这一目标的程序，这方面最典型的例证就是司法审判。在司法过程中，"人们期望的结果是：只要被告犯有被控告的罪行，他就应当被宣判为有罪"。可是，审判程序并不能经常保证宣判被告有罪，而且在有些时候还可能宣判无罪的人有罪。第三种程序正义是纯粹的程序正义，在这种程序正义中，不存在一个有关正当结果的独立标准，而只能预先设定一个正确的和公平的程序，这一公开化的程序最终决定着分配的结果，这方面最典型的事例便是赌博。确实地说，现实生活中的价值分配不可能像分蛋糕那样简单，如果把社会成员各自心理的、物质的需求以及个人禀赋、机遇等偶然因素考虑进去，完善的程序公正在很多情形下是不可能的。在事实上，面对作为复杂的合作体系的社会，我们根本无法判断什么样的分配结果才是公正的。所以，我们只能依赖于公正的程序去决定分配的结果，把社会公正实现的全部可能性寄托在制度安排上。可以断言，在现实生活中，任何一种分配结果之所以是可以接受的，其全部的理由都在于它产生于一个合理的程序，否则，一种分配结果无论被怎样解释为公正，都将是人们无法接受的。

此外不能不提及的是，罗尔斯还在《正义论》一书中阐述了"作为公平的正义"的两原则，即平等原则和差别原则。在强调每个人都应该拥有与其他社会成员平等权利这一原则以后，罗尔斯又说："社会的和经济的不平等应该这样安排，使它们，一适合于最少受惠者的最大利益；二在机会平等的条件下其所依系的职务和地位向所有人开放。"[①] 在其他地方，罗尔斯也把这一原则解释为"有利者的较高期望"，也有利于"提高那些处在最底层的人们的期望"。[②] 同时，罗尔斯也推断，在最有利者与最不利者都有所增益的前提下，处在中间状态的其他人们也将获益。诚如一些正义理论家所指出的那样，罗尔斯的这一推论有些过于简单，因为在复杂的阶层结构下，某些阶层并不会由于其他阶层的获益而必然获益，但这并不能说明罗尔斯作为公平的正义原则本身是错的。事实上，罗尔斯的差别原则不过是强调了这样一种制度理念：我们的制度安排必须以推进所有人的基本利益为依归，如果说差别与不平等是我们社会生活中不可避免的事实的话，那么，这种差别不应该是歧视性的制度规定造成的。换句话，我们现实生活中的差别与不平等，不应该是那些处在较有利的地位上的人们对于最少受惠者剥夺的结果。

罗尔斯的结论正好与边沁的"功利主义"相反。边沁认为，我们所能追求的是"最大多数的最大幸福"。按照边沁的理解，每一个人都是平等的，每一个人都应该按照一个人计算，多数人的幸福加在一起的总和一定要大于少数人的幸福，因此，多数人的幸福便要比少数人的幸福更加重要。按照这样的逻辑，基于大多数人最大幸福的制度安排便是公正的。但是，必须看到，仅仅以此来说明社会正义原则是远远不够的。因

---

① ［美］约翰·罗尔斯：《正义论》，何怀宏等译，中国社会科学出版社 1997 年版，第 79 页。

② ［美］约翰·罗尔斯：《正义论》，何怀宏等译，中国社会科学出版社 1997 年版，第 74 页。

为，一个社会不能把少数人的幸福建筑在多数人的痛苦之上，但也没有理由把多数人的幸福建筑在少数人不怎么幸福或痛苦之上。其实，无论多少人的多大程度的幸福，都必须来得正当，边沁主义的致命弱点，就是"以一个人的失来掂估另一个人的得"。① 合理的社会安排不承认任何社会成员和团体利益的优先性，而是生活在不同社会地位上的社会成员都受到公平的对待。

因而在我们建设和谐社会的过程中，应当注意到，不能牺牲一些人的利益来满足另一些人的利益，这正好是我国在进行社会主义经济建设所存在的问题，牺牲西部的利益满足东部的发展，牺牲农村的利益促进城市的富足，贫富差距两极分化是我国目前应当加以重点整治的问题。

三、和谐社会的制度安排：如何体现公平

到目前为止，我们对于公平的讨论都是理论化的，即还停留在理论的层面，对于实践的探求还不够。理论是在为实践服务的，因而下文将探讨如何在和谐社会建设中贯穿公平的理念，以实现作为一种制度安排的公平。

当然，在这样一种建构过程中，必须明确的一个前提是政府的作用。市场经济条件下，我们建设社会主义和谐社会，也就是要使我们国家在制度建设中充分承担起保障社会公正的责任。② 英国思想家霍布豪斯在论及国家职能时说："国家的职责是为公民创造条件，使他们能够依靠本身努力获得充分公民效率所需要的一切。国家的义务不是为公民提供食物，给他们房子住或者衣服穿。国家的义务是创造这样一些经济条件，使身心没有缺陷的正常人能通过有用的劳动使他自己和他的家庭有食物吃，有房子住和有衣服穿。"③ 在直觉上，社会成员所享受的社会福利如失业救济金、城市最低生活补贴等都是国家提供的，然而，当国家这样做的时候，它不是在为社会成员提供福利，而是在以它特有的方式维护着社会公正。而在这种特有的方式中占据重要地位的是制度建设。

必须明确的是，在制度建设中，各种利益集团的博弈是在所难免的。博弈论的最大贡献，就在于它揭示了社会生活的博弈本质。即使我们假定社会公正是每一个人的道德承诺，但在希图自身利益最大化的个人与团体之间，人们所理解到的"公正"也将是各不相同。在每一方都坚持自己的主张的情况下，"商谈"很可能会变成没有结果的过程。同时，我们也无法断定，某一个社会阶层，无论是社会成员中的多数还是少数，基于自身利益的主张就是正当的，于是，为了实现健康有序的社会生活，我们的社会在客观上需要有一个东西承担起无偏私的仲裁的角色，而真正能够承担起这一责任的只能是制度。

那么国家的这种制度性再分配职能是否正当？20 世纪下半叶，这一问题曾经成为

---

① ［英］霍布豪斯：《自由主义》，商务印书馆 1996 年版，第 35 页。
② 张秀兰、徐月宾：《和谐社会与政府责任》，载《中国特色社会主义研究》2005 年第 1 期。
③ ［英］霍布豪斯：《自由主义》，商务印书馆 1996 年版，第 80 页。

罗尔斯与诺齐克争论的焦点。诺齐克认为，罗尔斯"作为公平的正义"中的公平原则所支持的是"再分配福利国家"，这种观点"没有严肃地对待个人，因为他要想象一种税收制度，类似于强迫的劳动，这将使某些个人的才能成为那些没有这些才能的人们实现其目的的手段"。① 在表面上看，诺齐克似乎更多地尊重了个人自由，但在这种表象背后，他却是推卸了国家维护社会公正的责任。近代以来市场经济体制发展的历史证明，没有国家干预的自由市场经济是不可取的。因为市场本身并不是万能的，在促进技术进步、优化资源配置、提高经济效益等方面，市场的作用是不言而喻的，但在本质上，市场经济毕竟是一种以个体为本位的经济，利益最大化是经济行为人所奉行的基本原则，市场能够有效地提供有用的私人产品，但却不能合理地调解社会成员的权利与义务。虽然在某种意义上也可以说，市场经济也是一种要求公正的经济，但是，市场交换中的公平并不能简单地换算为社会公正，市场带来的效益也不等同于广泛的社会福利。如果任由市场规则扩展到社会生活的各个领域，而没有一个良好的执行再分配职能的政府，必将导致公共产品的匮乏和严重的社会不公正。

现实中国正处于从传统的计划经济体制向市场体制转轨的过程中，市场经济体制的初步确立，为经济与社会发展创造了基本条件。但我们也要看到，市场经济不可能解决我们社会生活中的全部问题，在市场经济体制确立、发展过程中，我们社会中也出现了分配不公和贫富差距过于悬殊的问题。虽然如何站在社会公正的立场上对于这些问题进行评估还有待于进一步研究，但毫无疑问，仅仅靠市场力量无法使这些问题得到解决。市场经济的发展，在客观上需要我们社会的制度建设承担起更多的社会责任。

笔者认为，在和谐社会的构建过程中，政府应当集中在以下几个方面进行公平的制度建设：

1. 完善社会分配机制，加大公平优先的二次分配力度。社会分配机制不完善，尤其是二次分配的"公平优先"原则没有得到很好体现，是社会不公平的一个非常重要的原因。通过改革、发展，把财富"蛋糕"做大是当下缩小贫富差距、构建社会主义和谐社会的必要条件，但不是充分条件。经济总量增长本身虽然重要，但不能自动解决包括社会贫富差距扩大、地区经济发展不平衡等一系列紧迫的、容易诱发不稳定因素的社会问题。

2. 完善社会保障制度，强化"社会安全阀"。构建社会主义和谐社会需要建立健全各类保障机制。要解决各种利益矛盾，必须建立健全社会利益协调机制。在当代，保护国民免于社会风险更是已经成为国家观念中不可分割的组成部分，成为政权合法性和政府权威的依据之一。在我们社会中，确实有一部分人由于年老、疾病、伤残等各种原因而陷于贫困，需要国家倾斜分配利益的方法来解决这部分人的最基本的居住、生活、医疗，从而使社会不稳定局势得以缓和。当前尤其是要重视低收入者和城镇困难职工的救助和生活保障，资本主义社会发展的历史经验表明：健全的社会保障和完善的社会福利

----

① Stephen Mulhall, *Adam Swift. Liberals & Communitarians*, Malden：Blackwell Publishing, 1992. p. 16.

可以提高整个社会对贫富差距的容忍程度，降低社会弱势群体的被剥夺感，从而有利于社会稳定。

3. 破除各种制度和政策障碍。邓正来先生与孙笑侠教授在和谐社会与法制建设研讨会上对于法制建设中的不和谐问题的归纳中都有着对城乡二元结构和贫富差距的指责。他们指出在实行以"按劳分配"为主要分配原则的社会主义国度，不同地区、阶层、行业、户口之间出现严重的分配不公并不是因为市场配置资源作用的结果，而是由于制度和政策设计没有真正体现"公民一律平等"的重要宪政原则，从而为各种不公正的分配方式大开方便之门。约翰·罗尔斯令人信服地阐述了"社会公平"的内涵和基本要求。他认为，"每个人都拥有一种基于正义的不可侵犯性……正义否认为了一些人分享更大利益而剥夺另一些人的自由是正当的"。同时，公平、正义不仅是一种伦理价值，也是法律、社会制度和社会结构体系。在罗尔斯那里，公平的正义要求在社会成员间平等地分配基本的权利和义务。由上可见，一个公平的社会在主要社会制度上必须能够实现把基本的权利和义务平等地分配给每一个社会主体，它有两方面的具体要求：一是，有什么样的权利，就应当分配什么的义务。如政治权力是应当为社会大众服务，而不是拿它去"寻租"，即不能进入市场，获得资本权力；资本权力必须以正当的方式获得资本收益，而不是制假、欺诈，或者贿赂政治权力从而变相获得各种非法资本权力。同时，必须按照相关法律、法规的规定履行自己的各项义务，如纳税等。二是有什么样的义务就应当分配什么样的权利，如同等劳动有从社会获得同等收益的权利。为了保持社会稳定，实现全面、协调和可持续的发展，一方面需要我们深化改革，保证收入分配的激励机制，促进经济的快速增长；但与此同时，也要采取有效措施，着力解决上文所分析的那些既严重影响效率又危害公平的因素，按照"公民一律平等"的宪政原则，给不同地区、城乡、行业以共同的国民待遇，逐步消解地区、城乡、行业之间的藩篱。

四、法治社会的制度安排：以法律手段促进公平与和谐

当前我国法治领域的公平问题较多，存在的问题比较突出。因此，如何以法律手段实现公平与和谐成当务之急。我们考量各种因素，试图从立法、司法与执法等几个方面进行分析：

（一）以合理的立法制度促进公平与和谐

当代中国立法领域的不公平现象主要表现为立法机关人员的构成不够合理，相当一部分人员是从政治、经济和知识精英中产生，地方和部门保护主义色彩比较浓厚，而以贫困农民、民工和失业下岗人员为主体的弱势群体很难直接参与立法过程，不利于有效维护其合法权益。其体现就是有的法律规定与保护公民合法权益的要求不相适应。如国务院 2001 年 6 月通过的《城市房屋拆迁管理条例》没有区分拆迁项目的公益性和商业性，缺乏相应的调整规定，侵犯公民财产权的现象时有发生，难以有效避免。有的地方

立法程序不够科学，公众参与程度较低，质量也不够高，制定的法律实施细则不细，重复法律规定的内容过多，创新性、具体化的内容较少，可操作性不强。

立法领域要作出足够合理的制度安排是比较困难的，因为它涉及的是一项巨大的系统工程，并非能够立竿见影。首先应当做的是，在立法指导思想上要以公平的正义观念指导立法，最大限度地维护和保障公民的合法权益。在具体立法方面，应加快制定与地方经济社会发展相适应、与国家其他法律法规相配套的法律法规，如及时出台和完善城市房屋拆迁法律法规、农村土地征用法律法规、法律援助法律法规、劳动安全法律法规、城市居民最低生活保障法律法规、农民权益保障法律法规等，注意维护弱势群体的利益。其次是加强立法程序建设，健全利益表达、立法听证和论证等制度，广泛征求立法项目和各界对法规草案的意见，使立法尽可能反映社会现实，平衡各方利益，实现社会公平正义。再次是加强立法机关的建设，提高立法人员的政治素质、法律素质和立法能力。

立法领域的公平直接关系到社会主体利益的第一次分配以及再分配的公平。立法者应当分配权利以提供公平，安排义务以实现公平，维护责任以保障公平。公平（或曰正义）是社会的首要价值。约翰·罗尔斯令人信服地阐述了社会公平正义的内涵和基本要求，他认为，每个人都拥有一种基于正义的不可侵犯性，正义否认为了一些人分享更大利益而剥夺另一些人的自由是正当的。同时，公平正义不仅是一种伦理价值，也是法律、社会制度和社会结构体系。在罗尔斯那里，公平和正义要求在社会成员间平等地分配基本的权利和义务。由此可见，一个公平的社会在主要社会制度上必须能够实现把基本的权利和义务平等地分配给每一个社会主体这就是立法领域关于权利（权力）义务的公平分配的要求。

（二）以公正的司法制度促进公平与和谐

司法领域的不公平现象主要表现在：执法不严格、不重视程序和侵犯人权的问题时有发生，突出表现为：有案不立，有罪不究，以罚代刑，违法采取强制措施，超期羁押，有罪判无罪，重罪轻判，罚不当罪，罪刑不适应，权钱交易，以钱抵刑，徇私、徇情枉法，违法办理减刑、假释、保外就医等。近年来我国已经查处的多起法官职务犯罪案件，其中反映的司法不公、不廉问题令人深思，发人深省。

为在司法领域实现公平，要求我们必须按照公正司法和严格执法的要求，完善司法机关的机构设置、职权划分和管理制度，进一步健全权责明确、相互配合、相互制约、高效运行的司法体制。从制度上保证审判机关和检察机关依法独立公正地行使审判权和检察权。加强对司法工作的监督，惩治司法领域中的腐败。当前，应高度重视检察机关和审判机关在解决社会矛盾中的作用，尊重司法权威，确保司法公正，为构建公平与法治社会创造良好的司法环境。

（三）以严谨的行政执法制度安排促进公平与和谐

行政执法领域的不公比较普遍，诸如滥用权力，以权谋私、权力寻租、腐败等现象自古有之，权力的渴求与规制突出地表现了人类世界对追求美好生活的向往，以及同时表现出的不自信、茫然。我们认为在当前建设社会主义市场经济的框架下，市场行为是实现效率的主要手段，政府行为则是实现社会公平的主要手段。"从市场经济的逻辑上看也应如此。因为真正的市场经济逻辑是：效率由市场去安排，公平则由政府管理。"[①]实践表明，政府不主持公平正义，社会公平正义就会严重缺失。

当前，我国政府及其各职能部门在促进公平方面应进一步做到：第一，将注意力由集中于国有企业改革转向社会保障与社会福利建设，注重维护和实现社会公平；第二，从制度上解决社会公平问题及相关问题，如三农问题和土地、财政、税收体制改革问题等；第三，协调好社会各阶层之间的利益关系，从源头上解决好初次分配问题，强化国家对收入分配的宏观调控；第四，在法治建设中率先垂范，公平正义需要通过政府来维护和实现。只有政府真正做到依法行政，公平正义在现实生活中才有可能真正实现。

（作者单位：中南财经政法大学法学院）

---

① 程传兴：《社会主义公平与效率的实现条件》，载《社会主义经济理论与实践》2005 年第 5 期。

科学发展观指导下的人的自由与法律的协调发展

曾宪义 许 娟

内容提要：我们所谓的自由，实际上是一种观念支配或指导下的自由观，是独立主体在自主意志支配与法律规范引导和保护下借助对规律的认识与把握，针对客体的改造而实现的自我肯定。自由是对必然的认识的一种观念或意志，是人类文明发展的产物，是人作为征服或支配一定自然的生灵和觉醒的表现。自由认识的深化和发展，证明了它必然要遵从自己的规律，即协调发展。人的自由应该协调发展，就必须使各种不同自由主体之间的协调发展；必须是不同内容的自由之间的协调发展，必须是不同自由规范之间的协调发展；这种自由发展规律必须以尊重自然、社会和经济规律为基础；在科学发展观指导下寻求法律与自由的协调发展。

关键词：科学发展观；自由；协调发展

自由是独立主体在自主意志支配与法律规范引导和保护下借助对规律的认识与把握，针对客体的改造而实现的自我肯定。很久以来一直流传着一种说法，即自由的概念与一般体系的概念是不相容的，而且这种说法迄今还在发挥作用。在许多人看来，任何一门哲学如果提倡统一性和整体性，它就必须放弃自由。① 因此，自由概念是否确实与一般体系的概念相矛盾，自由的内在规定性是否可以协调发展，是一个必须面对和急需解决的问题。

一、自由的发展规律：协调发展

德国哲学家谢林清楚地看到，像自由这样既具有一般实在性，又具有至关重要意义的概念，肯定不是单纯从属性的或次要的，"而必定是一个科学体系的主导性的中心"②。对自由问题的探讨就不能是个别地加以规定，而只能是通过证明它的内在的协调发展才能证明自由的发展规律。

（一）自由主体的协调发展

自由主体的协调发展是指不同自由主体之间的协调发展，自由按主体不同，可分为

---

① 谢地坤：《绝对与人类自由——谢林〈自由论〉探析》，载《现代哲学》2004 年第 1 期。
② ［德］海德格尔：《谢林论人类自由的本质》，薛华译，辽宁教育出版社 1999 年版，第 258 页。

个体自由、群体自由和人类自由，这三种自由主体的协调发展经历了从个体到群体到人类、个体、群体与人类自由兼顾的发展历程。为了追寻三种自由，避免彼此之间的相互冲突，实现三种自由的协调发展，必须从三种自由的特征、相互关系中展示自由协调发展的规律性。

个体自由是单个个人作为自由的基本单位所享有的自由。个体自由是群体自由、族类自由的基本细胞，没有个体自由的存在，也就无从谈论群体自由与族类自由。个体自由的特征表现为：个体自由意志表现得最活跃、最具有独立性，自由意志形成具有简易性。个人按照其生产生活的需要很容易形成意志自由，人的爱好兴趣各不相同，这就使自由的"目的"丰富多彩。个人意志的形成由其自主决定，随时随地都可以决定，其决定虽具有简易性，但个体自由因为是单个个体的自由，其所形成自由意志不免有对规律认识的片面性，实施自由力量的相对软弱性，这就需要我们运用群体自由来强化个体自由，保障个体自由，发展个体自由。

群体自由是群体意志指导下的自由实践活动。群体自由是由个体自由主体组成，但并非个体自由的简单相加，群体意志的形成不像个体自由意志形成简单，它往往需要群体思想的统一或大致统一。这种统一必须有共同的目标和利益作为基础，否则，群体难以作为整体去实践自由，但是一旦群体自由意志形成，群体中的个体必须服从群体意志，不能与之对抗，否则，就有可能导致不自由。一般群体共同意志的形成往往是自发的统一，在比较有组织或组织较严密的群体中，群体自由意志的形成具有自觉性，例如，国家作为一个群体组织，在形成共同自由意志时，最具有自觉性，其自由意志的结晶是系统化的理论和规范，即"法典就是人民自由的圣经"①。群体自由的获得需要个体自由的合力才能达到，单个个体力量难以实现群体自由。自由个体作为人要生存就必须依靠群体与族类。但强调群体自由也不能忽视个体自由。群体自由的实现总是以满足每个个体自由的实现为目的，从某种程度上说，群体自由是以每个个体实现自由为目标的。但在特定的历史阶段却是以某种特定的自由价值作为其主流，如在以"私有财产神圣不可侵犯"的自由竞争的资本主义阶段是以个人自由优先为本位，发展到"福利国家"阶段则转而以群体自由为本位。在当今中国，各种自由应该协调发展，这就要求偏重某种自由不代表盲目追逐某种自由，强调一种自由不能以彻底牺牲另一种自由为代价。特别是当多数自由群体与少数自由群体分别代表不同的利益群体时，此时前者的道德价值往往被看得更高于或优于后者。这时协调这些自由冲突的关键在于，有解决各种自由之间的冲突规范存在，并且必须有一套以规范为准绳的机构来保障规范的运行。

人作为类也有自由，与个体自由不同，人类自由是由无数具有期间的个体自由联结成无限延伸并且不断丰富与扩展的自由。这种人类自由虽然不具有个体自由的短暂性、期间性，但是只要人作为类一天不消亡，人类自由就不断向前发展，所以我们说，人类自由是发展的自由，人类文明越发展，人追求自由的能力也随之增强，开拓自由的范围也越开阔。人类自由越发展，个体自由发展空间随之发展。人类自由具有继承性，个体

---

① 《马克思恩格斯全集》第 1 卷，人民出版社 1972 年版，第 71 页。

作为自由主体消亡表现为个体自由的终结，但个体自由的结晶如财产被新的个体所继承，这对于整个族类自由来讲，就是自由的继承。人类的自由不是单纯某一群体、民族、种族、国家的自由，由于人类生存的空间的有限性，个体自由、群体自由、人类自由之间难免冲突，从社会和谐的角度来看，人、自然、社会是和谐共存的，如何协调个体自由、群体自由、类自由三者之间的冲突是能否坚持以人为本，树立全面、协调、可持续的发展观，促进经济社会和人的全面发展最终实现自由的重要课题。

（二）自由内容的协调发展

自由内容的协调发展是指不同内容自由之间的协调发展，自由按照其内容不同可分为人身自由、经济自由、政治自由、社会自由。从人们关注的重点的角度来看，首先是人身自由，然后才是经济自由、政治自由和社会自由，但在理论上很难分清楚何种自由优先①。

人身自由包含身体自由、人格尊严权、居住自由、通讯自由等。人身自由在各种自由权中最为重要，是公民参加社会活动，享受其他各种权利的先决条件。依照《牛津法律大辞典》的解释，人身自由意指来去自由，参与和弃权的自由。一般而言只要一个人的行为不违反某一实在法规范，就可以按其内心意愿行事。人身自由的另一个重要方面是：除非基于确定的有限制的理由不受逮捕和监禁。随着社会日渐发达，更加注重保护他人，增加了对人身自由的一些限制，例如禁止酒后驾车、禁止虐待动物或以反社会的方式使用其财产等。②

政治自由是公民进行政治和社会活动，使自我力量得以发挥和确证的一种自由。有效地进行政治自由活动必须正确理解规律，特别是社会规律。个体要想在政治舞台上发挥自己力量进行有效的政治自由实践，应该充分认识人类社会规律。当然，认识社会规律是政治自由活动的前提条件，不是充分条件。很多人虽然很有实现政治自由的能力，但政治舞台有限，有能力的政治实践者并不是都能将自己的政治能力转化为物质力量，实现自我价值。邓小平同志在"文化大革命"时期，他的政治思想、理论不能转化为物质力量，作为个体的政治自由不能实现。之后，邓小平同志进入国家领导层，他的政治思想演变成国家理论，影响整个中国，他自己的力量发挥出来，自我政治方面自由才得以确证。所以，国家要完善民主政治制度，让个体有均等的机会实现其政治自由，促进国家经济自由的实现与发展。

经济自由主要表现为财产自由。财产是劳动与生产的物化形式。财产多少大致能代表个人追求自由能力的大小。一般而言，通过正常途径获得的财产量与自由主体的知识量和实践能力是成正比的。财产在现实生活中颇具魅力，但财产只代表自由的一个方面，人们还有人身自由、政治自由、婚姻自由等。这些自由不一定是财产能够转换的，

---

① 对于何种自由优先一直是自由主义分歧的焦点，例如罗尔斯与诺齐克对自由主义理论的分歧就在于社会福利优先是否可能，对此诺齐克是反对罗尔斯的社会福利优先原则的。

② ［英］戴维·M. 沃克：《牛津法律大辞典》，李双元等译，法律出版社 2003 年版，第 446 页。

理性、法律、道德不能容忍财产自由与其他自由的任意转换。财产固然能满足生活的很多需要，值得不断努力追求，但财产权就不能够换取一夫多妻的权利。人们应该认识财产自由的局限性和不能滥用财产自由权。

三种自由的发展有一种历史的逻辑，即人身安全和基本生存的权利应当是任何政府都提供的，这是政府的基本的正当性或合法性所在，近代以来，西方还经历了一个首先是争取信仰、良心自由（宗教宽容、政教分离）和政治自由（权利），然后是尽可能地争取经济的平等、大众的幸福和福利国家的过程。从历史的角度来讲，一方面政治自由是获得经济自由的前提，前资本主义社会的奴隶或农民没有政治自由或少有政治自由，其经济自由因此也无法实现。另一方面，经济自由是政治自由的基础和保障，从马克思主义的经济决定论出发，无论是政治的立法或市民的立法不过都是经济关系的表明或记载而已，这充分说明了经济自由是人类自由的前提和基础，同样也包括政治自由。

科学的发展观是一种以自由看待发展的发展观。以 1998 年度诺贝尔奖获得者 A. K. 森为代表的发展经济学家，提出了一个围绕选择、权利与福利的发展理论体系。森认为，发展是一个与"个人自由和社会承诺"紧密联系的过程，也是一种扩大人们所真正享有的经济自由和各种权利的过程。这种新的发展观强调以人为主体、以制度为载体，强调每个经济主体不只是经济福利的接受者，而且是能动地获取机会、争取权利进而享有充分经济自由的经济单位。① 按照这种观点，遵循科学发展观，在我国当前，占据主导地位的自由应当是经济发展的自由，这种经济发展的自由应当成为当代中国法的时代精神。我国正处在稳定发展的历史时期，且不说政治自由、人身自由都能否得到充分的保障，即便是需要完善政治自由、人身自由也都必须以经济自由为基础。同时，发展经济的自由必须以尊重社会整体生存空间的自由为边界，过度发展经济导致的对社会生态环境的破坏反过来阻碍了经济自由的弊端，已经在西方发达国家和发展中国家显现出来，要是我们继续无限制地追求经济增长，人类将面临怎样的命运呢？②

（三）自由规范的协调发展

自由规范的协调发展，是指反映自由权利的宗教规范、道德规范和法律规范三者之间的协调发展。这三种规范之间的相对独立却彼此依赖，是社会和谐的基石。法律的产生经历了法律与宗教规范、道德规范的浑然一体到法律与宗教规范、道德规范的分化，随着三种自由规范的分化，国家强制力的保障就集中体现在了法律规范上，但这并不意味着其他规范就失去了其维持社会秩序的作用，三种自由规范相辅相成共同构成自由社会的基础规范。在规范系统中的某一规范的作用是个别的、局部的，不能离开系统孤立地研究某一规范，也不能不顾某一规范的特性将各种规范混为一谈。张文显教授认为法律规范具有个别性，局部性，表现为一个个体。但是，它不是孤立的个体，而是作为有机体的"细胞"的个体。它的性质取决于它所处的系统。法律规范只有在它们的统一

---

① 参见 http：//www. stcsm. gov. cn/learning/lesson/guanli/。
② 王晓华：《自由经济悖论与人类的困境》，载《书屋》2002 年第 3 期。

体（法律制度）中才是法。例如，"禁止杀人"这一规范，如果不是存在于法律制度中，它就只是一个道德的或宗教的规范。①

二、当前我国社会所要求的自由观

当代中国社会主义自由观，即科学发展观指导下的自由观。对全社会而言，科学发展观的指导价值在于人与客观世界相协调的综合发展观，将人与人、人与自然、人与社会、组织与经济的合作作为新的发展主题，实现人与自然、社会、经济的协调发展。科学发展观指导下的自由观，其基本要素：

首先，科学发展观坚持了马克思主义主客体的辩证统一思想，坚持以人为本，坚持人的全面发展的自由。科学发展观的指导价值在于能够给我国的社会发展实践提供科学的指导，使人们在认识规律，把握规律，运用规律的基础上更好地改造客观世界和主观世界。② 一个人是否真正自由，既要看其在自然领域的活动是否符合客观规律，更要看其在社会领域中是否真正属于人。当人设定一定的目的改造自然达到人们预期的结果时，这时可以说人在自然领域已获得了自由，但其究竟是否真正获得自由，要看人在社会领域里的关系。如主体身份是否独立，生产结果与生产者的关系如何。如果主体身份不独立，是在强制条件下的生产，成果被他人强制占有，这种情况下，尽管自由主体在自然领域的实践活动看似自由的，其实质也不自由。人要在社会领域获得自由，不能回避社会及其规律的客观性。人类社会迄今为止经历了五种基本形态。这些社会形态的更替规律不以人的意志为转移。对于一定历史时期的个人是不容选择的，他必须在当时的社会给予他的社会关系中寻求自由。人的自由发展的空间在不同的阶段上有不同的规定性，不同历史阶段有不同量与度的自由，量与度的大小取决于历史条件下生产力发展水平。人们不能不顾历史超阶段性的要求自由，给实现自由的管理者、组织者——国家施加无谓压力。同时，也不能忽视历史阶段不给人们已有的自由的基本条件或者放弃应有的自由权利。

人除了征服自然、社会获取自由外，也改造自身获取自由。人不能摆脱自然的属性。人的自然特性往往与人的社会性发生冲突，每个人的需求、欲望、理想各不相同，实现自由的能力不同，手段方法也不同，这样常常给他人和社会的自由造成不应有的侵犯。在强调社会应满足人的需要与发展的同时，人也不应该唯我独尊，让社会与自然都服从自我。要控制自己的某些自然特征，达到人与人的和谐统一。所以一个人要真正通过自己的选择获得实在的自由，除了要对外部活动对象或客体的真正把握外，还要对自己本能、欲望和情感予以把握、协调与控制，对自己的某些缺陷与惰性自觉地克服与修正，这就叫"自律"或加强自我修养。完全受制于他人与外在力量奴役的个人不算是自由的人，也不可能获得真正的自由；完全受制于自己动物本能"随心所欲"所支配

---

① 张文显：《对法律规范的再认识》，载《吉林大学社会科学学报》2003 年第 1 期。
② 胡锦涛：《在学习江泽民文选报告会上的讲话》，2006 年 8 月 15 日。

的人与动物无异，也不能称其为自由的人。人自我控制以自然规律、社会规律为依据，人要服从这些规律。当然，自我控制并非盲目自控，盲目自控容易陷入保守主义，不敢争取自己可能拥有和应有的自由与权利，不敢于充分展示理性的自我，把理性的自我也划到非理性的自我，自我能量不能充分发挥。国家主义、权力本位过分强调个人应绝对服从国家，个性受到摧残，自我控制失去规律标准也就变成真正的异化自律。

其次，科学发展观体现了马克思主义关于主体与客体的辩证统一。主体是指现实的人，客体是指自然和社会环境。人类要生存、要发展，就要吃喝住穿，这些都要从自然领域索取。科学的发展观要求人在自然领域要获得自由必须以认识自然规律为前提。自然规律具有客观性和精确性，这种客观性和精确性可以在局部范围内进行检验和实践。它的检验有些可以不进入生产领域而只需科学实验即可证实。其检验方式具有经济性和简易性。这种检验成本小，准确度高。所以自然规律的客观性和精确性给人的自由活动以确信的安全感，具有强有力的指导意义。在古代社会，由于生产力水平低下，人类受自然的控制和奴役，客体成为主体关系的重心，人们对自然界只能盲目崇拜与屈从。近代以来，特别是工业革命之后，随着生产力的发展，人类认识、改造自然和社会的能力不断提高，人们更要尊重自然规律，决不能狂妄地以为能够主宰自然。

自然规律具有相对的精确性和可把握性。但社会规律、经济规律具有复杂性和抽象性及难以检验性。人们难以很确凿地认识到是否已掌握某些社会规律，特别是社会发展阶段性规律更具有抽象性，更难以把握。如中国社会发展的历史阶段究竟应该如何，中国没有经历资本主义社会直接进入社会主义社会是否符合历史发展规律？社会认识结论放到实践中检验是否具有真理性，也不是一件容易的事。检验自然规律立竿见影，社会规律则需要相对长时期才能证明。社会认识一经实践，即使是错误的认识也难以改弦易辙，这与政治的惯性有关。统治者自认为对社会规律性有所认识之后往往用法律形式加以固定，依靠法律保障实现。如若要改变错误的认识，则要从变法做起，但法又有稳定性和运动惯性，故变之不易。人民公社合作化经济政策源自于国家对当时的社会发展阶段作了错误认识，认为中国已处于社会主义高级阶段，并配置以相关的生产方式，将这种认识形成政策法律贯彻到实践，经过多年的检验才认识到对当时社会发展阶段的估计是错误的，改变这种错误的认识和实践也通过了激烈的政治斗争才取得。社会规律是人的活动规律，要研究社会规律，必须弄清人自身发展的规律。

最后，科学发展观要求经济发展、社会和谐。社会与自然两大领域的自由在不同历史时期所占的地位不一样，这要看具体历史条件。生产力发展与人们物质需要的矛盾占社会主导地位时，人在自然领域里争取自由就应占自由实践的主导地位。民族存亡、民族压迫和阶级压迫上升为社会主要矛盾时，社会领域里争取自由应占主导地位，这是确定自由争取方向的原则之一。

三、在科学发展观指导下寻求法律与自由的协调发展

法律应该是对自然规律与社会规律的正确如实的反映。法律只有正确反映规律才能

指导人们认识规律形成正确的自由意志。法律只有反映规律才能与自由主体依据规律所形成的自由意志以及在意志指导下的行为相一致。科学发展观指导下的法律应当以规律为原则寻求法律与自由的协调发展。

首先，法律与自由主体身份的协调。法律对自由主体身份的肯定的不同表达，直接影响自由主体是否享有自由，以及享有自由的度。主体能否独立是该主体是否享有自由的前提条件，其主要标志要看该主体在法律上的地位。民族、国家、个体都是如此。千百年来，殖民地国家和民族，为了自由而不懈的斗争，首当其冲的是争取国家、民族独立，在国际上获得合法地位，并以国际法的法律形式予以固定。在独立国家之间，大国与小国斗争，小国争取与大国的同等的法律权利，摆脱政治、经济依附，也是争取自由前提条件的表现。个体争取自由主体平等法律地位的表现更为明显。如古希腊社会中奴隶在法律上不属于独立的个人，也就谈不上自由，奴隶与奴隶主的斗争就相持很久。当今大部分国家虽然规定了法律面前人人平等，从法律上肯定了主体独立地位，但社会主体的复杂多样，社会内容的纷繁复杂，主体之间或多或少有实质的不平等，部分主体自由有不同程度的限制。资本主义国家在形式上规定了人人平等，但实质上的不平等，穷人享有的自由非常有限。所以在资本主义社会无产阶级争取主体平等的自由的斗争并没完结。社会主义国家也规定了法律面前人人平等，并从物质保障、制度保障做了很多工作以切实保障实质平等。如我国规定法律面前人人平等，并采取切实可行措施，基本保证了人与人的实质平等。但也由于制度不完善性，执法、司法者的个别腐败，人与人的完全平等并没彻底实现，需要更进一步努力做到形式与实质的统一。

其次，法律与意志自由形成的协调。自由的形成有三个要件，即主观愿望、对规律的把握和参照法律。法律制约着主观愿望筛选，人们将行为规范内化为人的思想抉择，即愿望的筛选。人通过对愿望、客观规律以及法律加以综合掂量，抉择是否做以及做什么的意志结论，指导人们的行为。《刑法》规定犯罪要受到处罚，人们在考虑做某事时，必定要衡量其行为是否符合犯罪构成要件，是否要受到惩罚。罪犯之所以犯罪，他并不是没有考虑到法律威慑力量，它是将行为所冒风险与行为所得利益相权衡，认为利益大于风险而作出的决定。风险远远小于利益，犯罪率必然升高。刑事立法应该使风险与利益保持一定的协调关系。

再次，法律与自由的实践的协调发展。人们获得自由的途径是自由的实践，也称之为行为。法律调整行为主要是通过规范权利、权力和义务来实现的。权利是指国家通过立法规定，对人们可以自主地作出一定行为和要求他人作出或不作出一定行为的许可。它对公民现有的自由以法定权利形式加以保障以及对公民可以争取自由的范围、方式加以肯定。这里的权利有两层含义，一是实有权利，即实有自由，如公民拥有一定量的财富，这是自由的一种状态，一种权利的实有。二是权能，即一种权利资格，自由处于可能趋势。如法律规定公民享有出版的自由，这只是为人们从事思想表达提供了法律保障和允许的前提条件，但是否每个人都实际享有出版自由以及享有的量度要根据具体人的能力、愿望和劳动兴趣而定。文盲没有能力享受这种自由、懒惰者无缘享受、无兴趣者不愿享受，尽管他们在法律上有这种自由的权利，但他们都不实际享有。我国法律规定的权利很多，一个人能够真正完全实际享有法律所规定的权利，做一个完整意义上的法律人，那么，可以说这个人就获得了充分的真正的自由。所以，在抱怨法律的缺陷时，不能总是强调法律给的自由太少，而是要从培养自身获取自由能力的角度去考虑。

权力即专指国家权力。权力活动也要受到自然规律、社会规律的限制，不受规律的任性权力运作是非自由行为。权力的任性运作造成的社会危害性较之个体非自由行为而言要大得多。因为权力具有覆盖面广、强度大等特点，其侵犯的权利主体面广、持续时间长、程度深。义务从否定的角度来保护自由。自由不能用一一列举的方式以权利的形式加以保护，只能用否定从反方向概括，周延自由要保护的范围。

最后，法律影响自由的确证。法律主要功能之一是确定行为与结果的关系。法律确定主体与自由活动的结果一致时，主体就能获得真正自由，否则就不自由。法律在社会生活中表现为规范劳动成果的占有关系、分配关系。郭道晖教授给法律自由作说明时认为："法律上的自由，则是把人类合乎自然与社会客观规律的行为与社会关系，用法律形式予以确认、保护，使之成为一项不受他人侵犯的权利。"① 法律不仅规范行为，同时也是关系规范。葛洪义教授认为"法律自由属于行为自由的范畴"，② 这判断显然把"关系"之内容排除在外，是一个不周延的判断。我国《宪法》第6条规定，"社会主义公有制消灭人剥削人的制度，实行各尽所能，按劳分配的原则"，这就明确指出了劳动与劳动结果的关系。法律应对符合自由要求的相互关系加以肯定与保护，对不符合自由要求相互关系加以否定，如剥削关系要加以校正。

总之，在法律与自由的协调发展上，我们应当遵循以下基本原则：其一，以人的发展自由作为法律的基本价值；其二，以人的发展自由作为法律运行的宗旨，即立法必须有利于人的发展自由而不是相反，执法必须依良法办事而不是恣意，良法能有助于自由实现和保护，获得自觉遵守的力量，司法必须是公正而不是偏私；其三，以人的发展自由为法律发展的前提。寻求法律与自由的协调发展，在于自由主体正确认识自身在人类社会中的位置，努力把握自然、社会规律，在反映规律的法的指引下，结合自身的实践能力，决定适当的自由意志，达到意志、行为、规律、合法四者和谐统一。任何一方不和谐，法律与自由就难以协调。

（作者单位：中南民族大学法学院）

---

① 郭道晖：《法的时代精神》，湖南出版社1998年版，第257页。
② 葛洪义：《法理学》，中国政法大学出版社1999年版，第66~67页。

论法治理念与和谐社会之构建

何士青

内容提要：和谐社会是法治社会，法治理念是和谐社会的基本诉求，在构建和谐社会中具有重要功能，它使法治成为良法之治，从而为构建和谐社会提供制度保障；它使政府服从法律，从而为构建和谐社会提供组织保障；它使法律获得民众的普遍信仰，从而为构建和谐社会提供主体力量。构建和谐社会，必须大力弘扬法治理念，在法治建设中坚持人本法律观，将党的领导、人民民主和依法治国结合起来，促进社会公平正义。

关键词：法治理念；法治；和谐社会

有智者云："任何一项事业的背后，必然存在着一种无形的精神力量；尤为重要的是，这种精神力量一定与该项事业的社会文化背景有密切的渊源。"① 实现社会和谐、构建和谐社会，是我们党从全面建设小康社会、开创中国特色社会主义事业新局面的全局出发提出的一项重大任务。对这项事业进行考察，可以发现支撑它的一个重要精神力量是法治理念。和谐社会实质上是法治社会，法治理念是和谐社会的价值基础和思想指南。在我国，人们的法治理念随着市场经济的崛起和民主法治的发展而不断增强，但目前与构建和谐社会的要求仍有一定距离。弘扬法治理念，加强法治建设，是构建和谐社会的重大课题。

一、法治理念是和谐社会的基本诉求

法治理念是人们对法治的含义、内在要求、精神实质和地位功能的概括和反映，包括良法之治、法律至上、以人为本、公平正义、人民主权、正当程序等内容。法治理念是人类法治实践经验的科学总结，是人类法治文明的集中反映。在现代社会，法治作为治理国家的基本方略受到众多国家的青睐，法治理念作为法治的思想前提获得众多国家的重视。1959 年印度国际法学家会议通过的《德里宣言》对法治的下列界定反映了国际社会对法治理念的普遍推崇：立法机关的职能在于创设和维护使每个人保持"人类尊严"的各种条件；不仅要为制止行政权的滥用提供法律保障，而且要使政府能有效地维护法律秩序，借以保证人们具有充分的社会和经济生活条件；司法独立和律师自

---

① ［德］马克斯·韦伯：《新教伦理与资本主义精神》，黄晓京、彭强译，四川人民出版社 1986年版，"译者絮言"，第 3 页。

由。弘扬法治理念，推进法治建设，是现代法治国家的共同选择，也是我国构建和谐社会的基本诉求。

法治理念是和谐社会的基本诉求，根源于法治对于和谐社会的重要性。胡锦涛说过，我们要构建的和谐社会是"民主法治、公平正义、诚信友爱、安定有序、充满活力、人与自然和谐发展的社会"的六位一体。法治是和谐社会的重要组成部分，缺乏法治的和谐社会是不存在的，也是不可想象的。不仅如此，法治还是构建和谐社会的基本途径和根本保障。美国社会学家塔尔科特·帕森斯说："正是因为社会的规范因素，使得实际社会总体上处于相对和谐的状态而不是战争状态。"① 在现代社会的"规范因素"中，法治居于支配地位，和谐社会的每一个方面都离不开法治的作用。（1）民主依赖法治，"离开某种法律框架来谈论'人民政府'（popular government）毫无意义，法律赋予全体选民以统一的意志，稍微夸张一点说，人民不捆住自己的手，就等于没有手"②。为了实现民主，必须加强法治建设，实现民主的制度化、法律化。（2）公平正义只有通过法治才能实现，"正义只有通过良好的法律才能实现"，"法是善和正义的艺术"，这些法学格言表明法治是实现正义的最佳手段。法治通过合理分配权利义务以确立正义、通过惩罚罪恶以伸张正义、通过补偿正义以恢复正义。（3）诚信友爱需要法治倡导，因为"我们也知道法律是善的，只要人正确地运用"③。（4）安宁有序需要发挥法律的功能——人具有双重本性：一是相互合作的社会本性，一是"只顾自己的欲望与要求，不惜牺牲别人来设法满足这些欲望与要求"利己本性，要在两者之间"维持均衡"，就要发挥法治作为"社会控制的最终有效的工具"的作用。④（5）社会的活力需要发挥法律的作用，博登海默如是说："人往往有创造性和惰性两种倾向，法律是刺激人们奋发向上的一个有利手段。法律不可能直接下命令使某人成为一个发明家或创造出优秀的音乐作品，但它却可以为人民发挥创造才能提供必要的条件。"⑤ 总之，没有法治，和谐社会的任何一个方面都不可能实现，和谐社会就会成为水中之月、镜中之花。

法治既不是冷冰冰的制度构架，也不是空洞无物的盲目行动。不论是作为制度，还是作为实践活动，法治都具有浓厚的人文底蕴，这种人文底蕴集中体现以人为本、公平正义、人民民主、权力制约等法治理念。龚瑞祥写道："所谓'法治'，其实不仅仅是'依法治国'，而且含有用以治国的法律所必须遵循的原则、规范和理想的意思，如'公正原则'、'平等原则'和'维护人的尊严的原则'等。也就是说，法是确定的、公认的理想，而非我们通常所称的'长官意志'或者个人灵机一动的狂想。"⑥ 在认识

---

① 转引自邓建伟《建设和谐社会的四大要点》，载《学习时报》2004 年 10 月 27 日。

② 林广华：《论宪政与民主》，载《法律科学》2001 年第 3 期。

③ ［英］弗兰西斯科·培根：《培根随笔选》，何新译，上海人民出版社 1985 年版，第 106 页。

④ ［美］庞德：《法律的任务》，童世忠译，商务印书馆 1984 年版，第 81、89 页。

⑤ ［美］博登海默：《法理学——法哲学及其方法》，邓正来译，华夏出版社 1987 年版，第 305 页。

⑥ 龚瑞祥：《比较宪法与行政法》，法律出版社 1985 年版，第 81~82 页。

论的维度，法治是由法治理念、法治制度、法治行为所构成的有机系统。在这个系统中，法治理念居于特殊地位，它是法治制度的价值内核，是法治行为的思想指针。列宁说：没有革命的理论，就不会有革命的行动。同样，没有法治理念的指导，就不会有良好的法律制度，就不会有公正的执法司法和自觉的守法行动。理论和实践证明，恶法必然导致恶政，法国 1789 年《人权和公民权利宣言》早就指出："不知人权，忽视人权或轻蔑人权，是造成公众不幸和政府腐败的唯一原因。"不公正的执法司法也会破坏社会的安宁与稳定，培根曾告诫我们，"一次不公正的裁判，其恶果甚至超过十次犯罪"，"司法的重大错误，有时是可以引起政治变乱甚至国家倾覆之危的"。①

　　进一步说，和谐是法治之本。边沁说："一切法律所具有的或通常应具有的一般目的，是增长社会幸福的总和，因而首先要尽可能排除每一种趋于减损这幸福的东西。"②彼德·斯坦和约翰·香德言："法律规则的首要目标，是使社会中各个成员的人身和财产得到保障，使他们不必因操心自我保护而消耗殆尽。为了实现这个目标，法律规则中必须包括和平解决纠纷的手段，不论纠纷是产生于个人与社会之间，还是个人与个人之间。"③法律是基于人基于自己的需要而创制的规则体系，它是人之常理、常情的熔铸，是"人类并不仅仅满足于能够生存下去的状态，而具有不满于事物本来的混沌状态，想要使其条理化的本能"④的反映。马克思对法律产生过程的描述揭示了法律蕴含的和谐底蕴，他说："在社会发展某个很早的阶段，产生了这样一种需要：把每天重复着的产品生产、分配和交换用一个共同规则约束起来，借以使个人服从生产和交换的共同条件。这个规则首先表现为习惯，不久便成了法律。"⑤虽然在专制社会法律背离了和谐的本性，异化为人治的手段、成为推行专制暴政的工具，但随着人类进入法治时代，法律回归其和谐的本性，成为"任何人有意识的行为，按照普遍自由的原则，确实能与他人有意识行为相和谐的全部条件的总和"⑥。特别是在社会主义法治国家，法治建设坚持以人为本，以实现科学发展为目标，"着眼于实现好、维护好、发展好最广大人民的根本利益，尊重和保障人权，保障人民群众的政治、经济和文化权益，创造有利于人的全面发展的制度环境"⑦。

　　法治理念是和谐社会的基本诉求，已经被人类历史所证明。人类历史向我们展示：法治理念的缺乏必然导致人们行为失范、造成社会动荡不安。且不说在专制社会统治者对人治的青睐致使朝代频繁更替、国家不能长治久安，即使在社会主义社会，法治理念

　　①　［英］弗兰西斯科·培根：《培根随笔选》，何新译，上海人民出版社 1985 年版，第 103、106 页。
　　②　［英］边沁：《道德与立法原理导论》，时殷弘译，商务印书馆 2000 年版，第 216 页。
　　③　［英］彼德·斯坦、约翰·香德：《西方社会的法律价值》，王献平译，中国人民公安大学出版社 1990 年版，第 41 页。
　　④　［日］桑原武夫：《文学序说》，孙歌译，三联书店 1991 年版，第 88 页。
　　⑤　《马克思恩格斯选集》第 3 卷，人民出版社 1995 年版，第 211 页。
　　⑥　刘全德：《西方法律思想史》，中国政法大学出版社 1996 年版，第 85 页。
　　⑦　温家宝：《全面推进依法行政，努力建设法治政府》，载《光明日报》2004 年 7 月 6 日。

的缺乏也会导致国家和社会的动荡不安，如新中国曾有一段时间"用政策代替法律——政策至上，全民学两报一刊——社会至上，落实最新指示不过夜——最高指示至上（最新指示的效力可能又高于最高指示），法律的权威远不及一人之言，其结果导致了人人自危和无法无天"①。相反，如果人们有较强的法治意识，如果法治受到普遍尊重，那么不论什么性质的社会，即使出现突发事件，也能够保持稳定。如美国 2000 年总统大选难产，其解决途径不是在白宫门前舞枪弄棒，而是在法庭上唇枪舌剑，由最高法院大法官来解决选票统计的纷争、决定总统宝座的归属。有学者指出："在嘲笑美国民主制度'不民主'的同时，人们也实实在在地感受到了美国法治的完善和对法院权威的尊重。"② 正反两方面的事例说明：法治理念是和谐社会的思想根基和精神支柱，构建和谐社会必须正确认识和充分发挥法治理念的功能。

二、法治理念对构建和谐社会的功能

在历史上，几乎所有的道德理论都怀有秩序、和谐和调和的理想，道德曾作为治国安邦的基本方式受到众多思想家、政治家推崇。在现代社会，公共生活领域不断扩大，人们相互交往日益频繁，道德在维护公众利益和公共秩序、保持社会稳定方面的作用更加突出。然而，道德主要通过社会舆论、传统习惯和公民的内心信念起作用，它具有"柔性"特征，只能起到"劝诫"作用，对于没有良心、没有德性的人来说，难以发挥"止恶"功能，因而不能成为社会和谐的根本保障。和谐社会是法治社会，只有法治才能称为和谐社会的基石和根本保障。法治理念作为法治重要组成部分在和谐社会构建中具有极为重要的功能。

首先，法治理念使法治成为良法之治，为构建和谐社会提供制度保障。法治有实质意义和形式意义之分，两者的区别不在于是否有法律的存在，而在于法律是否优良。形式法治重形式轻实质，强调普遍守法而不考虑法律是否优良；实质法治并重形式和内容，且将"制定得良好的法律"作为"人们普遍服从法律"的前提。在历史上，形式法治曾经受到一些人的青睐，但 20 世纪上半叶希特勒以合法的形式上台执政、制定蔑视人权的法律并依此实行法西斯暴政，宣告了形式法治的破产，使实质法治获得普遍推崇。历史经验表明，和谐社会与"良法之治"存在着内在的、必然的联系。良法是和谐社会的制度根基，它不仅为人们的规范行为提供模式，而且为执法机关的公正执法提供依据，从而有效预防或者和平解决社会的矛盾和纠纷。相反，"如果制度安排显失公平，有悖正义，那么即使技术发达、文化先进、风调雨顺，社会也会因'不患寡而患不均'而动荡不安"。③

---

① 张文显：《法理学》，高等教育出版社、北京大学出版社 1999 年版，第 187 页。
② 任东来等：《美国宪政历程：影响美国的 25 个司法大案》，中国法制出版社 2004 年版，"前言：美国联邦最高法院略论"，第 1 页。
③ 罗豪才、宋功德：《和谐社会的公法构建》，载《中国法学》2004 年第 6 期。

良法不会自然生成，良法渊源于法治理念，它是法治理念的制度化、规范化。法治理念是良法的思想前提，是良法的基本价值。如果立法者缺乏法治理念，那么良法就成为无源之水、无本之木，公正的执法司法、规范的社会行为就都是一句空话。正如马克思所指出的："如果认为在立法者偏私的情况下可以有公正的法官，那简直是愚蠢而不切实际的幻想！既然法律是自私自利的，那么大公无私的判决还有什么用处呢？法官只能一丝不苟地表达法律的自私自利，只能够无所顾忌地运用它。在这种情形下，公正是判决的形式，但不是它的内容。"① 没有法治理念的引领，立法就可能陷入"法条主义"泥坑，法律由此"变得更加零碎、主观，更加接近权术和远离道德，更加关心直接后果而更少关心一致性和连续性"②。以法治理念为指导，将法治理念熔铸为规则之身，必然产生良法之治。法律既具有规范性、普遍性、统一性、稳定性、连续性等形式特征，又内含秩序、正义、自由、平等、人权、公平、效率等价值精神，因而能够获得人们的普遍服从，进而实现人与人的和平共处、人与社会的和谐发展以及人与自然的共生共荣。

其次，法治理念使政府服从法律，为构建和谐社会提供组织保障。构建和谐社会，仅有良法是不够的，更重要的是良法获得民众和政府的一体遵行，其中政府服从法律是关键和核心。在现代社会，政府是一个社会的重要组织形式，虽然它在社会管理和谋取人民福利方面的作用不断受到来自市场和社会自发力量的"挑战"，但在维护社会稳定、促进社会民主化、减少环境污染、谋求人类社会可持续发展等方面仍负有重大责任。然而，政府掌握着政治权力，而"不受限制的政治权力乃是世界上最有力的、最肆无忌惮的力量之一，而且滥用这种权力的危险也是始终存在的"③。防止政府滥用权力、保证政府切实担负责任，就要使政府服从法律。法律对受侵害的公民权利来说是一种保护器，对失控的政府权力来说则是一种抑制器，"政府依法履行职能、依法行政、依法决策、依法承担责任，有助于解决社会问题，平衡社会关系，化解社会矛盾；相反，如果政府职能定位不准确、政府违法行政、政府不承担责任，则必然导致社会关系扭曲，社会矛盾滋生"④。

政府服从法律不是人类社会的普遍现象。在人治社会，政府凌驾于法律之上，不是政府服从法律，而是法律服从政府；只有在法治社会，法律才能获得至上地位，政府服从法律才有可能。这是因为，人治社会缺乏法治理念，支配政府行动的是权力至上、政府万能、等级特权等理念；法治社会具有法治理念，支配政府行动的是以人为本、法律至上、权力制约、政府有限、公平正义等理念。政府服从法律是法治理念作用于政府的

---

① 《马克思恩格斯全集》第 1 卷，人民出版社 1995 年版，第 287 页。

② [美] 伯尔曼：《法律与革命——西方法律传统的形成》，贺卫方等译，中国大百科全书出版社 1993 年版，第 46～47 页。

③ [美] 博登海默：《法理学——法哲学及其方法》，邓正来译，华夏出版社 1987 年版，第 346～347 页。

④ 何士青：《以人为本与法治政府建设》，中国社会科学出版社 2006 年版，第 48 页。

结果，法律至上的法治理念使得政府能够自觉服从法律统治，以法律为活动的唯一准绳，依据法律规定的原则、程序和方式运作国家权力，将权力行为纳入法律规定的范围中；人民主权的法治理念引导政府正确认识民众的作用——"一个政权也好，一个政党也好，其前提和命运最终取决于人心向背，不能赢得广大群众的支持，就必然垮台"①，从而将实现人民的公共利益作为工作的出发点和落脚点，坚持权为民用、情为民系、利为民谋；以人为本的法治理念遏制政府权力滥用、防止政府施行恶政，"公共权力能够善待于人是人权有无的道德标准。公共权力如果为人权而设、为人权而运作，便可避免恶政。人权的主流精神始终是防止和抵抗公权力走向恶政"②。

再次，法治理念使法律获得民众的普遍信仰，为构建和谐社会提供主体力量。毫无疑问，构建和谐社会需要强大的主体力量。然而，不是社会中的每一个人都是和谐社会的建设者，那些无视法律、违反法律作奸犯科的人，是影响社会稳定、危及社会和谐的破坏性力量。和谐社会的建设者必须是守法的公民，构建和谐社会的强大主体力量来源于民众对法律的普遍遵循。民众普遍遵循法律，各司其职、各负其责，就能减少社会矛盾和纠纷，形成"既有集中又有民主，既有纪律又有自由，既有统一意志又有个人心情舒畅、生动活泼"的局面。民众对法律的遵循既来源于国家强制力的作用，更来源于民众对法律的信仰。伯尔曼说得好：法律必须被信仰，否则形同虚设。

民众对法律的信仰不是一种先天存在，其后天形成也不具有自发性特征。民众信仰法律需要经历一个从认识法治到信赖法治再到笃信的心理过程。在这一过程中，法治理念发挥重要作用。"法律是公平正义的规则"、"法律是公权力的抑制器"、"法治是自由平等人权的保护神"等法治理念使人们建立起对法律的信赖与信仰，使法律"既不是铭刻在大理石上，也不是铭刻在铜表上，而是铭刻在公民们的内心里"，从而引导民众自觉地将自己的行为纳入法律规定的轨道中。法治理念、法律信仰与民众自觉遵守法律的这种关系，爱德华·S.考文曾以美国为例进行诠释，这一诠释对我们有所启示。他说，"美国人对其宪法的尊崇经常到了偶像崇拜的地步"，之所以如此，在于美国宪法所蕴含的法治理念：宪法"不仅作为自由与团结的辉煌标志，而且被看做是考验并赐福于有序自由的严导恩师"，"几乎从宪法提交制宪会议讨论的那一天起，这种信念对美国宪法产生了决定性的影响"。③

三、弘扬法治理念，推进和谐社会建设

我国社会主义法治理念也随着社会主义市场经济的崛起以及社会主义民主法治建设的推进而逐渐形成。在 20 世纪 90 年代，江泽民在党的十五大报告中指出：依法治国是

---

① 江泽民：《论"三个代表"》，中央文献出版社 2001 年版，第 72 页。

② 张文显：《法理学》，高等教育出版社、北京大学出版社 1999 年版，第 97 页。

③ ［美］爱德华·S.考文：《美国宪法的"高级法"背景》，强世功译，三联书店 1996 年版，"序言"第 2 页。

指"广大人民群众在党的领导下，依照宪法和法律规定，通过各种途径和形式管理国家事务，管理经济文化事业，管理社会事务，保证国家各项工作都依法进行，逐步实现社会主义民主的制度化、法律化，使这种制度和法律不因领导人的改变而改变，不因领导人看法和注意力的改变而改变"①。经过十多年的理论研究和实践探索，目前已形成以党的领导、人民民主、法律至上、执法为民、公平正义为内容的社会主义法治理念。社会主义法治理念是人类构建有序化社会组织、追求社会正义所取得的最高成就，是社会主义国家长治久安和社会主义社会和谐稳定的重要思想保障。

尽管我国社会主义法治理念不断完善，政府和民众的法治理念逐步增强，法治理念在实现民主法治、维护社会正义、营造稳定秩序、激发人们创新精神等方面的作用日益凸显，然而由于"旧中国留给我们的，封建专制传统比较多，民主法制传统很少。解放以后，我们也没有自觉地、系统地建立保障人民民主权利的各项制度，法制很不完备，也很不受重视，特权现象有时受到限制、批评和打击，有时又重新滋长"②，因而目前不论是政府的法治理念，还是民众的法治理念，都不能适应构建社会主义和谐社会的要求。温家宝曾指出，我国依法行政方面存在诸多不尽如人意的现象，如"政企职责不分，政府职责'错位'、'缺位'的问题仍不同程度地存在；一些地方有法不依、执法不严、违法不究的现象比较严重，违法或者不当的行政行为得不到及时制止和纠正；对行政权力的监督和制约机制还不够健全，权力与利益挂钩、与责任脱钩的问题没有完全解决；一些行政机关工作人员法制观念淡薄、不依法办事的问题还比较突出"③等，这些现象是我国政府及其工作人员法治理念淡薄的反映。解决这些问题，需要弘扬法治理念、加强法治建设。

弘扬法治理念，加强法治建设，是一项艰巨而复杂的系统工程，需要从多方面入手，主要有：（1）加强和改进立法工作，从法律上体现科学发展观的要求，制定和完善发展社会主义民主政治、保障公民权利、促进社会全面进步、规范社会建设和管理、维护社会安定的法律；（2）全面推进依法行政，坚持严格执法、公正执法、文明执法，建设法治政府，建立有权必有责、用权受监督、违法要追究的监督机制；（3）落实司法为民的要求，以解决制约司法公正和人民群众反映强烈的问题为重点推进司法体制改革，充分发挥司法机关维护社会公平和正义的作用，促进在全社会实现公平和正义；（4）加强法制宣传教育，传播法律知识，弘扬法治精神，增强全社会法律意识，形成法律面前人人平等、人人自觉守法用法的社会氛围。依据当代中国的时代精神、和谐社会对法治理念的要求以及目前法治理念的现状，尤其要重视以下方面：

第一，坚持人本法律观。人本法律观是马克思主义法学理论与中国当代社会主义建

---

① 江泽民：《高举邓小平理论伟大旗帜把建设有中国特色社会主义事业全面推向二十一世纪》，载《求是》1997年第18期。

② 《邓小平文选》第2卷，人民出版社1994年版，第332页。

③ 温家宝：《全面推进依法行政　努力建设法治政府——在全国依法行政电视电话会议上的讲话》，载《光明日报》2004年7月6日。

设相结合的产物，是以人为本的时代精神对社会主义法治理念要求的集中反映，它以人的全面发展和人民根本利益为出发点与落脚点、以保障人权和全面建设小康社会为根本目的科学体系，要求法律合乎人性、尊重人格、体现人道、体恤人情、保障人权。人本法律观是构建社会主义和谐社会的法律理念，它为"民主法治"提供理论支撑和制度设计、为"公平正义"提供判断尺度和实现形式、为"安定有序"的社会秩序提供行为模式和法律保障，"在引导和调整人与自然的关系，促使人与自然和谐相处上；在引导和调整人与人的关系上、促进人们相互间诚信友爱上；在引导教育人们发挥社会主义积极性和创造性，促进整个社会充满活力上，都起到不可替代的作用"①。坚持人本法律观，就要按照邓小平理论和"三个代表"重要思想的本质要求，把实现好、维护好、发展好最广大人民的根本利益作为法治建设的根本出发点和落脚点，切实做到立法为民、执法为民、司法为民。

第二，将党的领导、人民民主和依法治国结合起来。党的领导、人民民主和依法治国是辩证统一的关系，党的领导是人民当家做主和依法治国的根本保证，人民当家做主是社会主义民主政治的本质要求，依法治国是党领导人民治理国家的基本方略，三者的结合有力地促进社会和谐。其中，党的领导是社会和谐的政治保障，要坚持和改善党的领导；人民民主是社会和谐的基本途径，要加强民主政治建设、实现民主法治化，保证公民享有法定的政治权利和承担相应的政治义务并按照法定的程序自由地、平等地、有序地参与政治活动，克服专制政治所具有的"少数人狂热地攫取并肆无忌惮地滥用权力，甚至为争权夺位大动干戈，铤而走险，导致周而复始的政治动荡和社会灾难"②的弊端；依法治国是社会和谐的制度保证，要以正义为核心价值、以秩序为基本价值、以人权为终极价值，在立法上平等地分配公民的权利和义务，在执法和司法中平等地保护公民的合法权利和自由。

第三，促进社会公平正义。公平正义既是和谐社会的基本要求，也是法治理念的重要内容——"一个社会体系的正义，本质上依赖于如何分配基本的权利义务，依赖于社会的不同阶层中存在着的经济机会和社会条件"③。在我国，社会公平正义问题随着市场经济的发展、社会结构的变动、利益关系的多元化而日益凸显，收入分配不公导致贫富差异严重，城乡二元结构体制导致城乡居民的权利差别，非市场因素（权力、关系、政策）对市场经济的过度干预在不同程度上损害了市场竞争的公平性，就业领域中存在的性别歧视和年龄歧视、经济领域中存在的价格双轨制和行业垄断等都在一定程度上造成了起跑线的不公平。社会不公是社会矛盾的催化器，如果不加遏止、任其发展，处于弱势地位的群体可能铤而走险、成为破坏社会稳定的力量。消除社会不公、实现社会公平正义，对于构建和谐社会是至关重要的。因此，胡锦涛强调，要"从法律上、制度上、政策上努力营造公平的社会环境，从收入分配、利益调节、社会保障、公

---

① 李龙：《人本法律观研究》，中国社会科学出版社 2006 年版，第 26 页。
② 张文显：《法理学》，高等教育出版社、北京大学出版社 1999 年版，第 386 页。
③ ［美］罗尔斯：《正义论》，何怀宏译，中国社会科学出版社 1988 年版，第 5 页。

民权利保障、政府施政、执法司法等方面采取切实措施，逐步做到保证社会成员都能够接受教育，都能够进行劳动创造，都能够平等地参与市场竞争、参与社会生活，都能够依靠法律和制度来维护自己的正当权益"①。

（作者单位：华中科技大学法学院）

---

① 胡锦涛：《在省部级主要领导干部提高构建社会主义和谐社会能力专题研讨班上的讲话》，载《人民日报》2005 年 6 月 27 日。

法律权威与宪法权威和谐论

彭礼堂

内容提要：法律权威与宪法权威间存在的不和谐的因素对宪法权威的树立造成了严重的阻碍，在我国这可以从良性违宪、宪法司法化、宪法的修改与稳定等问题中反映出来。宪法权威的树立离不开法律权威的树立，同时宪法权威的树立也可巩固法律权威的树立，这是中国法治建设过程中必须注意的问题。

关键词：法律权威；宪法权威；良性违宪；宪法司法化；宪法修改

随着我国依法治国方略的推行，法律的完善越来越受到人们的关注，而作为法律中最高法律效力的宪法，它的完善亦引发人们众多的思考。尤其是 2004 年 3 月我国进行的第四次修宪，将"人权"、"公民财产"等国人关注的焦点纳入宪法的轨道，宪法权威、宪政建设又成为法律界探讨的热门话题。从目前我国法治建设的发展状况来看，宪法权威在人们心目中真正树立起来尚待时日。那么如何树立宪法权威以使宪法能充分发挥自身的作用呢？本文试图从法律权威与宪法权威的关系入手分析宪法权威的树立。

一、法律权威与宪法权威概念辨析

法学，政治学上使用"权威"一词，源于拉丁文 Auctoritas，其原意是指威信及创始人，含有尊严、权力和力量的意思，后来演变为泛指人类社会实践中形成的具有威望，要求人们信从和起支配作用的力量和决定性的影响。① 我国学者一般认为，法律权威是就国家和社会管理过程中法律的地位和作用而言，法律的外在强制力和内在说服力得到普遍的支持和服从。② 关于宪法权威的含义，学界的认识不一。有学者认为宪法权威是宪法学的一个基本范畴，宪法应该具有最高的权威，这属于一种价值判断；事实上，就宪法权威而言，更为重要的应该是宪法实际被遵守的情况，宪法在不同宪法关系主体那里的地位以及在民众心里的地位，这属于宪法的实际权威，是一种事实判断。③ 也有学者认为宪法权威体现在两个方面：一是制度权威，宪法的制度权威是指通过法定程序固定化和规范化所表达出来的宪法的支配性和至上性。二是社会权威，宪法的社会

---

① 李龙主编：《依法治国论》，武汉大学出版社 1997 年版，第 150～151 页。
② 李龙、徐亚文：《关于邓小平的法律权威思想》，载《现代法学》1999 年第 2 期。
③ 王保成：《宪法权威的生成机制辨析》，载《现代法学》2004 年第 6 期。

权威是指宪法制度在实施及实现过程中产生的实际支配力和征服力。① 另有学者认为宪法的权威有两层含义:一是指宪法是最高法,是法律体系中的母法;二是指宪法扎根在普通公民心中,受到认可和尊重。② 还有学者认为可将宪法权威划分为应有权威和实有权威,从应有权威到实有权威是一个动态的过程。在形式上表现为宪法从文本上的法律走向现实生活中的法律的过程。在通常意义上,宪法有权威主要指实有权威,而不是指属于"应然"范畴的应有权威。③ 从以上学者的论述可以看出,虽然学者们对宪法权威的含义有不同的认识,但仍有相似之处,即将宪法的实际规定和宪法在人们心中应具有的权威状态分开来论述,并不同程度地认为两者之间是存在差距的。应该说对于宪法权威的含义,无论学者们的观点差异有多大,他们的论证还是比较有说服力的,结论在各自论证基础上也经得起推敲。但是笔者认为研究宪法权威问题不应仅拘泥于宪法权威本身,选择一个新的视角来认识宪法权威非常重要,从法律权威与宪法权威关系的角度来分析宪法权威就不应被忽视。

关于法律权威与宪法权威的关系,学界论述得并不多。有学者认为确立法律权威之后,宪法权威便成了必然的结论。这是因为:第一,宪法是法律之母,是"法律的法律",是一国立法的基础;第二,宪法的效力最高;第三,在法治观念模式中,宪法观念特别是宪法权威观居核心地位。④ 这只是对法律权威与宪法权威的联系做了表述。的确,作为组成法律体系中的部门法之一的宪法,它的权威的确立必然要建立在法律权威确立的基础上。同时宪法权威的确立也可促进法律权威的巩固,因为任何法律都不得与宪法相抵触,宪法在整个法律体系中具有至上性,宪法权威应当和法律权威保持一贯性。但是另一方面,我认为宪法权威和法律权威还是有区别的。这主要表现在:(1)宪法的权威主要是靠宪法来发挥作用的,而法律权威靠整个法律体系来发挥作用,范围广得多。宪法只是整个法律体系的一部分,只是一个法律部门。尽管它的效力是最高的,但在整个法律体系中,它只有和别的法律部门有机结合发挥作用才可在人们心中树立法律权威。(2)宪法作为公法的核心,主要用公法手段来调整社会关系,因此宪法权威侧重于调整权力与权力、权力与权利的关系。宪法权威的树立主要体现于对权力的制约和对权利的保障上,与宪政联系紧密。而法律权威所依据的法律兼具公法和私法的调整手段来调节社会关系,它所调整的范围不仅包括权力与权力、权力与权利的关系,还调整权利与权利的关系。法律权威的树立主要体现为法治与人治、法律与道德、法律与经济政策等关系范畴的区别上。树立法律权威和宪法权威的侧重点有所不同。(3)若要从法律权威中必然地引导出宪法权威,前提之一是宪法在该国是根本法,是最重要的法律部门。而关于宪法在一国法律体系中的地位问题,各国的情况是不同的。但在我国,是可以由法律权威推导出宪法权威的,因为宪法在我国处于根本法的地位。虽然法

① 李力:《试论宪法权威》,载《人民检察》1999 年第 8 期。
② 傅晓平:《树立宪法权威　建设法治国家》载《理论探索》2004 年第 1 期。
③ 刘嗣元:《论法治条件下的宪法权威》,载《江汉论坛》2001 年第 8 期。
④ 李龙:《宪法基础理论》,武汉大学出版社 1999 年版,第 102~103 页。

律权威和宪法权威的区别与联系不仅仅是这些，但这些分析至少可以从一定程度上说明法律权威与宪法权威是两个联系紧密但是存在区别的独立概念。

二、我国法律权威与宪法权威的不和谐问题

上面笔者简要分析了一下法律权威与宪法权威的联系与区别。有人可能会提出质疑：这样分析区别与联系有意义吗？笔者认为分析法律权威与宪法权威的关系对我国宪法权威的树立有积极意义，它有利于我们认识并克服我国法律权威与宪法权威间存在的不和谐问题。从我国法治建设发展现状来看，在处理法律权威与宪法权威的关系问题上理论和实践仍存在一些疏漏，这种现况对我国法律制度的完善及法治国家的建设起到了一定的阻碍作用。这些方面主要体现在以下几个方面：

1. 良性违宪问题。所谓良性违宪就是指国家机关的一些举措虽然违背当时宪法的个别条文，但却有利于发展社会生产力、有利于维护国家和民族的根本利益，是有利于社会的行为。[1] 这一观点一经学者提出便引起了法学界的争论。有学者认为"良性违宪"在宪法实施过程中体现的灵活性或自由度超过了法治所能容许的最大限度，脱离了宪政的轨道，良性违宪不可取。[2] 那么，良性违宪究竟有没有合理性呢？如果放在法律权威和宪法权威的关系角度来思考这个问题，似乎很容易得出答案。因为法律权威包括四个方面的含义，即法律至上，即法律具有至高无上的威严；法律至圣，即法律神圣不可侵犯，法律一旦被侵犯，责任人都要受到相应的法律制裁；法律至贵，即法律至为重要；法律至信，即对法律的真诚信仰。[3] 如果承认良性违宪的合理性，那么在"法律至圣"方面，法律权威与宪法权威便产生了矛盾，因为法律至圣要求一旦有违法行为，违法者必须承担相应的法律责任，并没有"良性违法"一说，自然良性违宪也是不存在的。

2. 宪法司法化问题。山东省齐玉苓一案被认为是中国宪法司法化第一案，尽管关于"中国宪法司法化第一案"的称谓学者们意见不一。[4] 但随后宪法理论界出现的宪法私法化、宪法诉讼、宪法司法化、违宪审查等联系紧密但又不同的概念，不断成为宪法研究的热点，本文此处暂且把焦点放在对于宪法司法化的关注。所谓宪法司法化，主要是指宪法可以作为法院裁判案件的直接或间接的法律依据。法院直接以宪法作为裁判案件的依据，又有两种情形：一种是指法院直接依据宪法对国家机关权限（亦包括政党和选举等）产生争议的事项进行司法裁决，亦即违宪审查；另一种情形则是将宪法直接适用于侵害公民权利的案件，包括政府侵害与私人侵害。[5] 法律权威真正得到树

---

① 郝铁川：《论良性违宪》，载《法学研究》1996 年第 4 期。
② 童之伟：《宪法实施灵活性的底线——再与郝铁川先生商榷》，载《法学》1997 年第 5 期。
③ 李龙主编：《依法治国方略实施问题研究》，武汉大学出版社 2002 年版，第 95~98 页。
④ 秦前红：《关于"宪法司法化第一案"的几点法理思考》，载《法商研究》2002 年第 1 期。
⑤ 蔡定剑：《中国宪法司法化路径探索》，载《法学研究》2005 年第 5 期。

立，一个很重要的方面就是在当事人的权益受到侵害时可以获得司法救济。较之宪法，民法、刑法、行政法等法律均可以作为法院判案的直接依据，但宪法在这方面却面临着阻力。最高人民法院 1955 年给新疆维吾尔自治区（当时为新疆省）高级人民法院《关于在刑事判决中不宜援引宪法作为论罪科刑的依据的复函》以及 1986 年给江苏省高级人民法院《关于人民法院制作法律文书如何引用法律规范性文件的批复》等司法解释对宪法司法化是持反对意见的。① 宪法司法化实际要解决的问题是什么？是宪法责任以及如何追究宪法责任。法律权威的树立要求有明确的法律责任的存在，以使权利受侵害的一方可以依据相关具体法律依据寻求司法救济，宪法权威亦不例外。而目前我国宪法司法化过程中的宪法责任问题并未得到解决，从这个角度来说，宪法权威的树立与法律权威的树立缺乏连贯性，这对宪法权威的树立造成了阻碍。

3. 宪法的修改与宪法的稳定性的问题。我国的宪法至今已经经过了 1988 年、1993 年、1999 年、2004 年四次修改，应该说宪法的修改是比较频繁的。就法律本身来说，法律的修改是必要的，因为法律和实际社会生活相比，它具有一定的滞后性。为了适应社会的发展，让法对于维护社会秩序切实起到促进作用，在法律施行了一段时间后，是有必要视施行情况对其进行修改的。但另一方面法律又必须是稳定的，这也是法与政策、习惯的重要区别。如果法律缺乏稳定性，对于法的权威是一种巨大的伤害。因此对于法律权威的树立而言，法的稳定性和需适时修改性是矛盾而又统一的，这在宪法的发展中表现得尤其突出。因为较之别的部门法而言，宪法的稳定性更需要加强，因为它是其他法律的母法，如果宪法一旦朝令夕改，其他法律就更没有什么稳定性可言了。但从我国宪法修改的现状来看，每次宪法修改都是一些比较抽象的规定，虽然是有必要的，但离真正切实对人们的生活产生实质性影响尚有距离，使人们对于宪法修改的意义多少存在一些质疑。如果没有其他部门法将宪法的抽象规定转变为保护公民权利的具体规定，宪法的权威将难以真正树立。宪法可以修改，但宪法的修改应当建立在其他法律修改的基础上，应当是其他法律在宪法的效力下无法通过自身修改以维护公民权利时的纲领性变动，再通过修改其他部门法使纲领性规定转化为具体法律规定以维护公民权利。只有这样，宪法才能真正实现稳定，法律权威和宪法权威才能实现区别基础上的统一。

三、法律权威与宪法权威的和谐发展

我国目前的法治建设中，法律权威与宪法权威的关系仍存在不和谐的因素，突出地表现为缺乏在有所区别的基础上形成统一。造成这种现象的原因主要是没有厘清宪法在树立宪法权威中应起什么作用，宪法作为法律体系中的最重要的法律部门如何与其他部门法有机结合以树立法律权威。宪法权威的真正树立离不开宪法本身的作用，也离不开其他部门法对于宪法的促进和保障作用。只有处理好宪法和其他部门法的关系，才能够使法律权威与宪法权威和谐发展，才能使宪法权威得到真正树立。

---

① 秦前红：《关于'宪法司法化第一案'的几点法理思考》，载《法商研究》2002 年第 1 期。

1. 宪法权威的树立离不开宪法的至上性。宪法的至上性表现为宪法在整个国家的法律制度中起着根本性、全局性关键作用。而宪法至上性的形成不是仅靠宪法一己之力就可以完成的，它也需要来自其他部门法的帮助。以宪法司法化的困境问题为例，宪法责任的确定是宪法司法化首先要解决的问题。在我国，之所以没有把宪法作为法院判案的直接依据，原因之一就是宪法规定的内容过于抽象，这对于如何确定宪法责任造成了巨大的困难。如果把抽象的原则规定作为宪法责任的确定依据，加之在我国宪法具有最高效力，权利受侵害者会直接以宪法规定为依据，越过部门法的具体规定直接向法院起诉。这不仅容易造成滥诉，也会破坏整个法律制度的统一性。宪法至上性的关键表现应该为当公民不能依据其他现行部门法律法规获得司法救济时才可以向宪法求助。正是基于这个原因，有学者提出了宪法司法化的适用应该接受一些原则或条件的限制，其中最重要的限制就是遵循"穷尽救济手段"原则。① 由此我们可以看出，如果没有其他部门法的全面发展，宪法会失去根基，会使宪法条文变成抽象的空文，这会严重损害宪法权威的树立。正如前文所提到的，宪法权威的含义之所以从应然和实然两个角度去分析，并以实然表现为准，这充分说明在树立宪法权威的过程中，宪法与其他部门法的关系仍需要进一步强化，这也是整个法律权威树立要解决的问题。

2. 宪法权威的树立离不开法律权威的树立。在整个法律权威的树立中，宪法所起的作用和宪法权威的树立是不可缺少的一个方面。法律权威的真正树立体现了人们对于法律的尊重，而法律本身是包括宪法的。如前文所提到的良性违宪、宪法的修改与稳定问题。这些问题与宪法有关，但似乎又超越了宪法本身，回到了法律的本源上。法律权威的法律至上性、法律至圣性、法律至贵性和法律至信性告诉我们任何违反法律的行为都应受到法律的追究。即便是提出良性违宪的学者也并不是无视"违法"二字的，而更多地从法律的应然角度去理解宪法，希望对实然宪法的不足进行完善。这也是从法的本质角度去审视法的修改，重视法所具有的稳定性。宪法的修改与稳定是建立在法律权威的基础上的，因为它是我国的根本大法，所以它的修改与稳定较之别的部门法更加体现法律的威严。目前，我国的一些重要法律正面临着大规模的修改，宪法的修改如何与其他部门法的修改结合起来呢？宪法的修改既要统领其他部门法的修改，又要借助于其他部门法的修改完善来实现宪法权威，从这个角度可以说宪法权威离不开法律权威的树立，只有当法律权威真正树立时，宪法权威才能在人们心中真正树立起来。

（作者单位：华中科技大学法学院）

---

① 蔡定剑：《中国宪法司法化路径探索》，载《法学研究》2005 年第 5 期。

法治：文明的维度

郑鹏程

内容提要：法律是文明的产物，有其深厚的文明基础，作为文明的核心因素，深深地体现了文明素质的意蕴。在现代文明化、和谐化社会中，法律成为人们的行为方式、生活方式、思维方式及价值观的一个组成部分，成为社会关系的协调方式与利益的整合方式。

关键词：法治；文明；文明化

法律、法治是文明的核心因素，"法是一种文明和文化的构成要素，因此法的历史是文明史的基本组成部分"①，"人类进入文明社会以后，说到文明，法律要算一项，虽不是唯一的一项，但也是主要的一项"。② 显然，法治、法律与文明之间的互动关系，不是一般的问题，而是法哲学的核心问题之一。以往许多学者立足于法律与物质文明、精神文明、制度文明的关系来研究其中的内涵。本文则以法律作为文明之光、文明的维度而反思法治在文明中的地位和意义。

一、文明

（一）文明的多义性

我们先人很早使用"文明"一词。古代汉语文献多有记载。《周易》说："（刚柔交错），天文也。文明以止，人文也。""见龙在田，天下文明。"《尚书》说："睿哲文明。"《史记》说："是故情深而文明。"这些用语含义是多方面的，分别指称人伦（文明礼仪），文物发达、光彩照人，精神修养等，与现代文明概念略有不同。当然也有指社会的进步状态的，如李渔说："辟草莽而致文明"。

在西方，"文明"一词来自拉丁语"civilis"、"civilita"。这两词根源于 civis，其本义是城邦居民、公民。在罗马帝国时期，它指称罗马人，即帝国的公民，以区别于蛮族即野蛮人。civilis 的含义是"城邦中有组织和法制的市民生活"，它的引申概念是"具有公民品格和修养的高尚行为方式"。civilita 指的是城邦国家。就此来看，西方古代的

---

① ［意］朱塞佩·格罗索：《罗马法史》，中国政法大学出版社 1994 年版，第 1 页。
② 《董必武政治法律文集》，法律出版社 1986 年版，第 520 页。

"文明"是与城邦、国家以及民众具有开化、教化的特征有着密切的关系①。

在近现代西方,"文明"一词开始广泛使用,但其含义是复杂的多样化的。有的将文明与文化同观,认为文明是人类文化的复合体和各种制度的集合体。法国19世纪历史学家基佐说,"文明这个词包含着某种更广泛、更复杂的东西,超过了仅仅是社会关系、社会力量和幸福的完善"②,人类无论在什么地方看到为崇高享受而创造的精神财富,人类就在那里承认它,称为文明。文化人类学家泰勒说:"文化,或文明,就其广泛的民族学意义来说,是包括全部的知识、信仰、艺术、道德、法律、风俗以及作为社会成员的人所掌握和接受的任何其他才能和习惯的复合体。"③ 有的区别文明和文化,如马凌诺斯基说:文化和文明有时相混用,既然有这两词,最好分别一下。"'文明'一词不妨用来专指较进展的文化中的一个特殊方面。"④ 施宾格勒说:"文化是活着的文明,文明是死去的文化。"有的把文明理解为社会秩序。威尔·杜兰说:"文明是增进文化创造的社会秩序。它包含了四大因素:经济的供应,政治的组织,伦理的传统,以及知识与艺术的追求。"⑤ 有的认为文明是一种社会发展。柯勒说,文明是最大限度地展现人类力量的社会发展。有的认为文明是使心灵欢乐的东西。伊迪丝·汉密尔顿在《希腊方式》中说,文明一词常常被到处滥用,其实它的意义远非诸如电话、电灯一类所能包括。文明是指无法确切衡量的东西,是使心灵欢乐的东西;是对于美的爱好,对于荣誉的追求以及文雅的作风,礼貌待人与温柔体贴的感情。这些都是无法衡量与测定的东西,哪里有了它们,而且被公认为具有头等的重要性,哪里的文明就达到了高度发展的水准。有的认为文明是一种文化的实体。如美国当代政治学家享廷顿认为,文明是一种文化实体,村落、地区、种族集团、国籍、宗教群体都在文化差异的不同层面有着独特的文化;文明是人们最高文化凝集物,人们所具有的最广义层面的文化身份是人有别于其他物种的标志;文明由语言、历史、宗教、习俗和制度等客观因素以及人们主观上自我认同这两个方面的因素共同界定;文明是动态的,它们的兴起衰落、离散聚合,消失和葬身在时间的荒漠之中。更多的学者将文明看作与野蛮相对的社会发展阶段。如19世纪法国启蒙思想家、文学家伏尔泰说:"我想知道人类由野蛮文明的每一阶段的情形。"19世纪美国文化人类学家摩尔根把人类社会的发展分为蒙昧、野蛮、文明三个时代,用文明表示不同于蒙昧时期和野蛮时期的新的历史阶段。日本学者福泽谕吉说:"文明是一个相对的词,其范围之大是无边无际的,因此只能说它是摆脱野蛮状态而逐步前进的东西。"他把文明发展进程分为"从野蛮进入半开化,从半开化进入文明"。⑥

由此可知,文明是一个开放性的多元化的,范围极为广泛,形式极为复杂,无法简

---

① 参见张泽乾:《法国文明史》,武汉大学出版社1997年版,第13~14页。

② [法]基佐:《欧洲文明史》,商务印书馆2009年版,第9页。

③ [英]泰勒:《原始文化》,刘魁立译,上海文艺出版社1992年版,第1页。

④ [英]马凌诺夫斯基:《文化论》,费孝通译,华夏出版社2002年版,第2~3页。

⑤ [美]威尔·杜兰:《世界文明史·东方的遗产》,东方出版社1998年版,第3页。

⑥ [日]福泽谕吉:《文明论概论》,商务印书馆1994年版,第30、33页。

单陈说的，它包含着比任何界定都更为多样、更为庞杂的内容。正如基佐所说，文明就像海洋，它构成一民族的财富，该民族的生命的一切要素、支持它的存在的一切力量，都集中并团结在它的内部。

（二）文明的特质

就根本而言，文明的特质主要体现在：

第一，自然的人化。人们通常将文化与自然相对应。文化，就其基本含义而言，是人以自己的劳作改变自然，使自然发生变化，成为富有人性意味的东西。因此，文化不是自然而然的，而是经过人的力量和精神改造的，烙上人的意识和活动的"人化的自然"，体现着人的内在的精神和尺度。一切自然形态的事物不是文化，当然也不是文明。文明是文化的高级形态，更富有人性的意味。如同自然包含外在的自然物和人自身的自然性一样，"文明是人类力量不断地更加完善的发展，是人类对外在的或物质自然界和对人类目前能加以控制的内在的或人类本性的最大限度的控制。文明的这两个方面是相互依赖的"。① 或者说，人类在不断征服和改造外在自然界，掌握自然力过程中，也不断地改造、改进人自身的自然性，从而为自己创造出"人化自然"，即人类的文化和文明。因此，文明及其状态、结构、产物是不同于原初的自然形态，是一种变化和改进，是人的本质力量的体现和结果。

第二，社会性和社会化。社会性包含多个层面：群体性、交互性和连带性。人类是一种群体性的动物，一种社会的动物，通过交互行为和连带关系而结成一定的共同体，从而形成社会。"迄今为止，与人类有关的科学告诉我们，人一直生活于社会中。"② 每一个人不是孤独的个体，而是在社会群体中并且只能在社会群体中生存的人。无论过去、现在或者未来，所有的人都是人类群体的一部分，与其他人形成相互依存的连带关联性。正如马克思所说的，人的本质，在其现实性上，是一切社会关系的总和。时至今日高度信息化的文明时代，人与人之间的关联和交互越来越广泛和复杂，任何一个地方发生的事情都将影响到整个世界，引起了互动。在社会学中，社会化是个体人的社会化。就是生物人接受社会文化、行为模式、价值观念的教化，认同社会，适应社会生活，成为社会人的过程。美国社会学家戴维·波普诺认为："社会化是一个人获得个性和学习社会或群体习惯的贯穿终生的过程。"③ 郑杭生等学者认为，社会化基本内容就是：促进个性形成和发展，培养完善自我观念；内化价值观念，传递社会文化；掌握生活技能，培养社会角色。④ 这告诉我们，社会化就是改变人的天性，让人获得社会性，成为个性化、文明化、价值化、角色化的社会成员，借以融入社会，融入群体，参与社会生活。社会化就是个人与社会的统一、互动，人的自然性与社会性融为一体。

---

① ［美］庞德：《通过法律的社会控制 法律的任务》，商务印书馆1984年版，第9页。
② ［美］约翰·麦·赞恩：《法律的故事》，江苏人民出版社2010年版，第3页。
③ ［美］戴维·波普诺：《社会学》，辽宁人民出版社1988年版，第270页。
④ 郑杭生主编：《社会学新编》，中国人民大学出版社1987年版，第110～115页。

第三，人文化（人道化）。人类社会的历史，实际上是人的知识和道德的进步历程，是人性的不断改善和提高，是人身上自然性、动物性被人所创造的文化不断替代的过程。人文或人道，即人本身之道，就是人的价值和价值取向。因此就其基本方面而言，人文化就是人的价值的改进和扩张，体现着以人为本的价值取向。自由、民主、平等、正义、效率、安全、秩序等人类社会的价值通过现实的人的具体行为而内外于人心性之中。人正是通过这些价值的深化而变得文明，成为"睿哲文明"的存在者。

第四，理性化。人是理性的动物，理性使人类脱离动物界，成为社会的存在者。理性包含多方面的内容。实践理性，即人的合目的性、价值性，即人文化。理论理性，即追求精确的计算和推理的过程和状态。经济理性，即人作为最大利益、功利的追求者，合理地安排、设计自己的行为，力图获得最大最好的效果。文明及文明时代，就是人的理性化、理智化不断实现和深化的结晶。

第五，制度化。如前所述，人是生活在社会中的。社会是由一定的结构、制度、规则组成的，是一种有序化、有规则的状态和过程。制度、规则、秩序是人类文明的最为根本的方面。由此人形成了一致性、均衡性、确定性的行为方式、生活方式和思维方式，人与人之间形成了有序化的社会关系，有规则性的社会生活。人正是通过制度、规则和秩序，通过政治、经济、法律、文化、道德等社会制度机制和设施，创造了丰富多彩的文化成就，形成了高度的文明化。

第六，多样化。人类文明是多元的，多中心的。不同的种族、民族创造自己的文明样式和成就，不同的时代拥有每一个时代的特性，不同的地域形成自己独特的风格。由此造就了文明的样式的多维度。即便今日信息化、全球化、国际化不断扩张，文明越来越趋同，但也不会改变文明的民族性、时代性、区域性，不会消除文明的多样性和复杂性。正是多样的文明保持了人类的生命力。

当然文明还包含其他方面的内容和意义，可以列举一个长长的清单，此不赘述。

仅此而言，文明的根本意义在于：第一，文明是一种价值观，体现社会的价值取向，代表社会的进步及其精神，是理性化、人文化、制度化等特质的结合。因此文明是一个美好的崇高的词语，人们可以用之来界定人自身的行为举止，描绘社会中的种种现象，品评人和社会的发展。

第二，文明是一种文化，是一种人性力量的外化和体现，是一种体现历史发展和进步的文化，是人类进入文明时代以后，依据自身的力量不断改进和发展自己，不断利用和改造自然，不断探索和创新的结晶。一般而言，文明主要包括三个部分或形态，即物质文明、精神文明和制度文明。

第三，作为人类社会发展和进化中的高级阶段，文明是相对于、区别于原始、蒙昧、野蛮状态和类型而言的进步和开化状态和类型。这种进步和开化状态之所以是高级的、复杂的，主要是因为自然的人化、交互化、理性化、人道化、制度化、多样化等文明特质和文明化形式所造成的。在文明化过程中，人性得到极大的改善和飞跃，人变得越来越崇高和伟大，社会生活和行为方式不断完善，社会关系不断有序化，人不断获得解放和自由。在文明化过程中，物质文明、精神文明、制度文明得到了丰富和完善，社会文明、政治文明得到巩固和发展，政治、经济、文化、伦理等社会各领域获得了突飞猛进的发展和变革。

二、法律：文明之光

美国法学家庞德曾提示了法律与文明的一般关系，他说："法律不仅是通向文明的工具，而且也是文明的产物。为此，我们必须从三个方面来探讨它：对过去来说，它是文明的产物；对现在来说，它是维系文明的工具；对将来来说，它是促进文明的工具。"① 这对我们认识法律与文明的关系有一定的意义。我们认为，法律是文明的核心要素，文明的指示器，它不仅是文明的产物，文明的内容，而且是发展文明，促进文明的方式，它以发展文明、提高文明、更新文明为自己的目标和功能。

（一）法律是文明进步和进化的结果

毫无疑问，法律、法治是历史的选择，是文明发展的必然结果。在早期社会，一方面生产力低下，人们生活简单，欲望低浅，争夺之事稀少，人与人之间关系比较朴实，以德设教，足够感化人心。一方面，智力尚未发达，知识不多，人所敬畏的是神灵，以神道设教，亦足以羁系人心。因此社会秩序主要依赖道德规范、宗教规范、风俗习惯等社会规范维持，人们相互间关系也是通过这些社会规范而得到调控。后来，人类社会分工日益发展，生产方式日渐发达，人的理性、知识日益开发，欲望日渐高涨，生活越来越复杂，人与人之间的关系也愈来愈多元化，社会结构也越来越多样化，"感化之道固恒有所穷，神道亦不足以羁縻人心"。② 社会秩序、人与人之间关系仅仅依靠道德、宗教、风俗习惯调控已远远不够了，必须求助于其他社会规范才能得到控制和协调。于是法律的、经济的、组织的、利益的规范逐渐发展，成为社会的主要法则。美国著名法学家庞德认为：社会控制的主要手段是道德、宗教和法律。在最初的社会中，这些控制方式是融合在一起的，没有区别，如在古希腊那样先进文明中，人们通常用一个词来表达宗教礼仪、伦理习惯、调整关系的传统方式、城邦立法，把所有这一切被看做一个整体。后来宗教担负了大部分的社会控制，教会成为社会调控的主要手段。直到中世纪后期，教会法庭和教会法律仍然同国家和法院同等地分掌对调整关系和安排行为的管辖权。到了近代世界，法律就成为社会控制的最高的最主要的手段。对人与人之间关系的调控，对社会秩序的调控首先是国家的职能，而国家必须通过法律来行使自己的职权。"所有其他社会控制的手段被认为只能行使从属于法律并在法律确定范围内的纪律性权力。"③ 因之，法律成为最主要最根本的社会权威。当然，法律的功能、作用的发挥和实现仍然要借助于其他社会规范而进行，"法律必须在存在着其他比较间接的但是重要

① ［美］庞德：《法律史解释》，华夏出版社1989年版，第140页。
② 李肇伟：《法理学》，台湾中兴大学1980年版，第3页。
③ ［美］庞德：《通过法律的社会控制　法律的任务》，商务印书馆1984年版，第12页。

的手段——家庭、家庭教养、宗教和学校教育——的情况下执行其职能"，通过各种社会规范、社会控制方式的协调、互助而共生。因此，文明社会的演变和发展表明，虽然各种社会规范、社会控制各有其不同的功能和使命，它们是社会文明化、制度化、规范化、秩序化、理性化的基础，缺一不可，但是到了近现代文明后，法治就成为社会的支柱和核心。人类不能脱离法律和法治而实现文明化。

应该指出，法律是以文明社会为基础的。法律的创立、发展和完善，是在一定的社会条件基础上实现的。没有一定的政治、经济、科学、文化、教育等奠定基础，没有一定的文明样式，法律是不可能存在和发展的。我们可以从罗马法、英国普通法、美国宪法、法兰西民法典、德意志民法典等法律的创制，发现它们的文明根源。

（二）法律改变了文明的进程和方向

法律与文明的互动历史表明，当人类社会挣脱蒙昧、野蛮，走向文明时，法律便逐渐产生，实现了从无到有的飞跃；当人类社会从一个文明阶段走向另一个文明阶段，法律便从一种方式转换到另一种方式，发生了重大而深刻的转变。在一定意义上，法律的每一次转换、更新都代表着文明的更替，标志着文明的进展和深化。法律已经改变了文明的进程及其方式、方向和质量。

刑法的改进，最能体现法律的文明化进程，体现人类文明的转向和深化。在历史上，封建社会的刑法具有许多方面的特征，如干涉性，即刑法随意干涉个人生活的所有领域，包括干涉个人的私生活，人的思想、言论都成为法律控制的对象；恣意性，即罪行擅断，对什么行为处以何种刑罚，事前并无法律的明文规定，完全凭司法者任意裁量；身份性，即因为人的地位不同，身份不同，同样的行为所处置的情况完全不同，刑罚的有无、轻重、方式存在很大的差别；残酷性，即处罚方式的非人道性、野蛮性，大多数是死刑与身体刑，形式充满残暴性，触目惊心，令人恶心。孟德斯鸠曾指出，专制政体的原则是恐怖。显然，封建刑法也是恐怖的，其价值就是威慑与镇压。如贝卡利亚所说，"刑罚最残酷的国家和年代，往往就是行为最血腥、最不人道的国家和年代。因为支配立法者双手的残暴精神，恰恰也是操纵杀人者和刺客们的双手"。在封建刑法的控制下，所有人的生活是不自由的，个人的权利、利益和自由是无法保障的，人的尊严、生命经常处在侵害、损害和破坏中。到了近现代社会，民主社会的建立和发展，人的主体地位的确立，权利意识的高涨，自由、民主、平等、正义、理性、秩序等价值观念成为包括刑法在内的所有法律的内在价值，刑法的公正性、谦抑性、人道性、法定性、平等性成为刑罚的基础。刑法不再成为制造恐怖与维护专制的重要工具，而是公民个人自由的大宪章，保障公民的自由、权利、利益，维护社会秩序，保护公共利益，成为刑法的重要机能。刑法从充满血与火的法转变为公民权利的大宪章，从残暴转向人道，从野蛮到理性，从不平等走向平等的历程，不仅仅是法律制度的变化，不仅仅是法律理念的革命，而且同样也是人类文明的进步和更新历程。

由此我们可以认识到，法律伴随着人类历史，伴随着人类社会进步，通过法律人类摆脱了奴役，走向自由，走向公平，走向理性。这表明，法律是文明的促进工具，是文明的指针。

（三）法律是现代文明的基石

健全的法律制度是现代文明的基石。除了继续发挥指导、教育、评价、预测、控制、强制等规范功能外，法律的现代社会功能和使命已经大大地扩展和深入。在现代社会，已经形成了法律化的社会态势，法律似乎无处不在，不受法律影响的生活已经很少了，不受法律调控的领域变得越来越小了。如法律是社会转型、社会变革的基础。通过法律实现社会的更新、发展和变革，已经成为社会的特征，如弗里德曼所说，"企图通过法律进行社会变革是现代世界的一个基本特点"。如法律是社会资源配置的基本形式，在信息化的时代，一切资源的配置和使用都必须通过法律化、制度化的方式进行，它促使资源的配置合理化，获得最大化、最优化的结果。如法律是民主的实现和保障机制，民主的内容、方式、范围、途径、效果与法律紧密结合，互为一体，法律以其自身特有的制度化、规范化、形式化的机制促进了社会的民主化进程。如法律是权力的基础，现代社会奉行法律支配权力、控制权力的原则，它通过法治，通过权力制度化，防止权力的滥用、腐败、腐化、专断，防止集权和专制，等等。因此，法律不仅已经成为文明的独特单元，而且成为现代文明的核心维度，成为社会不可缺少的支柱。

三、法治：文明的质素

法治作为现代文明的维度、质素，具有多方面的含义，就其一般而言，主要体现在：

（一）法律是理性化的社会控制方式

人类生活与其他动物巨大的不同在于实现了社会化、文明化、制度化、秩序化，在于人通过社会规范调控人与人之间相互关系而实现了社会控制。规范是规矩绳墨，是规律，是法则、规则。凡物凡事皆有规范，自然现象有自然规律，人有人的法则，人类社会有社会规范。所谓社会规范，是调整人与人之间、人与社会之间社会关系的规范，它以一定的社会关系为内容，以一定的方式、手段为形式，目的是维护一定的社会秩序，从而让人们生活在安定、和平、稳定、协调、健康的社会环境之中。社会规范种类繁多，包括风俗习惯、道德规范、宗教规范、法律规范、经济规范、政治规范、社会组织规范等。社会正是通过这种社会规范而实现了对人的行为，进而对人的社会关系的调控的。

毫无疑问，法律、道德、宗教等社会规范是一个综合统一体，它们共同促进了社会的结合、协调和发展。当然，在多元化的社会规范体系中，在多样化的社会调控方式中，法律最为重要，它不是一般的规范，而是人的行为、社会关系调控的最根本的规范，是基本的专门的社会调控方式，甚至是核心的规范和调控方式。在社会中，法律通过自身的规范性、制度性机制，既确认、规定、规范、保障和维护人的行为、人与人之间的各种社会关系，又引导、促进、制约、拘束人的行为、人与人之间的各种关系。这说明法律在社会生活中的意义已远远超出一般的"约束"，具有开拓、扩展的功能，使人的行为、社会关系在更大的范围、更高的程度上展开，促使社会更加文明化社会化。因此，法律是人类文明生活必须具备的核心要素，是人的社会、社会生活的经纬，是人走向文明化、社会化不可缺少的基石。没有法律所奠定的制度化、规范化、秩序化、理性化、人文化的基础，人不会成为理性的文明的人，人类社会（及其生活）不会成为高度文明化、社会化的社会（及社会生活）。

（二）法律是人文化的文明标尺，法治是社会文明和文明精神的载体

人的生存生活是具有人文化特质的，是与价值紧密相关的，人所创造的东西都体现出人文性。如前所述，正义、自由、民主、平等、理性、秩序、效率等已经成为人类的基本价值取向，成为人文化的基本内容。法律作为社会规范，作为"天下之仪式，万事之程表"，是社会价值观念、价值观念体系的载体，是自由、平等、权利、民主、理性、正义、秩序、效率等社会价值的综合统一体，最为集中地体现了人文化的性质和内涵。美国法学家博登海默指出："任何值得被称之为法律制度的制度，必须关注某些超越特定社会结构和经济结构相对性的基本价值。在这些价值中，较为重要是有自由、安全和平等。"彼得·斯坦和约翰·香德在《西方社会的法律价值》一书中指出：警察、议员、法官、律师的所作所为，在某种程度上体现着法律。其总和，代表了三个基本观念：秩序、公平、个人自由。他们认为，这是法律制度的三个基本价值，"在今日西方社会，这三个基本价值都不可缺少，而且，三者之间的平衡十分微妙"。①

因此，法律既是社会文明和文明精神的载体，又是人文化的实施实现领域，在法律刻板的固定的文字背后蕴含着、融贯着深刻的人文价值因素，在法律各种形式中体现着文明的意义。法律的内在灵魂在于它的价值取向，在于它的精神，法律的基本作用在于促进价值的实现。

（三）法治是有序化的社会关系和社会秩序的基石

人生来是未完成的，是不完善的，在生存中，人必须为自己制造一个世界，使自己成为完善的文明的人。人类建立世界的基本宗旨是建造人天生所缺乏的那种类似于动物的严密结构，用秩序和法则，用规范化、制度化、系统化、理性化的社会结构社会制度来抵抗恐怖，防范失范，避免人生的无常、无意义。秩序和法则是"抗拒恐怖的避难所"，是对抗强大的异己力量的最为重要的屏障。"从社会的角度来看，每一条法则都是从大量无意义中分割出来的意义领域，是无形、黑暗、不吉祥的丛林中间一块小小的清晰空地。从个人的角度来看，每一条法则都是象征着生命中明亮的黎明，它脆弱地支撑着，以抗拒'黑夜'那不吉祥的阴影（彼得·贝格尔）。"秩序是人类生活的基础，

---

① ［英］彼得·斯坦、约翰·香德：《西方社会的法律价值》，中国人民公安大学出版社 1990年版，第 2 页。

也是人类生活的基本要求。没有秩序，人的行为、人的社会、社会生活、社会关系都将陷入无序状态。没有秩序、法则，人类就会陷入混乱之中，人人被淹没在一个无秩序、无意义而又疯狂的世界里，成为如无根的浮萍一样无所适从。因此，人需要生活在社会中，需要秩序、制度、法则。有社会就有秩序，就有法律。

法律与秩序密切相关，"与法律永相伴随的基本价值，便是社会秩序"。① 追求秩序是基础性的法律价值，无论在任何法律制度中，秩序都是法律所追求的基本价值，没有秩序就没有法律，就不是法律。"如果在一个国家的司法中甚至连最低限度的有序规则性也没有，那么最好还是避免使用'法律'这一术语。"② 因此，法律不能不追求秩序。

追求秩序，对抗无序，对抗无政府状态，形成合理的人际关系，使所有的社会关系和社会生活有序化，构成了法律的基本使命。正是通过它自己的制度机制，法律促进了人类社会的有序性、规则性，促进了文明的发展和进步。

（四）法治是文明社会的制度化的纠纷和冲突解决机制

人类社会不是一个静止的社会，而是充满冲突的。有社会，有人类活动的地方和领域，便有纠纷。在相互交往过程中，因为利益的关系，资源的有限性，人们必然会发生纠纷、冲突、对抗。纠纷、冲突、对抗的方式是多样的，可能是很小的，形式简单的，比如一二人之间的矛盾，也可能是很大的，很复杂的，波及范围超出人们的想象，如造成死亡、严重破坏，甚至战争的冲突和纠纷。因而，社会需要防止、规制和解决纠纷、冲突的机构、组织、场所、程序、规则，需要纠纷解决机制。所有的人，"所有的社会群体，小至家庭，大到社会组织，都希望有一个能解决发生在他们成员之间的纠纷的机构"。文明的历程就是人类不断寻求理性化、制度化、规范化的纠纷解决机制的过程。人类通过创造出秩序和规则，形成有效而正当的纠纷解决机制，避免了无谓的对抗，避免了人与人之间关系出现像霍布斯所描绘的狼与狼之间的关系。因此，每一个文明时代最为重要的课题就是构建制度化的纠纷和冲突解决机制。

现代文明社会是法治化的社会。在所有社会控制方式中，法律是最为重要的纠纷和冲突解决机制。弗里德曼说，今天，任何事务都受到法律的统治。"事实上，现代社会的每一件事务最终都有可能诉诸法院，没有什么事务不可诉诸司法，没有什么事务太大或小以至于不适合司法裁决。"③ 显然，用法律解决人们的纠纷胜于个人复仇、暴力或者犯罪，也有别于经济惩罚、道德教化、思想工作。这是法律方式自身的性质所决定的。一般而言，法律方式具有许多特殊的性质和特点。其中最为主要的有：

公正：法律及其机构（法院）是公正的化身，正义的使者，始终追求正义；

---

① ［英］彼得·斯坦、约翰·香德：《西方社会的法律价值》，中国人民公安大学出版社 1990年版，第 38 页。

② ［美］博登海默：《法理学》，华夏出版社 1987 年版，第 302 页。

③ ［美］弗里德曼：《选择的共和国》，清华大学出版社 2005 年版，第 19 页。

中立：法官是中立的第三者，与当事人没有直接的利益交互，对双方一视同仁；

公力判断：法律是社会公共力量的体现和代表，以公力救济代替了私力救济；

规则：解决纠纷以法律为基础，依赖法律规定，依法办事；

程序：程序是法律的生命，所有纠纷的判断严格依照正当程序作出；

方式：法律解决纠纷的方法多样化，如调解、诉讼、仲裁、判决，如民事、刑事、行政裁决等。

因而，法治通过自身的机制的建设和运作，协调了人与人之间的关系，实现了社会的和谐，使人们安居乐业，生活幸福。

（五）法治是现代新型生活方式的根据、根本

在现代文明社会，法治不仅仅是社会规范形式，不仅仅是制度化的机制，更为重要的是成为人们的生活方式的根据、根本。在某种意义上，甚至成为一种独特的生活方式。法律与每个人息息相关，与我们同在，从出生到死亡，从摇篮到坟墓。人们的任何行为，任何事情都是法律问题。如有人所说的，"法制社会给人的感觉就是任何一件事情的发生，或早或晚都会上升为法律问题"。[①] "无论你是否意识到这一点，法律和法律制度在现代社会中总是无所不在。我这样说，是指所有的现代社会都是通过法规网络来控制和调整社会与经济的，不管他们称之为法律、条例、法令、规章或者其他什么名目……规范林林总总，我们可以实事求是地说，法律（或法律制度）至少潜在地影响到我们生活的每个方面"。[②] 可以说，离开了法律、法治，人们将失去行为的指针，无所适从。"从这种意义上讲，我们是法律的用户。我们享用的这种产品的质量，在我们生活的每一个环节上，都直接影响着我们。"[③]

总之，一方面，法律是人类历史的缩影，是文明之光，理性之光，通过文明，我们获得法律，通过法律，我们走向了文明。另一方面，严格地说，法律、法治不是文明的整体，但是构成了文明的核心，成为社会的根本维度和质素，成为社会最为重要的最为有效的专门的社会控制方式，成为人的独特的生活方式。通过法治，人类必将实现更高的文明化，社会更加和谐化。

（作者单位：中南民族大学法学院）

[①] ［美］马丁·梅耶：《美国律师》，江苏人民出版社 2001 年版，第 13 页。

[②] ［美］劳伦斯·M. 弗里德曼：《法治、现代化和司法》，《北大法律评论》第一卷第 1 辑，北京大学出版社 1998 年版，第 282 页。

[③] ［美］伯纳德·施瓦茨：《美国法律史》，中国政法大学出版社 1997 年版，第 3 页。

司法民主化的法理依据及实现形式

赵 静

内容提要：司法民主化就是公民参与司法活动，分享部分司法权并对法官行使司法权进行监督。当事人主义极大地体现了诉讼民主。当事人主义的最大特点是诉讼活动都由当事人来发动、推动和主导。
关键词：司法民主化；当事人主义；陪审制

我国司法领域的腐败大案、窝案频频发生，法官、院长纷纷落马，例如前些年的广东省高院院长麦崇楷受贿案，2006 年湖南省高级人民法院院长吴振汉受贿案，阜阳中院连续三任院长"前腐后继"相继落马，深圳中院 5 名法官被查处，武汉中院法官集体腐败案；拥有诉讼法法学博士学位的最高人民法院副院长黄松有落马，被认为是技术型法官神话的破灭。

从社会舆论来看，司法腐败是民众最为深恶痛绝的腐败现象之一。尽管最高人民法院一直都十分重视法院和法官的反腐倡廉工作，也不断加大力度查处涉嫌违纪违法、司法腐败的法官，但司法腐败问题依然十分严重，人民群众对此强烈不满。而屡屡发生的司法腐败大案、要案、窝案，对我国的依法治国方略和法治建设带来巨大的破坏性作用，对国人的法治信心构成沉重打击。

如何防治司法腐败，构建公正的司法制度？司法建设三十年经验在哪里，又有何教训？一直存在不同的意见。一种意见认为，中国的司法之所以无从履行运送正义的使命，是因为它的独立性的缺失和非职业化，实现司法公正的出路就是司法的高度独立和职业化。这种观点认为，法院是法官们的法院，而非人民的法院，并援引美国法学家德沃金的一句名言来论证："法院是法律帝国的首都，法官是帝国的王侯。"

另一种意见认为，中国司法界之所以冤案频仍，腐败丛生，根源就在于法官对于司法的垄断和公众参与司法的缺失。司法官僚化正是目前司法诸弊的病根。

笔者的意见倾向后者，目前司法的主要弊端是公众对司法的参与程度低，审判权过于集中，缺乏有效的制约。司法的出路在于司法民主化。

一、司法民主化的法理依据

司法民主化就是公民参与司法活动，分享部分司法权并对法官行使司法权进行监督。

司法权属于国家政权的组成部分,政治民主化必然包括司法民主化。政治民主化必须落实到立法权、行政权和司法权的民主化,否则即成空中楼阁。我国《宪法》第2条规定:"中华人民共和国的一切权力属于人民。"职业法官只是人民的一分子,他们可以行使司法权,但不能垄断司法权。从法理而言,如果司法领域排斥司法民主,那么,司法只能由职业官僚来操持,其结果就是司法官僚化。

不能将法官职业化等同于司法职业化。职业法官们以司法为业,终身从事司法工作,需要取得职业资格,获得职业保障和尊严。但法官职业化不能混同于司法职业化,不能排斥人民群众分享并参与司法。国家应当通过制度设计,让普通人进入法院,与职业法官们共同行使司法权,从而实行法律与民意的制度融合。

法国著名政治学家托克维尔在其名著《论美国的民主》中,语重心长地告诫人们:"无限权威是一个坏而危险的东西。在我看来,不管任何人,都无力行使无限权威。"将法官们形容成"法律帝国的帝王",这种口号是有害的。它最终会损害而不是增强法官们的权威,并损害司法的权威。

法国思想家孟德斯鸠说过:"一切有权力的人都容易滥用权力,这是万古不易的一条经验。有权力的人们使用权力一直到遇有界限的地方才休止。"孟德斯鸠十分赞赏英国的君主立宪制度,力图借助英国政体中的分权体制改造专制制度,以维护人民的自由。他认为,国家有三种权力:立法权、行政权和司法权,这三种权力应分属于三个不同的部门,君主掌握行政权,议会行使立法权,法院专管司法权。使各种权力彼此分开,互相制约,达到权力的平衡,只有这样,人民的生命和自由才能得到保证,而当这三项权力集中于一个人或同一个机关手中,国家就不会有温和的政体,就必然会倾向于君主专制,人民的自由也就不存在了。政治自由的最大威胁就是权力,在孟德斯鸠看来,"当立法权和行政权集中在同一个人或同一个机关之手时,自由便不复存在了;因为人们将要害怕这个国王或议会制定暴虐的法律,并暴虐地执行这些法律……如果司法权同立法权合而为一,则将对公民的生命和自由施行专断的权力,因为法官就是立法者。如果司法权行政权合而为一,法官将握有压迫者的力量"。因此"从事物的性质来说,要防止滥用权力,就必须以权力约束权力"。分权制衡的理论逐步被运用到许多领域,如行政执法中查处分离,裁执分离等制度。司法民主化就是让公众参与司法,分享司法权,并以此监督法官的司法行为,防止司法权的滥用,实现司法公正。

二、司法民主化的实现形式

(一)当事人主义的诉讼程序

诉讼程序与法官的职权、民众的参与密切相关。

我国在漫长的封建社会,缺乏程序正义的观念,而刑事诉讼程序以司法者的纠问式和刑讯逼供的方式为特点,司法者完全主宰着诉讼过程。至清末变法修律时,我国程序立法主要借鉴了大陆法国家的立法经验,从而接受了大陆法的职权主义诉讼模式。新中国成立以后,尽管我们废除了国民党六法,但我们又因借鉴前苏联的立法经验而采纳了职权主义。尤其是因为我国自社会主义改造完成以后,建立了高度集中的经济管理体制,司法完全按照行政的模式建立和运作,从而在原有的大陆法的职权主义的基础上形成了一种超职权主义的诉讼模式。其主要特点是强化国家对民事关系的干预、法官包揽了证据的调查和收集工作、当事人在诉讼中完全处于消极的受裁判人的地位、公开审判流于形式或者干脆不公开审理、庭审过程中主要采用法官的询问方式、调解过程中常常不尊重当事人的自主自愿,等等。这种超职权主义的诉讼模式严格限制了当事人的处分权,使当事人不能充分参与程序的过程,也不能享有和行使必要的攻击和防御的程序权利。而法官在审判过程中,包揽干预太多,法官和当事人的职责混淆,法官过多地操纵和控制庭审活动,当事人完全成为被动的诉讼主体,实践证明,这既不利于追求客观的真实也极易导致司法的腐败,不能保证法官的廉洁、独立、公正和有效率,不能实现司法的公正。

自20世纪90年代初期以来,我国法院逐渐开始了审判方式的改革,改革的基本思路是强调当事人的举证责任,减少法官依职权收集证据的范围,庭审方式从询问向听审转化,公开审判制和合议庭的职权得到进一步的贯彻落实。审判方式的改革经验在1991年修改的《民事诉讼法》中已有所体现,如该法强调了当事人的举证责任,强调法院的调解应尊重当事人的意愿,等等,尤其是修改后的新的《刑事诉讼法》更多地引进了对抗制的经验,这些都表明我国审判方式的改革已经取得了明显的成效。我国审判方式改革在很大程度上,不是要加强法官的职权,而是要弱化法官的职权和作用,强化当事人参与诉讼活动的程序权利和作用,这就意味着我们应当更多地吸取当事人主义的经验。

当事人主义极大地体现了诉讼民主。当事人主义的最大特点是诉讼活动都由当事人来发动、推动和主导。当事人主义给予当事人极大的权力。当事人主义的模式下,当事人是形成判决的主体,只有当事人提出的诉讼标的才能由法官进行审理,法官作出的裁判依据都必须以当事人提出的请求、提交的证据、作出的辩论意见为依据,在庭审过程中,当事人不仅有权询问自己的证人,而且可以询问对方的证人,整个庭审都为当事人充分的完全表达自己的意见提供了舞台。当事人主义不仅最大限度地吸收和鼓励了当事人参与诉讼过程,并且在诉讼中始终保持双方当事人诉讼权利的对等、诉讼地位的平等和辩论机会的均等,双方都有均等的机会来提供证据和说服裁判者。

而法官在诉讼过程中处于消极仲裁者的地位,法官的审判权受到有效制约,从而有利于防止法官的专横及滥用司法权。

从公正的角度看,当事人主义也有利于平等地保护当事人双方的权利,更加公正。职权主义是与询问制联系在一起的,在询问过程中,法官往往难以对当事人做到平等对待,尤其是在刑事案件中,法官过多地询问被告,必然会使其难以保持作为独立的中立的仲裁人的地位。在我国由于法官过多地询问被告而不是真正地听取双方的意见,使法官的角色常常与公诉人的角色混淆,甚至使被告与法官发生争辩和对抗,这种方式也极不利于平等地保护诉讼当事人的程序利益,尤其是对个人利益的保护是不够的。

（二） 陪审制

以陪审为主要形式的非法律职业的公民参与审判，是司法民主化的主要实现形式。包括英美法系的陪审团、大陆法系的参审和我国的人民陪审。比较而言，英美法系的陪审团保障公民自由和司法公正的功能更为健全。

一直以来，陪审团制度被美国公众看成是捍卫自由的堡垒，假如我们把专业法官之外的民众关于案件的意见作为一个法官被动服从的 "power" 的话，就会发现，关于案件的判断权仅仅在表面上是属于法官的，在实际上却是属于民众（陪审团）的，这是被陪审团制度表征的 "司法民主化" 的本质内涵。

陪审团制度通过两种方式捍卫公民自由：一方面通过公民分享司法审判权，以权力制约权力，保障公民自由。陪审团制度就是作为社会公众代表的陪审员参与诉讼活动，是权力的所有者与职业法官分享了司法权，人民或一部分人民直接参与了权力的行使，法国著名政治思想家托克维尔评价说："实行陪审制度就可把人民本身，或至少把一部分公民提到法官的地位，这实际上就是把陪审制度，把领导社会的权力置于人民或一部分公民之手。" 权力所有者直接行使权力，权力所有者与权力行使者实现了统一，相对其他权力行使者来说，他们是最不容易滥用权力和腐败的。他们分享司法权，从而使司法权内部实现了一部分司法权对另一部分即职业法官的权力制约，是权力制约权力，从而有效防止司法的独断与专横，保障公民的自由、民主。

英国法官德夫林勋爵称赞说："由陪审团审判不仅是实现公正的手段，它还是象征自由永存的明灯。" 陪审团制度真正使人民成了最终的审判者，也只有人民成为自己的审判者，才能确保人民的民主、自由。

另一方面，陪审团保障公民自由不仅通过人民权力制约司法权力来实现，而且陪审团审理的是公民的权利，通过权利制约权力来实现。

美国的陪审团负责事实审，判决实行多数同意制度，即 12 名陪审员的多数意见作为陪审团的裁决，相对于法官的裁决，更具民主性，这是因为陪审团裁决是人数众多的公民的裁决。众多陪审员通过对证人证言之可信性和可靠性而形成的综合判断而取得一致意见，比法官一己的判断更为稳当；其次是因为陪审团裁决是来自普通民众的裁决，美国认为某种程度上法官必然与杂乱无章的社会脱节，常误认一切的人都像他们一样的合逻辑，而陪审员来自普通民众，他们常常比较明了普通人的昏乱和谬误。所以，陪审团进行事实审，法官进行法律审，法官和陪审团相互影响、交流，很可能比法官单独工作更能取得健全的结果，从而使司法更贴近社会生活，反映民意。

（三） 裁判文书的说理和公开

裁定书和判决书是司法公正的最终载体，它不仅应当在结论上体现法院裁判的公正，而且应当通过透彻的说理使当事人知道、理解裁判为什么是公正的。裁判理由公开是落实审判公开和公正原则的最具实质性措施。

中国法院的判决书过去以 "言简意赅" 著称，只是简单的事实加判决。事实是如何认定的？有哪些证据？哪些予以采信？理由何在？判决书中没有反映。而"理由是判决的灵魂；查阅一个不写明理由的判决，等于使用没有灵魂的躯体"。由于裁判法律文书的裁判理由空缺或不足，造成实践中出现种种弊端：其一，极大地降低了司法的公信力，不利于当事人服判息讼；其二，容易造成法院的暗箱操作，从而产生司法腐败。

《人民法院五年改革纲要》中要求："加快裁判文书的改革步伐，提高裁判文书的质量。改革的重点是加强对质证中有争议证据的分析、认证，增强判决的说理性；通过裁判文书，不仅记录裁判过程，而且公开裁判理由，使裁判文书成为向社会公众展示司法公正形象的载体，进行法制教育的生动教材。"

不仅如此，还应将裁判文书向全社会公开，大力推进司法公开透明，让人民群众参与司法、知晓司法、监督司法。使得公众包括法律职业人员，都可以依据此类资讯对法官所办之案进行评价、"会诊"、批评。此类公开，可以更好地防止法律资讯在个案公开过程中被隐藏、被歪曲所导致的不良后果。特别是在事实既定的前提下，更有利于纠举办案人员在各个环节，因各类因素而作出的偏法、违法的决定。也因此，建设法治国家要求法律资讯尽可能地充分公开，所谓"阳光是最好的防腐剂，路灯是最好的警察"，如果法律资讯能被有效地充分公开，那么贪赃枉法、徇私舞弊等恶性案件就有可能得到有效遏制。

（四）公开审判

我国法律明确规定，除涉及国家机密、个人隐私以及未成年人的三类案件，所有案件的审判都要公开举行。公开审判既是三大诉讼法原则，也是宪法原则。诉讼程序的每一阶段和步骤都应当以当事人和社会公众看得见的方式进行。其主要内容包括：第一，法院在开庭前公告当事人姓名、案由和开庭时间、地点，以便公众旁听；第二，除法律规定不公开进行审理的案件外，应当允许公众旁听和新闻记者采访报道，公众可以旁听审判的全过程，包括法庭调查、法庭辩论、宣判等。

公开审判原则长期以来被视为程序公正的基本标准和要求。一项程序是否公正不能由程序的制定者本人来认定，它必须接受社会公众的检验。否则，就难以获得社会公众的信赖。在正直的人看来，公开审判是确保司法公正的第一步。只有经过公开审判，人们才能洞悉案情，"才能信服法院的判决确实表达了法"。而且，公开审判这一过程对当事人和社会公众具有提示、感染和教育作用，同时提供了公众对诉讼过程进行参与、实施社会监督的可能。

（作者单位：湖北省委党校）

中国法治本土化研究的理性思考

池海平

内容提要：近些年来，随着中国法治建设的不断深入，社会主义市场经济体制的初步建立，中国成为世贸组织的成员之一，中国法律如何面对世界，如何面对外来法律文化的冲击，中国传统法律制度正面临着重大的革新。现实世界是复杂多变的，人们对客观世界的认识也在不断地变化之中。对于处在变革时期的中国法治而言，如何应对变革，如何在坚持本土法律文化的基础上，科学的借鉴和学习国外成功的法制经验，这是每一个从事法学研究及法律实践工作者都必须面对的一个理论与现实问题。本文试图就这一问题谈一点笔者的见解。

关键词：法治；法治本土化；宪政

20 世纪对于中国来说是一个剧烈变革的时期，从 19 世纪下半叶开始，中国社会经历了一个大变革、大改组的历史时期。中国社会在短短的一百多年的时期内，经历了从封建制社会向半殖民地半封建社会的过渡；从半殖民地半封建社会向新民主主义社会的过渡；从新民主主义社会向社会主义社会的过渡。中国法治建设也经历了从封建制法治向国民党旧法制的历史转变，从国民党法治向社会主义法治的历史转变。即使在新中国成立后，中国法治也经历了两度被摧毁、两度重建的历史过程。进入新的世纪后，随着中国社会主义市场经济体制的初步建立，中国加入世贸组织的成功，中国法治又面临着一次重大的革新。在新的时代面前，中国的法制建设应如何进行，近些年来这一问题引起了广大法学研究工作者及法律实践者的高度重视。有人认为在中国法治建设中，必须坚持中国传统法律文化的本土资源，有条件地接受外来法律文化中的合理成分，走中西法制合璧之路；也有学者认为，应当积极挖掘中国传统法制中的潜规则，坚持中国传统法律文化，走具有中国现代特色的法治之路；有的学者认为，中国传统法律文化在现代社会中已经失去其存在的价值，中国现代法制建设必须全盘学习西方现代法律文化观念，使中国法治汇入世界西方法律文化中，全盘接受现代西方的法治理念。在众多的争论中，坚持中国现代法制建设的本土化研究已经成为许多学者们共同的观点。笔者仅就这一问题谈一点笔者粗浅的见解。

一、对中国现代法制化讨论的两种思维

近百年来，中国社会一直处于社会的剧烈变动中，中国成为世界上规模最大、最变

幻无常、最触目惊心的社会改革的试验场。面对世界最古老文明的幸存者，近百年来许多具有民族忧患意识的学者及政治家都试图通过不同的途径去重新塑造、改造它，使它能重新焕发出新的活力。而西方一些学者和政治家们也试图用西方人的理念来取代中国传统文化，改变中华文化的传统性。但是，由于它过于复杂，在其沉默的外表下蕴含着罕见的生命力和顽强的抵抗力，近百年来许多人的努力以失败而告终。美国外交官戴维斯先生在 1972 年的一份回忆录中这样写道："那些希望将中国现代化和基督化的西方商人、传教士和教育家们都失败了……美国政府失败了，苏联统治者想逐步控制它的企图也失败了。"中国传统文化在剧烈的社会冲击面前表现出了强大的生命力和同化能力。任何外来的文化和观念在中国传统文化面前都不得不与中国传统文化相融合，成为中华文化中的组成部分。中国社会以不变应万变，依然依照传统的模式在运作。这种不变论在今天的中国仍然拥有无数坚定的支持者，他们习惯用而且善于去寻找中国传统文化中的潜规则，迷恋厚黑学，他们相信中国社会在很大程度上仍遵循着循环论。

与此同时，也有一些学者们过于乐观，在他们看来，近二十多年来，中国改革开放基本国策的实施，市场经济体制的建立，中国经济一直保持着持续增长的势头，我们在本世纪的中叶有望成为当今世界上最大的经济实体，21 世纪将成为中国的世纪。中国将成为世界上最充满活力的国家之一。这样的思维使一批中国问题的观察家们乐此不疲地寻找着各种社会变革的方案，并试图为它们赋予现实意义。为了实现这一目标，他们不厌其烦地在西方文化中吸取动力，希望用西方文化观念改变中国。

以上两种思维模式都无法解释当今中国社会的现实问题。近百年来，中国社会正处在一个复杂多变的社会变革中，它正从一个传统封闭静态的体系向一个更开放和变动的体系过渡之中。在这个变动的过程中，中国社会结构正在发生着巨大的变化。一方面，有些人已经开始享受后现代生活，他们正在享受着现代生活提供的各种生活设施，已经步入富裕者的行列；而社会中的另一部分人，仍然生活在社会的底层，他们仍然在为最基本的生活需要而挣扎。他们无法享受现代生活提供的各种享乐设施。在他们看来，所谓现代化是一个可望而不可及的遥远的未来。应当客观地承认，当代中国许多法学研究工作者们仍对我们这个国家的现实所知甚少，对我国现阶段的社会结构缺乏深入的研究和探讨，他们仍坐在书斋中，单凭自己的热情与幻想虚构着中国现代化法制的未来。当然也不乏对中国现实的悲观论者，在他们看来，中国传统的社会力量是妨碍中国现代化进程的羁绊，它的习惯性思维模式、传统的文化结构、悠久的历史传统足以抵御任何来自外来文化的侵蚀。

近百年来，中国社会在历史大潮的漩涡中苦苦挣扎，面对剧烈变化着的世界，许多有识之士在探寻着救国救民的济世良方。但是，许多探索都以失败而告终。康有为、梁启超试图通过君主立宪来改变中国，百日维新的失败使他们的企图化为泡影；曾国藩、李鸿章试图通过军事技术的更新来拯救中国，甲午海战的失败使他们的改革方案也告破灭；中国民主革命的先驱者孙中山先生试图通过复制美国的政治制度来改变中国，袁世凯复辟帝制也使他的设想化为泡影……中国社会进入到一个历史的怪圈，人们从起点走到终点却发现我们还站在历史文化的起点在徘徊。中国传统文化的力量似一根无形的锁链牵动着中国社会的发展进程。有一位中国学者曾画出这样的一条直线，在上面标出社会的各个组成部分，从左至右依次排列的分别是宗教、文化、政治、社会关系、经济结构、技术，这一顺序主要在于说明可被改变的难度系数的递减关系。在他看来，技术是最容易复制和被改变的，经济结构也可能遵循某种模式，也可能随之带来社会关系的变化，当到了政治层面，可被改变的难度系数就徒然增加，而文化观念的改变基本上是缓慢的，而宗教的改变更是十分艰难。而现代中国的社会发展正印证了这一推断。一方面我们在承受着现代文明的发展给我们带来的许多物质享受，而另一方面，我们中国公民的文化心理仍滞留在前现代社会阶段；一方面中国社会的发展正在创造着人类文明的新纪元，而另一方面，中国仍然是世界经济落后的国家之一，仍然有许多人生活在贫困线下。中国社会的发展呈现出明显的不对应性，不同的社会领域处在不同的历史阶段，并遵循着不同的规则。而我们许多研究中国问题的学者和专家对于中国社会的判断往往仅站在一个或某些变量来推导出整个社会变革的公式，这种研究的后果是显而易见的。

作为一个法学研究工作者，在探讨中国现代法治的进程中，如何尽可能地全面了解中国社会的现实，尽可能地从中国现实国情出发探索中国法治进程的合理之路，避免法治研究的线性思维的误导，减少判断的失误，这正是本文试图探讨的问题。

二、从宪政问题反思中国法治研究之路

苏力先生在《如何研究中国的法律问题》[1] 一书中，把《毛泽东选集》(第一卷)和费孝通先生的《乡土中国》作为法学名著来阅读，这有一定的道理。在笔者看来，作为中国法学研究工作者，必须立足于中国社会的实际，必须深入了解中国的国情，唯有如此，中国的现代法制建设才能符合中国的实际，才能解决中国社会的实际问题。以这种方法来探讨中国法治建设的本土化，我们不妨从梁漱溟先生——这个并非法学家的著名学者对宪政问题[2]的探讨来进行分析。

在梁漱溟先生看来，宪政是一种政治，即一个国家内统治与被统治两个方面，在他们相互要约共同了解下，确定国事如何处理、国权如何运用，而大众就信守奉行的那种正直。现实的关键就在于，订立要约的各方，"果真彼此有力量"，形成一种牵制平衡的格局，同时，各方于此"又诚心相孚"为"共同了解者"[3]。在此意义上，宪政必须解决两种关系：一是国家与其组成分子之间的权利义务关系，即政府与人民的关系。宪政于此不仅意味着消极地限制国权之滥用，而保证人民之各种自由，更在于积极地确定国家之义务，明定人民之积极的权利。给予人民自由之保障与参政权之获得。否则便不是立宪，衡量是否真正的宪政，首先从这里分别。[4] 二是国家权力机构的设置及相互制

---

① 苏力：《批评与自恋》，法律出版社 2004 年版，第 79 页。

② 《梁漱溟法律思想研究之四》，载许章润：《说法 话法 立法》，清华大学出版社 2004 年版。

③ 梁漱溟：《宪政建立在什么上面》，载许章润：《说法 话法 立法》，清华大学出版社 2004 年版。

④ 梁漱溟：《宪政建立在什么上面》，转引自许章润：《说法 话法 立法》，清华大学出版社 2004 年版。

衡关系。在梁漱溟看来，现代西方国家运作中的权力分割制衡，而将其分梳为二；诸权各有边际，限其"任所欲为"；诸权于牵制中各尽其职，而求其"为大局从积极一面设想"的"运用之灵活"。于此浑而不分，漫无限制，便不是立宪之国家。① 综上所述，梁漱溟总结道："我们要理会宪法究竟是怎么一回事，不应当只取它的形式，而要看出它的真精神之所在。"②

那么在梁漱溟先生看来究竟什么是所谓真精神呢？他为此基本归结为"势"与"理"两项。

所谓"势"，即社会上已经存在各种不相上下的社会力量，其消长已足以构成谁不以敢欺负谁的制衡格局，大家一致感到需要通过彼此间的协商达成"要约"，而解决所共同感受到的问题。在此，宪法乃不过是各种社会力量的妥协点。"要约"的达成必须是参与此约的各方平等协商的产物，而不是一方的意志，否则就不是宪法。

梁漱溟在此基础上分析了民国时期所谓立宪活动，认为1934年国民政府立法院公开发表的宪草，因其为国民党所包办，其他一切社会力量"遂不愿置喙"③ 事实上也无置喙的余地，而国民政府本身却又尚不足已成为一种压倒一切的势力，因而，立宪也就算不上真立宪了。也正因此，对于抗战后基于"五五宪草"而颁布的宪法，梁漱溟不能很欢欣鼓舞地来信仰它和接受它了。因为，在梁漱溟看来，这部宪法不是给予各方要约的产物，仅仅是一方的要约，因而不过是摆摆样子而已。④ 新中国成立后，1970年全国政协在讨论宪法修改草案时，梁漱溟反对将个人名字以及"接班人"之类的词语写进宪法，认为不设国家主席是很大的缺陷，其原因在于，这一切违背了立宪旨意，违背了民主主权这一宪法的根本旨意。正因为如此，当1978年政协讨论宪法草案时，梁漱溟先后四次发言，从口头到书面，痛斥了在"专政"名义下搬弄宪法宪政妆点民主门面的虚伪，指出无论是清末宣统三年的"十九条"，还是后来的"临时约法"，直到1954年、1975年的宪法以及苏联1936年宪法，都与真正的宪法精神所违背。

从梁漱溟先生的一生，特别是他晚年一再强调宪政起源于限制王权，其精髓在于限制权力，不仅是诸权间的相互制衡，更在于"下面"（类似于我们今天谈到的市民社会）力量之逐步壮大，而形成一种"势"，足以限制"上面"（类似于我们所谈到的政府）等论述，可见其在目睹了中国社会一个世纪的宪政风雨，特别是在经历了1949年后的惨痛经历之后，梁漱溟对于权力运作的深深怵惕。"而这种精神本根除消化了人家的成果、而从自家经验的基础上逐步衍生出来的思路，恰可谓中国的宪政、民主寻着一个踏

① 梁漱溟：《宪政建立在什么上面》，转引自许章润：《说法 话法 立法》，清华大学出版社2004年版。

② 梁漱溟：《由当前宪法问题谈到今后党派合作》，转引自许章润：《说法 话法 立法》，清华大学出版社2004年版。

③ 梁漱溟：《中国此刻尚不到宪法成功的时候》，转引自许章润：《说法 话法 立法》，清华大学出版社2004年版。

④ 梁漱溟：《由当前宪法问题谈到今后党派合作》，转引自许章润：《说法 话法 立法》，清华大学出版社2004年版。

实的安放处。"①

"理"，为参与要约的各方为"共同了解者"。如果说前者"势"为外部客观要件，那么"理"则为内在的主观素质。"共同了解"，不仅指各方已经意识到采取立宪的办法是确定国权如何运行的无替代的方法，同时亦指各方对此具有法律信仰，与此达成了真正的共识。如"人各一心，彼此心肝痛痒都到不了一处，没有共同的问题，公共的要求，从而无公共信仰"②，何言彼此间的要约？立宪也就无从下手，宪政也只能是妄谈。宪法的效力在于人们的法律信仰，而信仰之确立，必因存在有目共睹的立宪着遵奉法律的事实，特别是立宪过程中的宪法精神。如果立法者自身并不守法，立宪过程不过是一党一派强势运作的产物，宪法只能是瞒天过海的一纸具文而已。

从对于西方近代立宪的实践，特别是对英国立宪史的考察中，梁漱溟深感到在近代西方国家中之所以会有立宪这回事，实为社会内部各种力量较力比对后妥协的产物，彼此都有力量而不可抹杀，宪政就是建立在国内各阶级间那种抗衡形式之上的。人们心中对于自由、平等、民主、正义等观念即为宪政所肯定，亦为宪政运行的必要条件。相比之下，中国既非阶级社会，则无各种力量抗衡之存在，因而，无"势"的基础；而伦理本位的人心取向，自无倾向于"理"，既无此类法律信仰，所以中国无宪法和宪政。

在梁漱溟看来，"势"为一种外在的力量，"理"则是一种内在的精神，而宪政并不是建立在宪法上面，即不在宪法文本这一形式上面，却恰恰是建立这内外两种力量之上，这就是宪政的真正基础。

对于梁漱溟的宪政观，无论在其生前还是身后，世人多有误解。以胡适为代表的主流派新文化知识分子，一直视梁漱溟为反对民主、阻挠宪政的保守分子，是一个开历史倒车者。而梁漱溟本人在多数时候的确并不热心于其他知识分子为之热血沸腾的"宪政"，且多数时候为宪政的鼓吹者泼冷水。但是，事实上梁漱溟本人从来没有反对过一般意义上的宪政，正如他从来就不曾反对过中国的工业化和民主化。他所考虑的是工业化与民主化的呼吁者所为能虑及得此两化的正负各面，以及实际操作的复杂性和中国社会实现宪政的长期性。对于在"老中国"基础上建设"新中国"的各种困难，相对他人，梁漱溟先生具有更为清醒地认识，怀有更为理性的认识，而诉诸更为长程的通盘考虑。他所反对的只不过是那种无视中国社会的特性，对欧美式宪政的简单全然立刻照搬，特别是对以宪政为名，而实为满足一党一派之私欲而深怀忧惕。对以为单凭一纸许愿式的宪法，就想改变人们政治习惯的天真不以为然。③

综合上述梁漱溟先生的宪政观来反思我国现阶段的宪政研究之路，我们可以清醒地看到，在我国现阶段通常的宪政研究一般是以常规状态社会的基本架构和权力配置问题下所进行的研究，并受欧美法学的影响，一般以宪法性的规范文本研究为主。这种研究

---

① 许章润：《说法　话法　立法》，清华大学出版社 2004 年版，第 127 页。
② 梁漱溟：《中国此刻尚不到宪法成功的时候》，转引自许章润：《说法　话法　立法》，清华大学出版社 2004 年版。
③ 许章润：《说法　话法　立法》，清华大学出版社 2004 年版，第 123 页。

在起始阶段有一定的可取性。但是随着我国法制建设的不断深入,这种研究的弊端也就充分暴露出来。这就是这种研究往往脱离了中国社会的实际,从本本出发,大有些纸上谈兵的味道,无法解决中国社会的实际问题,所提出的一些理论也只能是无关痛痒的理论假设。中国当代社会正处在历史的转型时期,从书本上虽然能够为我国社会转型提供必要的知识,但是,从书本上学来的有关宪政理论和原则如果脱离了中国社会的实际,或多或少的就有些"屠龙术"的感觉了。因为,依据这些理论所获得的只能算是发生在中国转型时期的宪政研究,而不是真正意义上的中国转型时期的宪政研究。后者是以具体的时间(转型时期)和具体空间(中国)内的宪政问题和实践为研究对象的。我们更需要一种广义的宪政研究,发现转型时期的中国宪政问题和实践中本身所蕴含的内在逻辑,试图分辨出"文本研究"中可能被错失的或者被过滤掉的合理成分,从而探求中国宪政发展经验教训以及可能的路径。[①]

从上述我们对梁漱溟先生的中国宪政问题观点的论述中,可以为我们研究中国现阶段法治建设的本土化提供有益的思路。

三、对中国法制本土化研究的理性思考

中国十一届三中全会以来,中国法治建设有了飞跃的发展,依法治国方略的确立,社会主义法治理念的确立,为我国现阶段法治建设的发展提供了良好的历史机遇。然而,在我国法制建设的发展中,如何认真总结中国传统法律文化中的积极因素,批判传统法律文化中的消极因素,有益地吸收和借鉴西方法律文化中的积极因素,这是中国法治建设中必须解决的一个重要问题。近些年来,在我国法制建设的研究中,有些学者对中国传统法律文化采取简单的全盘接受的思维模式,在他们看来,中国数千年悠久的历史文化为我国现阶段的法制研究提供了大量可用的素材,而西方的法律文化作为一种外来文化,与中国的国情不符,必须采取批判的态度。也有些学者对中国传统法律文化采取一味批判的态度,在他们看来,中国传统法律文化中可吸取的积极成分并不多,与现代法治的原则甚至是相抵触的,因此,在中国现代化法制建设中必须全盘学习西方的法律文化,走西方现代国家的法治之路。甚至有些学者更为激进地认为,对西方的法律文化不妨可以采取拿来主义,这是迅速实现中国法治现代化的捷径。在笔者看来,这些观点都未免有些片面之处,他们的观点无益于解决中国社会的实际问题。要研究中国现代法治建设之路,首先必须对中国社会的历史及现实有一个充分的了解,也唯有如此才能真正谈到中国法治建设的本土化问题。

中国是一个具有两千多年封建历史传统的国家,封建主义的统治在中国形成了超稳定的结构,封建主义的意识也渗入到中国社会的各个方面。就法治建设而言,中国几千年来重人治而轻法治,人治的治国理念深入人心,人们将国家的安危、社会的进步、人民的幸福寄托在皇帝身上,"圣君贤臣"治国论、清官政治论、为民做主论,作为中国

---

① 苏力:《道路通向城市》,法律出版社 2004 年版,第 87 页。

封建法制的治国理念被人们从感情上所接受，并被视为至理名言。中国革命正是发生在这样一个具有两千多年封建历史传统的国家中，因而肃清封建主义的影响历来是中国革命的首要任务。1919 年的"五四"运动正是以反对封建主义作为这次运动的首要任务。然而，我们不能不看到，由于中国封建社会长达两千多年的影响，反对封建主义的任务在中国远没有完成。在今天我们强调依法治国的历史条件下，我们必须对这一历史传统有一个深刻的认识，只有这样，我们才能谈到中国法治建设的本土化问题。

同时，在认识中国法治建设的本土化问题时，我们也应清醒地认识到，中国传统法律文化观念中权力至上的理念对中国法治建设的破坏力。正如蔡定剑先生在《历史与变革》一书中分析中国社会为什么权大于法时曾经指出的那样："中国是一个具有悠久文明历史传统的国家。正是它悠久的文明，使得公共权力发育得很早，公共权力的组织比较严密。在有文字记载的历史中，人们都是生活在有强大权力的国家中，给人们的错觉是，先有国家，后有国民，国民是属于国家的……所以，王权是绝对高于法律的，法律只是王权的一部分，是维护王权的工具。"[1] 中国革命成功之后，这种权大于法的理念在我国社会生活中仍然根深蒂固地存在着，并影响着我们的日常生活。在现实生活中，人们仍然以权力为中心，于是乎"有权就有一切"，"权力大于法律"，"有权不用过期作废"成为许多人日常生活中信奉的真理，它严重侵蚀着法律的权威与尊严。

从上述对中国历史传统的分析中，我们看到，中国现代法制建设的本土化研究，绝不是简单的一句空话或套话，而是对在中国历史及现实有充分认识的前提下，在批判及继承的历史传统前提下，对当代中国社会法制问题的全面认识，唯有如此，中国的法制建设才能真正走具有中国特色的道路，才能面对历史与现实。在笔者看来，坚持中国发自研究的本土化，应当注意处理好以下几个方面的问题：

第一，坚持从实际出发，深入认识中国社会的历史及现实问题。

中国现阶段的法制建设，绝不是对中国传统历史的简单重复，也不是对西方法律文化的简单模仿，而是在深入了解中国社会的历史及现实的基础上，关注中国社会的现实问题，使中国的法治建设始终坚持走中国特色的道路，始终关注中国社会的现实问题究竟是什么？中国的法治建设如何才能跟上历史进程的前进步伐。

十一届三中全会以来，中国的法治建设已经取得了巨大的成就，中国共产党人治国理念的转变，依法治国理念的确立，为中国法治建设的发展提供了良好的历史契机。但是，我们也必须清醒地认识到，二十多年中国法治建设的发展也存在着许多有待解决的问题，特别是近些年来，随着中国社会主义市场经济体制的建立，加入世界贸易组织的成功，中国现代法治建设也面临着新的历史危机与变革，这种危机的产生既有历史的原因，也有现实的困惑。中国当代法制建设绝不是对中国历史的简单重复，它既要尊重历史同时也是在改变着历史，我们绝不能在历史的痕迹中寻找中国现代社会发展的某种固定模式，用传统的观点去分析和解决中国现实社会的问题，而是在历史的基础上对中国传统社会的历史改造，通过这种历史的改造，使中国社会的发展能够赶上世界历史潮流

---

① 蔡定剑：《历史与变革》，中国政法大学出版社 1999 年版，第 278 页。

前进的步伐,使中华民族能够屹立于世界之林。同时,中国当代的法治建设也绝对不是对西方法治的简单复制和模仿,不是将某些西方国家的治国理念在中国的简单制度化的演绎,而是在对西方法治国家法治建设经验学习的基础上,结合中国的具体国情,坚持走中国法治建设本土化之路,使中国的法治建设始终坚持立足本国,立足现实,总结经验,解说现实。

第二,尊重历史传统,批判地继承我国历史文化中优秀的法治治国理念。

中华民族是一个具有悠久文明历史的古国,中国传统法律文化中有许多积极的成分可以为我国现阶段法治建设所服务,积极地挖掘中国传统法律文化中的积极因素,是当代中国法治建设中必须正视的一个现实问题。著名学者钱穆先生在《国史大纲》中这样写道:"所谓对其本国以往历史有一种温情与敬意者,至少不会对其本国历史抱一种偏激的虚无主义,亦至少不会感到现在我们是站在以往历史的最高之点,而将我们自身种种罪恶与弱点,一切诿卸于古人。"① 在中国现代法制建设中,在对待中国传统法律文化的态度上,我们绝对不能以简单或粗暴的方法对待它,是乎中国今天的法制建设必须对中国传统的法律文化加以否定,是乎过去的一切都需要变革或批判,这种形而上学的方法显然是必须摈弃的。同时,我们也必须正确认识中国传统法律文化中的消极因素,不能简单地不加分析地全盘接受中国传统法律文化中的消极面,甚至以这种消极影响来指导中国现阶段的法制建设,以所谓的中国特色为名,排斥或抵制西方法律文化传统中的积极因素,夜郎自大,以所谓的传统排斥现代法治理念。

第三,在中国现代法制建设中必须注重对当代法律全球化的研究,使中国法治建设的本土化能够适应当代国际法制发展的主流。

20世纪90年代以来,伴随着经济的全球化,法律全球化成为现代国际法治发展的新趋势,法律全球化也成为当代许多国家法治建设中必须关注的一个理论与实践问题。随着我国法制建设的不断深入,中国已经成为国际社会中的重要一员,正在国际领域中发挥着巨大的作用。而在法治建设领域中,如何使中国现代法治建设能够适应国际规则的要求,已经引起中国学者的广泛重视。许多学者已经清醒地认识到,中国的发展离不开国际社会,中国法治的发展同样也离不开国际社会环境。中国法治的本土化绝对不是对法治全球化的简单否定,也不是对国际法律规则的简单适应,而是在坚持中国特色的前提下,对国际规则的合理运用,使中国法治能够融入国际社会法制的主流,能够使中国法治在世界之林中占据一席之地。这就要求我们,在现代法治建设中,必须熟悉国际规则,灵活地运用规则。坚持中国法治建设的本土化,既不能妄自菲薄,也不能够盲目自大,必须认真学习外国优秀的法律文化成果,认真地研究国际法治的成功经验,为建设具有中国特色的法制所服务。

(作者单位:中南财经政法大学法学院)

---

① 钱穆:《国史大纲》,转引自尹伊君:《社会变迁的历史解释》,商务印书馆2003年版。

儒家互惠原则与中国传统解纷机制论纲

——中华法系的和谐之道

易江波

内容提要：儒家互惠原则重视人类以相互承认为前提的仁爱情感的价值，注重当事人的长远利益以及双方个体利益的均衡，蕴涵着一种较特殊的利益合作机制，它是中国传统调解模式的主轴和中心。儒家互惠原则可与现代博弈论相互印证，它在现代调解领域及构建和谐社会过程中仍有重要意义。

关键词：相互性；报；解纷机制

以模糊的道德说教代替清晰的权利义务界分，以至于"和稀泥"、"各打五十大板"成为中国传统社会民事纠纷解决机制的一般特征，这是在现代知识界影响甚巨的论断。倘若悬搁起现代法学常用的概念框架，用非术语化的视角考察，可知中国传统社会解决纠纷的方式丰富多彩，除程序化、技术化的诉讼外，另有"以牙还牙"式的对等复仇，"不了了之"或"一笑了之"式的单方放弃，"化干戈为玉帛"式的沟通和解，"各安天命"式的拈阄为定，由族邻长老、行帮首领或父母官主持的调解之类。"大弯人家转，小弯自己转。"俗语是乡土与市井生活经验的结晶，其间可见调解的价值。尽管有前述贬抑调解的学术话语，作为古老的解纷机制，调解仍然在现代日常生活中频繁运用着。

"和谐"的价值取向，不足以证明调解在诸多解纷机制中有"独大"的权利。本文拟从阐释儒家互惠原则出发，探究其在中国传统调解过程中的功能及其嬗变，论证儒家互惠原则蕴涵着一种注重当事人长远利益及双方个体利益均衡的合作机制，它是中国传统调解过程的主轴与中心。在国家与社会之关系的变迁历程中，儒家互惠原则蕴藏的利益合作机制不断地受各种形态的"压制性权威"、"僵化性权威"[①] 的扭曲、掩盖。由此，儒家互惠原则的现代价值仍待正确认识。

一、儒家互惠原则：何种"相互性"

互惠原则是对生物界普遍存在的相互依存现象的概括、提炼和升华。"物种间的

---

① 林毓生：《中国传统的创造性转化》，三联书店1988年版，第80页。

'互惠主义'和'共生'关系是非常复杂的范畴，是一个很大的实践范围。"① 从语源上看，"互惠"是 reciprocity 的通常汉译，该英文还可译为"相互性"、"相互依存"、"互酬"、"报偿"、"回报"等，其中"相互性"的译法揭示了最核心层的含义，而"互惠"的译法传播最广。

Reciprocity 的词根与 receive（接受）有关，表示对"接受"的回应。史学家杨联陞先生受人类学的启发，将 reciprocity 与本土概念"报"相比拟，提出了"报"是中国传统社会关系的一个基础的观点。② 或许是警觉到异域语词间因其文化内涵之别而难以对译，杨联陞先生未将 reciprocity 译为"互惠"，而是称为"交互报偿"，也不认为 reciprocity 的语义能与本土概念"报"完全对应。但"交互报偿"的译法，仍表明 reciprocity 与"相互性"、"报"之间存在着内涵暗合情形。互惠的译法虽易使人因汉语字面意思而忽视 reciprocity 也包含复仇之类的报偿形式，但为将本文的研究与前人尤其是人类学界的成果相结续，本文译 reciprocity 为"互惠"，行文中亦随语境称"相互性"。

互惠与正义相联系。"即使是那些强调权利来自自然的人也得承认，正义在于一种相互性。"③ 人类学的互惠研究已积累经年，如马林诺斯基、莫斯、波拉尼、萨林斯等人的经典理论。人类学范畴的互惠原则指"建立在给予、接受、回报这三重义务基础上的两集团之间、两个人或个人与集团之间的相互扶助关系，其特征是不借助于现代社会中的金钱作为交换媒介"；"图恩瓦称这种'给予—回报'的互惠原则为人类公平感的基础，是'所有法律的社会心理基础'"。④ 这一定义侧重积极、正面的给予与回报，且易使人产生互惠原则乃初民社会所独有的错觉。

国际关系专家艾克斯罗德等人用博弈论证明，"一报还一报"策略能在社会各个领域导致合作，甚至敌人之间的合作。该策略的内容，是在重复博弈场景中行善为先，首先合作，然后紧随对方的行为以善报善或以恶报恶。据称它同时具备善良性、可激怒性、宽容性和清晰性等优点，由此引发长期合作。⑤ 策略的执行者被预设为不受情感与情绪干扰、能冷静计算的理性经济人，有着深刻的西方个体主义文化根源。"一报还一报"策略是互惠原则的一种表现形式，它的广泛适用表明互惠原则并非初民社会所独有，且包含了消极、负面的给予与回报。

由传统"报"观念大体可见中国本土互惠原则的具体形态。华夏先民对报偿法则

---

① ［英］狄更斯：《社会达尔文主义：将进化思想和社会理论联系起来》，涂骏译，吉林人民出版社 2005 年版，第 100 页。

② 杨联陞：《报：中国社会关系的一个基础》，载刘纫尼等译：《中国思想与制度论集》，台湾联经出版事业公司 1977 年版，第 350 页。

③ ［美］列奥·施特劳斯：《自然权利与历史》，彭刚译，北京三联书店 2003 年版，第 107 页。

④ 黄平、罗红光、许宝强主编：《当代西方社会学、人类学新词典》，吉林人民出版社 2003 年版，第 61 页。

⑤ ［美］罗伯特·艾克斯罗德：《对策中的制胜之道——合作的进化》，吴坚忠译，上海人民出版社 1996 年版，第 134 页。

的理解是多角度、弥散型的，儒家互惠原则仅为样态之一。在一些儒家经典中，可发现儒家互惠原则的面貌、内涵，借以理解儒家理想社会的生成过程中，人与人之间关系应具有的相互性。认清儒家及其互惠原则，必须回到孔孟，溯及先秦儒家、未意识形态化的儒家。梳理四书五经中代表性、典型化的"报"观念，是认识儒家互惠原则内容与特征的一个途径（见图一）。

体现儒家互惠原则的含报观念的经典文句	出　处	古典解释	适用领域
投我以木瓜，报之以琼琚。匪报也，永以为好也。	《诗·卫风·木瓜》	报者，复也，往来之谓也。（戴震注）赠我以微物，我当报之以重实，而犹未足以为报也，但欲其长以为好而不忘耳。（朱熹注）	日用
投我以桃，报之以李。	《诗·大雅·抑》	为德而人法之，犹投桃报李之必然也。（朱熹注）	日用
无言不雠，无德不报。	《诗·大雅·抑》	天下之理，无有言而不雠，无有德而不报者。（朱熹注）	日用
以直报怨，以德报德。	《论语·宪问》	于其所怨者，爱憎取舍，一以至公而无私，所谓直也。于其所德者，则必以德报之，不可忘也。（朱熹注）	日用
祀事孔明，先祖是皇。报以介福，万寿无疆。	《诗·小雅·信南山》		祭祀
地载万物，天垂象，取材于地，取法于天，是以尊天而亲地也，故教民美报焉。	《礼记·郊特牲》	美报，美善其报之礼也。报者，酬之以礼。（陈澔注）	祭祀
太上贵德，其次务施报。礼尚往来，往而不来，非礼也；来而不往，亦非礼也。	《礼记·曲礼上》	太上，帝皇之世，但贵其德足以及人，不贵其报。其次，三王之世，礼至三王而备，故以施报为尚。（陈澔注）	礼制
乐也者施也，礼也者报也。	《礼记·乐记》	应氏曰，乐有发达动荡之和，宜播而出于外，一出而不可反，故曰施。礼有交际、酬答之文，反复而还于内，故曰报。（陈澔注）	礼制
惇信明义，崇德报功，垂拱而天下治。	《尚书·周书·武成》	有德者尊之以官，有功者报之以赏。（蔡沈注）	施政
报虐以威。	《尚书·周官·吕刑》	报苗之虐，以我之威。（蔡沈注）报，当罪人也，言罪法相当也。（《说文》）	施政
体群臣则士之报礼重。	《礼记·中庸》		施政

图一

上图中,无《周易》、《周礼》、《礼仪》中含"报"的文句。《周易》、《周礼》、《仪礼》虽难见含"报"的经典文句,但对符合"相互报偿"法则的社会关系的描述却较多,《仪礼》即是对往来相与的礼仪规则的记载。或可大致推断,名词用法的"报"比动词用法的"报"晚出,抽象的、原则形态的儒家"报"观念以"太上贵德,其次务施报,礼尚往来"为代表。以现代博弈论审视那些远古的致思方式、行为模式,可知儒家互惠原则是贯穿传统社会生活各层面的利益往来之道。参与博弈的有神灵与庶众、君臣、朋友以及普遍意义的社会成员,涉及的范围,则由人伦日用以至国家政事。"互惠规范乃是公平分配原则的根源,它强调回报,人们的回报须与有关的贡献、投入相称;它形成一种外在的(非正式的)监督和内在的约束,形成一种双赢战略,达成某种利益均衡的交换协定。"① 这是从社会学角度对互惠原则的定义。但儒家互惠原则并非契约式的"交换协定"。将特定情感因素注入互惠关系,是儒家互惠原则的关键,它使儒家互惠原则与一般意义的互惠相区别。儒家互惠原则与物质利益、情感利益、经济利益、政治利益等多种形态的利益相关联,它意味着一种以情感为要素、讲求当事人长远利益及利益均衡的合作机制,它在孔孟思想中被进一步阐发。

以人与人之间虽有差等却相互承认、相互尊重为情感基础,是儒家互惠原则的独特处。② "仁者爱人"。③ "爱人者人恒爱之,敬人者人恒敬之"。④ "凡生乎天地之间者,有血气之属必有知,有知之属莫不爱其类。"⑤ 孟子认为,"恻隐之心"表明了人皆有心意感通的同情能力。循着儒家"推己及人"的思路,"君使臣以礼,臣事君以忠"⑥、"君之视臣如手足,则臣视君如腹心"⑦ 之类的相互性关系形成,这是一种强调人与人之间即使有贵贱长幼之分,亦应相互体恤、相互承担责任的关系模式。"君之视臣如犬马,则臣视君如国人;君之视臣如土芥,则臣视君如寇仇。"⑧ 孟子的主张暗含着儒家的革命权与抵抗权思想,而儒家革命与抵抗的目的仍在于恢复和重整"君君、臣臣、父父、子子"⑨ 的互惠秩序。"己所不欲,勿施于人"⑩ 是孔子主张的恕道,被认为有作为全球伦理准则的普世价值。在汉学家看来,"恕"可译为"reciprocity"⑪,"恕"的构词形式显示它与情

---

① 卜长莉:《社会资本与社会和谐》,社会科学文献出版社 2005 年版,第 120 页。
② 刘体胜博士指出,墨家亦讲"仁爱",无差等的"兼相爱、交相利"与"现代博弈论及互惠原则"的相合更明显,笔者赞同。但墨家精神在传统宗法社会被边缘化。墨家互惠原则的现代价值恰证明了先秦思想资源的丰富与广博。
③ 《论语·颜渊》。
④ 《孟子·离娄章句下》。
⑤ 《荀子·礼论》。
⑥ 《论语·八佾》。
⑦ 《孟子·离娄章句下》。
⑧ 《孟子·离娄章句下》。
⑨ 《论语·颜渊》。
⑩ 《论语·卫灵公》。
⑪ 参见〔美〕赫伯特·芬格莱特:《孔子:即凡而圣》,彭国翔、张华译,江苏人民出版社 2002 年版,第 2 页。

感的联系。加之孔子有"以直报怨"而非"以怨报怨"的主张，表明儒家对复仇之类的相互性采取了非韦伯所说的"形式理性"的理性态度。"犯而不校"。① "有人于此，其待我以横逆，则君子必自反也。"② "责善，朋友之道也，父子责善，贼恩之大者。"③ "仁人之于弟也，不藏怒焉，不宿怨焉，亲爱之而已矣。"④ 在儒家的差序格局中，互惠的程度因亲疏情感距离而异。"亲之过大而不怨，是愈疏也；亲之过小而怨，是不可矶也。愈疏，不孝也；不可矶，亦不孝也。"⑤ 对人类积极情感的承认和珍视，将儒家互惠原则与条件反射、触发装置式的"一报还一报"策略及其他互惠类型相区别，也使儒家更倾向于积极、正面的互惠。"这种中国式的互惠性虽然也包括统治意义上的互惠，但似乎更强调心之间的互惠，即心灵的互相尊重和应答。如果说经济上的互惠能够带来利益，那么心灵的互惠则产生幸福，所以心灵互惠是更加深刻的互惠。"⑥

重视仁爱之类情感，强化了儒家互惠原则所主张的较特殊的利益取向，即注重长远利益及当事人个体利益的均衡。"放于利而行，多怨。"⑦ "君子喻于义，小人喻于利。"⑧ 儒家并非全盘否定对利益的追求。以《论语》为例，在涉及财产权利的场合，孔子的态度包含了对共同利益、长远利益或利益均衡观念的认同（见图二）。

含财产权观念的文句	出处	古典解释	互惠的对象
子路曰："愿车马，衣轻裘，与朋友共，敝之而无憾。"颜渊曰："愿无伐善，无施劳"……子曰："老者安之，朋友信之，少者怀之。"	《论语·雍也》	程子曰：子路、颜渊、孔子之志，皆与物共者也。（朱熹注）	老者，朋友，少者。
子华使于齐，冉子为其母请粟。子曰："与之釜。"请益。曰："与之庾"。冉子与之粟五秉。子曰："赤之适齐也，乘肥马，衣轻裘，吾闻之也，'君子周急不继富'。"		急，穷迫也，周者，补不足。继者，续有余。（朱熹注）	邻里乡党
原思为之宰，与之粟九百，辞。子曰："毋！与尔邻里乡党乎！"		盖邻里乡党，有相周之义。张子曰，于斯二者，可见圣人之用财也。（朱熹注）	
子曰："吾犹及史之阙文也。有马者，借人乘之，今亡矣夫！"	《论语·卫灵公》		人（非特定者）

图二

---

① 《论语·泰伯》。
② 《孟子·离娄章句下》。
③ 《孟子·离娄章句下》。
④ 《孟子·万章章句上》。
⑤ 《孟子·告子章句下》。
⑥ 赵汀阳：《天下体系：世界制度哲学导论》，江苏教育出版社 2005 年版，第 80 页。
⑦ 《论语·里仁》。
⑧ 《论语·里仁》。

上图中，宋儒的解释，如"共"、"补"、"续"、"周"之类，并非对私人财产权的否定或剥夺，而是对"用财"即财产权行使方式的主张。情感因素在儒家互惠原则中的重要性，将其与债的关系、一般意义上的交换关系相别。西方法谚将"债"喻为"法锁"，揭示出"债"与"报"一样有联结当事人、形成社会的功能。与儒家的"报"相比，债的关系具有瞬时性，须有确定的给付内容、期限条款，注重当事人权利义务的开始与结算。债的当事人在钱货两讫后有形同陌路的自由。儒家"报"的互惠关系的特征，则是无确定的给付内容，无确定的期限条款，注重当事人友好关系的伸展延续。在中国传统社会所谙熟的互惠关系中，当事人之间的清算意味着友好合作关系有破产之虞。"施报更相市，大道匿不舒。"①"施报"或"相市"意味着利益流转的两种不同类型的正义模式，正如《史记》常说"势有必至，理有固然"，但"施报"素为传统社会主流话语所重。"报"的关系与"债"的关系的并存，由来已久。

"行乎冥冥而施乎无报。"②儒家认为君子在不可能获得报偿的单局博弈情形下也能慷慨施与，虽然生活世界中，那些貌似凭空而来的"慷慨解囊"之类的施惠行为常常也是施惠者对从彼时彼地彼人所得恩惠的移情式回报。俗语云"受恩莫忘怀，施恩不记心"。庄子也说，"施于人而不忘，非天布也，商贾不齿"。③一方面以"贵德"、"施乎无报"相期许，另一方面强调受恩者的回报义务，这种施予者的期待权虚化而接受者的回报义务明确的富有张力的关系模式，表明儒家的互惠关系不同于私法意义的债的关系、一般意义的交换关系。大体而言，在利益的分配与流转方面，儒家互惠原则倾向于当事人相互依存的共同体思路。

二、中国传统调解模式中儒家互惠原则的功能：从互惠关系到互惠体系

儒家互惠原则的作用领域是多层次的，如政治秩序的生成即为其中之一。考察中国传统调解模式，亦可知儒家互惠原则在解纷领域的重要性。

首先，儒家互惠原则是传统调解的实体依据。"情理"在中国传统解纷实践中有极重要的地位。"相对于高高在上的'王法'而言，平平淡淡，人人皆知的'情理'在民间社会中往往对田土户婚等一般性纠纷而言才是终局性的裁决价值。"④"勤于听断，善矣，然有不必过分皂白可归和睦者，则莫如亲友之调处。盖听断以法，而调处以情，

---

① 嵇康：《答二郭》。

② 《荀子·修身》。

③ 《庄子·列御寇》。有学者指出俗语并非儒家之作。但笔者认为判断某观念是否可归类为儒家，主要视其是否具备儒家特质，如儒家仁爱情感，而非考察其是否出自受诗书训练的儒生。一名有儒家行事风格的不通文墨者极可能比有科举功名者更配得上儒者称号。下文所引史料中，汉侠郭解调解纠纷时的行为中即不乏儒家礼让之德。

④ 韩秀桃：《从〈不平鸣稿〉看明末徽州民间纠纷的解决模式》，载中南财经政法大学法律史研究所编：《中西法律传统》（第四卷），中国政法大学出版社 2005 年版，第 265 页。

法则泾渭不可不分，情则是非不妨稍措。理直者既通亲友之情，义曲者可免公庭之法，调人之所以设于周官也。"① "在实际操作中，情意味着通过妥协互让来解决争端。"② 在正式的司法过程中，情感常可直接作为断案依据在判决时形诸笔端。"那些受到称道，传至后世以为楷模者往往正是这种参酌情理而非仅仅依据条文的司法判决。"③ 相比之下，情理在调解过程中更频繁地成为息讼的实体依据。

滋贺秀三认为，情理是"常识性的正义衡平感觉"。④ 情理提炼自经典教义或伦常日用经验，包含了"大传统"、"小传统"中的基本规则与理念，以日常化、通俗化的形式为大众周知。斯普林格尔认为，"作为法而被遵守的规则，其形成的最初契机并不是抗争，而是由理性的交往以及社会合作的互惠性思考所指导，在日常生活中反复被从事的行为"。⑤ 斯各特认为，"在人际交往行为中，互惠起着核心道德准则的作用"。⑥ 互惠原则与生存权利一道，是"坚实地蕴涵于农民生活的社会模式和禁令中的两条道德原则"。⑦ 仁井田升认为，中国社会结合的基本形式在于经济性功能性的互助关系。⑧ 上述观点加强了互惠原则是中国传统社会关系的一个基础的论断。鉴于儒家思想在中国传统社会的地位，儒家互惠原则可视做对中国传统社会情理内容的基本概括。儒家互惠原则在中国传统调解模式中的地位与功能，经由情理在其中的地位与功能而彰显。

在传统社会，"解决纠纷的根据是道理和习惯，但更有操作意义的是报应和互惠的原理"。⑨ 诉诸儒家互惠原则所含的当事人长远利益与双方利益均衡的利益合作机制，是传统调解过程中说理的基本模式。"互谅互让"是对这种模式的概括，传统的表述即"礼让"。从互惠的给予——接受——回报诸环节来看，互让也是互惠的表现。"让，礼之主也。"⑩ "让，德之主也。"⑪ 子曰："能以礼让为国乎？何有？不能以礼让为国，

① 汪辉祖：《学治臆说》。
② 黄宗智：《清代的法律、社会与文化：民法的表达与实践》，上海书店出版社2001年版，第13页。
③ 贺卫方：《司法的理念与制度》，中国政法大学出版社1998年版，第193页。
④ ［日］滋贺秀三等著：《明清时期的民事审判与民间契约》，王亚新、梁治平编译，法律出版社1998年版，第13页。
⑤ ［日］滋贺秀三等著：《明清时期的民事审判与民间契约》，王亚新、梁治平编译，法律出版社1998年版，第81页。
⑥ ［美］斯各特：《农民的道义经济学：东南亚的反叛与生存》，程立显、刘建等译，译林出版社2001年版，第215页。
⑦ ［美］斯各特：《农民的道义经济学：东南亚的反叛与生存》，程立显、刘建等译，译林出版社2001年版，第215页。
⑧ ［日］滋贺秀三等著：《明清时期的民事审判与民间契约》，王亚新、梁治平编译，法律出版社1998年版，第185页。
⑨ 季卫东：《法治秩序的建构》，中国政法大学出版社1999年版，第28页。
⑩ 《左传·襄公十三年》。
⑪ 《左传·昭公十三年》。

如礼何?"① 儒家对礼与让的关系的看法,恰与其对礼与报的关系的主张相契合,礼、让、报的内涵之间相互贯通。儒家的礼让互惠型财产权观念,以当事人的长远利益及双方利益的均衡为取向。长远利益不同于"一锤子买卖",利益的均衡不同于你死我活、一方全赢一方全输的"零和"局面。长远利益类似于"失之东隅、收之桑榆"②,利益的均衡意味着当事人双方理性选择的妥协。所谓"互谅互让",大多是长时段、多标准、多领域综合衡量后的结果,换言之,就单项交易或财产流转而言,有一方"吃亏",然而将此次交易或财产流转置于过去、现在、将来一系列交易中考察,当事人之间却处于利益大致平衡的状态。

"大凡乡曲邻里,务要和睦,才自和睦,则有无可以相通,缓急可以相助,疾病可以相扶持,彼此皆受其利","今世之人,识此道理者甚少,只争眼前强弱,不计长远利害"。③ 在传统语境内,调解者使当事人明晰和接受"长远利害"关系时,无从引证博弈论,但可乞灵于儒家式的仁爱情感、圣贤们的道德训诫。与重复博弈场景相比,仁爱情感看起来更有助于互惠关系的形成、维系或修复,忠诚、信任等仁爱情感甚至能使当事人克服单局博弈的"囚徒困境"而形成合作,儒家互惠原则重视情感因素的意义亦由此体现。

其次,儒家"私"的互惠关系模式是传统调解的程序架构特征。以民间调解为例,可见当事人之间、当事人与调解者之间结成"私"的网络的过程。儒家的互惠关系是非匿名、面对面(face-to-face)关系。当事人与调解者之间的这种与具体人格相联系的"私"的互惠,在诉讼中是必须回避的情形,在调解过程中反而是积极因素。

传统社会的户婚、钱债、田土及其他"细故",大多发生于亲族、闾里、行帮等共同体内,当事人之间形成了拥有共同的历史与未来的长时段关系。这种重复博弈关系虽然不是互惠的必要条件,却能促成互惠关系的形成、维系或修复。在传统调解过程中,当事人之间、当事人与调解者之间大多能构成重复博弈关系。(见图三对清代黄岩诉讼档案的整理)④

下图中,当事人之间、当事人与调解者之间均存在血缘、亲缘、地缘或业缘纽带,从批语来看,官府的思路,是借助当事人与调解者之间的重复博弈关系促成互惠关系的缔结或修复,化解纠纷。

婚姻、钱债、田土等传统社会民事法律关系的成立,在很大程度上是以亲族、乡党、闾里、行帮为媒介,即通过这些非正式组织、民间组织的介绍、引见、撮合。"解铃还须系铃人。"当这些法律关系处于纠纷中时,中介人、见证人往往成为调解者(如第73号黄岩诉讼档案所示)。自金文以来的历代契约文书,有一个形式上的规律,即

---

① 《论语·里仁》。
② 黄东海君借用成语的精辟描述。
③ 《名公书判清明集·卷十·乡邻之争劝以和睦》。
④ 参见田涛、许传玺、王宏治主编:《黄岩诉讼档案及调查报告——传统与现实之间/寻法下乡》,法律出版社2004年版。

档案编号	案由	官府批转民间调解的批语	当事人关系类型	调解者身份	当事人与调解者关系类型
1	钱债	仍凭张绅等妥为理息，以免讼累。	师生	绅董	邻里
4	婚姻	着邀族从长计议。	亲族	族人	亲族
6	钱债、殴伤	仍邀原理之林兰友等，妥为调停息事。	邻里	绅董	邻里
7	钱债、殴伤	着即邀保，协同原理之人，向其催诘可也。	邻里	邻人	邻里
13	争水	即经族理，着持批再邀族众劝令听理。	亲族邻里	族人	亲族
21	继承	着邀房族理处母讼。	亲族	族人	亲族
23	侵占族产	着即自邀族人调理，以全体面。	亲族	族人	亲族
24	钱债	既经局董卢汝舟理说于前，应再邀同妥理，当有公论。	邻里	局董	邻里
33	钱债	有王汝春等理算可证，着再自行清理，毋庸肇讼。	亲族	邻人	亲族
34	争宅	邀同陈崇厚妥理清楚，事息径直，不必涉讼。	邻里	邻人	邻里
35	殴伤	着即批投告院桥局绅杨旦查明理处。	邻里	局绅	邻里
36	婚姻	着自邀亲族，速即理明。	亲族	族人	亲族
44	殴伤	亦邀公正族戚妥为调理。	亲族	族人	亲族
46	合伙清算	既据鲍子章等向理在前，着再邀理清楚可也，毋遽肇讼。	合伙	局绅	邻里
49	殴伤	既投局理处，着仍自邀理可也，毋庸涉讼。	邻里	局绅	邻里
50	强占义子	着持批邀同亲族，妥为理明。	亲族	族人	亲族
57	殴伤	着遵批自邀房族查理可也。	亲族	族人	亲族
63	殴伤	业经批饬，邀理在案，该民应即遵照听理，毋伤亲亲之谊。	亲族	族人	亲族
67	析产	着持批邀同亲族妥为理明。	亲族	族人	亲族
73	钱债	既由中人按年酌给，应即邀同理论	亲族	中人	邻里

图三

载明中介人或见证人，其名称在不同时期分别为"旁人"、"保人"、"见人"、"引进人"、"知见人"、"见知人"、"作中人"、"中人"等。有的文书还记录"沽酒口口，皆饮之"之类情节，表明曾将此法律关系公之于众，借以获得公信的效力。沽酒欢宴的功能，除公示公信外，也有酬谢中介人、见证人的作用。延至近代的"卖身契"，是"万恶旧社会"的象征，当时却有雅称，即"过继贴"。买卖双方以兄弟亲戚相呼，契约文书中也有媒人、房族、戚友的落款。在这种民事关系中，"所谓媒人即是中人，多的有四五个，都要'水扣钱'，抽卖价的 5%，房族戚友临场有多到十几个的，都要'画押钱'，归买主出。亲房及强梁的（多半是绅士）画押钱要多，有十多元到二十元的，普通房族戚友画押钱每人一元以内"。① 人情性的酬谢后来杂以交易性的牟利，但仍使当事人与中人、见证人之间达成互惠关系。蕴涵情感利益的"报"的关系常常与剔除情感因素的"债"的关系相混合，这是中国传统民事活动在很大程度上仍然持续至今的特点。一旦发生纠纷，互惠原则即在当事人与调解者之间发生作用——这一模式错置在诉讼中，即试图使匿名的、普遍主义的公力救济变成面对面的、特殊主义的私力救济，这种"错置"的倾向在中国传统解纷领域一直存在。

　　并非所有的调解者都参与或见证了纠纷所涉法律关系的成立。当事人接受这些族邻长老、行帮首领或一般性的亲族邻人的调解，或是因为客观上曾受其惠助，或是主观上相信调解者的公道品质将使人蒙其恩泽。"担负调解任务的和事佬必须充分考虑到怎样使争吵的双方能保住'面子'以达成平衡势态，就像欧洲政治家在处理国际纠纷时一向奉行的维持势力均衡一样。"② 汉初，"雒阳人有相仇者，邑中贤豪居间者以十数，终不听。客乃见郭解。解夜见仇家，仇家曲听解。解乃谓仇家曰：'吾闻雒阳诸公在此间，多不听者。令子喜而听解。解奈何乃从他县夺人邑中贤大夫权乎？'乃夜去，不使人知，曰：'且无用，待我去，令雒阳豪居其间，乃听之'"。③ 相仇者、邑中贤豪、郭解之间形成"面子"、"人情"关系。当事人与调解者之间经由"人情"、"面子"的权力游戏形成施惠报恩关系之时，当事人之间的互惠关系亦被修复或缔结。在民间调解过程中，并无官方权力、正式权威的直接介入，形成了不同于诉讼的私的自治架构（见图四，此处直接受范忠信教授的提示）。

　　值得注意的是，"私的互惠关系"也渗透于传统官方调解过程。官吏们常常脱离置身纠纷之外的居中者的位置，以私人的面目，凭借私人资源，影响讼争利益关系，谋求息讼。东汉时，"有兄弟争财，互相争讼，（许）荆对之叹曰：'吾荷国重任，而教化不行，咎在太守。'乃顾使吏上书陈状，乞诸廷尉。兄弟均感悔，各求受罪。"④ 隋时，"（于义）累迁安武太守，专崇德教，不尚威刑。有郡民张善安、王叔儿争财相讼，义曰：'太守德薄不胜任之所致，非其罪也。'于是取家财，倍与二人，喻而遣去。善安等各怀耻愧，移贯他州，于是风教大洽。其以德化人，皆此类也。"⑤ "清同治年间，长州知州蒯子范为调处民间纠纷，竟然'不惜己囊，平此两造'。"⑥ 在民间话本中，乔太守乱点鸳鸯谱，官吏充媒人，铡美案中铁面包公亦私自掏腰包劝秦香莲息讼回籍。

---

① 《毛泽东农村调查文集》，人民出版社 1982 年版，第 15 页。
② ［美］明思溥：《中国人的特性》，匡雁鹏译，光明日报出版社 1992 年版，第 8 页。
③ 《史记·游侠列传》。
④ 《后汉书·许荆传》。
⑤ 《隋书·于义传》。
⑥ 转引自张晋藩：《中国法律的传统与近代转型》，法律出版社 2005 年版，第 213 页。

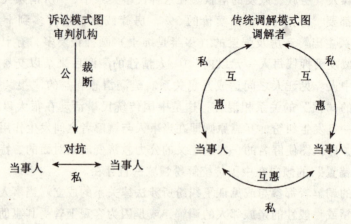

图四

这类官方调解中的官吏们或损己，或益他，均以动用私人资源为口头劝解、说服之外的手段，使当事人心生欠咎，或感恩戴德，由此将纠纷消弭在人情互惠圈内。官吏们与当事人之间形成私的恩怨关系的情形，与法家"明于公私之分，明法制、去私恩"① 的吏治模式相悖，也不符合韦伯官僚制理论中理性官吏的特征，却与儒家"为民父母行政"的"父母官"思路相合。

再者，儒家互惠原则包含了纠纷不能和谐解决时的补救机制。这主要指儒家强调强者义务、保障弱者生存权的福利救济传统。它实质上是个体与其所属共同体之间互惠关系的体现。在危难时受到救济是由共同体成员资格决定的权利，同时共同体成员也有义务帮助共同体及其他成员应对危难。中华民族每逢危难，自然要诉诸优良传统，如"同舟共济"、"同仇乱忾"、"兄弟阋于墙，外御其侮"之类。凡人皆有弱势时。"'成功者的脱离'，首先是逃离共同体。"② "'有权势的人和成功者'，与那些弱者或失败者不同，可能会仇视共同体的约束，但与其他男人和女人们一样，他们发现自己生活在一个没有共同体的不确定的世界中，常常会不满意，有些情况下感到恐惧。"③ 儒家用"老吾老以及人之老，幼吾幼以及人之幼"④ 的情感推论方式主张四海之内、天下一家的广泛互惠。在儒家看来，扶危济困、排难解纷是共同体成员权利义务的统一体，它不同于私法主体出于慷慨意思表示、依个体自由意志而为的赠与。"家族是相互帮助的一

---

① 《韩非子·饰邪》。

② ［英］齐格蒙特·鲍曼：《共同体：在一个不确定的世界中寻找安全》，欧阳景根译，江苏人民出版社 2003 年版，第 68 页。

③ ［英］齐格蒙特·鲍曼：《共同体：在一个不确定的世界中寻找安全》，欧阳景根译，江苏人民出版社 2003 年版，第 72 页。

④ 《孟子·梁惠王章句上》。

个体系。"① "家庭成员相互帮助和集体安全的责任感是大于作为一个政府官员的责任的。"② 儒家的纠纷补救机制制度化地体现于宗族法领域。如"宗族法规定，本宗成员无力婚娶、丧祭、就学、入试、营生等，皆可获得一定数量的经济救助"。③ "宗族自行维持治安，抵抗外敌，平解纠纷，进而谋福利，即如济贫寒、救孤寡、设塾教子弟、资助、奖励科举。"④ 儒家有扶助弱者功能的共同体主义倾向的互惠机制，能起到缓解社会冲突的"减压阀"的作用。

以上三方面，儒家互惠原则一以贯之。当事人之间的互惠，当事人与调处者之间的互惠，当事人与其所属共同体之间的互惠，组成一个多层次的互惠体系。"古人制作各种礼仪的动机和目的，以祭祀为例，这主要体现了'报'的目的和观念。"⑤ 礼是涵盖天地神人之间报偿关系的互惠规则体系。儒家认为发挥礼制及其互惠原则预防和解决纠纷的功能，比一切都仰仗、依赖官方的直接控制更宜于实现"刑措而不用"的无讼、和谐理想，所以孔子说"夷狄之有君，不如诸夏之亡也"。⑥ 以儒家互惠原则为主轴和中心，注重当事人的长远利益以及双方利益的均衡，蕴涵着中国传统自治精神，此即中国传统调解模式的主要特点。

三、儒家互惠原则在中国调解实践中的嬗变：相互性的衰微与延续

儒家互惠原则的真精神在中国调解实践中迷失、蒙垢，并不能否定其中良法美意的价值，正如杯水确不能熄车薪之火，却不能论证水不能灭火。在日常世界、底层生活中，这种精神虽如吉光片羽，却也薪火相继，不绝如缕。将调解过程置于宏观的治理结构中考察，可知调解行为既是微观、具体的当事人之间、当事人与调解者之间的博弈，也反映了宏观、抽象层面的正式权威、官方权威与非正式权威、民间权威之间的博弈形势。⑦ 良性的传统调解，是传统自治的产物，是前现代的正式权威、官方权威与非正式权威、民间权威之间博弈的均衡格局的产物。在中国法律传统演进历程中，当正式权威、官方权威与非正式权威、民间权威的关系呈现非均衡状态，其中一极占据"独大"的宰制、支配地位时，儒家互惠原则的功能即更难发挥应有作用，儒家相互性的真义在调解过程中有被遮蔽、被扭曲的更大危险。

其一，以皇权专制为代表的正式权威、官方权威居支配地位的形势对儒家相互性的

---

① 费孝通：《中国绅士》，惠海鸣译，中国社会科学出版社2006年版，第122页。
② 费孝通：《中国绅士》，惠海鸣译，中国社会科学出版社2006年版，第123页。
③ 朱勇：《清代宗族法研究》，湖南教育出版社1987年版，第58页。
④ 戴炎辉：《中国法制史》，台湾三民书局1978年版，第193页。
⑤ 邹昌林：《中国礼文化》，社会科学文献出版社2000年版，第75页。
⑥ 《论语·八佾》。
⑦ 感谢武乾先生应允使用其论文《中国法制近现代化与当代法制改革——自由主义与集权主义的平衡》（未刊稿）中的这一观点。

负面影响。"前现代社会是由不对称相互关系（asymmetrical reciprocity）所支配的。在金字塔的各层及其居民之间必定存在着相互关系，也确实存在着相互关系，但这种关系（在原则上）是不对称的。对称的相互性仅仅存在于那些被抛进同一社会政治阶层的男人和/或女人们之间。"① 不对称相互性是传统社会关系的常态，问题在于儒家认为这种不对称必须限制在一定程度内。"我们的分析显示，农民的公正思想和合法性观念来自于互惠准则以及随之而来的保障——至少不侵犯——农民的生存索取权和生存安排这一精英义务（即农民权利）。"② 早期儒家的"五伦"不同于"三纲"，讲求"父子有亲、君臣有义、夫妇有别、长幼有序、朋友有信"。③ "这五种最基本关系的实质并不是依赖，而是'报'。儿子的孝道是通过父亲的慈得到回报的，臣的忠是通过君的圣明公正得到回报的，如此等等。"④ 至董仲舒时，吸收了法家"三纲"及阴阳家的天人感应论后，儒家互惠原则被改造为官方意识形态的重要成分。"礼无不答，施无不报，天之数也。"⑤ "恩之报，奉天之应也。"⑥ "臣死君而众人死父。"⑦ "故屈民以伸君，屈君以伸天，春秋之大义也。"⑧ 至朱熹时，更有"父有不慈，子不可以不孝；君有不明，臣不可以不忠"⑨ 及"天下无不是的父母"之类的训诫。孟子的"民贵君轻"⑩ 说与荀子的"从道不从君"⑪ 论，表明了儒家相互性的对称、均衡倾向，而正统儒家则使互惠性呈现出明确的不对称，演化为"压制性权威"、"僵化性权威"的理论基石。

"当公开而直接的暴力可能遭遇集体抵抗，施暴者也可能成为暴力抗争的牺牲品时，放弃赤裸裸的掠夺和剥削，而改用符号的——亦即柔和的、软性的、无形的，因而也是易被谨识的——暴力，诸如义务、信任、忠诚、友情、道义、尊敬之类与荣誉伦理有关的手段，就是最省力，也最经济的。"⑫ 意识形态化的正统儒家互惠原则有"符号暴力"的功能，它有助于被支配者将自身的被支配状态接受为正当。海瑞辩讼时，特别注重名分。"凡讼之可疑者，与其屈兄，宁屈其弟；与其屈叔伯，宁屈其侄。"⑬ 戴震指出："尊者以理责卑，长者以理责幼，贵者以理责贱，虽失犹谓之顺；卑者、幼

① ［匈］赫勒：《现代性理论》，李瑞华译，商务印书馆2005年版，第86页。
② ［美］斯各特：《农民的道义经济学：东南亚的反叛与生存》，程立显、刘建等译，译林出版社2001年版，第242页。
③ 《孟子·滕文公章句上》。
④ 杜维明：《儒家思想新论》，江苏人民出版社1992年版，第147页。
⑤ 《春秋繁露·楚庄王》。
⑥ 《春秋繁露·王道》。
⑦ 《春秋繁露·五行相生》。
⑧ 《春秋繁露·玉杯》。
⑨ 《朱子语类·卷九七》。
⑩ 《孟子·尽心章句上》。
⑪ 《荀子·臣道》。
⑫ 成伯清：《布尔迪厄的用途》，载［法］皮埃尔·布尔迪厄：《科学的社会用途——写给科学场的临床社会学》，刘成富、张艳泽，南京大学出版社2005年版，第9页。
⑬ 《海瑞集·兴革条例·刑属》。

者、贱者以理争之，虽得犹谓之逆，于是天下之人不能以天下之同情、天下之所同欲达之于上。"① 正统名教滞塞了儒家的恕道、互惠之道。

其二，以绅权滥用为代表的非正式权威、民间权威居支配地位的形势对儒家相互性的负面影响。"历史研究表明，传统中国的治理结构有两个不同的部分，其上层是中央政府，并设置了一个自上而下的官制系统，其底层是地方性的管制单位，由族长、乡绅或地方名流掌握。"② 由于纠纷升级会威胁公共秩序，故解纷息讼本身即有公益属性，它既是士绅的权威来源的一个组成部分，又是士绅权威的表现形式。绅权的滥用意味着非正式权威、民间权威缺乏正式权威、官方权威的有效制约，呈现无序状态，各种"黑恶"势力即其表现。

绅权滥用的情形可以"郡县式微、乡村瓦解"③ 的民国时代为例。皇权倾覆后，作为治理结构上层的中央政府，或缺位或暗弱无力，军阀、劣绅之类的缺少制约的非正式权威、民间权威蓬勃发展。"圣谕的宣讲不见了，乡约的弘扬停止了，随处可见活跃的乡约组织销声匿迹。滞留在乡村的乡绅不再把地方公共事业当做自己的职责尽力维护，相反却利用其特殊身份和地位巧取豪夺，唯利是图、剥削压榨农民。受人尊敬的乡绅变成了人人痛恨的土豪劣绅。"④ "士绅在社群中的影响表现在两个圈子中，一个是在普通老百姓的圈子中，在这里他们赢得了尊敬和追从"，"另一个圈子是在地方官圈子中"。⑤ 从工具策略角度看，士绅权威的这两种影响力均能为其一己私利服务，解决纠纷的活动可利用于盘剥、逐利，而非维护共同体利益。民国初期，"湖南的司法制度，还是知事兼理司法，承审员助知事审案。知事及其僚佐要发财，全靠经手钱粮捐派，办兵差和在民刑诉讼上颠倒敲诈这几件事，尤以后一件为经常可靠的财源"。⑥ 农民运动兴起后，"几个月来，土豪劣绅倒了，没有了讼棍。农民的大小事，又一概在各级农会里处理。所以，县公署的承审员，简直没有事做。湘乡的承审员告诉我：'没有农民协会以前，县公署平均每日可收六十件民刑诉讼禀帖；有农会后，平均每日只有四五件了。'于是知事及其僚佐们的荷包，只好空着"。⑦ 毛泽东在寻乌调查时，发现豪绅们的一些劣迹："豪绅为什么嫖的多？他们包了官司打，就以妓家为歇店，长年长月住在妓家，过年过节才回家一转。他们的嫖钱哪里来的？打官司，乡下人拿出一百元，他给乡下人使用二十元，八十元揣在自己的荷包里，这样子得到供给娼妓的费用。"⑧

① 戴震《孟子字义疏证》。
② 王先明：《近代绅士》，天津人民出版社1997年版，第21页。
③ 〔美〕弗里曼、华克伟、赛尔登：《中国乡村，社会主义国家》，龚鹤山译，社会科学文献出版社2002年版，第2页。
④ 刘娅：《解体与重构：现代化进程中的"国家—乡村社会"》，中国社会科学出版社2004年版，第26页。
⑤ 瞿同祖：《清代地方政府》，范忠信等译，法律出版社2003年版，第298页。
⑥ 《毛泽东选集》第1卷，人民出版社1991年版，第30页。
⑦ 《毛泽东选集》第1卷，人民出版社1991年版，第30～31页。
⑧ 《毛泽东农村调查文集》，人民出版社1982年版，第96～97页。

豪绅的角色,从调解者转变成讼棍,倚其权势,推波助澜,与民争利。强势者在逐利动机下对具有风险防范机制及生存准则意义的儒家互惠原则的背弃,使良性的调解如田园诗般优美,但寥若晨星,加剧了社会中分裂与对抗的趋向。

新文化运动后,皇权与绅权皆成革命的对象,纠纷的解决过程日益成为中国社会革命化进程的组成部分。为着消除传统调解过程中的压迫与剥削,为着摒弃旧式司法活动的种种官僚陋习,自根据地建设时期开始,中国共产党政权即推行群众路线的纠纷解决机制。这种纠纷解决机制的初衷,实质是中国共产党领导的群众自治。新的调解模式对传统调节模式的"革命",主要体现在以下三方面。其一,调解的观念基础变化。革命的核心话语是斗争。既是革命,"不能那样雅致,那样从容不迫,文质彬彬,那样温良恭俭让"。① 纠纷被界定为"敌我矛盾",自无调和的可能。在队伍内部,"大公无私"的阶级感情、同志感情取得话语权,儒家互惠原则的利益衡量意味,则被革命者视为境界欠高、可嘲笑的"农民个人主义"、"小农意识"的表现。其二,调解者的身份变化。"共产党的地方警力、党员、共青团员、官僚、工会积极分子、调解委员会成员以及其他半官方的人物取代了解决村社、宗族和行会大多数纠纷的士绅和权威人物。"② 宗族、行会之类传统自治组织的权威,在反封建的急风暴雨中纷纷瓦解。纠纷的调解在很大程度上由那些与群众"打成一片"、献身于革命目标和革命理想的新权威——"干部"主持,故可称为"干部调解"。其三,调解的方式变化。调解的奏效主要通过思想政治工作式的说服教育,以激发当事人的"革命觉悟",进行调解时,经常辅以群众大会或小会,助长声势,增强压力。

自革命根据地时期,以亲缘、地缘共同体内的互惠为基础的"变工队"、"互助组"等生产组织方式仍被主流意识形态认可,它们是"合作社"、"公社"的萌芽状态。群众路线的干部调解往往吸收与当事人有亲缘、地缘等共同体关系的有影响者参加,虽然这些传统共同体关系的重要性在政治话语层面已弱化。"在一定的意义上可以说,村落文化与革命的场面文化是两张皮,它们各占一些地盘。私人生活领域和部分公共生活领域为村落文化所支配,政治及公共生活的另一些领域充满着革命的气氛。"③ 边区政府时期,即使是法院调解,除了需要区乡村干部协助外,还需要在当地有声望的士绅及当事人家族中的长者从中帮助,这构成法院调解的成功经验之一。④ 新中国成立后的人民公社时期,"砸烂公检法"时期,纠纷的处理有如下特征:"传统村落中的长辈尤其是族长,在调解冲突中起着无法替代的作用。在生产队里,大量鸡毛蒜皮的矛盾由族内成员、邻居自行调解。调解是非正式的,调解人是随机出现的,调解的方式是劝说。较严

---

① 《毛泽东选集》第 1 卷,人民出版社 1991 年版,第 17 页。

② [美]柯恩:《现代化前夕的中国调解》,王笑红译,载强世功编:《调解、法制与现代性:中国调解制度研究》,中国法制出版社 2001 年版,第 116 页。

③ 张乐天:《告别理想——人民公社制度研究》,东方出版中心 1998 年版,第 225 页。

④ 参见赵昆坡、俞建平编著:《中国革命根据地案例选》,山西人民出版社 1984 年版,第 33页。

重的冲突需要正式的调解，族内成员和队干部可能同时成为调解人。在这其中，如果有一个人既是长辈又是队里的主要干部，那么，他的话就是举足轻重的。"① 可见，在新型政权下，儒家互惠原则的功能仍然在调解过程中延续。

结语：儒家互惠原则在现代解纷领域的适用前景

现代性话语体系内，互惠原则通常被作为"依附性"的源头、封建主义的统治基础而批判。"在直接的个人关系方面，封建制度建立在互有的义务和权利的基础之上，并以享有土地权为这种结构的基础。"② 对于洛克来说，"在 17 世纪，否认'统治基于恩宠'的主张仍然是具有至关重要的意义的"。③ "罗马法的传统强调个体的权利和义务，个人主义由此得到强化，最终在英国哲学家诸如霍布斯和洛克——洛克强调个体权利、从而对既有社会秩序构成了极大挑战的作品中，个人主义的概念得到完善。"④ 互惠中隐含着平等，尤其是各种资源在当事人间非垄断地分布时。"现代社会关系在原则上（如果不是在事实上）主要是对称相互关系而不是不对称相互关系。"⑤ 市场经济能使这种情形更频繁地发生，故"对称相互性"成为现代性的基本价值观念。

法治进程中，普遍主义制度的科学化、精细化、民主化及其持续发展，能够限制儒家过于强调"私"的面对面的互惠关系对"公私之交"过程的负面影响。⑥ 而市场经济的健康发展则有利于保持相互性的对称与均衡。

然而现代性也有隐忧。"第一个担心是关于我们可以称作意义的丧失、道德视野的褪色的东西；第二个涉及工具主义理性猖獗面前的晦暗；第三个是关于自由的丧失。"⑦ 在工具理性的宰制下，"世界不再是温暖的、有机的'家园'，而是变成了计算和工作进取的冰冷对象，不再是爱和冥思的对象，而是计算和加工的对象"。⑧ 儒家互惠原则一方面包含利益合作机制，另一方面主张仁爱情感有重要意义。在一定程度上，儒家互惠原则既可矫治现代性过度"祛魅"的局限，又能从长远利益与利益均衡的角度弥补个体主义理性经济人观念的偏失。

---

① 张乐天：《告别理想——人民公社制度研究》，东方出版中心 1998 年版，第 403 页。
② ［美］布莱克编：《比较现代化》，杨豫、杨祖洲译，上海译文出版社 1996 年版，第 250 页。
③ ［美］迈克尔·沃尔泽：《正义诸领域：为多元主义与平等一辩》，诸松燕译，译林出版社 2002 年版，第 328 页。
④ ［美］桑德斯：《资本主义：一项社会审视》，张浩译，吉林人民出版社 2005 年版，第 132 页。
⑤ ［匈］赫勒：《现代性理论》，李瑞华译，商务印书馆 2005 年版，第 293 页。
⑥ 萧伯符、易江波：《中国传统信任结构及其对现代法治的影响》，载《中国法学》2005 年第 2 期。
⑦ ［加］查尔斯·泰勒：《现代性之隐忧》，程炼译，中央编译出版社 2001 年版，第 12 页。
⑧ ［德］舍勒：《死与永生》，转引自刘小枫著：《现代性社会理论绪论——现代性与现代中国》，上海三联书店 1998 年版，第 20 页。

　　我国目前的调解类型，可分为官方调解与民间调解，前者包括各种以现代公共权力为依托的行政调解及法院调解，后者指私人调解和民间组织调解。私人调解一直处于自发状态，民间组织不兴旺，由其进行的调解自然难以发达。由此，我国当代调解的制度化呈现以各类官方调解为主导的情势。在官方调解中，以法院调解为例，相当多的调解受"执行难"、"法律白条"压力下"多得不如现得"心态的影响，受对判决结果难以预期的不安心态的影响，故往往是出于权宜之计的理性的妥协，它仍以利益计算为基础。现代的陌生人社会、匿名社会、风险社会风格以及一些社会关系的单次博弈特征，减弱了仁爱情感因素对调解过程的作用力。当事人对长远利益虽难有共识，但利益的均衡仍是可接受的方案。人类至今并未弃绝重复博弈关系。社会关系的多样性，尤其是社会关系的重复博弈特征，是儒家互惠原则在现代调解过程中发挥作用的重要基础。从正式权威、官方权威与非正式权威、民间权威的博弈以及司法资源合理高效配置、更有利于维护司法权威的角度看，当代调解制度的一个发展方向，是以法治框架内的公共权力保障当事人在解纷领域的自治以及增强民间组织解决纠纷功能在现代解纷领域的作用。

　　"善博弈者唯先守道，治蹊田者不可夺牛。"[1] 先秦儒家阐发的互惠之道可与现代博弈论相互印证。儒家互惠原则的独特性，在于珍视仁爱情感，强调个体之间虽有形形色色的差别但仍相互认同、相互体恤，又因其蕴涵着利益机制，故成为中国传统调解模式的主轴与中心。儒家互惠原则在调解领域以及构建和谐社会过程中的生命力，与其归因于农业文明、乡土社会，不如归因于具有重复博弈特征的社会关系和谐发展以及在单次博弈特征的社会关系中实现利益均衡之内在要求。

（作者单位：中南财经政法大学法学院、湖北警官学院）

---

　　① 《旧五代史·唐书二·武皇纪下》。

第三部分
方略探津——"法治中国"的经验与对策

　　农村区域的发展是区域发展的主战场，农业、农村与农民作为"三农"这一颇具中国特色的称谓的展现，在中国发展大格局中至关重要。如果权利是农民的终极关怀，那么法律便是农民权益的护身符。启蒙思想家洛克在人类史上首次将人权理论化、系统化，提出财产权是人权的核心。如果土地是农民最大的财富，那么在当代中国，农民的承包经营权则是获取这一财富的关键。关注农民权益，应当从土地承包经营权的保障与改革入手，这一点对全体农民尤其是返乡农民工至关重要。而取消农业税以后的农村政权与法治建设面临着诸多挑战，如何获得农村公共权力与法治运行的物质条件成为不可回避的问题；不仅如此，对农业的财政补贴无疑是国家通过履行积极义务来保障农民权益的重大举措，但是农业补贴的法律制度创新也是十分必要的，应当依法解决从"输血式发展"向"造血式发展"转变所面临的难题。推而广之，整个区域公共财政制度改革是合理配置资源以谋均衡发展的必需。就立法而言，在坚持"一元两级多层次"立法体制、维护中央统一立法权的同时，在区域发展中，地方立法权的优化配置与协调并进尤为重要。在立法主体上，如武汉"8+1"城市圈的地方立法协调与合作机制建设势必对该区域和谐发展产生根本性的影响；在立法范围上，针对区域社会关系的中心进行特别立法调控，对区域跨越式发展意义深广，如"两型社会"（环境友好型、资源节约型社会）的法治保障呼唤环境资源能源方面的立法先行先试。

经济危机背景下的节约能源立法研究
——以地方立法调整机制的完善为视角

陈洪波　陆宜峰　姚　婷

内容提要：节能是可持续发展进程的重要环节。面对能源与经济领域的新问题，尤其是全球性经济危机的蔓延，2001 年出台的现行《湖北省实施〈中华人民共和国节约能源法〉办法》（以下简称"现行节能办法"）已不适应我省的现实需要，亟待修订。刚出台的《新能源汽车生产企业及产品准入管理规则》及一揽子支持、促进新能源和节能环保等新兴产业发展的政策，也为我省节能产业的发展带来了新契机。本文以地方立法调整机制为视角，在分析现行节能办法缺陷的基础上，试从行政强制、经济刺激（能源税收与优惠、财政补贴与价格补贴等）、行政指导（节能计划与规划）、公众参与四大调整机制入手，对现行节能办法提出修订完善的意见和建议。

关键词：经济危机；节约能源立法；调整机制

世界金融危机不断蔓延加深，演变为世界性经济危机的危险性正在加大。从世界金融危机传导的路径和我省经济自身特点来看，此次危机对湖北经济的影响主要是通过全国经济所受影响传导产生的，不容小视。危机爆发后，我国政府科学研判形势，积极应对，千方百计扩大内需，调整结构，保持经济平稳较快增长。当前经济调整凸显我国调整经济结构和转变经济发展方式的紧迫性，应当强力推进节能减排和生态环境建设，努力"建设生态文明，基本形成节约能源资源和保护生态环境的产业结构、增长方式、消费模式"。具体到我省，结合武汉城市圈"两型"社会建设，更要健全节能法制体系，注重发挥市场机制作用，强化执法监督管理，建立更有效的节能监管体系。行政手段、经济手段、法治手段三管齐下才能收到实效。

一、法律调整机制原理概述

法律调整机制，又称法律实施机制，是指法律规范的形成、实施到产生调整社会关系效果的整个运行过程的综合原理，是从法律各个方面的联系和法律的动态上来考察法律对社会关系的调整功能的运行过程。

在环境法的研究范畴向环境与资源保护法扩展的同时，能源法律制度成为环境法律制度研究的重要对象。环境法律调整机制既是环境法律制度的实施方式，也是国家监督管理环境的具体手段，或称国家环境管制方式，包括直接管制（如排放限制、许可证管制等）和间接管制（对生产投入或消费前端过程中可能产生的污染物和污染源进行规范等）。环境法律调整机制包括行政强制、经济刺激、行政指导、公众参与，能源法是环境与资源保护法的分支，节约能源法律调整机制也应包括这四大调整机制。笔者建议，应从以上方面完善我省现行节能办法。

二、现行节能办法的修订背景

当前经济社会发展环境与现行节能办法制定时的经济社会环境相比较已发生极大变化。自 2001 年现行节能办法施行后，我省经济社会发展速度与能源供求矛盾日益凸显。一方面，我省能源资源十分匮乏，能源自给率低，能源供给不足是我省的基本省情，伴随着工业化和城市化的快速推进，城乡建设广泛开展，经济规模不断扩大，能源需求与日俱增；另一方面，由于经济结构不合理，增长方式粗放，资源利用效率低，节能降耗和污染减排任务十分艰巨，能源问题已经成为制约全省经济社会可持续发展的主要因素。

经济危机的迅速传播更是当前修订现行节能办法不可忽视的重要背景。这场经济危机的发生让我们意识到"节能"不仅包括"截流"，还可以是"开源"——开发新能源、创造生产力、拉动内需、缓解就业压力，从而加快冲出世界经济危机的步伐。

经济危机给传统产业带来巨大挑战的同时，也为新科技的诞生、发展提供了绝佳机遇。实施新能源产业推动政策是中央为进一步促进扩大内需、推动科学发展，根据我国能源产业发展和消费市场实际作出的又一项重大决策。大力发展新能源产业有利于扩大消费需求，促进内外需平衡；有利于提高资源能源利用效率，减少环境污染；有利于促进节能减排和循环经济发展，推动产业升级和能源结构调整。中共中央政治局常委、国务院副总理李克强于 2009 年 5 月 21 日出席财政支持新能源和节能环保等新兴产业发展工作座谈会时，将新能源和节能环保产业提升到了战略性新兴产业的高度，他指出，去年下半年以来，面对严峻的国际经济环境，党中央、国务院果断决策，出台了扩大内需、促进经济增长的一揽子计划。一些发达国家为应对危机，实行了被称为"绿色新政"的措施，刺激了相关产业的发展。历史经验表明，每一次危机都孕育着新的技术突破，催生着新的产业变革。综合考虑国内外情况，新能源和节能环保产业是促进消费、增加投资、稳定出口的一个重要的结合点，也是调整结构、提高国际竞争力一个现实的切入点。这方面发展的潜力很大，应当重点给予扶持，力求取得突破，努力实现产业化、规模化。

在产业发展导向上，国家对新能源汽车产业的一系列扶持措施已经施行。2009 年 4 月 10 日举行的以"纯电动汽车产业发展——机遇和挑战"为主题的电动汽车产业发展论坛上，时为工业和信息化部副部长苗圩发表演讲指出，我国在新能源汽车领域取得了积极进展，为纯电动汽车的产业化和商业化奠定了坚实的基础。6 月 17 日，工业和信息化部发布了《新能源汽车生产企业及产品准入管理规则》，并于 7 月 1 日起施行。该管理规则主要规定了新能源汽车分类及管理方式、新能源汽车企业准入条件及管理，有利于引导新能源汽车发展,规范新能源汽车企业有序竞争。财政部、科技部、发改委、工信部联合部署节能和新能源汽车示范推广试点工作,将包括武汉在内的 13 个大城市纳入试点城市。为鼓励引导购置节能和新能源汽车,中央财政将按照与同类传统汽车的基础差价,结合技术进步、可预测的规模效应等因素,给予一次性补贴。在全球经济低迷、油价剧烈震荡的情况下,国家扶持新能源汽车政策的推出可以说是让汽车制造业和能源产业看到了新的希望,也更加明确了未来各类产业发展的主要方向。

在宏观政策控制上,国家《新能源产业振兴和发展规划》已完成讨论稿,将按程序上报并择机出台。面对经济危机的冲击,我省提出危中求机、"弯道超越"、"提档进位"的工作思路和奋斗目标,《湖北省新能源产业振兴和发展规划》也在抓紧制定中。能源是中部地区的一大优势,中部地区作为东部重要的能源基地,中部崛起将成为全国经济复苏的重要推动力。在国家大力推进新能源战略的背景下,目前全国各省在新能源战略上几乎处于同一起跑线,对位于中部的我省而言,与传统的承接东部产业转移相比,发展新能源产业有利于掌握更多主动权,抢占制高点,以此作为"应急"和"谋远"新的切入点和突破口,实现全省经济"弯道超越"、"提档进位"的目标。国家即将出台的《新能源产业振兴和发展规划》,以及"中部崛起"战略与武汉城市圈"两型"社会综合配套改革试验区建设正好为我省在"弯道"处"提档"、"赶超"、"进位"创造了良好契机。

2008 年,根据日益变化的形势,《中华人民共和国节约能源法》修订并于同年 4 月 1 日起施行。全国人大财经委在向全国人大常委会作修订说明时指出,近年来,我国能源消费增长很快,能源消耗强度高、利用率低的问题比较严重,经济发展与能源资源及环境的矛盾日趋尖锐,现行节能法已经不能完全适应当前及今后节能工作的要求,需要修订。从当前的情况看,有些地区和行业能耗指标不降反升,高耗能、高污染行业增长仍然过快。节能工作形势严峻,任务艰巨,压力很大。迫切需要在总结现行节能法实施情况的基础上,通过完善法律,加大对节能工作的推动力度。与原《中华人民共和国节约能源法》一样,我省现行节能办法亟待修订。

三、现行节能办法的规定与不足

(一) 节能的定义与内涵

《中华人民共和国节约能源法》第 3 条规定,节能是指加强用能管理,采取技术上可行、经济上合理以及环境和社会可以承受的措施,从能源生产到消费的各个环节,降低消耗、减少损失和污染物排放、制止浪费,有效、合理地利用能源。第 4 条强调,节约资源是我国的一项基本国策。

(二) 现行节能办法的基本制度

现行节能办法确立了以下基本制度:(1) 节能专门制度,包括能耗限额制度、重点用能单位管理制度、限期淘汰制度、禁止引进落后用能技术、设备制度；（2）政府及有关部门的职责义务，包括制定节能规划和经济技术政策、加强监测统计、推动技术进步、开展宣传教育等；（3）用能单位的权利义务，包括固定资产投资工程项目合理用能专题论证制度、遵守有关法律制度、节能政策、规范、标准、限额，履行相应节能义务；（4）生产用能产品、设备的单位和个人的权利义务等。

（三）现行节能办法的缺陷

随着经济形势的发展，我国在能源形势、管理体制、社会环境等各方面都发生了巨大变化。尤其是在当前经济危机的大背景下，现行节能办法的修订显得尤为迫切。

此外，其制度设计上的具体缺陷还包括：（1）主体上，监管机构与行政管理体制改革后的调整不符，导致权责不清；（2）制度设计上，可操作性不强，法律责任规定过于原则且难以落实；（3）调整范围上，侧重工业节能，对建筑、交通运输、公共机构、重点用能单位等领域的节能规定过少；（4）调整手段上，正向激励措施规定零散，强调刚性的行政管制，经济刺激、行政指导等手段规定极少；（5）与相关法律，尤其是与经修订的《中华人民共和国节约能源法》和我省以《湖北省民用建筑节能条例》①为代表的单行法规、规章的衔接不足。修订势在必行，目前，我省已着手启动现行节能办法修订工作。

四、现行节能办法调整机制的完善

（一）行政强制

能源是具有公共属性的战略物资，决定了市场调节的有限性甚至失灵，政府的行政干预显得格外重要，应着重从主体和法律责任上完善节能法律机制。

1. 明确主体

立法应明确地方发展和改革委员会的节能监督管理地位。现行节能办法确立了统一与分级监督管理相结合的节能监督管理体系，政府机构改革后，现行节能办法规定的"省经济贸易行政主管部门负责节能监督管理工作"、"县级以上人民政府经济贸易行政主管部门负责本行政区域内的节能监督管理工作"的职能已分别为省发展和改革委员会、县级以上各级发展和改革委员会取代，修订后的节能办法应予以明确。

各部门分工负责。节能涉及生产、生活、政府机关、公用事业等诸多方面，需要清洁生产、科学技术、循环利用、规划、财政、税收、金融、投资、贸易等多方面的协调配合，应当在统一与分级监督管理相结合的基础上，规定其他有关部门在各自的职责范围内，负责相关的节能工作。

---

① 《湖北省民用建筑节能条例》已于 2009 年 3 月 26 日由湖北省人大常委会通过，现行节能办法修订时应注意与该条例的相关规定相协调。

设立具有节能执法权的专门性节能监察机构。我国各地的节能监测机构大致分为三类：一为具有节能执法权的专门性节能监察机构，以上海、甘肃等省市为代表；二为受政府委托的节能监测执法机构，由地方财政全额支持，以浙江、云南、四川、青海等大部分省市自治区为代表；三为独立的节能监测机构，以山东为代表。第三类节能监测机构地位尴尬。① 我们认为，设立具有节能执法权的专门性节能监察机构是较好的选择，既符合执行专门化的必然趋势，也有利于监督机构的高效运转，并能建立健全节能执法队伍。

2. 加大法律责任

提高惩治额度，从经济利益上遏制高耗能。现行节能办法对法律责任的规定总共只有五条，过于抽象且偏重行政手段处理，排污收费标准又设置过低，许多行业宁可接受罚款或缴纳排污费，也不愿治理污染或采用节能降耗技术。修订过程中应特别注意避免这些不足，从经济利益方面对高耗能重污染、节能意识极端薄弱的企业经营者予以惩戒。

3. 单位 GDP 能耗纳入政绩考核

我国长期只重 GDP、税收等硬指标，忽视 GDP 能耗、环境污染指数等软指标，与政府工作考核惟产值收入马首是瞻的指标体系有关。将两个 GDP 同时纳入地方官员的政绩考核评价内容，才是既利经济，又为民益。国家上位法在总则第六条规定"国家实行节能目标责任制和节能考核评价制度，将节能目标完成情况作为对地方人民政府及其负责人考核评价的内容"，我省也应及时吸收。

（二）经济刺激

1. 正向刺激

（1）政府援助/财政补贴

政府可对生产开发节能产品的企业给予必要的财政补贴，对于更新、改造生产设备和工艺手段的资源消耗型企业也给予必要的财政补贴，以补偿生产企业对环境的治理费用和保护稀缺资源，引导、鼓励更多的企业从事绿色生产。

（2）税收优惠②

能源税优惠政策主要针对可再生能源等低能耗、少污染的新型能源，对绿色能源及其产品的生产和消费在税收上给予适当的减免，使生产成本下降，市场价格合理，激励企业投资节能产业，引导公众消费绿色产品，形成绿色生产、绿色消费的良性循环。

---

① 依据《行政许可法》第 23 条、第 24 条的规定："法律、法规授权的具有管理公共事务职能的组织，在法定授权范围内，以自己的名义实施行政许可"，"行政机关在其法定职权范围内，依照法律、法规、规章的规定，可以委托其他行政机关实施行政许可"，而节能监测机构属事业单位，既无法律、法规授权，又不属行政机关，因而不具备节能执法资质，形成节能执法主体的缺位。

② 我国学理界尚未形成统一的"能源税"概念，也不存在专门的能源税税种，环境保护税收机制亟待完善。

新修订的《中华人民共和国节约能源法》第62条和第63条规定国家实行有利节约能源资源，鼓励技术进步的税收优惠政策。新出台的《企业所得税法》也对节能产业有所倾斜，该法给予了节能、节水、资源综合利用、高新技术产业、基础设施建设项目和煤矿安全设备等国家重点扶持的产业税收优惠政策，企业凡购置列入所得税优惠目录的节能产品、节能设备，将按其投资额的一定比例获得所得税抵扣优惠。

（3）绿色采购

现行节能办法只在第16条就公共机构节能作出了规定，应当在地方立法中重点细化政府绿色采购法律规范。2003年《中华人民共和国政府采购法》施行后，又陆续发布了《关于环境标志产品政府采购实施的意见》和首批《环境标志产品政府采购清单》，但我国政府采购的政策导向作用仍不明显，① 目前国家尚无专门的政府绿色采购法。为突出绿色消费的引导趋势，有必要制定专门条款强化对政府绿色采购行为的刚性约束力。

（4）贷款优惠与费用减免

政府可给予节能企业金融政策的倾斜扶持。引导金融机构对节能企业尤其是中小型节能企业给予信贷优惠，为其开辟特殊通道，减免发展过程中的非必要费用，从经济上帮助并引导中小型节能企业发展壮大，鼓励节能新技术形成产业效应，从而扶持节能产业，培育节能产品市场。

2. 负向刺激

（1）强制定价/价格补贴

对高耗能重污染产品，在节能产业平稳发展的基础上，可以实行强制定价的政策，使之失去价格优势，逐步退出市场；而对节能产品，政府可实施价格补贴，减轻价格劣势对节能产业的打击。

当然，强制定价并非长久之策，以行政手段扭曲市场正常运行状态不可能从根本上推动节能产业的发展。借鉴美国节能法的运行经验②，应当在适当时候对能源价格解除管制，促进国家能源结构向多元化格局转变。

能源价格改革是促进节能减排、转变经济发展方式、贯彻落实科学发展观的一项重要内容，尽管能源价格在某种程度上还存在政府管制，但随着市场化进程和价格体制改革的加快，政府对于这类产品的管制将日趋弱化，相应的政策补偿机制和良性循环体制将逐步建立，我国为促进科学发展必将加快能源价格改革步伐。在目前经济危机的背景下，CPI和PPI双下降的情况下，国家定会坚定不移地推进能源价格改革，逐步放开煤、电、气、油、原材料等能源价格的管制，使其逐步与国际市场接轨，加快建立能源

① 从世界范围看，一国的政府采购金额一般占年度GDP10% ~15%，我国2005年政府采购仅占年度GDP的1.6%，目前政府采购的比例仍然很小。

② 美国自20世纪30年代中期以来就对能源价格实施了若干重要控制，20世纪80年代以来对能源价格解除管制，石油需求和进口随之下降，能源价格政策的调整直接导致石油、天然气等化石燃料的市场份额发生了变化，促进了能源结构的优化。

价格形成机制。这都将利于有一定能源优势的我省的发展，因此我省应及时跟进，在地方立法中体现积极的能源价格政策。

（2）能源资源税收及有偿使用

新修订的《中华人民共和国节约能源法》第62条对能源资源税收政策和矿产资源有偿使用制度作出了原则性规定，修订后的节能办法应当明确实行有利节约能源资源和综合利用的税收政策，控制生产过程中高耗能、重污染技术的运用和产品的出口，并健全能源资源和各类废弃资源有偿使用制度。

（3）公共基金制度

我省可设置节能专项基金，用于节能法律规范的制定、宣传教育、奖励引导等专门活动。设置标准可依据GDP能耗，地方节能基金可按GDP能耗与全国平均水平的差距按比提取，针对GDP能耗重点地区。至于基金来源，可借鉴美国等大多数国家采用的能源附加费①，辅之以从能源税等与节能相关的税收收入中提取一定比例留存，既保证了以税收杠杆引导企业积极节能，也避免了国家经济运行状况对税收以至对基金稳定性可能带来的不利影响。必须明确的是，节能专项基金应当纳入政府财政预算实行专款专用。

（三）行政指导

应将节能上升到关乎我省能源安全的高度，更多从宏观上实施指导性行政行为。近年来，省委、省政府高度关注能源问题，先后多次专题研究，并作出重要指示。目前，湖北省正在着手编制有关能源发展的战略规划（2008—2020），该能源战略规划旨在针对能源发展趋势、发展战略、政策措施以及近期、中期、远期应重点抓好的主要工作进行初步构建。

地方各级人民政府应当将节能工作纳入国民经济和社会发展规划、年度计划，并在我省能源战略规划的整体框架内组织编制和实施节能中长期专项规划、年度节能计划。省级政府应组织制定节能技术和产品的推广导向目录，其指向性和规范化对促进市场竞争、改善消费者福利、减少能源消费和污染物排放具有重要意义。

此外，节能技术的研发投入也应进一步加大。技术创新是节能的重要动力，我省应根据产业发展需要选择节能技术，规划重点节能研发项目；加大节能技术研发的资金投入，建立健全节能研发资金管理使用机制；引导、鼓励企业开发节能技术，帮助推动节能技术的市场化、产业化，使节能科技较快转化为清洁低能耗的生产力。

（四）公众参与

节能办法中的公众参与机制，一是要扩大参与主体，囊括非政府环保团体（NGO）

---

① 能源附加费，指在能源及相关产品的零售价格上再征收少量附加费，用于支持节能和可再生能源发展。包括可再生能源附加费和不可再生能源附加费，如电力附加费、燃油附加费，以及国家发改委日前确定上网电价的六种可再生能源（水力、风力、生物质、太阳能、海洋能、地热能）等的附加费。

等在内的最大程度上的社会公众；二是拓展参与深度，使节能成为一种社会意识，自动自发地节约能源、保护环境，通过节能先进人物评选、讲座、研讨会、培训班、文艺演出、展览、科普读物、新闻媒介等进行宣传教育；三是参与模式的制度化，公众应当充分行使宪法赋予的知情权、参与权、异议权、监督权，能耗审计状况、能源规划、计划等应定期向社会公开，由公众对节能管理行为和执行决策行为进行监督，在能源限价、能源税制定过程中举行听证会、论证会，使公众真正介入到行政决策制定的过程中。

2006 年初，我国第一部环保方面公众参与的规范性文件《环境影响评价公众参与暂行办法》出台，其他有关环境的信息公开条例也将陆续出台，现行节能办法修订时应与这些公众参与法律规范相衔接，为公众在节能中发挥更大作用提供制度保障。

综上，我省拟修订的节能办法可从四大调整机制上分别着力，在行政许可、行政命令等行政强制机制的底线之上，重点运用财政补贴、税收优惠及能源税征收、政府绿色采购、节能专项基金等经济刺激机制，并以绿色产业、绿色消费为主的行政指导机制和引导全民节能的公众参与机制为辅，为节约能源、降低能耗，缓解能源和环境压力提供更切实可行、更与时俱进的法制保障。

（作者单位：湖北省人民政府法制办公室）

经济危机中弱势群体生存权保障的国家义务

陈焱光

内容提要：本文认为，本质上作为社会弱势群体的生存权在经济危机中面临着比其他群体更严重的威胁，国家必须更切实地履行对弱势群体生存权保障的义务，其中尤其要优先保障社会弱势群体的适当生活水准权、受教育权的保障和老人、病人和残疾人的物质帮助权。

关键词：经济危机；弱势群体；生存权；保障；国家义务

一、生存权本质上是弱势群体的权利

在内容日渐丰富和庞大的人权体系中，生存权位居榜首，因此，人们通常把它称为第一人权或首要人权。生存权一般指的是"生命安全得到保障和基本生活需要得到满足的权利"。[①] 在存在阶级剥削和阶级压迫的社会和殖民地半殖民地国家和地区，人民的生存权经常遭到无理的剥夺，争取生存权是阶级社会里被压迫人民进行各种反抗斗争的目标之一。1991年，我国发表《中国的人权状况》白皮书，其中就认为"生存权是中国人民长期争取的首要人权，而且，至今仍然是一个首要问题"。[②] 没有生存，人类就不可能进行任何活动，没有生存权，人权也就无从谈起。[③] 早在原始社会母系氏族阶段，人类对自己的生存就开始重视，氏族内部对所有成员的生命、健康和起码的人格都是非常关注的，不仅相互尊重，而且相互保护。一旦氏族成员的生命、健康受到外族的侵犯，全氏族成员便奋起保护。在奴隶制度下，奴隶没有人权，奴隶主对奴隶可以任意打骂、买卖和杀戮。奴隶的反抗起义，实际上就是为了生存，从而争取生存权便成了奴隶向奴隶主进行斗争的主要内容。在封建制度下，农奴（农民）的人身依附于封建地主，他们终年劳累却难以维持生计；尤其是政治压迫，更使农奴（农民）常常死于无辜。无数农民起义的主要目的就是为了生存。争取生存，这是人类最起码的要求，是一条颠扑不破的真理。我国古代著名的教育家、思想家孔丘对此早已有所认识，他反对用俑殉葬。而用俑殉葬较之用人殉葬已是一个进步，他连这个都反对，足见其对人的生存

---

① 王家福、刘海年主编：《中国人权百科全书》，中国大百科全书出版社1998年版，第531页。

② 国务院新闻办公室：《中国的人权状况》，载佟唯真编：《中国人权白皮书总览》，新华出版社1998年版，第3页。

③ 李龙：《论生存权》，载《法学评论》1992年第2期。

的重视。

在西方，生存权的思想萌芽早在中世纪神学家托马斯·阿奎那的著作中就已经出现。① 当然，把生存权作为人权的首要内容从理论上提出来则始于资产阶级思想家。他们在反封建专制的斗争中，用"人性"对抗"神性"，以"天赋人权"取代"君权神授"，将人的生存（命）、自由、平等、安全作为人的基本权利，并统称为"自然权利"。如近代早期启蒙思想家格劳秀斯、葛德文对这一权利就有所论述。而作为一项实际法律权利的生存权，一般认为是在早期人权文献和立法中有关生命权和社会救济权的规定的基础上发展起来的。1776 年美国的《弗吉尼亚权利法案》和《独立宣言》是宣告生命权的最早的立法文献。而在 1791 年的《法国宪法》中规定："应行设立或组织一个公共救助的总机构，以便养育弃儿、援助贫苦的残废人、并对未能获得工作的壮健贫困人供给工作。"这一有关社会救济权的规定可以说是生存权的最早法律表现。到了 1848 年法国"二月革命"后，法国宪法中生存权方面的规定已经比较完备。而生存权制度的最终定型，是以 1918 年苏俄的《被剥削劳动人民权利宣言》和 1919 年德国《魏玛宪法》为标志的。在《被剥削劳动人民权利宣言》中有以下规定："废除土地私有制。全部土地以及一切建筑物、农具和其他农业生产用具均为全体劳动人民的财产"、"将一切银行收归工农国家所有"、"消灭社会上的寄生阶级"、"实行普遍劳动义务制"等。从这些规定当中，我们可以看出苏俄政府意欲保障人民生存权的决心，这也是人类第一次试图从根本上解决生存权问题的一次历史性创举。在《魏玛宪法》第二编"德国人民之基本权利及基本义务"中，特设"经济生活"一章（第五章），以维护人民的生存权利。其中第 151 条规定："经济生活之组织，应与公平之原则及人类生存维持之目的相适应。"第 163 条规定："德国人民应有可能之机会，从事经济劳动，以维持生计。无相当劳动机会时，其必需生活应筹划及之。"这是在立法史上第一次明确提出的国家有保障生存权之义务的规定。《魏玛宪法》确立了现代意义上的生存权，并且赋予了生存权以具体的内涵，即不仅仅是活下去的权利，而且是能够体现人的价值，体现人的尊严地生活下去的权利。它的制定，标志生存权的全面定型化。从此，生存权问题在各国宪法中逐渐得到体现。至此，生存权从道德权利就转化为法定权利，获得了强制力，成为具有普遍性的人权之一。20 世纪 30 年代资本主义经济大萧条进一步促进了生存权在世界范围内的发展。第二次世界大战后，对于生存权的保护已成为世界上几乎所有国家的宪法和有关国际人权文件中一项必不可少的内容。这主要体现在各国宪法对财产权、劳动权、社会保障权、环境权等的具体规定之中。1948 年发表的《世界人权宣言》第 22 条明确规定了社会保障权，并把过去的市民权延伸到国际公认的生存权。国际劳动组织于 1952 年制定了《社会保障最低标准公约》，对退休待遇、疾病津贴、医疗护理、失业救济、公伤补偿、残疾津贴、子女补助、死亡补助以及定期支付、应遵守的最低标准作了明确规定。国际劳动组织另外还制定了《本国人和非本国

---

① 徐显明：《生存权论》，载《中国社会科学》1992 年第 5 期。

人的社会保障待遇平等公约》（第 118 号公约）等一系列文件。同时，一些地域性关于生存权跨国保护之公约也相继签署。这些事实表明，生存权不仅是本国公民享有的权利，并且是跨国越境的工人或移民在工作国和居住国应享有的权利。因这些权利的享用是个人在社会中尊严地生存下去的必要条件，因此，它们都可一般地被归入生存权的范畴之内。

从以上对生存权思想和立法历史的简要检视来看，生存权是不同于自由权的一种社会（保障）权，是需要国家积极地保护和促进的权利。"社会保障权的基本内容是实现生存权"①，而"以生存权为核心的社会权在实质上是社会弱势群体的权利"。② 因为生存权是一个人维持生命和基本生活的最低限度的权利。诚如《日本国宪法》第 25 条第 1 款规定的，"所有国民，均享有营构在健康和文化意义上最低限度生活的权利"。生存权凸显了社会弱势群体的主体地位，生存权以其积极权利的性质为社会弱势群体权利的实现提供了强有力的支撑。生存权在实质平等理念的指引下，将关怀社会弱势群体的福祉作为价值目标。

当然，生存权的性质、内容和具体范围在各国都没有一个明确一致的界定。就权利性质而言，在日本主要有三种观点，即纲领性规定论、抽象性权利论，具体性权利论。③ 至于生存权的范围，首先主要是从经济方面的保障开始的。生存权理论主要是作为解决经济贫困问题的理论开始的，后来向着新的方向即确保人的尊严的方向发展。"在现实生活之中，如果把物质的、经济的和社会的条件当做客观性条件的话，那么精神的与文化的条件就可以说是人类生活的主观性条件。"④ 日本有学者认为广义的生存权包括家庭、生存权（狭义即生活权）、教育权、劳动权。⑤ 也有学者认为生存权需要国家立法或政策加以具体化，涉及的范围十分广泛，包括各种社会福利立法、社会保险立法和包括环境权在内有关公共卫生的制度等。⑥ 而我国著名学者李龙教授认为，生存权的基本含义就是"生"（生命）和"存"（安全）两大方面。随着"二战"后国际人权理论和保护的发展，生存权的内容进一步丰富。主要包括：（1）免受饥饿和贫困的权利；（2）发展权；（3）防卫非法暴力权；（4）社会救济权；（5）特殊主体的生存权，如残疾人、战俘等；（6）和平权；（7）环境权；（8）人道主义援助权。⑦ 应该说，生存权的范围尽管难以准确界定，但它是由国家作为义务人、包括物质和精神文化方面最低限度的保障是它最共同的内容，并且它是随着社会的发展而不断丰富其内容的。

---

① 韩大元：《宪法学基础理论》，中国政法大学出版社 2008 年版，第 305 页。
② 齐延平主编：《社会弱势群体的权利保护》，山东人民出版社 2006 年版，第 51 页。
③ ［日］大须贺明：《生存权论》，林浩译，法律出版社 2001 年版，第 286～287 页。
④ ［日］大须贺明：《生存权论》，林浩译，法律出版社 2001 年版，第 27 页。
⑤ ［日］三浦隆：《实践宪法学》，李力、白云海译，中国人民公安大学出版社 2002 年版，第 153 页。
⑥ ［日］芦部信喜：《宪法》，林来梵等译，北京大学出版社 2006 年版，第 233 页。
⑦ 李龙、万鄂湘：《人权理论与国际人权》，武汉大学出版社 1992 年版，第 38 页。

二、经济危机是对弱势群体生存权的最大威胁之一

对人权的威胁除了政治的原因外，最常见、广泛和持久的因素应是经济的因素。工业革命以来，特别是 20 世纪以来，经济危机对人权的影响最为深远。而经济危机中人权最无保障的是在生理和社会能力上处于最不利地位的弱势群体。而对弱势群体的人权威胁最严重和最直接的是对其生存权的威胁。2009 年 2 月 20 日联合国人权理事会就经济和金融危机对于人权的影响召开特别会议。人权高专皮莱在会上发言时指出，当前的危机对移民工人等弱势群体的影响格外严重。她敦促各国政府和企业确保其针对危机制定的政策和措施不会危及这些群体的人权。人权高专呼吁各国充分考虑到移民工人、难民、妇女和儿童、土著人民、少数民族和残疾人士等处境最脆弱、社会地位最边缘化的群体的需要，不仅要采取措施保护他们的社会经济权利，还要保护他们的民权和政治权利。皮莱表示，经济危机会影响人们就业、削弱人们享有食物、住房、基本健康保健和教育的机会，人权高专还指出，发展中国家受到本次危机的冲击尤其严重。她敦促包括世界银行、国际货币基金组织在内的国际社会，充分利用其政策手段和资源，帮助发展中国家加强经济、维持增长并保护弱势人口。同样，2009 年 4 月 1 日联合国开发计划署在伦敦峰会即将开幕之际指出，源自发达国家并蔓延至全球的经济危机正在威胁着最贫困的国家，有可能对人类发展造成灾难性影响，应该优先关注那些在危机中最需要帮助和容易被忽视的弱势群体所面临的问题。开发计划署副署长梅尔科特指出，这场危机对贫困国家的许多人民来讲事关生死存亡。开发计划署的分析表明，危机来临时，贫穷国家遭受到的破坏要大于富裕国家，这不仅体现在失业人口和收入的损失上，还体现在卫生和教育方面，例如寿命缩短、入学率降低以及辍学率增加等。在低收入国家，女性、儿童和贫困人口最容易受到经济崩溃的影响。在这次 20 国集团高峰会上，潘基文秘书长将专门为 150 个不在场的发展中国家发言，敦促与会各国采取共同行动，为最贫困、最弱势的人口提供社会保障。他认为，经济危机给那些没有住房和储蓄的穷人带来的危害特别大，因为有些国家中，贫困人口的收入可能有 80% 都用于购买食物，而且他们往往得不到医疗保健、水和环境卫生方面的服务。如果不采取及时、果断的行动来保护最弱势人口，整个经济危机可能很快会因为政治和安全动荡而变得更加复杂。① 由此不难看出，从国际范围来看，保护弱势群体的人权特别是生存权，已成国际社会关注的焦点之一。

在我国，官方承认，这次金融危机对我国实体经济的影响，主要表现在对工业企业的影响，其中又是劳动密集型企业、出口加工型企业影响比较大。在这些企业中，农民工是主体，所以农民工受到的冲击影响最大。② 而全国政协委员、农业部市场与经济信息司司长钱克明看来，我国受金融危机冲击人数最多、影响最深、最需要帮助的却是农

① http：//www. asinfo. gov. cn/show. aspx? id=23409&cid=16.

② http：//news. qq. com/a/20090310/000891. htm.

民。他指出，金融危机对我国农民造成的影响主要体现在三个方面。首先，金融危机使我国农民工失业人数达到约2000万，超过世界经济史上任何一次全球经济危机对任何国家任何人群的影响。从官方统计的情况来看，2008年底全国农民工总数是2.25亿，其中外出务工的农民工总数是1.4亿。另据人力资源和社会保障部的预测，2009年我国城镇登记失业率将由2007年的4%上升到4.6%，两年累计净增城镇登记失业人数约150万。由此可见，我国农民工失去的就业机会远超过国内其他群体。而农民自古以来就是弱势群体。

金融危机和投机炒作导致全球农产品价格剧烈波动，在农产品价格上升周期中我国农民并未赚到钱，而目前国内农产品价格普遍下跌，又导致我国农民务农收入大大缩水。① 由于金融危机影响的加深和国际贸易保护主义抬头，我国优势农产品出口受阻，国外农产品低价向我国倾销，导致我国农产品贸易逆差迅速飙升，加剧了国内农产品难卖的困境。"今年，失业和农产品价格下跌双碰头，农民的两个主要收入来源——务工收入和出售农产品的收入都在缩水。"钱克明表示，如果农民的收入不增长，任何扩大内需的措施和产业振兴的计划多可能成为无源之水。因此，他建议说，在应对金融危机中要高度重视对农民的扶持和救助工作，千方百计地开拓农民增收渠道，包括外出务工增收、返乡创业增收、务农增收、政策增收、加强社保等。

以上尽管以国际劳工和农民工为例，但无疑揭示了经济危机对弱势群体的生存权的致命影响。在以打工收入养家糊口的家庭，失业意味着孩子失学、家庭失去经济支撑，健康失去保险，生存失去保障。而危机带来的价格波动，更使老年人、病人和残疾人的生存境况令人揪心。弱势群体的生存困境进一步凸显了国家此时履行保障义务的紧迫性。

三、经济危机中弱势群体生存权的保障更要依赖于国家

人权史表明，对人权的保障主要取决于国家。从国际人权公约的规定看，国家在人权保障上主要有三大义务，即尊重、保护和促进（实现）的义务。就一般意义上讲，国家应平等地尊重、保护和促进（实现）每个人的人权。但形式上的平等主要是从抽象的法律人格的意义上来要求平等对待一切个人的，全然没有考虑到现实中各人所拥有的经济与社会地位，故经济与社会的不平等被置之一旁而不顾。因而，20世纪以前，"财产权不可侵犯和契约自由等经济的自由权，便以保障形式上的平等为后盾，压倒性

---

① 在金融危机爆发前期，国际粮食价格暴涨，美国农民获益巨大，2007和2008两年的净收入均比10年平均收入增加40%以上。但由于种种原因，我国粮价只有国际市场最高价的1/3～1/2，即使国内农产品价格短期和小幅上涨带来一些利润，也被生产资料和流通成本更大的涨幅所抵消。据测算，2008年稻谷、小麦、玉米三种粮食亩均纯收益为136元，比上年还减少31元。随着金融危机影响的加深，2008年后期全球农产品价格调头下滑，我国农产品价格跌幅将更大。2008年9月以后，多数农产品价格掉头，持续下降，部分地区先后遭遇玉米、大豆、棉花、柑橘、苹果、马铃薯、大白菜等农产品卖出难的问题，农民损失惨重。参见 http://www.yantan.org/bbs/thread-90941-1-1.html.

地有利于有产者而不利于无产者，使两者之间的不平等和差距极大地扩大开来了。自由能使有产者获得实际利益，但对于无产者却形同充饥之画饼，因而形式的平等越受保障，矛盾就越为深刻"。① 事实也证明，几乎所有的政治动荡和集权主义政权的出现，都是由大规模失业与贫困所致。并且，"对形式平等基础上的经济自由的过度追求与保障，使社会蒙受了巨大的耻辱"。② 因此，社会弱势群体的境况丝毫不因形式的平等自由而得到改善，相反，被抽去了权利血肉的权利只剩下有害的躯壳。抽象的权利平等必须注意实际上能力不同的弱势群体，只有根据不同类的人群进行合理和适度的区别对待，权利的平等才具有符合人类文明标准的意义。国家必须花更多注意力聚焦于处于社会不利地位的人群和权利实现有障碍的人群。20 世纪以来的立法和制度转型顺应了对弱势群体实质平等的权利诉求。这样的社会和制度才是正义的。正如 20 世纪最有影响的法学家、哲学家之一的罗尔斯所阐释的，经济和社会的不平等安排必须遵循以下两个原则才是合理的：（1）在与正义的补偿原则一致的情况下，适合于最少受惠者的最大利益；（2）在机会平等的条件下，地位和官职对所有人开放。③ 按这种理解，国家就必须采取积极措施给每个公民特别是弱者以最基本的生存照顾以及受教育机会，帮助公民改善自己的生活环境和条件，增强其改善自己生活的能力。

经济危机无疑加剧了本就脆弱的弱势群体的生存权的实现，在国家也同样在遭受经济危机重创的情况下，是否能更加关注弱势群体的生存权的实现？在弱势群体生存权的权利体系中，哪些更应得到优先保障？本文认为以下三方面的权利应优先受到保护：

（一）最低限度（适当）的生活水准的权利

按《世界人权宣言》第 25 条的规定，每个人都享有维护相当生活水准的权利，即人人有权享受为维持他本人和家属的健康和福利所需的生活水准，包括食物、衣着、住房、医疗和必要的社会服务；在遭到失业、疾病、残废、守寡、衰老或在其他不能控制的情况下丧失谋生能力时，有权享受保障。当然，基于国家财力的限制和过度保障带来的负面影响，适当的生活水准在几乎所有国家都取其下限。如日本宪法规定其国民享有"最低限度的健康与文化生活的权利"。在中国，这一权利主要指失业救济权、医疗保险、伤残保险和最低生活保障权，这些构成了公民生存权的底线，也是其核心。与这一权利相对应的是国家的义务，即任何公民在通过自己的能力不能维持相当的生活水准，或者通过自己的能力无法改变现有的不利的生存环境和条件时，国家有给予其特殊照顾或帮助的义务。在经济危机普遍影响国家各方面的时期，这一权利应当得到至少三方面的保障：其一是免于饥饿的权利，也称获得食物和营养的权利，它是指公民不能通过自己的努力获得基本生存所需的食物和营养时，政府必须积极采取措施保证每个人都能直接获得必要的安全且有营养的食物。由于经济危机，弱势群体的失业和物价的波动大大

---

① ［日］大须贺明：《生存权论》，林浩译，法律出版社 2001 年版，第 34 页。
② 张千帆主编：《宪法学》，法律出版社 2008 年版，第 209 页。
③ ［美］罗尔斯：《正义论》，何怀宏译，中国社会科学出版社 1998 年版，第 302 页。

降低了他们的生存能力，导致饥饿和营养缺乏甚至危及生命，此时，依靠他们自己和社会的自愿性救助都无济于事，只有国家才可以也必须提供维持其生存的最低限度的食物和营养。其二是住房权。经济危机使弱势群体或付不起房屋贷款，或交不起房租，二者都导致丧失住房权。而没有住处安身的人，是没有尊严的人，更谈不上安全和健康。因此，国家应在经济危机时期对弱势群体给予住房方面的扶助，如采取减免、缓缴或少缴、发放补贴等形式，帮助弱势群体度过难关。其三是基本医疗保障权。该权利具体内容尚无一致的规定和看法，但至少包括两个方面，一是预防性健康保健权；二是遭受疾病时的医疗护理权。对国家而言，也有两方面的义务，一是积极采取措施保障公共卫生、防疫、初级医疗保健等人类生存之基本需要；二是对于急需救助医治的病人在无钱医治的情况下，国家有义务给患者提供基本医疗方面的救助。如国家提供基于适当治疗和基本药物的义务。

（二）老人、病人和残疾人的物质帮助权

弱势群体的形成既有外在的经济体制和政治因素所造成，也有自然的生理和不可抗拒的外力所致。对于前一种弱势群体国家通过改变政策，在特定时期、提供特定的扶助措施可以确保其生存权的实现；对于后一种弱势群体，国家基于人道主义和共同体义务，需要提供更多的关怀和救助，而且是长期的。在一般情况下，这些弱势群体可以从国家和社会获得物质帮助，但在经济危机时期，来源于社会的救助可能会有所减少，此时，国家应更多地负担起救助的责任。

（三）受教育权的保障

经济危机带来的对弱势群体受教育权的冲击也是显而易见的。失业带来的弱势群体中未成年人的失学是一个不可回避的问题。这不仅在义务教育人群中存在，更大量地体现为义务教育后应接受进一步教育（如高中阶段教育、职业教育和大学教育）的群体中。对一般公民而言，教育对于培养一个公民的心灵和意志，对于公民获得智慧和独立性，进而对于公民获得作为一个自治公民的尊严，对于公民改善自己的不利生存环境和条件具有极其重要的意义。所以，教育应是"国家对市民的神圣债务"，而公民只有通过受教育才能行使作为公民的权利。对于受教育年龄段的弱势群体来说，受教育权的丧失意味着弱势身份的永久定格；对于失业后需要再接受职业教育（培训）的人而言，再教育机会的丧失意味着更加的弱势。在当今知识经济的时代，教育变得愈发重要，这不仅是因为教育是实现社会公平的利器，是最下层的人们进入社会中上层的唯一有效的途径，而且接受适当的教育对于获得令人满意的工作和在工作中发挥出色，对于获取财产和最适当地使用财产从而确保了适当的生活水准等都具有决定性意义。对一个国家而言，解决弱势群体生存权状况的重要途径是充分保障这一群体的受教育权，在经济危机的时期，这一权利更为关键，它为弱势群体走出弱势提供了最坚实的基础。

以实现生存权为目的的社会保障权是生存权的法律生命形式，其基本理念就是当社会成员的劳动能力减退、暂时地或永久性地失去劳动能力，从而沦为社会弱势群体时，

社会提供一种援助性措施，以保证其过上有尊严的、体面的生活。所以，"现代社会保障的基本理念不仅是要保障人的生存权，而且要维持人的一种'体面'的生活状态，使人能够保持与其他社会成员同等对话时不至于产生低微感的生活水平，维护其作为'社会'成员、作为社会的人的尊严"。① 经济危机可以让国家的经济衰退，却无论如何也不能让社会弱势群体在没有生命、安全、尊严和健康中生活。尽管社会保障权是每个公民享有的一项普遍性人权，但实际上是社会弱势群体的人现实享有的一项权利，换句话说，是弱势群体的生存权，在经济危机中随着这一权利重要性不断地凸显而应该受到国家不断加强的保障。

（作者单位：湖北大学政法学院）

---

① 李长勇：《现代社会保障的基本理念》，载《人权研究》（第3卷），山东人民出版社2003年版，第451页。

返乡农民工权益保障：以土地承包经营权为例

刘一纯

内容提要：我国土地承包经营权在立法上已经获得了全面保障，权利主体主要是作为农村集体经济组织成员的农户。返乡农民工的土地承包经营权因而也具有充分的立法保障。在当前经济危机波及全球的情势下，经营土地便是返乡农民工唯一现实的收入来源，因此必须予以充分保障。宜将土地承包经营权的主体统一确定为农民个人，而不是农户或家庭，并从确认和保障农民个人在土地承包中独立的主体地位出发，修改和完善《农村土地承包法》并协调相关法律。应当在法律所规定的现有各种法律救济的框架内，对维权救济进行以方便和快捷为目标的改进。

关键词：返乡农民工；土地承包经营权；立法保障；维权救济

有学者将"农民工"界定为：具有农村户口，有承包土地，但不从事农业生产，主要在非农产业就业，依靠工资收入维持生活的人。[①] 这一界定抓住了这类特殊社会主体在"农民"方面和"工"两个方面的特征，在"农民"方面是以农村户籍和拥有承包土地为特征，在"工"方面以在非农产业就业并依靠工资收入维持生活为特征。因此，笔者赞同这种界定。

返乡农民工在返乡之前本来是远在他乡在非农产业就业、依靠工资收入维持生活的，由于经济危机导致失业，失去了维持生活的经济依靠，不再具有"工"这方面的特征，剩下的就只有农村户籍和有承包经营的土地这个作为农民所具有的特征。土地作为农业生产的基本要素，是农民赖以开展劳动、维持生计、创造价值的最重要的生产资料，是农民唯一可依赖的根本性物质基础，是其最主要、最可靠的生活来源。对于返乡农民工而言，土地承包经营权更是唯一的经济依靠。在当前经济危机波及全球的情势下，农民工普遍返乡后，一般难以在当地再找到一份谋生的非农业工作，最现实的收入来源就是经营土地。因此，保障返乡农民工依法享有土地承包经营权，并在权利受到损害后得到便捷有效的救济，是一个非常重要的时代课题。

一、土地承包经营权的相关立法

从现行法律对农村土地及土地承包经营权的相关规定可以清楚地看到，我国土地承

---

① 刘怀廉：《中国农民工问题》，人民出版社 2005 年版，第 122 页。

包经营权在立法上已经获得了全面保障，权利主体主要是作为农村集体经济组织成员的农户。

1. 从《宪法》看，我国《宪法》第 8 条规定："农村集体经济组织实行家庭承包经营为基础、统分结合的双层经营体制。农村中的生产、供销、信用、消费等各种形式的合作经济，是社会主义劳动群众集体所有制经济。参加农村集体经济组织的劳动者，有权在法律规定的范围内经营自留地、自留山、家庭副业和饲养自留畜。"可见，在我国《宪法》已经确认了农村土地所有权、土地承包经营权和自留地与自留山的经营权等几种形式的土地权利。其中，"农村集体经济组织"是农村土地集体所有制的所有权人，是对土地的农民集体所有的主体，"参加农村集体经济组织的劳动者"即"农民个人"享有土地承包经营权。

2. 从《民法通则》看，其第 80 条第 2 款规定："公民、集体依法对集体所有的或者国家所有由集体使用的土地的承包经营权，受法律保护。承包双方的权利和义务，依照法律由承包合同规定。"可见，《民法通则》确认享有土地承包经营权的主体是一般性的"公民"和"集体"。"公民"是具有一国国籍的自然人，因此，立法上有权享有土地承包经营权的主体包括农村户口的农民和非农村户口的城镇居民，但实践中，土地承包的主体通常是农民。

3. 从《物权法》看，其第 58 ~ 60 条从所有权角度对农民集体所有的不动产和动产进行了相关规定，也包括对土地这一最重要和主要的不动产的规定。这些条款主要规定了不动产和地产的范围、权属主体、行使权利的组织形式，并特别以列举的方式规定了应由农民集体作出决定的事项范围。其中有两项是与土地承包有关的：一是土地承包方案以及将土地发包给本集体以外的单位或者个人承包；二是个别土地承包经营权人之间承包地的调整；此外，其第十一章以专章规定了"土地承包经营权"制度的主要内容，包括权利内容、承包期限、权利保障等。其中关于承包期内发包人不得调整承包地和不得收回承包地、承包地被征收的权利人有权获得相应补偿等规定直接为承包经营权提供了法律保障。但有关条款并未限定有权取得土地承包经营权的主体。

4. 从《土地管理法》看，该法第 14 条规定："农民集体所有的土地由本集体经济组织的成员承包经营，从事种植业、林业、畜牧业、渔业生产……承包经营土地的农民有保护和按照承包合同约定的用途合理利用土地的义务。农民的土地承包经营权受法律保护。"第 15 条规定："国有土地可以由单位或者个人承包经营，从事种植业、林业、畜牧业、渔业生产。农民集体所有的土地，可以由本集体经济组织以外的单位或者个人承包经营，从事种植业、林业、畜牧业、渔业生产。"依照该两条规定的含义，享有承包经营权的一般是"本集体经济组织的成员"，这显然是个人；此外，"本集体经济组织以外的单位或者个人"也享有土地承包经营权。此外，《农业法》第 11 条和第 12 条也分别作了相应的规定。

5. 从《农村土地承包法》看，其有关承包经营权主体的条款有：第 3 条："国家实行农村土地承包经营制度。农村土地承包采取农村集体经济组织内部的家庭承包方式，不宜采取家庭承包方式的荒山、荒沟、荒丘、荒滩等农村土地，可以采取招标、拍卖、公开协商等方式承包。"第四条:"……农村土地承包后,土地的所有权性质不变。承包地不得买卖。"第5条:"农村集体经济组织成员有权依法承包由本集体经济组织发包的农村土地。"第15条:"家庭承包的承包方是本集体经济组织的农户。"第16条:"承包方享有下列权利:(1)依法享有承包地使用、收益和土地承包经营权流转的权利,有权自主组织生产经营和处置产品;(2)承包地被依法征用、占用的,有权依法获得相应的补偿;(3)法律、行政法规规定的其他权利。"此外,第48条规定,"本集体经济组织以外的单位或者个人"也可以承包经营农村土地。依据这些规定,农村土地承包经营权的主体可以是"本集体经济组织的农户",也可以是"农村集体经济组织成员",即个人,还可以是"本集体经济组织以外的单位或者个人"。这与《土地管理法》的有关规定是一致的。

综观现行《宪法》、《民法通则》、《物权法》、《农业法》、《土地管理法》和《农村土地承包法》等项法律的上述规定可见,农村集体土地上的权利主要存在着土地所有权、土地承包经营权、农村乡镇企业用地权和宅基地使用权等四种形式;其中对土地承包经营权的规定是比较全面和具体的。土地承包经营权的主体有个人和农户等形式,其中的"个人"既可以是农村集体经济组织中的成员,也可以是该组织之外的公民;原则上该权利主体是"本集体经济组织的农户",例外是"本农村集体经济组织以外的单位或者个人"。因此,返乡农民工的土地承包经营权在立法上有充分的保障。

二、应明确确立农民个人为土地承包经营权的权利主体

笔者认为,从以下实际的角度看,现行法律关于土地承包经营权主体的规定是不利于保障返乡农民工的土地承包经营权的:

其一,关于土地承包经营权的主体有哪些规定不一,有造成法律上多个主体共享一种权利、而实践中该权利却陷入无直接权利人进行"看管"或者多个主体争当权利人的可能。《宪法》规定的承包经营主体是"家庭",《土地管理法》规定的承包主体是"本集体经济组织的成员",而《农村土地承包法》规定,土地承包采取"农村集体经济组织内部的家庭承包方式","本集体经济组织的成员有权"承包,而承包方是"本集体经济组织的农户"。关于主体的规定不一,从而导致主体不确定,而主体的不确定使得相关的权利人对其权利的内涵把握不定,对是否有资格维权迟疑不决,相应地,权利便缺失了确定的维护者,最终导致权益不能得到全面和及时的维护。

其二,如果法律的本义是以"家庭"和"农户"为一体,那么,每一位农民个人作为"集体经济组织成员"应当享有的土地承包权却不能够独立地享有、完全地行使,而只能与其他家庭成员或户籍成员一起共用一个主体的名义去享有和行使,则不但直接侵害了农民个人的土地承包权,也最终损害了农民个人作为公民应当直接享有和行使的劳动权。因为农民是需要依赖土地进行劳动的。

其三,因有关法律的规定不配套,土地承包权的权益内容也难以获得全面保障。如《农村土地承包法》规定,承包方有依法获得相应补偿的权利,而《土地管理法》第

48 条关于"征地补偿安置方案确定后，有关地方人民政府应当公告，并听取被征地的农村集体经济组织和农民的意见"的规定则表明，征地补偿安置方案是由征地的政府单方面确定的，虽然要听取土地权利所有人和使用人的意见，但法律并未对听取意见后该如何处理、是否据以修改补偿安置方案等必需的内容作出进一步的规定，无形之中损害了作为土地承包经营方的农户的权益。同时，农民个人不是独立的承包方，如果农民个人所在农户的家长无视某个家庭成员的意愿，不顾家庭成员个人的异议而接受补偿安置方案，那么，农民个人的土地权益实际上就被侵犯了。

对于农民个人来说，由于不能充分直接地行使集体土地所有权和乡镇企业用地权，而宅基地又不能用于生产，唯一能够直接和自治地支配的具有生产资料性质的土地，就是取得了土地承包经营权的土地，农民主要就是通过在所承包的土地上从事生产经营的途径（对于无任何其他收入来源的农民来说甚至是唯一途径）而生存、生活和发展的。因此，土地承包经营权是农民个人最重要的现实权利，农民个人应当能够独立、直接和有效地享有和行使这一权利，并享受相应的利益。但由于作为个人的权利主体身份在法律上缺乏明确规定，存在着农民个人不能作为独立的权利主体去主张权利、维护权利的立法上的障碍，导致这一最实在实惠的权利在实践中不能得到有效保障。因此，土地承包经营权的主体宜统一确定为农民个人，而不是农户或家庭。应从确认和保障农民个人在土地承包中独立的主体地位出发，修改和完善《农村土地承包法》；同时，考虑到《农村土地承包法》是规范土地承包经营方面的专门法，根据特别法优先的法律适用原则，应当对《土地管理法》加以修改和完善，使其有关规定与《农村土地承包法》相互衔接。

三、土地承包经营权维权救济的便捷化

与所有的维权一样，土地承包经营权受到侵犯和损害后，可以通过和解、调解、仲裁和诉讼等多种途径寻求来自私力或公力的、法律或非法律的救济。"救"本意指采取措施使脱离险境或免遭灾难，"济"本意指救助、帮助或补益。前者重在采取措施，后者重在给予的帮助。由此所组成的"救济"一词就应当包含两个方面的含义：其一，采取了措施，其二，通过所采取的措施给予帮助和补益。法律救济是以法律为依据或借助法律手段的救济，区别于政治的、经济的、社会的等性质的救济。法律救济主要有：采取立法确认的方式提供规范性和制度性的保障，为恢复和弥补被侵害的权益提供权威性依据的立法救济；通过行政复议等途径变更原先的具体行政行为，从而恢复和弥补被侵害的权益的行政救济、通过诉讼由司法机关以追究法律责任的方式恢复和弥补损害的权益的司法救济（或称诉讼救济）。这些救济的共同目的都在于恢复被侵犯的权利，弥补被损害的利益。

虽然我国法律体系中对于每一种救济的相关规定都是比较完备的，但任何一种维权救济途径都不够方便，尤其是需要耗费相当长的时间。如通过立法救济途径显然不能解燃眉之急，行政复议一般需要 60～90 日，这还不包括受理时间和被申请复议的答复时

间，若选择诉讼途径，则由于两审终审制的审判制度的存在，往往会需要更长的时间。而对于返乡农民工来说，土地承包经营权本来就是一项根本性的维生权利，作为农业生产资料的土地的利用及其成效又具有极强的时间性季节性要求。如果在遭受损害、发生纠纷之后不能尽快得到弥补和恢复，土地不能得到充分有效地利用，返乡农民工的生存就会陷入岌岌可危的状态。即使通过走完这些途径得以从程序上确权或和维权，但时间不等人，光阴已荏苒；此时的维权于利益往往已经没有实际意义了，正如19世纪的英国人威廉格拉德斯通所云"迟来的正义不是正义"。因此，在法律所规定的现有各种法律救济的框架内，应当对维权救济进行以方便和快捷为目标的改进。具体做法是：（1）尽量寻求非诉讼机制解决。返乡农民工虽然曾经在城市生活，但"他们只是在职业上成为工人，而在生活、社会地位乃至社会认同上还是趋向农民，趋向乡村社会，在乡村还有着坚实的社会和生活基础"①，因此，非诉讼解决具有良好的条件，而便捷正是非诉讼解决的突出特点之一。（2）缩减处理土地承包经营权纠纷的行政复议和司法诉讼的时限。如一般案件的受理期间是7日，对土地承包经营权纠纷案件可缩短为3日，相应地答辩期限、审理期限等也可予以缩短。因为法律规定的时限是最高值，对于涉及返乡农民工以之为生的土地的纠纷应当以救急的标准尽快处理。（3）灵活设置办案场合。虽然涉及土地纠纷案件并非要在田间地头开庭才是便民，但"马锡五审判方式"还是最适用于处理这类纠纷案件的。因此，尽可能地将办案场合前移，贴近发生纠纷的双方所在地，理所当然地可以促使纠纷得到方便快捷的解决。

必须指出的是，笔者所主张的维权救济便捷化不同于法律援助。虽然"法律援助是最基本的制度性帮助，是弱势群体所应获得的最低限度的帮助"，② 但在我国，法律援助制度是针对诉讼当事人经济困难而设置的制度，"是指国家在司法制度运行的各个环节和各个层次上，对因经济困难及其他因素而难以通过通常意义上的法律救济手段保障自身基本社会权利的弱者，减免收费提供法律帮助的一项法律制度"。③ 这项制度不解决维权持续的时间一般较长的现实问题。

除了提高各种维权救济渠道的便捷性之外，有效地维护土地承包经营权还需要救济返乡农民工当事人怀有坚定的维权信念，愿意为获得最终救济不放弃积极努力，甚至在穷尽一切救济途径之后启动宪法诉讼；需要律师和其他法律工作者既有广博的法律规范积累和敏锐的诉讼意识，又有为返乡农民工提供法律服务的热情。在这个问题上，政府应当有所作为。比如，可以通过为返乡农民工提供无偿的法律咨询、经常性的法律宣传、低费用的律师服务等方式，使返乡农民工有意识、有机会、有能力地及时启用各种维权手段。

（作者单位：华中师范大学政法学院）

① 王春光：《农民工：一个正在崛起的新工人阶层》，载《学习与探索》2005年第1期。
② 陈宏生：《国大党胜出的启示》，载《同舟共进》2004年第8期。
③ 张耕主编：《法律援助制度比较研究》，法律出版社1997年版，第4页。

取消农业税对农村基层法治建设的影响

陈柏峰

内容提要：取消农业税既为农村基层法治建设提供了可能性空间，也提出了一些挑战。之前因收取税费而形成的乡村利益共同体正在被打破，村民自治获得了制度性空间；但伴随着税费取消而来，为了应对财政压力而进行的乡村体制改革，对逆转农村社会灰色化和治安恶化趋势无所助益；而税费压力的消除，使得基层司法和基层政府的关系开始疏远，从而为基层司法独立提供了一定的可能性空间。

关键词：取消农业税；基层法治建设；可能性空间

2004 年 3 月温家宝总理宣布中国 5 年内取消农业税，2006 年全国已全面免除了农业税，比预定计划提前了两年。取消农业税是中国两千多年来的一次异常重大事件，也是新中国农业发展继土地改革、联产承包责任制后的"第三次革命"，必将对农村社会、政治、经济、文化等各方面产生巨大的影响。从实践来看，已对国家与农民的关系产生质的影响，也将重新塑造农民的国家观念，影响农民的集体观念，将重新塑造基层政府的执政理念。在法律和法治方面，取消农业税也已经对农村基层法治产生了一些实际影响，并为基层法治建设提供新的可能性空间。农村基层法治的外延非常丰富，列举可能无法准确穷尽其中所有方面，但大体上说来，至少应该包括村庄基层民主自治、农村社会治安、基层司法与基层政府依法行政等方面的内容。下文中，笔者大体从这几方面展开论述。

一、乡村利益共同体与村民自治

在法学界很多同行的眼中，村民自治很大程度上是一个法律问题。他们倾向于认为，既然颁布了《村委会组织法》，政府（包括中央政府和地方政府）就有责任将这一法律付诸实施。颁布的法律必须得到施行，这是法治社会的基本要求和根本特征，也是法律人思维逻辑的起点。在这个逻辑中，无论《村委会组织法》所规定的村民自治制度是政府出于治理社会的需要，还是被学者赋予了"国家—社会"互动和"民主—自治"的期待和想象，这些似乎都不太重要，重要的是法律必须得到施行。因此，每当同行们看到村民自治的实践与我们的理念甚至想象有所出入时，基层政府便很容易受到指责，跟随而来的则是诸多细致的制度设计构想。然而，如果我们不对村民自治寄予太多民主政治的想象，也不过于限制在"守法主义"① 的视野里，而是放眼村民自治实施的宏观政策背景和社会环境，可能会有一个更加现实的看法和务实的想法，从而从宏观上把握村民自治实施的真正契机，从细微处着手改善村民自治的状况，这对于《村民委员会组织法》的施行和基层民主政治的实现，也许才是一件真正的幸事。

其实，取消农业税很大程度上改变了乡村关系，从而使得基层政府丧失了干涉村民自治的制度性动力，为村民自治依法实行提供了制度可能性。有过农村调查经验的人都知道，取消农业税之前，虽然《村委会组织法》规定乡村关系是指导与被指导关系，但实际情形与此有很大差异，其中最为明显的是乡村之间形成了一个坚固的利益共同体。② 这个利益共同体就像一个黑洞，吞噬了所有的村干部。即使依法选举出来的村干部，也会很快被这个黑洞吞噬进去，从而并不会站在村民一边，村民因此对村庄选举失去信心和兴趣，村民自治遂成政治摆设。

乡村之间之所以会形成利益共同体，其原因在于乡镇掌握着比村民多得多的经济、政治和组织资源，是高度组织起来的国家行政力量。而在市场经济条件下，以户为单位的小农很难联合起来，形成与乡村组织对等的谈判能力。当乡镇要求村干部为了乡镇的行政目的而工作时，村干部面对着力量完全不对称的乡镇和村民，很快便会倒向乡镇一边。当然，这种倒向是在利益结盟的条件下实现的。乡镇对村干部许以利益，村干部倒向乡镇一边，这样，真正意义上的村民自治就很难实现。

乡镇的主要目标是从农民手中收取税费，在村庄中执行计划生育、殡葬改革等政策，完成各项达标任务，县市则以这些目标的实现，尤其是税费收取的状况来考评乡镇的政绩。而且，不能完成税费任务，乡镇就无法支付教师工资，无法维持正常运转，也无法完成上级下达的达标升级任务，因此，也就更不可能在收取税费、执行政策的过程中搭车捞取灰色利益了。尤其是 1994 年中央财政改革以来，地方政府"权小责重"，"中央请客、地方买单"成为常规，县乡财政状况一直很紧张，几乎总是不堪应付的状态，其中中西部农村地区更为严重。这样，县乡财政就严重依赖农民上缴税费。显然，县乡必须有固定的财政收入来源，否则将会面对巨大的自上而下"一票否决"的压力。

乡镇不可能直接向千家万户的小农直接收取税费或执行政策，因此离不开村干部。而村干部由村民选举产生，从理论上讲，并没有协助乡镇向农户收取税费的积极性。乡镇为了及时、足额地完成税费任务，就需要调动村干部的积极性。其办法当然可以是直接撤换、点名批评等常规行政手段，但处在正式行政序列之外的村干部不会太在意这些，他们更在乎实际的利益。因此乡镇常常默许乃至鼓励村干部损害村庄或村民的利益，默许他们在收取税费时，搭车收费牟取利益，或从村庄获得其他好处。

无论是不是选举产生的村干部，都愿意在乡镇的默许乃至鼓励下捞取好处。比如搭

---

① 朱迪丝·N. 施克莱：《守法主义》，彭亚楠译，中国政法大学出版社 2005 年版。

② 关于"乡村利益共同体"，主要是受贺雪峰教授的启发。具体请参见贺雪峰：《乡村关系研究的视角和进路》，载《社会科学研究》2006 年第 1 期；《试论二十世纪中国乡村治理的逻辑》，待刊稿。

车收费，将村集体资产低价拍卖，或向村集体高息放贷，从中获取高息。而分散的村民难以组织起来抵制村干部的这些行为，村集体利益遂很快就被捞取一空，村民长期乃至短期的利益都受到损害，他们因此不满而上访。乡镇当然知道村干部的劣迹，但不会查处他们，因为查处一个村干部，其他村干部就不再有协助乡镇的积极性。农民越是不愿交税费，收取税费越是困难，乡镇就越是要给村干部捞取灰色利益的空间，甚至越是要保护他们。在这样坚固的乡村利益共同体面前，村民自治也就难免流于空谈。

1998 年正式颁行的《村民委员会组织法》规定，村委会候选人必须由村民通过预选产生，村委会必须由村民直接选举，村民可以罢免村委会干部等。这些规定在制度文本上向着有利于村民的方向变化，但并未能打破乡村利益共同体。《村民委员会组织法》没有在实质上撼动乡镇行政对村民委员会的控制，没有让高度分散的村民通过村民自治抵制乡村利益共同体。村民发现，无论选举多么真实，他们选出来的村干部依然唯乡镇命令是从。因为村民自治所实施的整体环境是，村民及财物资源不断流出，村庄处于高度不稳定状态，村民对村庄未来缺乏预期。这使得村民及村干部行为的投机性大为增加，而使村庄价值生产能力大为降低，村庄精英当村干部的目的主要是为了经济利益，而不是为了获取面子和尊严。

取消农业税之后，乡村关系发生了巨大变化，乡镇不再需要村干部协助收取税费，反过来，村干部报酬往往由自上而下的财政转移支付来负担。同时，在全国的很多地方，计划生育、殡葬改革等政策执行的压力已经大为降低，乡镇甚至可以脱离村干部单独执行或依赖司法系统执行了。当乡镇不再需要村干部收取税费，也可以脱离他们的协助执行政策时，乡镇就可以利用村民自治的组织原则和法律规定，通过选举的办法，将那些从村庄中谋取灰色利益的村干部选掉，他们也敢于查处那些有经济问题或有其他劣迹的村干部。乡镇也因此可以超身于村庄具体事务之外，让村庄真正依法进行自治，并依法对自治进行监督。简单地说，取消农业税以后，之前存在的乡村利益共同体，就有了被打破的希望，村民自治也就有了真正实现的可能。在赣南的版石镇，自从 2002 年开始进行税费改革，催粮派款的压力减弱了，计划生育工作也上了轨，开始"依法行政"，原来作为"狠人"的村庄干部开始要转换为服务型的人了。因此，以前为了工作方便物色好村干部人选的做法逐渐被放弃了。我们在版石镇看到了真正意义上的村民自治正在起步，也看到了村民自治具体形式的创新，而乡镇的工作则主要放到了村民自治的法律监督和新农村建设等事务上去了。①

当然，在这里有必要作一点说明的是，上文谈及的乡村利益共同体，主要是围绕着完成税费收取任务而结成的。当然，乡村在其他方面也可能结成利益共同体，比如城郊村中围绕着征地补偿的巨大利益结成的乡村利益共同体，或者非常富有的村庄围绕着巨大的集体收益和乡村干部的非法收入所结成的乡村利益共同体等。这些利益共同体都值

---

① 周运清等人所记叙的杨林桥镇的状况也可以说明这一点，参见周运清、王培刚：《全球乡村治理视野下的中国乡村治理的个案分析》，载《社会》2005 年第 6 期。赣南安远县的相关状况，笔者将另文撰述。

得深入研究。但是，我们必须明确的是，到现在为止，中国 80％ 以上的村庄还属于传统农业型村庄或以农业收入为主的村庄，在取消农业税之前面临着税费收取压力，围绕着税费收取结成的乡村利益共同体对村庄生态和村民生活有着根本性的影响。因此，当我们在谈论中国村民自治制度运作的一般情况时，应当以这些村庄作为最根本的经验来源；在进行相关法治建构和制度设想时，也应当以这些村庄作为最基本的指向。以几条甚至很多爆炸式新闻作为经验基础，而不顾那些"平静"的、没有"新闻"的村庄的经验事实，所进行的学理分析和制度建构必然是脱离中国基本国情的，其在政治上要么是别有图谋，要么是极端幼稚。

二、农村社会灰色化与社会治安

在乡村经验研究中，我们发现，在农村，除了公开、正式、明确的社会关系之外，还有大量灰色力量在起作用，如村内人多拳头众的小亲族威胁使用暴力，村外黑恶势力的"在场"等。这些灰色力量深刻地影响乃至决定了农村中正式的社会关系，并因此构成了乡村治理、农村政策实施和法律制度运作的一种不言而喻的"基础"。在通常的逻辑观念中，乡村社会运转依赖的是那些公开的正式制度，因为这些公开的正式制度有国家强制力做后盾。但在当前相当部分的农村，国家力量虽在，但大多数时候并没有发挥实际作用，而乡村社会的秩序竟然受灰色势力支配。乡村社会运作的逻辑，表面上是以那些公开的正式制度和关系作为基础，实际上，这些公开的正式制度及关系背后，却有一股强有力的灰色力量起着决定性作用。由于这种人人明了的灰色力量的在场，乡村社会中的人们因而改变了自己行为的方式与逻辑。基于此，贺雪峰教授断言，乡村社会灰色力量的研究应当成为当前乡村治理社会基础的研究的深入点，从而将乡村治理社会基础分为两部分：一是公开的正式的明了的基础，二是非正式的隐蔽的灰色的基础。①

同样，在农村基层法治方面，正式制度和法律赋予乡民的权利，由于众所周知的灰色势力的存在，而不再有实现的机会，从而沦为空头支票。灰色力量是暗的但起着实际作用的力量，而我们通常讨论的那些公开的、正式的法律、制度和关系，却是被灰色力量"决定"后，才在"台前"表演的。因此，若不研究乡村社会中的灰色力量对基层法治建设的影响，我们就不可能真正对中国法治发展的基础有一个全面的理解。在当前的中国农村，转型时期及国家政策的失误，导致了农村社会的灰色化，我们基层法治建设的研究就不能局限在那些公开的法律实效和制度设想的研究中，而应对灰色层面作深入讨论。基层社会法治建设中所涉及的灰色力量，背后有着非常复杂的原因。市场经济的发展为灰色势力捞取利益提供了广阔的空间，这当然是一个前提性的原因，但背后的原因和机制远远比这要复杂。② 基层政府当然应当对农村社会灰色化负责，但其背后有着值得同情的背景。

---

① 贺雪峰：《私人生活与乡村治理研究的深化》，待刊稿。
② 我在《论乡村灰色势力的生长及其区域差》（未刊稿）一文中有初步分析。

20 世纪 90 年代因收取农民税费的需要，导致了乡镇政府对乡村灰色势力采取了一种"战略性容忍"的政策和策略。当时各项达标任务越来越多，基层政府越来越疲于奔命，任何一项任务的达标都需要钱去解决，由于缺乏财政收入来源，只有不断加重农民负担。但加重农民负担，农民也越来越不愿交纳税费，与基层政府的抵触情绪越来越浓。但无论多么困难，都必须将税费收取上来，否则，便不可能办成其他任何事情，便会被财政困境所"一票否决"。面对越来越不愿交纳税费的农民，为了将税费收取上来，县乡政府就不得不想出各种可能的办法，许多灰色甚至黑色的方法措施就是这个时候开始"登场"的。收取税费是迫在眉睫的危机，无论如何，县乡政府都要将这个危机应对过去，哪怕留下严重的后遗症。农村社会灰色化部分地属于这个后遗症。

1998 年《村民委员会组织法》的正式颁布实施，虽然在制度文本上有利于真正实现村民自治，但村民自治的目标没有实现，乡村治安还有所恶化。一方面，人们很快发现，乡村利益共同体中多了乡村混混的身影。乡村混混既是乡村干部获取利益途中必须绕过的障碍，也可能成为其支援力量。乡镇所面临的多如牛毛的达标任务，离不开村干部的协助，常常也离不开乡村灰色势力的合作甚至帮助。这种合作和帮助表现在很多方面，如对付拖欠税费的"钉子户"，对付构成"社会不稳定因素"，"影响安定团结"的上访户等。这样，乡村干部和乡村灰色势力构成了一个隐性的利益共同体。乡村干部对乡村灰色势力就采取一种容忍态度：乡村混混帮助乡村干部完成任务，但可以从中谋取灰色利益。最终的受害者是农民，他们不堪重负，却还受着灰色势力的现实威胁难以寻求国家公力救济。

而且，乡村混混不只是在受基层政府委托办事的过程中寻求灰色利益，还会借"势"寻求一切可能的利益，从偷鸡摸狗、敲诈勒索、巧取豪夺、侵占村民和村集体利益，发展到欺行霸市、强买强卖、通过赌博谋取非法利益，再发展到非法讨债渔利，强行承包工程项目牟取不当利益，开办实体非法垄断经营等。乡村干部限于收取税费、执行政策等"大局"上的需要，不会真的下力气打击乡村灰色势力，除非他们超越了一个可容忍的"度"，因为打击了一个乡村混混，其他灰色势力就不再有与乡镇官员"合作"的正常预期。因此，可以说，在当时的利益共同体格局下，乡村干部对灰色势力所采取的是一种"战略性容忍"的态度。在这种形势下，乡村社会治安日益恶化。

另一方面，人们很快发现，村民自治制度本身也为乡村灰色势力进入村组领导层提供了合法渠道，给乡村灰色势力提供了新的发展空间，这恐怕是村民自治制度的设计者所始料不及的。尽管乡镇干部需要乡村灰色势力的帮助以完成税费收取和其他任务，他们也知道灰色势力借势牟利，只要在可以容忍的范围之内，都是被接受的。然而，有时一些劣迹斑斑的灰色势力要进入村组干部序列，乡镇干部不同意还不行，因为他们可以通过选举这种合法的形式获得合法性，选举可能是"宗法势力"左右的结果，也可能是贿选和威胁的产物，但如果没有确切证据，没有经合法程序否定，选举就是合法有效的。而对于村民来说，既然每个村干部都是一样的"盈利"，那以五元钱出卖选票又有什么关系呢？而乡村灰色势力一旦通过选举形式合法地进入村庄领导层，他就会千方百计地谋取利益，甚至在灰色势力的后盾下以暴力的形式统治村庄。

取消农业税后，乡村利益共同体瓦解了，乡村干部与灰色势力的利益关系也日趋淡薄。近年来，上级政府对政绩要求相对也理性多了，不符合实际的达标工程少多了；在很多地方，计划生育、丧葬改革等政策执行压力也小多了。这为乡镇不再依赖乡村灰色势力执行政策，而依法对乡村灰色势力进行打击提供了可能性。遗憾的是，国内学界及政策部门对此感觉不敏锐，相反却进行着很成问题的乡村体制改革。取消农业税后，乡村财政收入大为减少，为了应对财政压力，乡村体制从基层撤出或弱化，撤乡并镇、合村并组、取消村民组长、精简机构、减少人员等。由于财政压力，乡镇政府能维持日常运转就不错了，根本就顾不上社会治安和村庄治理这样的长远问题。改革者希望通过上述改革来缓解取消农业税后乡村的财政困境，从而同时达到"官退民进"的效果。很多人希望改革后再通过在乡村发展 NGO 组织将农民组织起来，这种想法是很不切合实际的。如果缺乏政府权力的有效控制，在中国乡村发展的 NGO 组织，必然是黑社会、灰社会性质的组织，因为发展这些组织的成本最低而收益最高。

而实际上，近来的实践已经表明，"官退"之后，往往不是"民进"，而是黑社会、灰社会及邪教组织的跟进。在很多地方，由于缺乏治理，社会治安有进一步恶化的趋势，灰色势力进一步弥散到村民日常生活的方方面面。在村庄公共工程建设中，有灰色势力的踪影；在村民日常纠纷的解决中，有灰色势力的踪影；在村民日常生活的简单交易中，也有灰色势力的踪影。灰色势力已经无处不在，农民生活的安全感受到威胁，幸福感大打折扣。在一些村庄中，赖皮型、光棍型灰色势力明显增多，他们行事霸道，以甩赖或恃力强占等方式侵占村集体和村民利益而无所顾忌。

而面对这种状况，同取消税费之前相比，基层政府更加可能倾向于自己的逻辑办事，而不顾及农民的需求和偏好。在取消税费之前，如果一个农民遭到灰色势力的欺负，或者在同村民的身体冲突中受伤，他可以延缓交纳税费为要挟手段，要求乡镇干部解决问题，而乡镇干部大多也会尽力而为。乡村治安和农民的权益由此获得一定的保障。而当基层政府不再向农民收税费，农民也就不再具有借拒交税费而享有对基层政府的谈判能力了，县乡因此可以按自己的逻辑和偏好做事情，只要遵守相关程序和法律。而在村庄中，基于种种原因，对大多数村民而言，现代性的法律和程序可能并不具有多少实质性的意义。

显然，取消农业税为扭转农村灰色化趋势提供了部分可能性，为搞好农村治安环境提供了一些制度性机遇，但从目前的情况来看，我们还没有抓住这个机遇。相反，一些治安现状为我们的基层法治建设提出了挑战。基层法治建设不仅仅是"政法机关"的事情，而是全社会的事情，尤其事关基层政府。如果基层政府无法给农民提供一个有安全感的生活环境和良好的治安环境，法律和制度文本规定得再完备先进，也必定没有法治可言。

三、政法传统与司法独立

在法律同行的眼中，司法独立构成了基层法治建设的一个重大方面，甚至是最重要的方面，它关涉基层法治建设的其他方面，如基层政府依法行政、基层社会治安等。在这种观念中，司法如果是独立的，就必能对行政形成一种制衡，构成一种压力，这种制衡和压力会鞭促基层政府依法行政，维持社会治安。这种观念是否契合基层的实践暂且不论，但显然当前乡村的现实情形与这种理念是不一致的。现实的状况是，中国基层司法一直受着政法传统支配，是一种"反法治"的司法。这种司法状况构成了法律人进行法治建设和制度改革的对象，而独立的、"法治"的司法则是法治建设的目标。

诸多研究表明了基层司法"反法治"的悖谬状况，基层司法所关注的目标并非法律的实施，而是具有强烈的治理化特征。① 在应然的层面上，国家似乎应将促进基层社会的自由、公正与繁荣作为基层司法的价值追求，但在实然的层面上，往往将法律视为国家权力向乡土社会延伸的载体。基层司法的主要功能不在于实行法治、保护权利，而在于解决纠纷、打击犯罪、维护秩序。在政法不分的治理化传统中，法律既不是通过审判来实现社会正义，也不仅是通过调解来平息纠纷，而是在解决问题的过程中贯彻党的路线、方针和政策，实现共产党改造社会、治理社会的目的。② 而基层法官在审案时遵循一种"治理"的逻辑，尽量避免规则方面的争议，而把当事人关于规则的争议转化为事实的争议，在事实层面而不是在规则层面解决问题，是结果导向而不是规则导向。③ 在治理化的法律传统中，上级下达给基层司法的任务就是维持秩序、治理社会，而不管它是否符合"法治"的理想。为此，基层司法就容易采取实用主义甚至机会主义的做法④，"着重审判的社会效果"、"防止矛盾激化"、"保一方平安"这些流行的政治意识形态口号正是他们工作所要达到的目标。

20 世纪 90 年代以来，司法独立问题被提上日程，建设法治社会也被确立为奋斗目标，这些都暗示了自主性法律的不断成长。但是，法律并没有从政治权力的母体中完全摆脱出来，也没有从根本上摆脱治理化的倾向，反而成为"社会治安综合治理"的一部分，使法律的治理化以更为法律化面目呈现出来，从而加深了这种治理的效果。因此，无论是理解作为标准模型的西方法治理论，以及这种法治构想在法律治理化的权力配置中发生的畸变，还是理解今天中国的法律制度，以及当前中国法治建设所面临的种种困境，都应该放在这种治理化的法律传统中。法律为什么没有从政治权力的母体中摆脱出来？自主性法律的成长为什么不能突破治理化的传统，反而成为"社会治安综合治理"的一部分？如果我们能够不带意识形态偏见，冷静地来看这个问题，至少可以

① 可参见强世功：《"法律"是如何实践的》，赵晓力：《关系——事件、行动策略和法律的叙事》，郑戈：《规范、秩序与传统》，均载王铭铭、王斯福主编：《乡村社会的公正、秩序与权威》，中国政法大学出版社 1997 年版；强世功：《"法律不入之地"的民事调解》，载《比较法研究》1998 年第 3 期；杨柳：《模糊的法律产品》，载《北大法律评论》第 2 卷第 1 辑，法律出版社 1999 年版；赵晓力：《通过合同的治理》，载《中国社会科学》2000 年第 2 期；吴英姿：《"乡下锣鼓乡下敲"》，载《南京大学学报》(哲学·人文科学·社会科学版) 2005 年第 2 期。
② 强世功：《法制与治理》，中国政法大学出版社 2003 年版，第 78 页以下。
③ 赵晓力：《基层司法的反司法理论？》，载《社会学研究》2005 年第 2 期。
④ 苏力：《送法下乡》，中国政法大学出版社 2000 年版，第 272 页以下。

对基层司法的"反法治"传统有一种同情的理解，甚至可以发现基层司法实现独立的制度性契机。

基层司法的治理化和"反法治"传统，实际上反映了基层司法并没有自己独立的运作逻辑，而是依附于政治，服从行政运作的逻辑。这当然有历史原因，但关键问题是，20世纪90年代以来的司法改革并没有催生出独立的司法，这是为什么？我们不能简单地说，改革还不彻底，这不是做学问，而是重复一种"改革"意识形态。既然法律依附于行政，我们就可以深入行政运作的逻辑中，从中追寻"不得不"如此的原因，进而寻找可以如彼的突破口。

前面已经叙及了，20世纪90年代以来，基层政府面临着很大的税费收取、政策执行和达标升级的压力，而这些压力中最重要也最关键的是税费收取。无论多么困难，都必须将税费收取上来，否则，便不可能办成其他任何事情，便会被财政困境所"一票否决"。面对越来越不愿交纳税费的农民，为了将税费收取上来，县乡政府就不得不想出各种可能的办法，在灰色甚至黑色地带采取措施，甚至不择手段，基层政府几乎到了李昌平所说的"非法生存"的边缘。对于基层政府而言，能否收取税费关涉成败，关涉应对迫在眉睫的危机。而手段违法所产生的严重恶果，即使有那也只是退后的一种可能性。这种不择手段包括前面叙及的，纵容乃至鼓励村干部获取灰色利益、搭车收费、变卖公产、贪污公款等，但远远不限于此，基层政府会调动一切资源，包括公检法司、乡镇七站八所等。公检法司和七站八所的工作人员或权威象征，被县乡基层政府广泛地借用，在一些地方甚至引发恶性事件。即便如此，由于与地方政府之间的单位利益和官员个人利益之间的复杂瓜葛，公检法司也乐于被基层政府借用。县乡政府组织的税费征收小分队可能有基层法官的身影，办"农民负担学习班"也可能有派出法庭的功劳，对"钉子户"、上访户搞"突然袭击"也少不了基层法官的参与。

似上述这般，基层司法根本就无独立性可言，而是被基层政府卷进了收取税费的危险游戏中。这个危险游戏的最严重后果就是，当面对农民和基层政府的矛盾时，基层司法表现出极大的无能。因为基层政府与基层司法的结构是一体化的，政府和农民的利益冲突就缺乏协调者和中间人了。所以，当时基层政府和农民的矛盾就很容易以极端的方式爆发，要么是上访，要么是暴力冲突。这就是为什么20世纪90年代以来农民针对基层政府的上访不断升级，农民围攻乡镇政府，或"群体抗法"的暴力冲突经常出现的原因。在农民与地方政府的矛盾冲突中，如果基层法院是解决冲突的中心，那司法的独立就有了可能，法律所确定的规则也就有可能被遵循。但法院无法承担起这个任务。即便在一些法院可以处理的地方政府与农民的矛盾中，如承包合同，法院也会偏向政府一边，从而无独立地位可言。① 在当时的处境下，基层司法即便不能"为基层政府分忧"，也是万万不能给政府添乱的。

而且，当时农民针对基层政府的诉讼很难取得成功，立案难、审判难、执行难问题

---

① 赵晓力：《通过合同的治理》，载《中国社会科学》2000年第2期。

表现得非常突出。① 因为这类案件的是非曲直实际上非常清楚，乡镇政府的行为违法的居多，依法审判肯定会败诉，这样可以规范基层政府的行为，但其产生的连锁反应和扩大效应的消极影响却很大。因为当时基层政府违法即便不是常态，也是非常普遍的。如果这些行为都依法清算，基层政府就无法正常运转了，从而可能在真正意义上影响社会稳定。这也是另外一种"法不责众"。当基层政府普遍处在"非法生存"的处境上时，司法注定是无能为力的。当然，问题在基层法院这里得不到解决，常常会通过上访到达上级政府那里，这也是不稳定因素，对地方政府和基层法院都有风险。但这只是风险，其不良后果只是一种滞后的可能性。同时，基层政府"非法生存"的状况也给了基层司法、地方政府及官员一种心理预期，对于基层政府的非法行为，除了作为受害者的农民，大家都不会过于"当真"。

当农业税费取消后，县乡政府从收取税费的压力中解脱出来，县乡政府不再需要不择手段了，这时在收取税费过程中"不择手段"所具有的风险，立即呈现出来了。过去基层政府为收取农业税费而不得不作出非法行为，心怀强烈的投机心理，希望不出事就将任务完成。尽管不择手段的非法行为可能出事，但不能完成税费任务却必然出事。取消农业税后，必然要出的事没有了，可能要出的事就凸现出来了。县乡因此开始注意手段，按程序办事起来。这样，基层政府对行政行为的风险就更为敏感，因此更加在乎法律的逻辑，愿意作出"善举"，按程序办事，愿意让基层司法独立运作。基层政府不再需要借"专政机关"的威慑力量来增强收取税费的能力，而乐于让基层司法按照法律的逻辑运作。司法部门的独立性因此大涨，司法本身的逻辑也因此有了一些自主的空间和现实可能性。在一些地方，当乡镇政府面临着被农民控告的危险时，甚至主动向基层法庭咨询法律后果。同时，基层司法对地方政府及其官员一种心理预期也发生了改变，对于基层政府的非法行为，不必再过多考虑其扩大效应和不良政治后果，从而对作为受害者的农民的利益会更加"当真"一些。

行文至此，我们已经可以看到，因为取消农业税改变了国家与农民的关系，也改变了乡村政治生态，从而在多方面为农村基层法治建设提供了机遇和制度性突破口，也提出了一些挑战。能否抓住这个机遇，应对挑战，则是我们应该首先关注的问题，也需要我们的不断努力。显然，在中国这样一个国情十分复杂的国家全面开展法治建设，仅仅依靠西方法治的理念是远远不够的，务实的态度才是可取的。重要的恐怕不是动辄指责政府和执政党，而是要在准确的宏观视野下，在可能的制度空间和社会基础中发现法治建设的可能性，从细微处一点一滴地建筑我们的法治大厦。而在法治建设的过程中，我们既要有足够的理论素养，又要有必要的政治敏感，还要有扎实全面的经验基础。

（作者单位：中南财经政法大学法学院）

---

① 应星、汪庆华：《涉法信访、行政诉讼与公民救济行动中的二重理性》，载《洪范评论》第3卷第1辑，中国政法大学2006年版。

"白箱"：农业补贴法律制度的创新发展

——基于生存权和发展权平等的视角

李长健

内容提要：生存和发展问题是人类自身最基本的问题。分析中国农业补贴法律制度从历史到现实的发展轨迹、特殊性和存在问题，构建以生存权和发展权平等为中心的农业补贴法律制度是基于理性和历史必然的要求。因此，在 WTO 现有的"绿箱"、"黄箱"和"蓝箱"三个传统农业补贴措施无法全面满足农民生存权与发展权的需求的状况下，需要以生存权和发展权平等为中心对农业补贴法律制度进行创新性发展，设立一种新的"白箱"补贴措施。

关键词：农业补贴；生存权；发展权；互补性权利义务；"白箱"

一、导语

从生存权与发展权角度来说，生存和发展问题是人类自身最基本的问题，人类社会的一切制度设计和安排从根本上说都是为更好地解决人类的生存和发展问题。在国际经济一体化和中国加入世贸组织的背景下，从生存权与发展权平等的视角对中国农业补贴制度进行系统研究，有着重大的理论意义和实践意义。中国"三农"问题的现实困境事实上就是农民的生存和发展困境。"三农"问题的本质就是农民生存利益和发展利益的实现与发展，生存权与发展权的需求主体是多种多样的，需要法律制度对弱势群体利益进行倾斜性保护。因此，我们必然需要通过相关农业补贴法律制度的完善，并且对现有的农业补贴法律制度进行创新性设计，通过农业补贴来改善农业、农村发展的资源瓶颈，农业的稳步发展也就为农民生存权与发展权的实现创造了现实基础，最终推动农民生存权与发展权的实现，从而促进我国"三农"问题的解决。

农业补贴法律制度正式起源于 20 世纪 30 年代初的美国。对农业国内支持政策进行全面系统的研究却是始于 1962 年欧共体"共同农业政策"（CAP，Common Agriculture Policy）。自 20 世纪上半世纪，各发达国家和发展中国家对农业都普遍实行了一定程度的保护政策，农业补贴法律制度开始在很多国家得以建立和发展。从中国农业补贴的发展轨迹来看，自 20 世纪 50 年代国营拖拉机站的"机耕定额亏损补贴"出现之后，中国的农业补贴法律制度逐步建立和发展。现有的"绿箱"、"黄箱"和"蓝箱"三个传统农业补贴措施很难全面满足农民生存权与发展权的需求，因此，本文的研究主要着眼于以生存权和发展权平等为中心，创新发展农业补贴法律制度，并且进一步关注农业补贴的国际协调问题，以利于农业补贴法律制度的国际国内和谐发展。

二、从历史到现实：中国农业补贴法律制度的源起、特殊性和存在问题

（一）中国农业补贴法律制度的源起与发展

农业补贴法律制度正式起源于 20 世纪 30 年代初的美国。对农业国内支持政策进行全面系统的研究却是始于 1962 年欧共体"共同农业政策"（CAP，Common Agriculture Policy）。自 20 世纪上半叶，各发达国家和发展中国家对农业都普遍实行了一定程度的保护政策，农业补贴法律制度开始在很多国家得以建立和发展。中国农业补贴始于 20 世纪 50 年代末，最早以国营拖拉机站的"机耕定额亏损补贴"形式出现，使其可以为公社进行耕地作业时按照低于实际成本的标准收费。以后逐步发展到以流通环节为主的生产、流通、贸易等领域的补贴，如农用生产资料的价格补贴、农业生产用电补贴、贷款贴息补贴等方面，到 60 年代国民经济困难时期已发展到 11 种。

从补贴的发展轨迹来看，自 20 世纪 50 年代国营拖拉机站的"机耕定额亏损补贴"出现之后，中国的农业补贴经历了大致三个阶段。第一阶段是十一届三中全会以前，这段时期中国补贴制度基本是由于体制问题而形成。因为国家既是企业所有者，又是企业经营者，对企业提供补贴事实上是国家自己补贴自己；第二阶段是十一届三中全会召开后至入世，十一届三中全会的召开，标志着中国全面经济体制改革的开始，承认并不断扩大市场在经济调节中的作用，补贴成为国家增强产业竞争力、吸引外资、保障经济体制改革顺利进行的重要手段，因而这段时期中国的补贴政策由受体制因素影响逐渐转移到受战略性贸易理论影响；第三阶段是入世后至今，在这一阶段中国补贴政策虽仍受战略性贸易理论的影响和启示，但开始受到世贸组织规则的约束，必须在符合世贸组织规则的前提下实施。以下关于中国"绿箱"、"黄箱"和"蓝箱"这三种 WTO 框架下现有的传统农业补贴法律制度的不同发展轨迹，可以看出中国的农业补贴制度处于不断发展和完善之中。

在"绿箱"支持方面，《农业法》、《农业技术推广法》、《草原法》、《防洪法》、《动物防疫法》、《气象法》和《植物检疫条例》等法律、行政法规分别在农业科研教育和技术推广、病虫害防治、农产品市场促销、农业基础设施建设、粮食安全储备、粮食援助、与生产不挂钩的收入、收入保险计划、自然灾害救济、农业生产者退休或转业、农业资源储备、农业结构调整、农业环境保护、地区援助等方面设立了相应的农业补贴制度。

在"黄箱"支持方面，《农业法》、《渔业法》和《退耕还林条例》等法律、行政法规分别在农产品价格、农业投入品、农产品营销贷款、休耕等方面设立了相应的农业补贴制度。如《农业法》规定：（1）在粮食的市场价格过低时，国务院可以决定对部

分粮食品种实行保护价制度。（2）国家运用税收、价格、信贷等手段，鼓励和引导农民和农业生产经营组织增加农业生产经营性投入和小型农田水利等基本建设投入。（3）国家建立健全农村金融体系，加强农村信用制度建设，加强农村金融监管。有关金融机构应当采取措施增加信贷投入，改善农村金融服务，对农民和农业生产经营组织的农业生产经营活动提供信贷支持。国家通过贴息等措施，鼓励金融机构向农民和农业生产经营组织的农业生产经营活动提供贷款。（4）国家逐步提高农业投入的总体水平。中央和县级以上地方财政每年对农业总投入的增长幅度应当高于其财政经常性收入的增长幅度。（5）扶持贫困地区发展。

"蓝箱"支持措施主要涉及限产政策下的直接支付，按照《农业协议》规定免于削减承诺，因此，中国当然无须作出任何承诺。目前，中国并无此类支付措施。受资源条件和经济发展的限制，中国今后不大可能出现农产品大量过剩的情形，因此"蓝箱"支持措施在中国的利用空间不大。

（二）中国现行农业补贴法律制度的特殊性

农业自古以来就是一个弱产业，作为经济再生产和自然再生产的统一，农业生产面临着自然和市场的双重风险。农业生产天生的弱质性和市场经济发展给农业带来双重考验。尤其是在中国加入世贸组织后，千家万户的小规模农户经营，不仅要抵御自然风险，更要承受国内市场竞争和国际市场竞争所带来的双重压力。具体而言，与其他国家相比，中国农业补贴制度的特殊性表现在以下几方面：

第一，中国农业自然禀赋低，弱质性十分明显。首先，在中国，农业的自然风险性表现更加明显。农业生产是农业与自然、社会经济环境之间统一的生产系统，农业生产在很大程度上受制于自然环境条件的状况。在中国大部分地区，农业种植都是望天收成，各种基础设施也不够齐全，农产品科技含量较低，这些都导致农业对抗自然灾害的能力较低，自然风险性较高。其次，在中国，农业的市场风险性更加突出。农业的市场风险性是由于农业生产的季节性、周期性、区域性等特点，决定了农产品不能对市场的变化作出及时反应。中国现有农村经营体制下，农户独立决策、分散经营，无法随着市场需求的变化及时作出调整，供给缺乏弹性，要承受很大的市场风险。最后，中国农业生产者的组织化程度低。正是由于中国农业生产者组织化程度低，抵御自然灾害和市场风险的能力弱，存在的风险因素较高，同时又对市场过度依赖，更使中国农产品在市场上处于相对不利的劣势地位。因此对农业进行保护，采用农业补贴的方式，加大对农业的投入，提高农业生产者的积极性，从而使农业得以与其自然风险与市场风险进行对抗，改变其劣势地位，保证农民在能够生存的前提下也获得相应平等的发展权十分重要。

第二，中国农业粮食安全问题更为凸显。发展中国家农民占人口总数的大多数，且绝大部分贫困人口主要集中在农村。随着粮食进口取代本国粮食生产，农民无法靠种植粮食维持生计，这样不但使发展中国家的农业基础遭到削弱，粮食供应受到威胁，而且还可能引发严重的社会问题。① "没有钢铁或煤，或者没有电，人类仍可生存，但是绝对不能没有粮食。大多数制成品实际上都有替代品，但粮食却无可替代。"② 中国是世界人口最多的国家，中国的粮食安全保障功能更加重要。像中国这样一个人口大国，如果纯粹地从经济效益角度出发一味地发展工业或高科技产业，而把国民赖以生存的粮食供给完全寄托于国际农产品市场，显然是很不理性的。而且一旦国际形势发生变化，就可能陷入受制于人的被动地位，甚至危及国家的独立和安全。仅从这一点考虑，中国所面临的农业生产和粮食进出口问题比其他任何国家都更为严峻。

第三，中国农业人口众多，农业补贴压力大。中国农业人口众多，这也是阻碍中国农业发展的一个因素。根据国家统计局 2008 年 2 月 28 日发布的 "2007 年国民经济和社会发展统计公报"，2007 年年末全国总人口为 132129 万人，其中农村人口 72750 万人，中国用占世界 7% 的耕地养活占世界 22% 的人口，这是中国的基本国情。鉴于中国农业的现实状况，即农业人口过多、家庭联产承包责任制存在的缺陷，导致农业的再生产要求中一系列带共性的重要项目和内容，如农业基础设施，农田灌溉设施，抗御灾害，农业生产技术服务、农业市场化服务等，无法得到很好的解决，使中国不得不对农业进行补贴，加大农业资金投入。因此，与很多国家特别是发达国家不同的是，不但中国农业是一个弱势产业，中国农民亦是一个弱势群体。中国不但是世界人口最多的国家，而且也是世界农业人口最多的国家，中国农业补贴面临着比任何国家都要大的压力。

第四，中国农业方面的入世承诺，使得中国农业补贴面临的国际环境更加严峻。对农业提供巨额补贴仍然是目前发达国家农业政策的基本出发点。尽管 WTO《农业协议》在一定程度上改善了国际农业竞争环境，但目前发达国家仍然普遍对农业实施高额补贴政策，这既不利于建立公平竞争的国际农业发展环境，也严重损害了中国和其他发展中国家农业的利益。③ 从整个农业补贴的国际环境来看，由于中国为加入世贸在农业方面作出了诸多不利承诺。中国作为一发展中国家却只能享有包括发展性支持在内的 8.5% 的综合支持量，并且承诺放弃各国都普遍采用的对所有农产品的任何出口补贴。另外，中国一直面临着数额巨大的反倾销指控和形势严峻的 "绿色贸易壁垒"。由此可见，WTO 相关国际法律规则对中国农业国内支持和农产品出口补贴的限制将比其他国家都更为严格，中国农业补贴面临的国际环境更加严峻。

（三）中国农业补贴法律制度存在的问题

现行农业补贴政策虽然在一定程度上促进了农业生产，提高了农民收入，取得了一

---

① Tashi Kaul, *The Elimination of Export Subsidies and the Future of Net-food Importing Developing Countries in WTO*, *Fordham International Law Journal*, Vol. 23, 2000, pp. 384-407.

② Gillis, M. D. Perkins, M. Roemer and D. Snodgrass, (1996). *Economics of Development*, New York: W. W. Norton Company.

③ 程国强：《中国农业面对的国际环境及其趋势》，载《中国农村经济》2005 年第 1 期。

定的政策效果，但从中国现行农业补贴政策及其实施过程中来看，仍然存在不少问题。

第一，农业补贴的总量不足，方式单一。中国近年来农业补贴增长较快，但总量上仍明显不足，转移支付的力度不够。目前中国对农业的补贴仅为该产品总值的2%，在支持总量上还有一定的增长空间和调控空间。与发达国家对农业的巨额补贴措施相比，中国农业国内支持总量水平并不高。而且，一直以来，中国对农业的支出和保护都非常少，甚至是负保护。从中国农业补贴方式来看，中国补贴方式则具有明显的单一化、简单化特征。按照WTO口径，中国使用较多的"绿箱"措施只有6项，分别是政府一般服务、粮食安全公共储备、国内粮食援助、自然灾害救济、环境保护计划和支持地区发展，而其他6项发达国家广泛使用的支持措施，如一般性农业收入保障补贴、农业生产者退休或转业补贴、农业生产结构调整性投资补贴、农业资源储备补贴等对生产者的直接支付补贴基本上没有使用，尤其是中国有关农民收入的补贴水平更低，措施使用更少，效率更差。旨在通过转移支付途径增加农民收入的补贴措施是中国农业国内支持措施中最缺乏的。尽管这几年，国家逐步加大了粮食直接补贴的力度，但很多发达国家经常使用的"绿箱"补贴措施仍为空白。在WTO《农业协议》免于削减的"黄箱"措施微量允许方面，中国则是运用得更少。

第二，农业补贴的结构错乱，重点不突出。中国农业补贴的结构不合理，其一表现在"绿、黄箱"之间结构不合理，从中国现行的农业补贴看，"黄箱"支持多，"绿箱"支持和"发展箱"支持少。其二，内部之间的结构也不合理。中国对农业的补贴几乎涉及农产品生产、流通和贸易的全过程，补贴的范围虽然广但很分散，没有形成纵向优势，缺乏针对性和集中性。在农业补贴结构分配上，采取大量财政补贴用于弥合购销差价、降低农用生产资料价格以及贴息贷款等农产品流通环节和消费环节上；而对于农业教育、农业技术推广及农业基础建设等一般农业服务补贴方面则投入较少。这种补贴结构导致农民的人力资本匮乏，农业技术研发力度不够以及农产品质量和生产效率低下等问题，制约了农业补贴整体效能的发挥。农业结构错乱、重点不突出不利于从根本上解决中国农业生产力低下、农民收入增长缓慢的问题，同时也容易引起贸易扭曲，不利于农产品贸易的现代化和国际化。①

第三，农业补贴流失严重，资金利用效率低。长期以来，中国财政对农业补贴多采取"暗补"的方式，将财政补贴资金通过流通渠道间接地给予补贴，造成补贴资金流失严重。1992年以后，中国就开始对粮棉等农产品在流通领域进行一定干预，同时实行较大力度的价格和流通干预政策。事实上，由于缺乏一种有效的监督机制和健全的法律来规制农业补贴资金的使用，国家对粮棉经营的补贴更多地给予了流通环节的各中间部门，实际上到农民生产者手中的补贴很少，以至于几年来，国家财政背上了多达数千亿元的包袱。虽然目前中国制定了多项有关农业补贴的法律法规、政策等，但是农业补贴资金自上而下，到达农民手中往往经过了多重关卡、多道手续，一般而言，由国家拨给省专项补贴资金，省再下拨给县市，然后到乡镇，最后经村组下发给农民，这样在整

---

① 任大鹏、郭海霞：《我国农业补贴的法制化研究》，载《农村经济》2005年第10期。

个过程中，许许多多的人力物力来完成此项工作，自然而然就会消耗掉部分补贴资金，导致农民得到的补贴利益减少，资金利用效率低。

第四，农业补贴法律制度不够统一，体系化矛盾突出。从法律制度建设和体系构建方面看，中国有关农业补贴的法律规定，在法律制度建设方面才刚刚起步，重点还不够突出，结构还不尽合理，内容还不够完善，一些基本的法律制度和措施尚未完全建立，在部分领域仍然存在立法的空白（如农业检验服务补贴方面等），还不能形成一个完整、统一、有序的体系。① 这种体系化的矛盾也严重阻碍了中国农民生存权与发展权的平等地获得。如中国在 2002 年 12 月修订的《农业法》，在农业投入与支持保护一章中，详细规定了国家建立和完善农业支持保护体系，除此之外，中国还制定了一系列其他方面的法律，如《草原法》、《渔业法》、《农业技术推广法》、《动物防疫法》和《植物检疫条例》等，其中都对农业支持、扶助等有所涉及，但法规内容不够全面，整个农业补贴法律制度相对而言是比较混乱的，并未形成有关农业补贴统一、完整、有序的立法体系，而是各自不同的法律在各自所辖的范围制定各自的法律规范，这样不利于农业补贴得到切实有效的贯彻，同样也不利于农民应有利益的获得。

第五，管理体制不健全，运行机制矛盾突出。从中国农业补贴管理体制来看，管理体制不健全、运行机制矛盾突出，严重影响了中国农业补贴实施效果和效率。目前，中国财政农业补贴资金支出实行分块管理，有限的资金不能形成合力。这种多部门管理模式由于责任主体不明确，不能对农业补贴措施的实施和补贴资金的使用形成合理有效的管理。同时，又由于缺乏有效的监督体制，运行机制不畅，在基层财政有限甚至非常紧张的前提下，难以保证政府的农业补贴能够不被挪用，没有一种有效的监督机制来防范农业补贴资金挤占、挪用、转移、乱花乱用补贴等现象的发生。

三、从理性到必然：农业补贴制度以生存权和发展权平等为中心建构的要求分析

农业补贴作为一种直接关系到农民利益和农村发展的法律制度，以生存权和发展权平等为中心不仅是法律制度的理性回归，也是必然的历史和现实要求。

（一）农业补贴法律制度构建的理性回归

首先，从形式公平到实质公平的要求。公平的要义包括两方面：第一，形式公平是平等权的理性之所系。离开了形式公平而言公平，公平就有可能成为空话。形式公平的核心理论则由"起点平等"和"同等情况同样对待"两部分构成。如果没有起点平等，后续的"平等"就是画饼充饥，起点的不平等是造成发展不平衡的主要原因。机会平等要求摒弃先赋性特权、身份等级等不公正因素的影响，保证每个社会成员能够有一个

① 刘洁、阎东星：《WTO 规则框架下的我国农业补贴法制建设》，载《法学杂志》2004 年第 1 期。

平等竞争的条件，从而拓展个人自由创造的空间，最大限度发挥自己的能力和潜能。在现代社会，机会平等堪称最重要的正义原则，因为机会平等是起点平等，机会平等意味着对权利的普遍尊重，即权利平等。权利平等就是要求在公共领域公正地对待和确保每一个人的应有权利。①

然而，在形式公平的理念下，人被抽象为一种普遍的人格，一种没有自然和社会差别的人，这种没有任何差别的公平使某些主体徒有形式上的自由权，而这些权利的实现毫无保障也毫无意义，甚至在某些领域内会造成更加广泛的不公平。形式公平的实践产生了贫困、失业、两极分化等严重的社会冲突和不公，人们开始重新思考："习惯上，正义被认为是维护或重建平衡或均衡，其重要的格言常常被格式化为'同样的情况同样对待'。当然，我们需要对之补上'不同情况不同对待'"。② 在这样的背景下，产生了实质公平理论。所谓"实质上的平等原理，主要指的是为了在一定程度上纠正由于保障形式上的平等所招致的事实上的不平等，依据各个人的不同属性采取分别不同的方式，对作为各个人的人格发展所必需的前提条件进行实质意义上的平等保障"。③ 罗尔斯在他的《正义论》中谈到正义原则包括两个部分："第一个原则：每个人对所有人所拥有的最广泛的基本自由体系相容的类似自由体系都有一种平等的权利。第二个原则：社会和经济的不平等应当这样安排，使它们（1）被合理地期望适合于每一个人的利益。（2）依系于地位和职位向所有的人开放。即差别原则和机会均等原则。"④ 因此，在农业补贴法律制度中的公平，应是在承认农业补贴相关主体的资源和个人禀赋等方面差异的前提下而追求的一种结果上的公平，即实质公平。农业补贴法律制度中是一种发展的高层次的公平，是一种可持续的发展公平，它克服了民法的以平等求公平的形式公平的价值理念，追求的是以结果公平为内容的实质公平。

其次，从差异性权利义务到互补性权利义务的要求。差异性权利义务与"不同情况不同对待"、"共同但有区别责任"本质上是一致的。农业补贴制度中的"不同情况不同对待"、"共同但有区别责任"属于一个新颖和重要的法律原则。它所蕴涵的权利义务差异性体现在以下方面：就城市支持农村、工业反哺农业来说，非农业相关主体目前属于"义务优先"。非农业相关主体应当"率先"承担义务并且在承担方面作出符合自身能力实际的义务，这与非农业相关主体的经济先发、财务实力、技术能力、人力资源优势以及其历史和现实情况等方面是相辅相成的。而就农业发展、农村稳定、农民富裕来说，农业相关主体（主要指农民）目前属于"权利优先"。具体表现在，那些欠发达、需要国家支持和发展的农业及其相关产业享有享受国家农业补贴的权利而暂时不需要支付对应的代价或不履行相当的义务。这意味着允许农业相关主体在特定的时期内依

① 张文显：《构建社会主义和谐社会的法律机制》，载《中国法学》2006年第1期。
② ［英］哈特：《法律的概念》，张文显等译，中国大百科全书出版社1996年版，第158页。
③ 林来梵：《从宪法规范到规范宪法：规范宪法学的一种前言》，法律出版社2001年版，第107页。
④ ［美］约翰·罗尔斯：《正义论》，何怀宏等译，中国社会科学出版社2001年版，第7页。

然可以享受合理的补贴权利，即农业发展至少在一定时间里需要有一个受到法律认可和保护的适度发展空间，农业相关主体不应承诺和承担与其经济先发、财务实力、技术能力、人力资源优势不相适应的义务。差异性权利义务在一定程度上体现了针对不同对象和在特定时期内"实质公平"先于"形式公平"的思想。从主体的角度，农业相关主体暂时只享受权利、不履行义务，看起来是"权义结构"的权利、义务的分配与组合上的不对等，看起来对非农业相关主体造成了"不平等"，但从历史的角度，国家长期实行的工农业剪刀差，农业支持工业发展导致大量农业利益向城市流动的事实，以及农业相关主体最终亦需要履行其义务说明了，不可能存在绝对的权利和绝对的义务，权利和义务存在着辩证统一的关系。所以，无论是非农业相关主体在城市支持农村、工业反哺农业方面现实性的"义务优先"或是农业相关主体在农业发展、农村稳定、农民富裕方面暂时性的"权利优先"，最终必须回归于权利义务的一致性和统一性上来。

权利义务的一致性和统一性要求享受权利就应当履行义务、履行义务就应当享受权利，但权利与义务的互补、对应关系并不意味着两者的均等，也并不是说我们要求农业相关主体与非农业相关主体履行的义务和享受的权利上具有相同性。权利与义务存在着功能上的互补性，功能的互补性是说权利与义务对同一主体同时贡献着启动与抑制、激励与约束、主动与被动、受益与付出两种机制。以社会需要而言，当活力与创造及革新为人们所追求时，权利的功能就会被人们格外重视；而当稳定、秩序与安全为人们所珍视时，义务的功能更能满足人们的要求。在功能上的互补性体现着社会时代变迁的需求，在权利和义务体系中存在着一个价值互换的模式，根据社会的现实需要，权利和义务会互相取长补短，以实现权利和义务动态结构的功能性。农业相关主体与非农业相关主体的权利义务互补性决定了其中一主体的义务的履行可以成为另一主体的享受的权利，其中一主体的权利的享受可以要求另一主体的义务的履行，而不必然要求权利与义务之间的对等性和同一性。

最后，从互补性权利义务到互补性制度规则的要求。体现此一主体的权利与彼一主体的义务和此一主体的义务与彼一主体的权利的平衡关系的互补性权利义务理应上升为互补性制度规则。在现时的中国，农民作为社会地位低下的弱势群体处于一种结构性的社会歧视之中，一般不具备自我改变的能力和自我发展的潜力，必须诉诸外在的权威对其进行特别的权利保护。边沁认为，公权力机关的职责就是通过避苦求乐来增进社会的幸福。他确信，如果组成社会的个人是幸福和美满的，那么整个国家就是幸福和昌盛的。① 让每一个人机会均等地参与社会的发展并公平地分享社会发展的成果，从而使人们获得物质上免于匮乏、精神上免于恐惧的生活境地，是人权追求的至高境界，也是和谐社会建构所应有的题中之义。现有农民权利需要更多的关怀和对待，现有农民生存权、发展权应当抛弃只是在形式上强调主体之间的公平与自治、而不问其实质上公平与否的传统。笔者认为要实现农民与其他个人、群体同等地参与经济、政治、社会和文化

---

① ［美］E. 博登海默：《法理学——法律哲学与法律方法》，邓正来译，中国政法大学出版社1999年版，第10页。

发展并享有发展成果的权益和维护这些权益，必须有一种新的互补性权利义务配置制度规则，即应更多地体现为一种倾斜性的权利配置制度规则。所谓倾斜性的权利配置是指通过公权力介人弱者与相对强者所形成的私权关系，实行政策性倾斜，从单纯的向弱、贫、无权者与强、富、有权者提供平等的政策设计、安排到有意识地向弱、贫、无权者提供更多的政策、制度设计、安排，以期平衡两者的力量对比，实现两者实质上的平等。表现在农业补贴法律制度中，就通过权利的互补为处于社会弱势的农民、处于弱质产业的农业提供更多的倾斜性保护，在实质上保护其权利并真正地促进其发展。

（二）社会历史发展必然的要求

首先，是农民平等生存权与发展权的特点和保护现状的要求。

生存权是 20 世纪西方社会的法律思想之一，其主要是帮助生活贫困者和社会、经济上的弱者，生存权要求国家有所作为，积极履行其义务，以维护其基本生存权利。而发展权作为一种新型且重要的人权，是每个人均有权参与、促进并享受经济、社会、文化和政治发展，在这种发展中，所有人权和基本自由都能获得充分实现的权利。

根据生存权的一般原理，农民的生存权现状具有如下两方面的特点：首先，农民生存权的弱者身份性。联合国经济、社会、文化权利委员会也指出，最为脆弱的社会弱者包括"无地农民、受排斥的农民、农村工人、农村失业者、城镇穷人、移民劳动者、土著人、儿童、老人和其他受到特别影响的群体"。[1] 可见，农民的弱者身份是国际普遍现象，即使在发达国家也不例外。国家赋予农民生存权就是根据农民的社会弱者特性，给予其法律和政策上的特殊的扶持和保护。国家通过农业补贴干预社会分配，促使补贴向需要基本生活保障的人群倾斜，是保障基本生存权的表现。其次，农民生存权的脆弱性。现实中农民的生存极易受到自然和社会各方面不利因素的威胁，因而农民生存权具有脆弱性特点。农民生存权的脆弱性首先根源于农业生产具有极高的自然风险和市场风险。自然风险与市场风险交织在一起，对农民的经济收入构成严重威胁，并直接影响了农民的生存能力。正如詹姆斯·斯科特所说：那些从事高风险农业生产的农民，"在生存边缘上拼命劳作，一旦计算有误，便要失去一切；他的有限的技术加上天气的变幻无常，使得他比其他大多数生产者都面临更大的难以避免的风险；可获利的工作机会的相对匮乏使他毫无经济保障可言"。[2] 不仅如此，农民的生存权还受到现代社会科技风险、工业风险、制度风险的威胁。农民社会经济实力的薄弱决定了其风险抵抗能力低，因而需要农业补贴在具体的制度设计中以生存权平等为中心来进行建构。

发展权作为一种新型的人权，是人类社会整体的全面发展。发展权的主体是个人与集体，个人既包括发展中国家的个人也包括发达国家的个人；发展权的集体主体内容丰富，既包括特定的弱势群体也包括民族与国家。总之，发展权的发展是全人类的发展而

---

[1] See World Conference on Human Rights, Vienna Declaration and Programme of Action（UN doc. A/CONF. 157/24），Part I，Para. 5.

[2] See Paul Hunt, *Reclainming Social Rights*（1996），Dartmouth Publishing Company, para. 7.

不是某一部分人与国家的发展，只是发展权尤其关注被边缘化、被掩盖、被遮蔽的弱势群体与发展中国家的权利。① 农民个体发展权内容上缺失还较严重，难以实现个体发展权。发展权剥夺的影响比收入低下的影响更重要，农民发展权的缺失限制了农民的发展机会和空间，导致了农民进一步边缘化，促使农民与其他社会主体相比更加处于社会博弈的不利地位。所以农业补贴制度必须以发展权平等为中心进行建构，并致力于促进农民发展利益的增加。

其次，是生存权和发展权与农业补贴的关系要求。

在平等生存权维度。生存权作为法律概念是基于特定的物质生活条件而提出的，其不仅是指人的生命不受非法剥夺的权利，而且还包括每个生命得以延续的权利。生存权的实现本身就是国家通过积极义务的履行而给予社会弱势群体的特别保障，生存权凸显了社会弱势群体的主体地位，其以积极权利的性质为社会弱势群体权利的实现提供了强有力的支撑。在实质平等理念的指引下，生存权将关怀社会弱势群体的福祉作为价值目标。显然，生存权是农民作为人而应该享有的权利，是为保障人之生存而需要享有的权利。对农民生存权的保障需达到这样一个水平，使农民能够"像人那样生存"；只有实现了农民的生存权，并且是像人一样的生存，才谈得上"人格和尊严"，这是许多人权学说或宣言所追求的目标。农业补贴的基本理念就是通过国家（政府）的积极作为，凸显对农民群体的倾斜性保护，以保证其有尊严的、体面的人类基本生活。

在平等发展权维度。发展权是指人的个体和人的集合体参与、促进并享受其相互之间在不同时空限度内得以协调、均衡、持续地发展的一项基本人权。② 其以公正、公平为内核。按照《发展权宣言》的宣告，发展权是一项不可剥夺的人权，由于这种权利，每个人和所有各国人民均有权参与、促进、并享受经济、社会、文化和政治发展，在这种发展中，所有人权和基本自由都能获得充分实现。公平与公正是发展权为农业补贴提供的价值基础，平等参与和公平、公正地分享发展成果同时也是实现发展权的主要手段。发展权视野下的农业补贴被凝结为实现具体人权的行动，转化为现实力量；它一方面保障了发展以人为本的宗旨，另一方面也为农业补贴提供了正义的思维逻辑。现代农业补贴作为一种国家（政府）的积极作为，其基本理念不仅是要保障人的生存权，而且要维持人的一种"体面"的生活状态，即以权利为基础促进人的全面发展。

再次，是构建和谐社会的时代要求。

生存权和发展权是首要的人权，也是和谐社会的重要基石。和谐社会是世界人民所追求和向往的社会。社会生活的和谐，必须有稳定安宁的社会环境和有条不紊的社会生活秩序。一个动荡不定、秩序混乱的社会绝不能使人们安居乐业、和睦共处。而一个贫困落后，人民衣不蔽体、食不果腹的社会，很难指望它会有稳定、安宁和秩序，"安定有序"的和谐社会只能是空中楼阁。因此，发展与社会和谐的前提是稳定和秩序，而发展反过来又是稳定与秩序进而是社会和谐的基础。贫困是产生社会不和谐的重要原

---

① 汪习根、涂少彬：《发展权的后现代法学解读》，载《法制与社会发展》2005年第6期。
② 汪习根：《发展权含义的法哲学分析》，载《现代法学》2004年第6期。

因。故而，促进社会主义和谐社会建设，就要切实实现生存权和发展权。农业补贴作为实现和谐社会的一种重要手段，理所当然应以生存权和发展权平等为中心，将生存权和发展权平等贯彻到一切农业补贴具体制度的构建和实施中。

四、白箱：以生存权与发展权平等为中心的农业补贴制度的创新设计

由以上的分析可知，在 WTO 框架下现有的传统农业补贴制度很难满足农民生存权和发展权的平等实现，因此，以生存权与发展权平等为中心的农业补贴法律制度仅有"绿箱"、"黄箱"和"蓝箱"是不够的，需要对现有农业补贴进行创造性发展，增加"白箱"① 补贴措施。

（一）"白箱"补贴的规则设计

首先，在规则的定性上，"白箱"补贴具有兜底条款的性质。"兜底条款"作为一项立法技术，被广泛运用于各领域、各层级的法律、法规、规章等法律文件中，是在列举相关具体行为或种类之后的概括性或原则性的条款。"兜底条款"之所以被广泛运用主要是由于立法者无法穷尽并预测一切可能的情形，于是借助于兜底条款立法技术，意图达到法律涵盖范围的最大化。其目的就是在于严密法网，堵截法律漏洞，以便于法官在没有明确法律依据的情况而又必须对相关案件作出裁判时能够有自由裁量的空间和可能。同理，农业补贴制度也需要这样一个"兜底"条款。现有的农业补贴制度没有"兜底"性条款，"绿箱"明确规定了十一项内容，而将来有可能被取消的"黄箱"和"蓝箱"则也是具体规定了禁止实施的内容。笔者所设计的"白箱"补贴在定性上是一种"兜底"性条款，只要是有利于农业生产和农民利益保护的生存权与发展权平等的现有补贴措施以外的补贴措施就属于"白箱"补贴范围。

其次，在规则的制定上，由 WTO 作出原则性规定，各成员可以根据具体情况作出具体规定和灵活变通。WTO 作为国际贸易组织，其成员来自不同的地区和国家，有着很大的差异性。如果不顾各个成员的特殊情况，都采取一致的规定，肯定会阻碍一些成员的发展，虽然现有的农业补贴制度对不同成员也有所差异，例如 AMS 的规定，但是这些并不能满足特殊成员发展的需要，特别是发展中国家的生存权与发展权无法实现与发达国家的平等。因此，对于"白箱"的规定，笔者认为，WTO 作为具有一定约束力的国际经济组织，其规定不宜过于具体，只要作出原则性的规定即可，具体的可以由各成员方根据自身的具体情况作出具体规定，并且允许灵活变通。

再者，在规定的原则上，以实现农民生存权与发展权的平等为基本目标。生存和发展是人类自身最基本的问题之一。通过农业补贴可以改善农业、农村发展资源瓶颈，最

① 称为"白箱"是为了与其他三箱匹配，不仅是为了保持表述上的一致性，而且是体现该类补贴制度的透明性与对实质公平的追求。

终推动农民生存权与发展权的实现。而且，农业补贴在实践中也在较大程度上解决了农民生存权的问题，并且通过提高农民能力逐步解决农民发展权的问题。但是现有的农业补贴制度，由于发达国家的强权作用，更多关注的是发达国家的农业和农民的生存权与发展权，对发展中国家的生存权与发展权关注较少，无法实现发展中国家和发达国家之间生存权与发展权的平等。"白箱"补贴制度的设计是为了弥补现有农业补贴制度的不足，是为了能更好地实现生存权与发展权的平等。"白箱"补贴的内容应更多地关注与实现生存权与发展权平等有关的农业补贴制度内容，特别是促进发展中国家生存权与发展权平等的内容，不仅保证发展中国家的农民能够体面地、有尊严地生存，而且能够实现最大化的自我发展，获得和发达国家农民平等的机会，所以在"白箱"补贴措施中实现农民生存权与发展权的平等是基本目标。

（二）"白箱"补贴的具体运用

"白箱"补贴，是一种由 WTO 进行原则性的规定、各成员根据实际情况灵活实施的，以实现生存权和发展权平等为目标的具有兜底性质的制度。那么，就中国而言，"白箱"补贴在中国的运行主要从以下几方面进行：

第一，"白箱"补贴的主体应以中央为主地方为辅。从补贴的主体划分，财政补贴分为中央财政补贴和地方财政补贴。财政补贴是在特定的条件下，为了发展社会主义经济和保障劳动者的福利而采取的一项财政措施。它具有双重作用：一方面，财政补贴是国家调节国民经济和社会生活的重要杠杆。运用财政补贴特别是价格补贴，能够保持市场销售价格的基本稳定；保证城乡居民的基本生活水平；有利于合理分配国民收入；有利于合理利用和开发资源；另一方面，补贴范围过广，项目过多也会扭曲比价关系，削弱价格作为经济杠杆的作用，不利于农产品经营者改善经营管理；如果补贴数额过大，超越国家财力所能，就会成为国家财政的沉重负担，影响经济建设规模，阻滞经济发展速度。因此，"白箱"补贴的主体首先是国家，以中央财政为主，由中央财政进行统一规划和补贴，确保全国各地区农民的共同发展；有条件的地方政府也要发挥必要的地方财政作用，实施"白箱"补贴，促进本地区农民的生存权和发展权的进一步实现；另外，在不同的地区，补贴的主体性也有所差异，经济较发达的东部地区，地方财政较充裕，地方政府就应该在"白箱"补贴实施中扮演更加重要的角色，让中央把有限的财政更多地投入到中西部较不发达地区。

第二，"白箱"补贴的对象具有广泛性，但重点在于贫困落后对象和优势发展对象。"白箱"补贴是对现有补贴的补充和延伸，其目标是推进农民生存权和发展的实现，面对的是广泛的农业生产者，包括农民，也包括从事农业生产经营的组织。"白箱"重点补贴贫困落后者是对他们最基本的生存权的保障和实现，毫无疑义。从我国的经济和社会发展情况来看，东部地区的农业发展和社会保障都较中西部好很多，因此，用于解决农民基本生存权的"白箱"自然应该更多地投入到中西部地区，特别是还没有解决温饱的农民手中。"白箱"补贴的另一个重点投入是优势发展对象的理由主要是因为优势发展应该或者是优势农产品的种植者，或是较先进的农业生产经营者，他们代表了现代农业的发展方向，不仅农产品有着较强的竞争力，而且组织管理经营模式较为完善，具备参与国际竞争和抗衡的实力，是我国参与国际贸易的重要力量。

第三，"白箱"补贴的重点在于与农民生存权和发展权平等实现相关的主要领域。"白箱"补贴措施的实施就是为了满足农民对平等生存权和发展权的实现，不仅促进弱势农业的发展，而且保障农民弱者的权益。因此，就中国的现状而言，"白箱"补贴的重点领域在于以下几方面：一是农业生产的重要领域，如粮食生产领域、大豆、棉花等基本农产品生产领域等，这一领域主要是关系国家粮食安全和农业稳定的基本农业生产领域。对这些农业生产的重要领域的"白箱"补贴内容可以是对"绿箱"、"蓝箱"和"黄箱"的补充，如基于粮食安全考虑的补贴，也可以是原有三箱以外的补贴，如在现代生物技术广泛应用于农业生产可能危及传统农业、生物物种甚至人类安全的情况下，为尽量减少不可预测的现代生物技术对农业的影响而采取的对主要农业生产进行补贴，鼓励种植传统安全农作物的补贴措施。二是与农业生产密切相关的基本领域，主要是农业资源与环境。农业资源与环境作为农业生产的基本领域，不仅关系到农业生产，而且影响整个人类的生存与发展，必须给予必要的特殊保护，例如传统农业资源，随着社会的发展，物种灭绝的速度越来越快，生物多样性受到了严重威胁，因此有必要对这些濒临灭绝的农业资源进行特殊保护，可以对从事这方面保护的人员给予比一般农业资源保护人员更多的补贴。三是关系农民生存和发展的重要领域，如农民的教育问题、农民的社会保障问题等，特别是对年老农民和失地农民的社会保障问题。这个领域的补贴直接关系着农民的生存和发展情况，必须给予更多的关注和投入。可以采取的具体措施是，建立农村发展补贴，包括保证农民基本生存的农业社会保障福利补贴（如基本医疗），鼓励有知识、有技能的青年农民安家和农场现代化补贴，农村环境维护补贴，农产品标准培训补贴，农村发展计划补贴，农民转移土地经营权补贴，自然条件恶劣地区补贴等。四是影响农业生产和农民正常生活的重大突发紧急事件，主要是指一些突发性的自然灾害、疫病疫情和突发的社会问题，可能造成农业生产受损严重和农民无法正常生活的情况，这时需要国家给予更多的补贴和临时应急性补贴。

第四，"白箱"补贴实施坚持原则性与灵活性相结合的原则。在运行的原则上，坚持原则性与灵活性相结合。因为"白箱"补贴的设计是由 WTO 进行统一的原则性的制定，预先为各成员制定使用的方向和手段等，以防止某些成员的滥用。中国在实际运行"白箱"时，也不得超越 WTO 的原则性规定，应在 WTO 框架下实施。但是可以结合中国的现实特殊情况实施，例如中国农业人口的绝对数量和相对数量与其他大部分国家相比都很庞大，尤其是绝对数量的庞大会导致农业补贴的压力巨大，因此在实施的方式上就可以采取多样化，灵活运用，如在现金补贴有压力时，可以灵活地通过其他的利益或实物措施来替代，只要不违反 WTO 的原则性规定即可。

（三）以生存权和发展权为中心的"白箱"制度的国际协调

随着经济全球化的发展，世界各国间的联系越来越紧密，国家间的制度安排会相互影响。农业补贴制度作为 WTO 的一项重要制度安排，是各国间协调选择的结果。WTO

作为世界上最大、最有影响力的世界贸易组织，其影响力不仅仅在经济贸易领域，已经延伸到社会其他领域，任何一项国际贸易规则的制定都有可能影响到各个国家国内的其他社会制度，甚至影响国际社会的走向。以生存权和发展权为中心的"白箱"补贴措施是对现有农业补贴制度的创新和发展，作为一种新型的补贴措施，要想获得长远的发展，必须是能够获得国际社会的认可，并能够和谐发展。

首先，"白箱"补贴措施国际协调的基本思路。一是以实现全人类整体利益为目标。随着国际社会的发展与融合，原有的主权利益优先的观念已不能适应新的形势，全球化推动并形成诸多国际社会的共同利益。所以，我们不仅应强调国家主权，而且还应看到全人类整体利益，必须实现从国家利益本位向国际社会利益本位的转化。二是以生存权与发展权平等为中心。生存权与发展权平等不仅体现在一国国内的不同阶层、不同主体之间，也同样体现在国际社会，主要是发展中国家和发达国家之间、发达国家和发达国家之间、发展中国家和发展中国家之间，其中最为重要的是实现发展中国家和发达国家之间的生存权与发展权的平等。就农业补贴而言，在WTO组织中，既要在农业补贴规则的制定中要实现发展中国家和发达国家话语权的平等，又要在农业补贴规则的制定中以生存权与发展权平等为中心，还要在农业补贴规则的执行中实现国家间的生存权与发展权平等。三是建立注重保护弱者的倾斜性国际规则。为了国际社会的良性发展，今后的国际经济立法将比以前更多考虑发展中国家特殊利益及其需要，在一定程度上改变当前立法的"倾斜天平"的倾斜度。"绿箱"补贴措施无疑是农业补贴制度对发展中国家的最大倾斜保护。四是构建农业补贴法律制度的互补性权利义务规则。国际组织的建立和国际规则的出台往往是国家间权利义务妥协的结果，最终是为了实现本国的发展。国家间的权利义务一般是通过国际规则来实现的，因此，要实现国家间的共同协调发展，就要着眼于国际规则的变化，尽快建立互补性权利义务规则。例如，对于广大发展中国家来说，主要是通过初级农产品的出口实现国际贸易收支的平衡，而发达国家的贸易重点则在于工业产品的输出，因此，在WTO规定中，构建一套互补性权利义务规则的农业补贴法律制度，可以给予发展中国家在农业补贴上更多权利优惠，对于发达国家则在其他贸易领域给予一定的权利补偿。

其次，"白箱"补贴措施国际协调的路径选择。一方面基于生存权与发展权平等的国际协调。权力的失衡不仅在国家内部存在，而且在双边的、区域的或全球的层次上更为突出。"从外部看，主导世界的新的权力首先是为私益服务；从内部看，国际机构内部民主的缺乏常常被用来发展私益的论据或借口。"① 近年来，国际经济制度的发展重在对"自由化"的追逐。根据国家主权理论，各国在国际社会中某些方面的法律地位应当是平等的，国际社会处于一种"呼权状态"，"但在全球性国际经济事务的决策机制与决策权力的分配上却始终是不平等的，发达国家是全球性经济规则的制定者，而发

---

① ［法］米海依尔·戴尔玛斯-马蒂：《世界法的三个挑战》，罗结珍等译，法律出版社2001年版，第115页。

展中国家只是规则的接受者。"① 任何一个社会，只能在以合理的权利与义务的分配方式建构起的社会经济结构体系下，才能维持健康、有序的持续发展，国际社会也一样。经过坎昆会议的历练，发展中国家今后在多边谈判中，必将更加自觉地加强南南合作，以增强在南北对话中的实力，扩大自己在全球经贸大政问题上的发言权、参与权与决策权，以维护自己的正当权益。② 从被动旁观到主动参与的转变，既有基于国际关系相互依赖发展的考虑，也有基于保护和维护自身经济权益的客观形势选择，这一转变是发展中国家成员对国际经济事务平等参与权和平等决策权的理性转变。为此，发展中国家要积极参与新一轮多边贸易谈判所讨论的每一个议题，不能再把制定规则的主要职责寄托于贸易伙伴，必须在农业补贴法律制度的制定中为自己的利益而奋争，敢于提出以农民生存权和发展权平等为中心的"白箱"补贴措施，并力争为国际社会所承认和确立。

再次，中国要在多哈回合利益集团间进行有效的协调。多边贸易机制贵在谋求其他成员方的广泛支持，建立在互利共赢或利益交换基础上的贸易谈判需要利益集团的妥协。多哈回合中，就农产品贸易谈判而言，主要谈判方分为五种类型：一是以农产品强国为代表的凯恩斯集团，二是以美国为代表的农产品强国，三是以欧盟、瑞士、日韩为代表的农产品高补贴国，四是以中国、印度为代表的大部分发展中国家成员，五是以东欧为代表的 WTO 新成员。这些不同的主体对农业补贴和利益有着不同的需求。因此，在既定利益格局下，作为一个正在迅速崛起的大国，中国需要有利于本国经济发展的稳定的国际政治、经济秩序，而只有赋予现有对发展中国家不公平的秩序的"正义"诉求，这种秩序才能健康有序地稳定发展，对中国有利的稳定秩序才能持久。正是立足于中国的这种国家根本利益，附之作为一个负责任的大国应有的道德或正义感，决定了中国在创建与维护国际经济法律秩序的公平价值上所面临的两个基本战略。一是，作为全球最大的发展中国家，中国应在创建与维护国际经济法律秩序的公平价值方面发挥出应有的作用，尤其是面对诸如 WTO 等国际经济组织中发展中国家力量日益分散化与分歧日益增多的局面，不仅在具体的国际经济谈判中必须督促发展中国家齐心协力，求同存异，团结大多数，从而起到中流砥柱的作用，也必须在如何统一发展中国家谈判博弈的战略与策略，如何使发展中国家的利益、立场以及要求更好地诉诸到国际社会，并引起足够重视等理论问题的研发方面，投入足够的人力、物力、财力，从而为发展中国家与自身谋取更大福利提供理论指导。二是，作为身份颇为特殊的发展中国家，中国应充分利用在当今世界中为数不多的能与发达国家平起平坐的地位，不仅能向发达国家正确传达发展中国家的各种合理诉求，并促使前者重视后者的这种诉求，也能在南北双方之间搭起沟通流畅的桥梁，以弥合双方分歧，消除误解，共谋解决全球问题的良策。

（作者单位：华中农业大学文法学院）

① 梁勇：《开放的难题：发展中国家经济安全》，高等教育出版社 1999 年版，第 3 页。
② 陈安：《南南联合自强五十年反思——从万隆、多哈、坎昆到香港》，载《中国法学》2006年第 3 期。

法治武汉城市圈先行先试权的立法学分析

涂少彬

内容提要：从国家发展与改革委员会的批文来看，武汉城市圈并非国家在既有的法律框架外给予额外的政策优惠，而是先行赋予法律与政策层面的先行先试权。武汉城市圈建设的起点、过程与归宿必须符合法治化的要求，这不仅避开了城市圈建设的违法可能性，而且强化了城市圈建设的创新性、规划力、执行力与救济力并最终减少了武汉城市圈建设的成本，提高了效率。从立法学的层面来看，法治武汉城市圈先行先试权应在《立法法》第 8 条、第 9 条与第 64 条之中的限权与赋权中去分析与演绎。

关键词：武汉城市圈；先行先试权；立法法

一、法治武汉城市圈的问题与困境

（一）武汉城市圈的性质与特征

经国务院同意，2007 年 12 月 14 日，国家发展与改革委员会批文批准武汉城市圈为全国资源节约型和环境友好型社会建设综合配套改革试验区。发改委在批文中认为：武汉城市圈要从实际出发，根据资源节约型和环境友好型社会建设综合配套改革试验的要求，全面推进各个领域的改革，并在重点领域和关键环节率先突破，大胆创新，尽快形成有利于能源资源节约和生态环境保护的体制机制，率先走出一条资源消耗低、环境污染少、要素集聚能力强、产业布局和人口分布合理的新型城市化道路，促进经济发展与人口、资源、环境相协调，推进经济又好又快发展，为推动全国改革、实现科学发展与社会和谐发挥示范和带动作用。①

很显然，从发改委的批文中可以解读出，武汉城市圈不是"所谓特区，没有优惠政策、没有真金白银，只有一根'先行先试'的魔法棒"。② 简而言之，武汉城市圈两型社会建设的实质是一个基于既有经济、社会与文化发展基础的"体制机制创新区"，它所拥有的是国务院所属机构国家发展与改革委员会的一个指导性的行政授权，其核心

---

① 参见：《国家发展改革委批准武汉城市圈和长株潭城市群为全国资源节约型和环境友好型社会建设综合配套改革试验区》，http://www.sdpc.gov.cn/gzdt/t20071221_180138.htm，2008-10-28 访问。

② 涂亚卓：《武汉城市圈"解放思想"先行》，载《湖北日报》2008 年 9 月 11 日版。

内容是,武汉城市圈可以"全面推进各个领域的改革,并在重点领域和关键环节率先突破,大胆创新,尽快形成有利于能源资源节约和生态环境保护的体制机制"。也就是说,武汉城市圈被赋予的是一种体制上的"先行先试权"。厘清了这一点,方能把握武汉城市圈的实质与可资发掘的优势。

(二) 法治武汉城市圈的既有机制

根据我国立法法以及湖北省目前省内法治的实际来看,目前法治武汉城市圈的协调与保障机制可以说是非常匮乏,传统的行政区域划分使得武汉及其周边城市各自为政、重复建设、恶性竞争现象较为普遍。虽然,武汉城市圈所在的湖北省的行政权和立法权及于武汉城市圈之上并可以通过这种权力来发展武汉城市圈,但是,武汉城市圈政府间的公权力法律合作非常匮乏。造成这种现状有很多原因,其中基础性的原因在于武汉城市圈除了武汉市拥有立法与制定行政规章的权力外,其他的城市没有立法权与行政规章的制定权,只有规范性文件的制定权。这种规范性文件及其制定权法律地位层级较低,其中,规范性文件本身仅仅属于地方性的"红头文件",它在我国的立法法中不具有法律属性与地位,仅仅是地方政府为了执行法律而发布的针对不特定的对象而反复适用的一般性文件。尤其是,这种"红头文件"在司法中的地位层级极低。据最高人民法院在其法释 [2000] 8 号司法解释的第 62 条第 1 款中规定:人民法院审理行政案件,适用最高人民法院司法解释的,应当在裁判文书中援引;而在第 2 款中规定:人民法院审理行政案件,可以在裁判文书中引用合法有效的规章及其他规范性文件。从该法释来看,人民法院在审理行政案件时,对"其他规范性文件"仅仅是"可以"引用。也就是说,在人民法院审理行政案件中,武汉城市圈周边城市的规范性文件地位层级很低。但是另一方面,这种层级较低的地方政府的规范性文件仍然可以在法院中引用,这就使得武汉城市圈周边城市的地方政府仍然可以通过制定规范性文件的办法来追求自身的政绩而形成地方保护主义;而且,由于我国现有的司法体制的原因,法院不能对违反上位法的政府发布的规范性文件予以废除,使得地方政府经常出现通过突破上位法来寻求扩大政府利益的行为。并且,这种行为经常得不到及时的救济,它必然对武汉城市圈法治一体化的形成与发展造成阻碍并付出更大的成本。

由上述可见,武汉城市圈的实质是一个体制机制先行先试的经济一体化的地区,这种经济一体化的区域要求的是制度层面的整合,而这种制度层面的整合最终必须规范化到法律层面最终形成法治武汉城市圈的一体化的良好局面。

(三) 武汉城市圈的法治协调与保障机制问题与困境

武汉城市圈的发展目前处于探索与规划层面,国内可资借鉴的经验较为匮乏。不过,从长三角的发展经验来看,武汉城市圈面临的问题长三角已经在探索基本解决模式,长三角出现的问题及其应对之道刚好可以给武汉城市圈带来有益的借鉴。有学者认为,长三角区域经济政府合作之间的基本问题有:(1) 制度化的程度相对较低,其经济发展模式不过是一种地方政府倡导式的非制度性合作协调机制;(2) 区域合作的组织形式相对较为松散，没有一套制度化的议事和决策机制，也没有建立起一套功能性的组织机构；（3）区域内各政府间合作共识虽已确立，但缺乏统一的合作战略规划；（4）中央政府角色缺位，未能及时提供有效的政策或制度保障。①

对长三角区域经济发展中的问题，我们分析可见，它最为基本的问题即是制度化问题，也就是说，长三角区域经济的发展不能仅仅停留在政府间的愿望、呼吁、会议的层面上；即使是会议协议，它们的法律效力及其地位都不具有法律文件的规范性与执法及司法层面的强制性，因而其效力容易导致随着权力行使者的变更而变更而处于不确定性之中。具体而言，这种权力行使者的变更存在于两个基本层面，第一是中央权力行使者及其政策的变更导致会议协议的效力处于不确定性之中；地方权力行使者及其政策的变更导致会议协议的效力处于不确定性之中。因而，长三角区域经济的发展最为缺乏的是将其经济发展的政府间行为法治化；长三角区域经济法治的一体化的关键是要将经济法治一体化的框架法治一体化。

很显然，武汉城市圈的建设一样存在引发类似问题的环境与条件。在存在武汉城市圈这种既有问题的基础上，即使发展出了政府间的协调机制，这种机制可能遇到法律协调与保障的机制法治化缺乏的问题。这种问题与困境出现在两个层面上，首先，如果武汉城市圈的法治协调与保障机制缺乏法律规范层面的落实的话，那么武汉城市圈的建设可能会出现因领导人的改变而改变，因领导人的态度改变而改变的现象；而且，既有的先行先试的成果也难以反映到法律规范的层面上，不易巩固。其次，在司法层面，尽管武汉城市圈是国家发改委批准的一个先行先试两型社会，但是它毕竟很难突破既有上位法乃至是宪法的规定，即既有的行政区划仍然存在，而这种行政区划的存在必然使得武汉城市圈中地方政府公权力容易由着自己的政绩冲动，这便易引发地方保护主义的痼疾。而司法层面若没有对武汉城市圈的法治协调与保障机制的创新与突破，这种地方保护主义的痼疾则很难消除。再次，武汉城市圈的法治协调与保障机制要不断发展必须要将既有的成果予以法制化，这不仅容易巩固既有成果，更利于在既有的成果的基础上向前进行法律层面的拓展，将武汉城市圈的事业做大做强。最后，武汉城市圈的建设与发展不能仅仅靠公权力，权利主体力量必然也要参与整个建设与发展的过程。这样不仅有利于权利主体发挥其固有的市场化主体的优势，还可以减少公权力运行成本。

二、法治武汉城市圈的出路与对策

（一）法治武汉城市圈立法层面的出路与对策

如何将政府间的协调机制转化为具有立法性质同时又不同上位法相冲突的机制。很显然，武汉城市圈由国家发改委的一纸批文转化为具体政府间的协调机制这主要是一个政府间的行政权力的运用过程；现代社会是一个法治社会，正如前文所述，发改委一纸

---

① 马斌：《长三角一体化与区域政府合作机制的构建》，载《经济前沿》2004 年第 10 期。

批文变为政府间的协调机制相对而言比较容易，而这种机制转化为法律则必要而又困难。

首先，武汉市是一个副省级城市，而武汉城市圈的其他城市级别相对较低；在经济实力上，武汉和武汉城市圈中的其他城市之间的关系是"强——弱"关系，这种现实行政级别与经济实力上的差异在构造城市圈的政府间协调机制上既有优点也有弱点。优点是，这种"强——弱"之间的关系使得武汉市在武汉城市圈中具有较大的话语权，在制定协调机制时可以充分利用这种话语权和行政级别上的优势地位发挥统领作用；弱点是，尽管武汉市在武汉城市圈中具有优势地位，但是，武汉市与武汉城市圈中其他城市之间并不存在法定的领导与被领导的地位，由武汉市发挥影响力与带领作用的城市圈之间的协调机制容易因为领导人的改变而改变，因领导人的注意力和看法的改变而改变。因此，必须将武汉城市圈的政府协调机制法治化，并使得这种政府协调机制具有实际上的立法功能。不过，这也容易陷入与上位法冲突的困境。也就是说，如果不将政府间的协调机制转变为具有立法性质的机制的话，那么这种政府间的协调机制及其决定容易陷入不确定性之中；如果将这种政府间的协调机制转变为具有立法性质的机制的话又可能陷入冲突上位法的尴尬处境之中。

（二） 法治武汉城市圈执法层面的出路与对策

与武汉城市圈政府间协调机制转换成政府间的立法机制所造成的问题类似，武汉城市圈建设执法层面的问题也使得其法治协调与保障机制处于不确定性之中。武汉城市圈政府之间的互不隶属的关系使得其执法层面无法通过行政命令而只能通过政府间的会议和协议确定下来的合作方法进行。这种协议由于缺乏立法层面的确定性，因而确定性与强制力匮乏。这种不确定性与强制力的匮乏使武汉城市圈之间执法层面的协调与保障机制容易留下漏洞，这些漏洞使得政府间的协议因为地方政府的利益驱动而流于形式进而使得武汉城市圈的建设目标难以实现。即使有湖北省政府出面来监督武汉城市圈政府间的协议也未必有好的效果。首先，地方政府的利益驱动对武汉城市圈政府之间的协作具有很大的破坏力；其次，湖北省政府出面监督这种协议的运作势必加大了武汉城市圈发展的行政成本；再次，湖北省政府对于如何具体确立一个武汉城市圈发展的监督机构是一件相当困难的事情。

（三） 法治武汉城市圈司法层面的出路与对策

同一般权力运行过程的一样，武汉城市圈最终必须要建立起立法、执法与司法层面的权力运作程序，这样不仅使得武汉城市圈的运作具有可靠的保障，同时也减少了不必要的权力运行成本，提高武汉城市圈建设的效率。

很显然，武汉城市圈建设司法层面的法治协调与保障机制与立法层面的法治协调与保障机制关系最为密切。尽管武汉城市圈在发改委的批文精神下，可以充分演绎"先行先试权"来进行立法层面的合作，但仅仅有这一方面的合作是不够的。即使产生了相关的立法规则，而规则在现实城市圈的合作中遇到了问题还是需要司法层面的裁决。

而根据我国目前的司法体制，司法权是属于国家权力，其制度根据立法法的规定要由法律来规定。这样就出现了两难的困境，即如果武汉城市圈所在的司法机关按照国家的法律来进行司法，则武汉城市圈政府之间的立法协议遇到问题难以在司法层面得到适用；如果地方司法机关按照武汉城市圈的政府间的协议来进行司法的话又缺乏相关的法律依据。针对这样的问题，上海市人大常委会对浦东新区的开发作出了相应的司法机关适用其地方性法规的规定，即上海市人大常委会制定了一个规定，该规定规定浦东新区政府可以就其综合配套改革制定相关文件在新区先行先试，且上海市司法机关在司法实践中要支持浦东新区综合配套改革的先行先试，司法实践中如果遇到特殊具体的问题，可以通过司法解释或向市人大常委会请示的方式予以解决。① 武汉城市圈可以在学习其司法运作机制上作出自己相应的法治协调与保障方面的司法机制调整。

三、法治武汉城市圈的实证法分析

（一）法治武汉城市圈之中央制度支持

虽然武汉城市圈建设中央权力赋予了地方体制上的先行先试权，但显然这并不意味着中央权力完全不需要作出法律上的辅助与回应。因为武汉城市圈的先行先试权显然不纯粹是地方性的事务，而且，这种先行先试权最终必须以法律层面的回应与支持为结果与保障。很显然，地方层面的先行先试权要最终凝固化为法律层面的规范，很难做到完全不与上位法及既有的法律体系冲突。而这种先行先试权有没有良性突破上位法的空间？如果有依据或其合理性又何在？如果突破了，这种突破最终是以一种什么样的形式来确定下来？很显然，这些问题不是地方立法权能够先行先试的，必须由中央给予法律制度的支持。

从我国的实证法来看，立法法规定了十条法律保留事项，凡属于这十条所规定的事项，地方没有制定规范性法律文件及其地位更低的规范性文件的权力。正因为如此，武汉城市圈的先行先试权必须得到中央法律制度的配合，否则，地方的先行先试权空间是相当有限的。

虽然改革开放后立法权的体制改革以来，地方政府的自主权日益增大，但我国毕竟是个单一制国家，中央与地方之间的权力分配模式仍然是呈"强——弱"式的关系，地方政府倡导的区域政府合作机制要得以真正建立，离不开中央相关的改革和制度保障。针对当前相对于地方政府间自发合作机制的迅速发展，中央政府的相关改革明显滞后：中央政府应当在立宪层次上积极进行市场化导向的制度创新，打破区域合作的体制障碍，为区域政府间合作创造良好的制度环境。只有通过这种上下（中央与地方）互动的构建模式，才能真正建立起区域政府合作机制。② 法治武汉城市圈的建设也不

---

① 王霄岩：《浦东获"立规"先行先试权》，载《上海法治报》2007 年 4 月 26 日版。
② 马斌：《长三角一体化与区域政府合作机制的构建》，载《经济前沿》2004 年第 10 期。

例外。

一般而言，中央对地方先行先试权的配合可能涉及宪法层次的行政与市场一体化方面的制度创新。从发改委的批文来看，武汉城市圈最终的制度创新即是如何在制度上强化武汉城市圈之间的市场一体化，同时加强两型社会的建设。显然，这种立宪层面的问题中央不应该仅仅机械恪守相关法律文件的规定而剥夺地方先行先试权中最为可贵的创新精神，而应该在进行相应的地方性法律审查的同时审查其上位法的合理性并进行必要的变动。

（二）法治武汉城市圈之地方制度变通

中央立法层面的制度支持是法治武汉城市圈的发展基础，这种基础不过是为法治武汉城市圈的发展提供了必要条件并奠定了基础，而法治武汉城市圈的发展最终要直接依赖于地方先行先试权的落实，而这种落实主要建立在地方性立法对上位法的变通与填补上位法的空白之上。

根据我国《立法法》的规定，地方性立法对法律的变通可以分为两个层面：第一个层面是，地方性法规对上位法的变通，这种变通需要有《立法法》的明确规定，否则的话存在违法的可能。我国《立法法》目前对地方的先行先试权主要体现在第63条中，即省、自治区、直辖市的人民代表大会及其常务委员会根据本行政区域的具体情况和实际需要，在不同宪法、法律、行政法规相抵触的前提下，可以制定地方性法规。较大的市的人民代表大会及其常务委员会根据本市的具体情况和实际需要，在不同宪法、法律、行政法规和本省、自治区的地方性法规相抵触的前提下，可以制定地方性法规，报省、自治区的人民代表大会常务委员会批准后施行。省、自治区的人民代表大会常务委员会对报请批准的地方性法规，应当对其合法性进行审查，同宪法、法律、行政法规和本省、自治区的地方性法规不相抵触的，应当在四个月内予以批准。这种地方性法规的立法权能到底有多大呢，《立法法》第64条紧接着规定：地方性法规可以就下列事项作出规定：（1）为执行法律、行政法规的规定，需要根据本行政区域的实际情况作具体规定的事项；（2）属于地方性事务需要制定地方性法规的事项。除本法第8条规定的事项外，其他事项国家尚未制定法律或者行政法规的，省、自治区、直辖市和较大的市根据本地方的具体情况和实际需要，可以先制定地方性法规。在国家制定的法律或者行政法规生效后，地方性法规同法律或者行政法规相抵触的规定无效，制定机关应当及时予以修改或者废止。也就是说，在中央批文中给予武汉城市圈先行先试权之前，《立法法》已经给了地方政府相当大的权限。即属于地方性事务需要制定地方性法规的事项，除《立法法》第8条规定的事项外，其他事项国家尚未制定法律或者行政法规的，省、自治区、直辖市和较大的市根据本地方的具体情况和实际需要，可以先制定地方性法规。不过，由于学界对《立法法》第8条的理解存在较大的分歧与争议，实际上要确定第8条的内容还需要全国人大或人大常务委员会作出必要的解释。

第二个层面是，武汉城市圈内部可以对省内的地方性法规和规章做变通，这种变通只要有利于武汉城市圈两型社会的建设即可；而且，武汉城市圈可以仿效长三角的做法，即由城市圈的政府间可先行作出协议，然后送达湖北省人大常务委员会备案。实际上，这两点具有相当大的意义且武汉城市圈所在地湖北省人大也具有其自主的权限。湖北省人大及其常务委员会制定的地方性法规本是在湖北省全行政区域内实行，而湖北省人大及其常务委员会制定的地方性法规一般要考虑到整个省的情况要求在省内要具有普遍性，这就势必会在某种程度上牺牲到一定区域发展的特殊性，武汉城市圈相对占有湖北社会经济发展的重要地位，如果为了地方性法规的普遍性而牺牲掉武汉城市圈发展的特殊性势必对武汉城市圈的发展极为不利。因此，可以由湖北省人大或人大常务委员会授权武汉城市圈可以对湖北省的地方性法规进行变通规定与适用。不仅如此，由于武汉城市圈中，只有武汉市拥有地方性法规和规章的制定权，其他城市没有地方性法规与规章的制定权，各地方在推行政务的过程中往往会颁发规范性文件即所谓的"红头文件"。这种"红头文件"极易造成武汉城市圈经济一体化的障碍并提高公权力的运行成本。因此，可以由湖北省人大制定相应的地方性法规，赋予武汉城市圈内的司法机关以审查这种"红头文件"的权力并同时报湖北省人大备案。

第三个层面，立法法规定的本属于地方性法规的先行先试权如果地方性法规还未予以制定的，可以由湖北省人大授权武汉城市圈先行制定文件然后报湖北省人大批准，既可以发挥武汉城市圈的制度创新功能，又能避免武汉城市圈作为一个经济一体化的政策区域立法权疲于作为或怠于作为的问题。

不过，在法治社会，无论如何强调武汉城市圈的先行先试权，《立法法》第9条中的"有关犯罪和刑罚、对公民政治权利的剥夺和限制人身自由的强制措施和处罚、司法制度等事项"不得由地方先行制定地方性法规或其他的规范性文件，也不得增设行政许可、行政收费，给公民、企业增加额外的负担和义务。只有这种限制性的规定得到了严格遵守，法治武汉城市圈才能既达到其发展的目的，同时又坚守了其应有的法治精神。

（作者单位：中南民族大学法学院）

城市圈经济中的政府规制创新

洪敏珏　马远俊

内容提要："两型社会"得到国家给予的"试验特权"，在试验特权下，制约城市圈生产力解放的市场壁垒、体制障碍必须打破。长期以来，由于行政区经济的行政性、封闭性和过渡性，阻碍了城市圈经济的发展，当前，打破行政区经济走向城市圈经济成为必然。在向城市圈经济转型过程中，我们的政府规制存在诸多问题，政府规制应从更新规制者的理念，改革现存的规制管理组织及体制，羁束规制者的行为，衡平规制者，调整规制的内容等方面入手进行改革创新。

关键词：城市圈经济；政府规制；创新

一、城市圈经济的发展急需政府规制的推动

城市圈经济是增长极理论的应用和拓展。增长极概念最早由法国经济学家弗郎索瓦·佩鲁于20世纪50年代初提出，它针对古典经济学家的均衡观点，指出现实世界中经济要素的作用完全是一种非均衡条件下发生的。其基本思想简明扼要："区域和工业发展的基本情况是，经济增长首先出现于一些点或极核上，而不是各区域同时增长，在增长的过程中，通过不同的渠道向外扩散，并对整个经济产生的影响也不一样。"① 据此，城市圈经济可以定义为：依托中心城市，通过极化和扩散效应，在城市圈范围内组织和安排第一、第二、第三产业的发展与布局，使之成为一个既能顺应世界经济发展潮流，又能最大限度发挥地区优势的产业结构；形成一个大、中、小企业相结合、以多层次城市为节点，由运网、信息网、服务点分布网等网络系统将都市圈内各城市连为一体，相互作用、共同发展的经济增长模式。

由此可见，城市圈是以经济联系为主要特征而自然形成的，它是以具有向心力和辐射力足够强的中心城市为核心由内到外呈圈层式向外扩展的；城市圈不同于行政区划，一般在城市圈内有多个会员城市，有不同的行政隶属关系，具有跨越多个行政区划单元的跨行政区特征。

改革开放以来，我国实行政治上中央集权、经济上地方分权的模式，这在一段时期内，极大地调动了地方政府因地制宜、发展地方经济的热情，但也造成了条块分割的县

---

① ［法］佩鲁：《略论增长极概念》，载《经济学译丛》1988年第9期。

域经济。在我国经济相对发达的沿海长江三角洲、珠江三角洲和京津塘大都市圈地区，随着城市规模的不断扩展、土地资源的日益紧缺和产业机构的调整，以行政区划为主的城际利益矛盾有日趋激烈的发展趋势。例如，江苏省进行的南部、中部和北部的三大都市圈规划，南京都市圈和徐州都市圈都要牵扯到与周边省份的合作和互补关系，这本可以加大中心城市与周边地市的协调与合作程度，但在实际经济发展格局中，仍然存在着各自为政的"大而全、小而全"的重复建设、市场分割、相互设置关卡、基础设施分割、政府行政保护、区内外区别对待、生态环境分而治之等诸多行政区经济现象，严重制约了大都市圈所具有的城市群体效应，难以发挥整体性竞争优势。正是因为地方政府追求地方经济利益的最大化与政绩冲动，往往会导致地方政府对一些经济活动进行不合理的干预，使行政区划成为阻隔生产要素自由流动与优化组合的地域障碍。由于"行政区经济"呈稳定状态，严重阻碍了"城市圈经济"的形成，因此，要打破这种稳定，实现突破性发展，单靠经济手段无法做到，只有靠行政手段来实施。

用行政手段推动城市圈中经济的发展是一项系统而又复杂的工程，需要城市圈中政府规制的配套实施才能实现。我国学者余晖认为，规制是指政府的许多行政机构，以治理市场失灵为己任，以法律为根据，以大量法律、法规、规章、命令的颁布及裁决为手段，对微观经济主体不完全公正的市场交易行为进行的控制和干预。较为广义的规制，是指依据一定的规则，对构成特定经济行为的经济主体的活动进行规范和限制的行为。① 综合市场经济国家的历史经验来看，政府规制主要包括进入规制、数量规制、提供服务规制、设备规制和价格规制五项基本方式。

城市圈经济的发展需要政府规制的推动。过去，地方政府规制造成了以地方保护主义为特征的"行政区经济"，现在，城市圈中的政府规制则应"破旧立新"，促进城市圈经济的发展，正所谓"解铃还需系铃人"。城市圈经济条件下的政府规制主要是依靠政府资源的强制力和引导作用，通过运用法律、法规、规章等手段和措施来矫正市场机制内在缺陷，改善市场环境，提高城市圈资源配置效率，政府规制的作用主要体现在以下几个方面：

（一）政府规制是打破行政区刚性约束，维护市场秩序和产业运行的有效手段

政府制定产业规制的目的应是从整个城市圈的角度建立一个公平公正的经济环境，维护正常的市场秩序，以打破行政区的刚性约束，维护城市圈经济的良性运行，保障城市圈产业平稳健康协调发展，从而实现城市圈政府意志与市场价值、社会价值的协调一致。政府规制主要包括城市圈中贸易规则、产业政策、关税政策、制定的各种标准、贸易纠纷的解决办法等，政府规制的作用表现在贸易与投资的各个领域、各个环节，它对城市圈经济活动进行引导、约束、规范、限制。

---

① ［美］F. 史普博：《管制与市场》，余晖等译，三联书店、上海人民出版社1999年版，第15页。

（二）政府规制是决定城市圈竞争力的重要因素

政府规制在城市圈经济发展中发挥着不可替代的作用，在培育城市圈经济竞争力方面表现得更为明显。城市圈政府竞争力越强，城市圈中产业发育程度越高。从全球视野来看，近30年来无论是在发达国家还是在发展中国家，政府的作用呈加强趋势。经济合作与发展组织（OECD）的报告明确强调了政府为企业提供商业环境并影响其竞争力的作用。世界经济论坛和瑞士洛桑国际管理学院在其《国家竞争力年度报告》中，都将政府作为决定经济竞争力的8个基本因素之一。在政府规制的运行中，政府对经济活动的影响可以说无所不在。例如，政府规制的执行情况影响着经济环境，政府的经济政策影响到经济运行，政府的产业政策影响到城市圈中的产业布局和结构升级，政府的科技政策影响到技术投入与创造能力，政府的贸易与投资政策直接决定城市圈经济的国际化程度，等等。日本经济体制被称为"市场机制与直接规制的混合体制"。"东亚模式"的显著特征之一也是政府的强力干预。事实上，大多数地区的科技进步、产业优势、市场开发，都是政府有效引导和强力支撑的结果。

（三）政府规制具有预防和应对城市圈产业安全事件的能力

政府规制具有强力性、直接性、速效性等特点，对经济活动的事前、事中、事后三个环节都有相应的预防、处理和补救能力。尤其是行政规制的速效性在应付突发产业安全事件方面的及时性和高效性，决定了它在政府规制中永远是经济问题的紧急"制动阀"和最后的"法宝"。这是因为行政规制的命令方式要求各经济主体对政府的指令迅速地不折不扣地执行，否则就会受到行政处罚。例如前几年出现的钢铁、电解铝等产业盲目扩张以及当前房地产的过热，都是国家通过有关行政规制来进行治理整顿的。它比通过市场信号来传递的经济规制更直接、更迅速、更有效。一般来讲，事前规制对引导产业健康发展具有重要的功能。例如，大多数政府规制对产业进入的资格条件、进入程序、市场行为、市场秩序等都有明确的规定，具有对产业发展具有引导性、预见性和可控性。而事中规制对应付突发事件具有时效性，事后规制对产业损害的救济具有重要作用。

与成熟市场经济条件下的政府规制相比，处于经济转型期的政府规制具有一些特殊职能。在市场经济发展早期，经济运行中不可避免地存在一些盲目性、地区狭隘性，因此政府规制在规范市场主体行为方面应发挥主导性地位，可以说，城市圈经济的发展具有较强的"政府主导型"特征，需要政府规制的有力推动。

二、经济转型中政府规制的主要问题

经济转型是指由行政区经济过渡到城市圈经济。由于特殊的历史与体制背景，我国各级行政区的经济功能十分突出，在地方利益最大化的动机驱使下，政府干预经济的行为十分严重，区域经济运行带有强烈的地方政府行为色彩，使行政区划界线如同一堵

"看不见的墙"对城市圈经济横向联系产生刚性约束，跨区域流动严重受阻。处于经济转型期的政府规制不可避免地带有较多行政区经济背景下的特征，严重阻滞了城市圈经济的形成和发展，其存在的主要问题表现在以下几个方面。

第一，规制目标与相关机制的不匹配。政府规制可能是以公共利益为目标，也可能是以地方利益或集团利益为目标。而以后者为目标，就造成了行政垄断，行政垄断包括纵向的行业垄断及横向的准入障碍或地方保护主义。错综复杂的行政力量进入城市圈市场，强化管理权、规制行业，造成条块分割，各地政府部门成为地方部门利益的代言者。这种规制目标的错位，造成了行政垄断，恶化了城市圈中的市场竞争秩序，限制了公平，也降低城市圈的竞争力。

我国的政府规制应是以公共利益为目标，即抑制被规制企业的非效率行为、维护社会公众利益、促进社会福利。而按照西方规制实践，为实现这一目标，至少应有三个相互独立的主体，即决定对某行业进行规制的立法机构、实施规制的执行机构以及被规制对象。三者互为联结，但各自独立。而现阶段我国的政府规制行为，并非由三个相互独立的主体来共同完成。在大多数情况下，它是由中央一级的政府部门来决定对某一行业进行规制；由其属下行政性机构来执行具体规制政策；而被规制的各个企业，在隶属关系上又往往是他们的下属机构。因而规制实行中所涉及的主体三位一体，互不独立，难以形成"制衡机制"。

第二，规制机构之间不协调。至今，尚未形成权威、独立统一行使职能的规制机构。目前我国的规制机构还基本上是从旧体制下的行业管理部门直接转变而来，政府规制职能在一定程度上还依附于政府的其他职能，并往往服从于政府的其他职能和需要，这就决定了规制机构受政府其他职能（如资产管理职能）的干扰，不能独立、高效的运转，不能依据有关的法规公正地行使自己的权力。同时，由于我国的规制权力分散于各部门、各地方政府，往往多个规制机构对同一市场行为进行规制，政出多门，不同的管理部门职能交叉，甚至相互矛盾，最后导致职权不明和彼此之间争权夺利，并为权力寻租活动提供了更多的机会。多人规制的结果还会造成无人规制，因此，我们应尽快明确规制机构的法律地位，建立独立的规制机构体系。

第三，规制者也是垄断者。政府同时作为市场规制者和企业所有者，政企不分现象严重。我国经济的最大特点就是国有经济范围过广，几乎覆盖了所有行业，而政企不分是国有企业的固有症结。这一点在电力、交通、电信等基础设施产业表现得尤为突出。我国政府长期以来一直对其实行直接投资、垂直一体化经营的规制体制，其弊端日益明显：政府既是规制政策的制定者和监督者，又是被规制企业的所有者和经营者，这就决定了这种垄断实际上是一种典型的行政性垄断。政府为了保护国有经济的垄断地位对非公有制企业进行严格的进入规制，这不仅限制了这些产业的投融资渠道，阻碍了"瓶颈"产业的发展，消费者也不得不忍受质次价高、服务低劣的后果。同时，这种行政性垄断的企业，由于没有来自外界环境的竞争压力，企业内部就会出现人浮于事、机构臃肿、信息传递效率差等现象，非但没有发挥潜在地规模经济效率，反而抑制了科技创新和组织进步。这些弊病虽然通过我国政府规制的初步改革已得以改善，但还存留诸多问题有待制度创新来解决。

第四，规制者过于强势。比较而言，消费者的市场力量弱小，缺少成熟的消费者利益组织。政府规制的部门利益理论强调，政府规制往往是为某一利益集团服务的，现实中的利益指向取决于当事人之间的力量对比。史普博认为："规制的过程是被规制市场中消费者和企业，消费者偏好和企业技术，可利用的战略以及规则组合来界定的一种博弈。"① 既然是博弈，双方（企业和消费者）的市场力量，及对博弈的仲裁者——政府的影响程度成为决定性因素，而我国在这方面存在严重的失衡和扭曲。随着市场经济的发展，我国消费者主体意识在觉醒，力量也逐渐壮大，但尚未成长成为足以与政府、企业相抗衡的独立力量。同时，由于政企不分，各部门各地区行政权力与经济权力结合在一起，政府没有西方国家部门利益理论中追求选票最大化的政治原因，而是人为的设置行政性壁垒并与企业相勾结，组成强大的"政企同盟"，规制过程根本就没有体现博弈的概念。作为弱势群体，消费者还不得不承担由此带来的高额的规制成本。因此，政府应大力组织并推动消费者利益集团的尽快形成，使之真正成为具有一定组织水平并对规制结果产生影响的，能与企业相制衡的市场力量。

第五，规制依据不完善。我国法制建设滞后，尚未形成与市场经济相适应的政府规制的法律体系。这主要表现为三个方面：一是法律的缺位。迟迟才颁布的《反垄断法》，2008 年 8 月 1 日才正式实施，长期以来，我国政府规制的依据有相当一部分为部门规章，且极不完善，正是由于法律的缺位使得市场力量与政府权力结合的行政性垄断大行其道。二是有关法律内容的缺失。现有法律中缺少对独立、权威的规制机构及其权限的具体规定，造成现实生活中政府"缺位"、"越位"的现象时有发生。三是立法过程缺乏程序性和透明度，立法听证制度迟迟不能启动，一般企业和消费者都被排斥在立法过程之外。

第六，规制的具体内容存在问题。表现为规制越位与规制不到位的情形并存：一是进入规制过严。对于建立在行政垄断基础上的某些产业的进入规制过于严格，有些已不具有自然垄断性质的行业仍实行着严格的准入规制，出现了规制越位的情形，这不仅限制了竞争、限制了瓶颈产业的发展，同时也为垄断权力的滥用提供了条件。二是对竞争性行业的规制不到位。一般说来，政府对竞争性产业的进入和价格不实行规制措施，但对竞争性产业所提供的产品及服务的质量必须进行规制。我国许多竞争性产业提供的产品及服务质量低劣，市场秩序混乱，这说明我国对竞争性产业的规制不到位。

三、城市圈经济形成中政府规制的创新

以上分析列举了我国政府规制的六大问题，这说明我国城市圈经济的形成，不可能由产业自然整合形成，我们的产业整合离不开政府规制的革新，针对经济转型中政府规

---

① ［美］F. 史普博：《管制与市场》，余晖等译，三联书店、上海人民出版社 1999 年版，第 500 页。

制的主要问题，应做如下变革。

1. 更新规制者的理念

首先，城市圈中的会员城市要尽快树立新型的城市圈区域观，树立"开放合作、多方共赢"的现代市场经济思想。当今世界，每一个城市的经济发展都与外界以及经济全球化的发展趋势紧密相关，不存在孤立发展的城市。当前在内部竞争开始转向外部国际竞争的情况下，城市圈中各级政府在制定产业结构调整、基础设施建设等城市发展政策时，不要把眼光只停留在自己行政所辖的那一块地方上，要从城市圈的整体利益出发，从长计议，积极寻求相互之间的合作与交流，实现强强联合和产业整合，为城市圈经济的一体化创造良好的政治环境。其次，各会员城市要有"强核"意识。美国著名经济学家保罗·克鲁格曼认为："在国与国之间，区域与区域之间，城市与城市之间，任何时候都存在互相竞争。生产要素的流动，只会流向有规模经济、有优势产业群和劳工共用地的地域。"① 当国家发改委批准设立武汉城市圈后，圈中城市一片欢腾，时任武汉市长的李宪生尖锐地指出："武汉城市圈'两型社会'，绝不是扶贫。"8+1 武汉城市圈，这个1就是作为圈中核心城市的武汉，核（增长极）不强则圈不强、圈不大。从城市圈发展的规律看，一般都经过了强核——外溢——布网——叠加——整合5个阶段，城市圈是核心城市能量聚集到相当程度后而产生的"核爆炸"——生产要素的外溢，这是自然形成的区域圈态。因此，中央设立武汉、长沙城市圈后，不仅不应弱化中心城市，相反还应进一步强化，这就要求各会员城市树立"中心"意识，通过资源整合、产业整合、功能整合、管理整合，自觉与中心城市接轨，增强城市圈的竞争力，提高其可持续发展的能力。

2. 改革现存的规制管理组织及体制

其一，建立"城市圈经济合作委员会"。该委员会从性质上来说，是城市圈经济合作组织，它应该具有这样几个特征：一是权威性，即这类组织应该有城市圈中地方政府的共同的上一级政府明文认可，其体制和编制都应该有明文规定，这样才能有职有权，也才能有所作为；二是规范性，即这类组织必须有明确的管理制度和组织章程；三是跨地区、跨行业性，即这类组织可以打破地域或行政区划的制约，成为一种特殊的在协调方面有职有权的经济协调机构；四是依托性，即新兴的区域经济合作组织应主要协调和管理跨区域的重大工程项目，致力于为跨行政区域的经济体提供协调服务，培植跨地区的经济组织；五是非实体性，即这种组织一般是通过定期例会和重大项目协调以及重大事件协商的形式进行活动。新型的城市圈经济合作组织可以依托于几个跨区域的大型企业，由各合作方的政府官员和企业代表以及专家和专业人员组成。合作组织的常设机构一般应在核心城市。

"城市圈经济合作委员会"下设"城市圈政府规制管理机构"。该机构业务上受城市圈经济合作委员会指导，行政上受城市圈中共同的上一级政府的直接领导。该机构的

① ［美］保罗·克鲁格曼：《空间经济学——城市、区域与国际贸易》，梁琦主译，中国人民大学出版社2005年版。

主要职能是，遵循可行性、科学性、整体协调性的基本原则，制订规制计划；强化和实施城市圈中政府各部门规制的收集、清理、交流；强化、调整和监督政府规制的实施。

其二，建立有效的城市圈政府规制管理体制。政府规制的具体执行职能归各政府部门自身，实行决策与执行分开。各级政府规制管理机构应当拥有对各行政部门规制的决策、管理与协调权，对行政机关规制工作进行全面指导、监督、评估。各级政府规制办由行政机关的首长直接领导，这有利于减少管理层级，防止其他部门对其工作的干扰。

具体的管理体制模式（以武汉市城市圈为例）可参照下图：

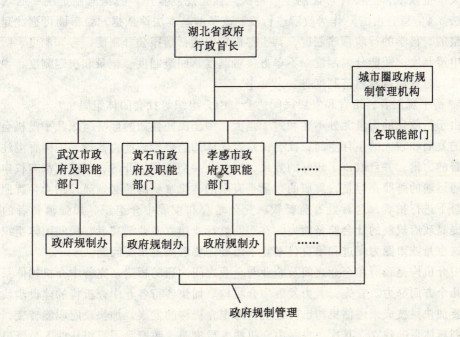

其三，城市圈政府规制管理机构应考虑建立官民结合的体制。在政策制定的公开化、民主化、程序化和科学化要求越来越高的时代，城市圈政府重大规制政策的研究和制定需要官民相结合的体制。政策改革的官民互动机制在日本和韩国的政府规制改革中的作用最为明显。在日本，政府的规制行政改革在过去 10 年中主要是依靠官民互动机制来推进的。如根据"行政改革委员会设置法"成立的行政改革委员会（1994—1997）主要从事推进规制改善，行政改革委员会的委员长和 5 名成员分别来自三菱重工、国民经济研究协会、大和总研、新闻媒体及日本劳动组合总联合会。根据"总理府本府组织令"设置的行政改革会议（1996—1998）确定了跨世纪的政府组织改革框架，行政改革会议 13 名委员中除一名政府官员外，其余均为来自企业、大学和新闻媒体的民间人士。在城市圈经济形成之际，需要对城市圈中现行规制政策及其他有关政策进行大规模的调整，如何充分反映民间的意见和需求是首先必须考虑的问题。只有当民意代表能够充分发挥决策作用的时候，规制制定的民主化和公开化程度才有可能大幅度提高。

3. 羁束规制者的行为

羁束规制者就是要对规制者进行规制。首先，完善规制的立法依据。城市圈政府应充分行使国家给予的"试验特权"，由省级地方人大率先制定和出台《城市圈经济协调发展条例》，使城市圈各政府的规制有地方性法规可依，条例可包括对城市圈规制的目标与原则，规制的区域范围进行界定；对区域共同发展基金的筹措与使用，政府投资补贴制度的建立，以及城市圈协调发展组织的地位与职能等作出明确的规定，用以调节城市圈地方政府间的利益关系。其次，规范规制者的主体资格。一般情况下，只要是行政机关都能制定"红头文件"，进行行政管理领域内的规制，我们这里，是要调整各级政府机关审批权限，严格许可证制度。再次，强化规制程序。我国应制定统一的《行政程序法》《信息自由法》作为政府进行规制改革的基本法律依据，城市圈可据此建立一套完整的、科学的行政程序制度，其主要内容包括：情报公开制度、告知制度、听取陈述和申辩制度、职能分离制度、不单方接触制度、回避制度、记录和决定制度、说明理由制度、时效制度和救济制度等。

4. 衡平规制者，培育和发展民间协会、中介组织等社会团体组织

由于行政化的力量无处不在和过于强大，中国民间性质的经济组织几乎没机会得到较快的发展和较大的生存空间，社会民众及团体的监督影响能力甚微。中国香港注重社会监督的力量，并且取得了较好的效果，比如公共交通是放开的，任何人都有权申请经营交通运输的牌照，但是，牌照的数量是有限的，想拿到牌照必须通过拍卖，牌照在公众监督下进行拍卖，老百姓有监督权。充分培育和发展中介组织，加强消费者的知情权，提高政府规制的社会监督能力，在垄断性行业建立专业消费者、民间团体组织的监督，这也是城市圈为促进和培育公平竞争市场需要解决的重要问题。

中介机构是政府和企业之间及企业与企业之间沟通的桥梁。完善中介机构体系应从以下几个方面努力。首先，大力发展中介机构。加快各行各业中介机构的建设步伐，特别是要加快科技成果评估机构、转让机构等中介机构的发展，加快政府职能转变，协助自主创新体系的建立。其次，提高中介机构人员素质。政府除了组织从业人员资格考试外，还应积极组织各种业务知识培训和交易活动平台；高等院校也应积极顺应中介服务市场的要求，调整专业和课程设置，培养既懂金融、投资，又懂财务、管理的综合性中介执业人才。最后，加强监管力度。政府应打破中介机构纵向和多头监管模式，成立新的统一的监管机构，负责监督中介机构是否符合规定的资格条件，检查它所出具的报告是否真实、可信，核实其从业人员是否具有法定资格及是否规范作业。

5. 调整规制的内容

一是放松规制。城市圈经济合作需要开放的市场环境。20 世纪初，以美国为首的西方国家发起了一场以放松规制为主要内容的改革运动。① 放松规制，就是在市场机制可以发挥作用的行业完全或部分取消对价格和市场进入的规制，使企业在制定价格和选择产品上有更多的自主权，而非完全放弃规制。20 世纪 70 年代中期至今，西方国家普遍放松了规制，并力图寻找政府规制和市场调节的平衡点。日本的改革比较具有典型意

---

① 肖伟志、郭树理：《WTO 与我国公共企业立法》，载于北大法律信息网。

义,在 1978—1994 年先后进行了大大小小 8 次放松政府规制的改革,或取消,或下放,或简化审批手续,规范审批程序等,使政府干预不断减少。此外,英国放松规制的力度也比较大,改革后,对国有企业的有关资金、人事、财务、投资、价格、经营、分配、采购等诸多管制审批基本予以取消。当前,在城市圈经济形成过程中,应破除各级行政部门和地方政府的"条条块块",形成统一开放的城市圈市场体系。二是强化规制,尤其是社会性规制。为了保障劳动者和消费者的安全、健康、卫生,达到防止公害、保护环境的目的,需要政府对某些产品和服务的质量以及为提供这些产品和服务进行的各种活动制定一定的标准,根据这些标准来限制或禁止特定的行为,规制的目的是实现社会利益最大化。

(作者单位:江汉大学政法学院)

民族地区公共财政立法研究

汪　燕　司马俊莲

内容提要：民族财政关系是民族关系的重要组成部分。民族财政关系法制化是依法治国的基本要求，也是法律体系自身发展、民族财政自治、公共财政建设和规范民族财政政策的必然要求。民族地区财政立法具有从属性、职权性和自治性，应遵循合宪原则、法制统一原则、变通原则和财政民主原则。

关键词：民族财政关系；公共财政；立法

在多民族的国家里，民族关系是社会关系的一个重要方面，民族问题是影响国家安危和兴衰的重要因素。国家解决民族问题必须运用法治手段即用法律规范来调整民族关系。民族法从其具体内容来说，它规定少数民族的政治权利、经济发展、财政管理、民族贸易、文化教育、语言文字、干部人事、风俗习惯、宗教信仰、婚姻家庭、医疗卫生以及涉外民族关系等问题。从其调整的法律关系来讲，它涉及政治关系、财产关系和人身关系等社会关系的方方面面。其中，民族财政关系是民族关系的重要组成部分。所谓民族财政关系，是指中央与民族自治地方在国家财政划分、收支分配以及财政政策制定过程中的相互关系。财政关系是中央与民族自治地方关系的基础，是各级政府利益的最重要体现，所以，财权和财力在各级政府间的分配量度，直接关系到中央、地方政府各自利益的满足或实现程度。为巩固和发展平等、团结、互助和共同发展的新型社会主义民族关系，为促进民族地区政治、经济、文化等各项事业的发展，为保障和促进社会主义现代化建设事业的顺利进行，民族地区公共财政建设必须要有一系列与《民族区域自治法》和相关财政法律法规相配套的民族财政法律法规作保障。用法律调整民族财政关系是依法治国的基本要求。

一、民族地区公共财政立法的特征

"一切与人性紧密相连的事物在世界各地都是相似的；而一切可能取决于习俗的事物则各不相同，如果相似，那是某种巧合。习俗的影响要比人性的影响更广泛，它涉及一切风尚，一切习惯，它使世界舞台呈现多样性；而人性则在世界舞台上表现出一致性。它到处建立了为数不多的基本原则：土地到处都一样，但种出来的果实不同。"①

---

① ［法］伏尔泰：《风俗论》（下册），谢戊申等译，商务印书馆 1997 年版，第 481 页。

民族地区公共财政立法具有自己独有的特征。

（一）从属性

我国是中央集权的单一制国家结构形式，是实行一元立法体制的国家。地方立法机关包括民族自治地方虽也拥有制定某些具有法律效力的规范性法律文件的权力，但这种"立法权"是中央立法权派生的，是附属立法权。民族地区公共财政立法权也是中央公共财政立法权派生的，是附属立法权。因此，民族地区公共财政法制建设必须贯彻执行国家有关公共财政的法律、法规。如果"法律与执行法律之间缺乏协调就会导致政治的瘫痪"。① 那么，执行法律必须以法律为据。所以，民族地区公共财政立法具有从属性的特征。

民族地方公共财政法制建设是国家公共财政法制建设的一个重要组成部分。民族自治地方要服从中央，在立法、执法、司法和法律监督中担负着承上启下的责任。民族自治地方立法从属于国家立法，同时又是国家立法的补充。它既不同法律、行政法规相抵触，也不宜重复，体现"地方特色"的局部性特点。保证法律、行政法规在本行政区域内的贯彻执行，是地方组织法赋予地方国家权力机关的一项权力。

（二）职权性

《宪法》第3条规定：中央和地方的国家机构职权的划分，遵循在中央的统一领导下，充分发挥地方的主动性、积极性的原则。我国《立法法》第8条规定了10项专属中央立法权的事项，在第64条对地方性法规的事项以及在第73条对地方性政府规章的事项作出了原则性的规定。

弗兰克指出，法律现实主义者的一个主要目的就是使法律更多地回应社会需要。宪法规定根据具体情况和实际需要制定地方性法规，实际是赋予地方立法的独立自主权。一元立法体制必然要求法制的集中和统一，但法制建设的目的是利益的协调和平衡。"民主要求在法律秩序中表达的一般意志和从属该秩序的个人的意志之间有最大限度的符合；这就是为什么法律秩序要由受该秩序约束的那些人根据多数原则来加以创造。秩序和多数意识的符合是民主组织的目标。"② 民族自治地方急需用立法规范的事项而国家暂时还难以出台法律、法规的，可以考虑以制定创制性法规的方式列入规划和计划。创制性法规与实施性法规兼顾，以制定创制性法规为主。按照地方组织法有权立法的民族自治地方可以根据具体情况和实际需要开创性地制定有关公共财政的地方法规。

（三）自治性

"在单一制下包括民主集中单一制下，中央与地方的关系既有授权、被授权的性

---

① ［英］古德诺：《政治与行政》，王元译，华夏出版社1987年版，第14页。
② 李步云、汪永清：《中国立法的基本理论和制度》，中国法制出版社1998年版，第344页。

质，又有分权的内容。"① 在国家法的用语上，授权和分权是两个不同的法律概念，表达两种不同的权力关系。授权是将原来属于自己的权力授予权力主体行使，被授权者本无权，因授权享有权力。分权则是两个或两个以上的权力主体相互间将权力进行分割。"分权的主要理由之一正好就是它提供了同一事项对不同地区加以不同规定的可能性。国内法律秩序的这种差异之所以可取的考虑可以是地理的、民族的或宗教的考虑，国家的领土越大，以及社会条件越不同，通过领土划分的分权也就越有必要。"②

不同法律的供求状况不同以及法律规范在不同地区、行业、组织中的不同规定，实际上就是法律权利围绕不同主体所形成的不同关系组合。我国因为地域、民族因素授予民族地区自治权，就是考虑了民族地区的特殊利益，借以规定中央与民族地方特殊的法律关系。这种法律关系由特别法加以规定。

民族地方公共财政法制建设，是由中央与民族自治机关在不和国家统一的宪法、法律相抵触的情况下，根据本地方民族特点和本地方公共财政具体情况和实际需要制定，并保证在本地方行政区域内实施，借以调整本区域所发生的财政关系，建立民族区域公共财政法律秩序，是具有"民族特色"和"地方特色"的地方自治性法制建设。民族地方公共财政法制建设具有"民族特色"的个性化，即民族地方的法制建设必须在与国家的统一立法不相抵触的前提下，根据本地区民族特点和民族的特殊利益、民族习惯、民族心理等民族"个性"进行地方性立法。民族自治地方在行使自治权的过程中，在立法、执法、司法、监督多个环节中表现出"民族个性"化特征。民族自治地方的公共财政法制建设是各种民族的公共财政的特质的不同的法律反映。

二、民族地区公共财政的立法原则

"法治包括两层意思：已成立的法律获得普遍的服从，而大家所服从的法律本身又应该是制定得良好的法律。"③ 公共财政法制建设要实现良法之治，必须遵循以下基本原则。

（一）合宪原则

宪法在一个国家的法律体系中占有主导地位，起核心作用，是一个国家法制的基础，它具有最高的法律地位和效力，它是治理国家的总章程。宪法是其他一切法律、法规存在的基础和依据。合宪性是宪法至上的观念决定的。在当代民主宪政国家里，宪法是万法之源、万法之最、万法之根。

《立法法》第 3 条规定：立法应当遵循宪法的基本原则，以经济建设为中心，坚持

---

① 崔卓兰、赵静波：《中央与地方立法权力关系的变迁》，载《吉林大学社会科学学报》2007年第 3 期。

② 李步云、汪永清：《中国立法的基本理论和制度》，中国法制出版社 1998 年版，第 336 页。

③ ［法］孟德斯鸠：《论法的精神》，商务印书馆 1961 年版，第 154 页。

社会主义道路，坚持人民民主专政，坚持中国共产党的领导，坚持马克思列宁主义毛泽东思想邓小平理论，坚持改革开放。西方宪政发展史也表明，财政立宪是国家以征税权为核心的财政权由封建君主向民主政府转移的结果。私有财产权与国家财政权的对立统一关系，决定了在市场经济条件下必须划清财产权与财政权之间的界限，为宪政国家中财政权的活动设定底线，以保护公民的私有财产权；市场化改革的目标导向，决定了我国有必要借鉴西方发达国家的成功经验，构建以民主宪政为基础的公共财政体制。

（二）法制统一原则

所谓法制统一原则，第一是合宪性原则，就是说，一切法律、法规、规范性法律文件以及非规范性法律文件的制定，必须符合宪法的规定或者不违背宪法的规定。凡是违背宪法者，不能具有宪法效力。第二，在所有法律渊源中，下位法的制定必须有宪法或上位法作为依据，下位法不得同上位法抵触，凡是下位法违背上位法者均属违法立法，该下位法不能具有法律效力。第三，在不同类法律渊源中（如法律和行政法规之间）、在同一类法律渊源中（如在行政法规之间）和在同一个法律文件中（如在行政诉讼法中），规范性法律文件不得相互抵触。第四，各个法律部门之间的规范性法律文件不得冲突、抵触或重复，应该相互协调和补充。① 法制的统一是实现法治的重要前提。"法律的每一个条款，必须在准确而富有远见地洞察到它对所有其他条款的效果的情况下制定，凡是制定的法律必须能和已存在的法律构成首尾一贯的整体。"②

民族区域自治法是实施民族区域自治制度的基本法则，是民族区域自治政策的规范化、法律化，它基本上包括了民族政策的全部内容。民族区域自治法规定了有关民族财政的权限，因此，民族公共财政立法必须以民族区域自治法为依据，体现民族区域自治法的原则和精神。

《立法法》第4条规定：立法应当依照法定的权限和程序，从国家整体利益出发，维护社会主义法制的统一和尊严。在立法领域，法制统一原则主要体现在立法权能的统一、法律精神的统一和法律效力的统一三个方面。《宪法》第116条、《民族区域自治法》第19条、《立法法》第66条都作了相同的规定：自治区的自治条例和单行条例，报全国人民代表大会常务委员会批准后生效。自治州、自治县的自治条例和单行条例，报省、自治区、直辖市人民代表大会常务委员会批准后生效。中央立法机关享有最高的立法权，地方立法权由中央授予，中央立法机关对地方性法规、自治条例和单行条例享有最终的审查撤销权。

（三）变通原则

民族自治地方的公共财政法制建设在维护法制统一的前提下，也具有民族性和排他性。民族自治地方因为民族原因实行民族自治，既然自治，那么固有排他性的特征，在

---

① 沈宗灵：《法理学》，北京大学出版社 2001 年版，第 256 页。
② ［英］密尔：《代议制政府》，商务印书馆 1959 年版，第 76 页。

民族公共财政立法中制定具有民族性特征的条款尤其是变通国家法律的条款是民族自治立法的应然权利。德国法学家、历史法学派代表人萨维尼指出，法律具有民族性特征，"法律随着民族的成长而成长，随着民族的壮大而壮大，最后，随着民族对于其民族个性的丧失而消亡"。"法根植于一个民族的'民族精神'之中，这种民族精神是在法的内部隐蔽地发挥作用的力量。法像语言、风俗一样，都是一个民族普遍精神的自发的直接的产物，法不是立法者的创造，而是本能和无意识的产物。"① 美国法学家伯尔曼指出："法律必须被信仰，否则它将形同虚设。""而人们对法律的信仰度，又取决于立法机关所立之法是否为人们所理解并乐于接受。它不仅包含有人的理性和意志，而且还包含了他的情感，他的直觉和献身，以及他的信仰。""真正能够得到有效贯彻执行的法律，恰恰是那些与通行的习惯惯例相一致或相近似的规定。"② 孟德斯鸠在《论法的精神》一书中也着重指出了法律制度与社会状态的联系：法律应该和国家的自然状态有关系；和寒、热、温的气候有关系；和土地的质量、形态与面积有关系；和农、猎、牧等各种人的生活方式有关系；和居民的宗教、性癖、财富、人口、贸易、风俗、习惯相适应。③ 民族自治地方公共财政法制建设要体现法的民族性，要实现所立之法能够被广泛遵守和信仰，必须使民族自治地方的公共财政法制建设与民族自治地方的公共财政实际相联系，民族公共财政法制建设必须从民族自治地方的公共财政运行的实际情况出发，既"依照当地民族的政治、经济和文化的特点"，制定民族区域自治法、民族区域自治条例或有关民族公共财政自治的单行条例。

民族自治地方立法是介于一般地方立法、经济特区立法与特别行政区立法之间的一种特殊立法形式，立法自主程度大于前者，小于后者。而它与其他地方立法最大的区别或特点又在于：民族自治地方立法享有变通与补充的权力。这种变通与补充包括三个层次：其一，《立法法》第66条第2款规定，民族自治地方制定自治条例或单行条例可以依照当地民族的特点，对法律或行政法规的制定作出的变通规定；其二，由法律以法条的形式授权，自治机关对相关法律作出的变通或补充；其三，依据《民族区域自治法》第20条规定："上级国家机关的决议、决定、命令和指示，如有不适合民族自治地方实际情况的，自治机关可以报经上级国家机关批准，变通执行或停止执行；该上级机关应该在收到报告之日起60日内给予答复。"自治机关对上级国家机关的决议、决定、命令和指示作出变通、补充或停止执行规定。

另一方面，民族自治地方的变通权不是无限制的。自治条例和单行条例在以下领域就不能作变通规定：首先，不能对宪法作出变通规定；其次，不能对法律和行政法规的基本原则作出变通规定；再次，不得对民族区域自治法作出变通规定；最后，不得对其他有关法律、行政法规专门就民族自治地方所作出的规定作出变通规定。

---

① ［德］卡尔·冯·萨维尼：《论立法与法学的当代使命》，中国法制出版社2001年版，第8页。

② 苏力：《法治及其本土资源》，中国政法大学出版社1996年版，第10页。

③ ［法］孟德斯鸠：《论法的精神》，商务印书馆1961年版，第7页。

有权对法律、行政法规作出变通规定的权限主要有以下两个方面：一是国家法律明确授权可以变通的事项；二是国家立法虽未明确授权，但是不完全适合本自治地方民族特点的规定。立法者应该把自己看作一个自然科学家，他不是在制造法律，不是在发明法律，而仅仅是在表述法律。

（四）财政民主原则

正如洛克所言："政府没有巨大的经费就不能维持，凡享受保护的人都应该从他的产业中支出一份来维持政府。"而另一方面，国家拿走原本属于公民的部分财产，实质上就是凭借公权力对公民私有财产权的一种剥夺，所以国家的财政行为理应受到公民财产权的限制。这种限制首先表现为只有人民同意才征税，即宪政国家的公权力受制于"人民主权原则"，表现在财政法领域就是财政民主原则。所谓财政民主，就是政府依法按照民众意愿，通过民主程序，运用民主方式来理政府之财。

财政民主是宪法所规定的人民主权理论在财政法领域的落实和体现。《宪法》第2条规定，中华人民共和国的一切权力属于人民。人民行使国家权力的机关是全国人民代表大会和地方各级人民代表大会。人民依照法律规定，通过各种途径和形式，管理国家事务，管理经济和文化事业，管理社会事务。《立法法》第8条明确规定，财政、税收的基本制度只能制定法律，在形式和程序上保证财政的民主性。

民族地区的公共财政法制建设，是规范财政权主体的活动，应当遵循财政民主原则。国家财政权是建立在对公民私有财产合法的征收之上的，合法征收无疑应当取得利益受损方的认可，以实现和维持国家行为的合法性。合法征收公民财产构成国家财政收入，国家财政对其收入的支出应以"公共"为必要，正当使用公共财政资金也必须以听取公民意见为必要。因此，政治民主和经济民主集中在财政领域就表现为财政民主。在政治领域中，财政民主是公民政治参与和政治沟通的权利的保障；在经济领域中，财政民主是公民基本财产权的保护。

财政民主原则对民族地区公共财政法制建设的具体要求为：根据我国《宪法》及《预算法》的相关规定，民族地区各级人大负责审批本级地方预算；财政民主还要求赋予人民对财政事项的广泛监督权；要求财政行为的决策程序、执行过程以及实施效果，应具备公开性、透明性。

三、民族地区公共财政立法的必要性

（一）公共财政法律体系自身发展的要求

"法是由本身之间具有特定联系（并列从属关系、协调一致关系和职能从属关系）的众多因素构成的完整的构成物。"[1] 一个社会的法律秩序体系不是由一些相互平等的

---

[1] ［俄］拉扎列夫：《法与国家的一般理论》，王哲等译，法律出版社1999年版，第156页。

规范所构成的，而是由不同位阶的规范所构成的法律规范等级制度。凡决定另一个规范的创立方式者为"高级规范"；依照该创立方式而创立者，则为"低级规范"，依次上溯，最后达到一个最高级的规范即"基本规范"，"它是整个法律秩序里的最高的效力原因，它提供整个法律秩序的统一性。"① 因此，从法律自身的发展规律看，法律是一个多层次、效力有高有低、调整范围有大有小的规范体系。既有居于上位的国家立法的存在，也有居于下位的地方立法的存在，这是法律发展细化的必然需要。"全部的集权与全部的分权只是理想的两极，因为法律社会里有一个集权的最低限度和分权的最高限度，国家才不致瓦解。"② 所以，现行"中国立法体制是中央统一领导和一定程度分权的，多极并存、多类结合的立法体制"。③

立法权是为主权者所拥有的，由特定的国家政权机关所行使的，在国家权力中占据特殊地位的，旨在制定、认可和变动规范性文件以调整一定社会关系的综合性权力体系。④ 立法权问题是一个层次等级体系，民族自治地方（自治区、自治州、自治县）的人民代表大会有制定自治条例与单行条例的权力。其立法权限总体上来讲有两个方面：一是执行性立法，即民族自治地方立法主体为了实施上位法，根据本地方的实际情况而制定的具体措施或实施条例。二是职权性立法，即民族自治地方立法主体在属于本地方事务以及行政管理职权范围内制定的地方立法。我国《立法法》第 8 条规定了 10 项专属中央立法权的事项。在第 64 条对地方性法规的事项以及在第 73 条对地方性政府规章的事项作出了原则性的规定。三是变通性立法，具体包括民族自治地方制定的自治条例和单行条例，包括辖有民族自治地方的省制定的实施《自治法》的地方性法规和规章，也包括国务院及其有关部委制定的实施《自治法》的法规、规章和办法。《宪法》、《民族区域自治法》和《立法法》只是对民族自治地方的自治条例和单行条例的立法变通权作了原则的规定，至于自治条例和单行条例在什么情况下才能进行立法变通，仍要依据部门法律的具体要求。如果具体法律部门没有对民族自治地方的自治条例和单行条例的立法变通权作出规定，民族自治地方的自治条例和单行条例就不能对该法律部门进行变通。

民族自治地方的财政法律体系是国家财政法律体系重要和有机的组成部分，其体系的健全与完整与否事关整个国家财政法律体系的整体质量和实施效果。民族自治地方财政的有效运行需要有相对健全的财政法律制度对地方财政行为进行科学规范，对民族自治地方的收入增长机制、收入结构、支出方向、绩效评价、地方政府债务运营机制与中央财政体制的衔接等从法律层次进行把握和保证。

---

① ［奥］汉斯·凯尔逊：《法律与国家》，转引自《西方法律思想史资料选编》，北京大学出版社 1983 年版，第 657 页。

② ［奥］凯尔逊：《法律与国家》，台湾中正书社 1974 年版，第 378 页。

③ 周旺生：《立法研究》，法律出版社 2000 年版，第 175 页。

④ 周旺生：《立法研究》，法律出版社 2000 年版，第 324 页。

（二）民族地区公共财政法制化的必然要求

公共财政体制是与市场经济发展相适应的一种财政体制和运行机制，是经济市场化和国际化的必然要求，是国际通行做法。中国于1998年末的全国财政工作会议提出构建公共财政基本框架的改革目标，党的十五届五中全会、十六大和十六届三中全会明确提出健全公共财政体制。

现在民族自治地方财政大力向公共财政转化，着眼于满足社会的公共需要。要做到收支行为的规范化，退出营利性领域，必须建立与市场经济相适应的财政运行机制和法律法规。民族自治地方制定与公共财政有关的法律制度，就是为了能科学合理安排公共财政资金，建立健全公共服务体系。民族自治地方只有加快公共财政法制建设，才能满足少数民族人民不断增长的物质、文化、环境、卫生、安全等需求，建立"发展经济、扩大财源、收支规范、调控有力、职能明确、体制完善、运行高效、保障可靠"的公共财政总体目标。当下民族地区公共财政运行中出现种种问题，必须要对预算编制、执行、追加、资金分配、财政审批、财政监督、绩效评价、过错责任追究等内容和程序作出制度规定；必须要对民族自治地方的财政决策和财政部门职能、权限，作出法律规定，杜绝随意决策、越权决策行为。而且，民族自治地方的政府及其财政部门要依法接受本级人大、政协和社会公众的监督。

尽快展开对民族自治地方公共财政立法的立法原则、立法权限、立法规划、立法机制、立法程序、立法审查等各项专题的研究，才有利于保证民族自治地方财政立法与中央财政立法在体制上的有机统一。

（三）民族地区实现财政自治的必然要求

《民族区域自治法》规定，民族自治地方的自治机关可以自主安排和管理地方性的经济建设事业，并享有管理地方财政的自主权。有权自主安排并使用依照国家财政体制属于民族自治地方的财政收入，有权在执行财政预算过程中自行安排使用收入的超收和支出的结余资金。自治机关在执行国家税法时，除应当由国家统一审批的减免税收项目外，对属于地方财政收入的某些需要从税收上加以照顾和鼓励的，可以实行减税或免税。

民族地方财政自治是指在国家基本的财政体制下，民族自治机关根据《宪法》和《民族区域自治法》及其他相关法规（如税法等）的精神，依照自治条例的规定和当地民族的政治、经济及文化的特点，制定财政自治条例或有关法律的变通及补充规定等，组织财政收入，统筹分配财政资金，自主地管理本地区财政事务。民族自治地方财政自治的基本内容之一就是民族自治地方财政自治的立法权。依照当地民族政治、经济、文化的特点，制定自治条例和财政自治的单行条例，并报最高国家权力机关或省级国家权力机关批准、备案；制定执行有关财税法规的变通或补充规定。即对上级国家机关有关财税活动的决议、决定、命令和指示，不适合民族自治地方实际的，报经该上级国家机关批准后变通执行或停止执行。

民族自治地方财政自治是民族自治地方政府在宪法和财政法的框架内，依法自主地决定和管理本地方的财政事务。民族自治地方的财政自治权和自治程度是由其宪法和财政法作出的。财政自治权是民族自治地方财政自治的核心。要实现民族自治地方的财政自治权，必须将民族自治地方的财政自治权法制化：民族自治地方财政自治立法法制化、自主组织和使用财政收入法制化、财政支出法制化、税收管理自治法制化以及享受上级国家机关的财政援助法制化。民族自治地方的财政自治权如果没有法律保障只会是无源之水和无本之木。《宪法》和《民族区域自治法》只是对民族地区的财政自治权给予了原则性的规定，如果民族自治地方没有相应的配套法规和完善的法律监督体系，民族自治地方的财政自治权将难以落实。

(四) 民族地区财政政策法制化的必然要求

毛泽东同志在《关于中华人民共和国宪法草案》一文中也指出："少数民族问题，它有共同性，也有特殊性。"① 当下我国解决民族问题采取民族区域自治的方式。具体到财政领域，通过赋予民族地区财政自治权解决民族自治地方财政的特殊性问题。在具体运作中，主要通过一系列的财政政策支持少数民族地区的发展，具体包括财政支出政策、税收政策、财政转移支付政策、财政投融资政策、财政监督与风险防范，少数民族经济社会协调发展的财政政策等。

除通过统一的转移支付制度对少数民族加大支持外，还采取了诸多特殊支持政策。(1) 设立民族地区转移支付。自 2000 年起，中央财政每年拿出一部分资金，加上当年民族地区增值税环比增量的 80%，对民族省区和非民族省区的民族自治州安排专门的财力性转移支付。从 2006 年起，中央财政又将非民族省区的民族自治县纳入转移支付范围。(2) 一般性转移支付对民族地区也实行优惠政策。考虑民族地区的特殊支出因素，通过因素选取增加对民族地区的一般性转移支付。同时，在有些少数民族地区特殊因素暂时难以量化的情况下，通过提高对民族地区转移支付系数，增加一般性转移支付额。调资转移支付和艰苦边远地区津贴对民族地区也给予照顾。1999 年以来，中央先后出台了 5 次增加机关事业单位职工工资和离退休人员离退休费政策，并出台了发放一次性年终奖金政策。其中，后三次调资对民族省区实行全额补助；前两次调资及年终奖金补助中，民族省区转移支付系数在同档次非民族省区转移支付系数的基础上增加 5 个百分点。其中，在分配农村中小学教师工资转移支付时，民族地区的转移支付系数高出同档次非民族地区 5 个百分点。(3) 国务院决定从 2001 年起建立艰苦边远地区津贴制度。由此增加的支出全部由中央财政负担，享受此项补助的基本上是西部民族省区。(4) 农村税费改革转移支付也对民族地区给予照顾。对由于免征农业税和除烟叶以外的农业特产税而减少地方财政收入的少数民族集中的中西部地区，由中央财政给予适当补助，实行税收优惠政策。对国家确定的革命老根据地、少数民族地区、边远地区、贫困地区新办的企业，经主管税务机关批准后，可减征或者免征所得税 3 年等。

---

① 《毛泽东著作选读》下册，人民出版社 1986 年版，第 709 页。

中央对民族地区实施积极的财政优惠政策，有利于公共财政在民族地区的均衡化服务，有利于提高民族地区公共产品的供给水平。但财政政策的不稳定性、随意性不利于中央与地方财政秩序的固化。法治政府要求上下级政府的财政体制在法治的轨道上建构。

列宁早在1913年写的《民族问题提纲》中就指出："社会民主党要求颁布一项全国性的法律，以保护国内任何地方的任何少数民族的权利。"[①] 斯大林也说过：必须"为少数民族制定特别的法律以保护他们的自由发展"。[②] 中央对民族地区的财政政策法制化，使得中央对民族地区的优惠政策转化为中央财政的义务，从而加强了中央在民族地区发展中的法律责任意识。另一方面，民族地区基于相关的民族性财政优惠法，享有了财政照顾的权利，使得民族地区享受优惠合法化。

（作者单位：湖北民族学院）

[①] 《列宁全集》第19卷，人民出版社1959年版，第239页。
[②] 《斯大林全集》第3卷，人民出版社1955年版，第52页。

中国区域饮用水源一体保护制度创新论要

蓝楠

内容提要：目前，区域饮用水源污染呈现出点源污染和面源污染相结合的新趋势；又由于区域饮用水源保护法律规定不完善，导致了饮用水源进一步恶化。因此，应从完善或创新饮用水源可持续利用遵循的一体保护制度入手，完善区域饮用水源可持续利用的法律调控。

关键词：区域；饮用水源；可持续利用；一体保护制度

"法律始终是增进自由的一种重要力量，与此同时也是限制自由范围的一种重要工具。同样，法律对于平等也起着一种相同的双重作用。在历史上，法律在增进人与人之间的平等以及群体和群体之间的平等方面起到过显著的作用。"① 我从 2006 年下半年参加环境保护部《饮用水水源污染防治管理条例》制定的相关立法工作，其中对于区域饮用水水源污染防治问题比较关注，而现行相关区域饮用水水源污染防治法律制度较为零散，不利于区域饮用水水源污染防治和可持续利用。基于此，我对区域饮用水水源可持续利用遵循的一体保护制度进行探讨，以期促进我国区域饮用水水源污染防治工作的开展。

一、创新我国区域饮用水源一体保护制度的必要性

（一）现行饮用水源保护中存在的问题

目前我国的饮用水源环境保护的形势不容乐观，一些地区饮用水水源保护区水质仍然较差。据中国环境监测总站 2006 年 6 月发布的《113 个环境保护重点城市集中式饮用水源地水质月报》，有 16 个城市水质全部不达标，占重点城市的 14%；有 74 个饮用水源地不达标，占重点城市饮用水源地的 20.1%；有 5.27 亿吨水量不达标，占重点城市总取水量的 32.3%。据有关部门的初步统计，目前全国还有 3 亿多农民饮用不合格的水。由于氮磷污染物没有得到有效控制，加之面源污染的增加，部分水源地氮磷超标

---

① ［美］博登海默：《法理学——法律哲学与法律方法》，邓正来译，中国政法大学出版社 1999 年版，第 285 页。

问题日益突出，水华现象偶有发生，由此带来的藻毒素污染直接威胁到群众健康。部分地区由于资金、人员及设备缺乏，不能完成饮用水水源水质常规监测，难以保障水源安全，尤其是在污染事故发生时难以实时跟踪水质变化。部分地区缺少专业饮用水水源巡查队伍及现场监测设备，饮用水水源环境保护巡查工作开展尚不理想。突发性环境事件频发。2005年，环保总局共接到突发环境事件报告76起，其中特别重大事件3起，重大事件13起，绝大多数导致了水环境污染。2006年上半年，总局处理的突发性环境事件86起，使一些地方水环境受到严重破坏。由于绝大部分突发性环境事件都涉及水污染，使饮用水安全受到严重威胁。

（二）现行饮用水源保护法律法规中存在的问题

我国现在还没有对饮用水水源地保护的综合性法律法规，现阶段饮用水源保护法律制度主要散见于以下法律法规：《环境保护法》《水法》《水污染防治法》和《饮用水水源保护区污染防治管理规定》中，现阶段我国在饮用水水源地保护法方面的缺陷性已不能满足可持续发展经济的要求，也不符合建设和谐社会的要求。首先，处罚不力，水源地地位没有受到足够重视。《水污染防治法》第81条规定："有下列行为之一的，由县级以上地方人民政府环境保护主管部门责令停止违法行为，处10万元以上50万元以下的罚款；并报经有批准权的人民政府批准，责令拆除或者关闭：（1）在饮用水水源一级保护区内新建、改建、扩建与供水设施和保护水源无关的建设项目的；（2）在饮用水水源二级保护区内新建、改建、扩建排放污染物的建设项目的；（3）在饮用水水源准保护区内新建、扩建对水体污染严重的建设项目，或者改建建设项目增加排污量的。"仅仅规定新建、改建、扩建建设项目的法律责任，如何对原有的建设项目相关责任人的处罚及违章建筑的处理方面并无更加有力的规定，没有体现出饮用水水源地特殊性的问题。其次，虽然现行法律法规对环境应急工作做了一些规定，但在有关的法律法规中并没有详细明确的饮用水水源保护应急规定，法律地位不高，影响了有效加强饮用水水源保护应急工作。再次，执行难度颇大。如饮用水水源地的存在客观上对农民的生活产生了一定负面影响，如何对饮用水源地的农民进行补偿，从而促使其自觉自愿保护饮用水，在相关法律条文中并未提及。这也为饮用水水源地保护造成了一定的难度。

二、创新我国区域饮用水源一体保护制度的可行性

（一）饮用水源保护得到高度重视

饮用水水源保护是保障人民身体健康的头等大事，也是水污染防治工作的重点任务之一。温家宝总理在2005年中央人口资源座谈会上强调"要切实抓好水污染防治，加强对城乡污染源的监控，保护饮用水水源地，保障群众饮水安全"；并在2006年第六次全国环保大会上再次指出："保障饮水安全直接关系到人民群众的生命和健康，要切实

保护饮用水水源地";在国家环保总局《关于全国重点城市集中式饮用水源地有机物污染情况的报告》上批示:"饮水安全涉及群众利益,要高度重视饮用水源地污染防治工作。赞成所提各项措施,要狠抓落实和监督检查。"2006 年 2 月,国务院组织中央编办、国家发展改革委、教育部、财政部、国土资源部、建设部、水利部、卫生部、国家环保总局等部门专题研究饮用水安全问题,国务院发出《研究饮用水安全有关问题的会议纪要》,将城市与农村饮用水安全保障工作作为全国建设小康社会、构建社会主义和谐社会的重要内容,从法制建设、规划编制、污染防治、工程措施等方面入手,明确任务、落实责任,采取综合手段保障饮用水安全。启动饮用水水源保护专项立法工作,是为了落实党中央、国务院领导的指示精神,落实国务院的工作部署,进一步加强饮用水水源的环境保护工作,确保人民群众的饮水安全和身体健康,进一步推动全面建设小康社会的宏图伟业。

(二)理论基础的强化

《环境保护法》《水法》《水污染防治法》和《饮用水水源保护区污染防治管理规定》对饮用水源的保护提供了一些理论基础。为加强饮用水源地保护工作,国家环保总局组织开展了全国饮用水水源保护区划定及监管工作,编制了《全国饮用水源地环境保护规划》。发展改革委、建设部等部门共同研究起草了《关于加强饮用水安全保障工作的通知》;建设部加强了对城市供水水质的督查,颁布了《城市供水水质标准》;水利部加强了对地下水超采区的综合治理。将开展全国饮用水水源保护区环境状况调查,评估各饮用水水源保护区的环境质量、管理状况;开展执法检查,清理保护区内排污单位,对合法的项目要求其达标排放,对违规项目,向原批准保护区的人民政府提出关闭建议。因此,有必要制定《饮用水水源污染防治管理条例》,加强饮用水水源的环境保护工作,确保人民群众的饮水安全和身体健康。

(三)实践经验的积累

各级环保部门在饮用水水源的环境保护中也已经积累了大量的管理经验。国家环保总局制定出台了《饮用水水源保护区划分技术纲要》,作为保护区划定的技术规范性文件,指导了一、二级保护区的划定工作。目前,全国大部分城市已经制定了饮用水水源保护区划,划定了一级保护区和二级保护区,并按照相关法律、条例和规定开展饮用水水源地的环境管理;个别地方还在保护区外,划定了准保护区;这些对各地饮用水水源保护起到积极作用。据我局对全国 31 个省市区饮用水水源保护区划定工作汇总的结果,目前,全国划定饮用水水源一级保护区和二级保护区共计 5716 个。2006 年国家环保总局在污控司增设了饮用水源保护处。在 2006 年"整治违法排污企业保障群众身体健康"环保专项行动中,饮用水水源地保护被作为一项重要的内容;2006 年 7 月,国家环保总局在南京召开全国饮用水源地保护专项执法检查现场会,正式启动饮用水源地保护专项执法检查,并于 9 月份组织检查组对专项执法检查活动开展情况进行了抽查。这些工作的开展,为制定《饮用水水源污染防治管理条例》打下了很好的实践基础。

（四）国际上相关立法经验借鉴

饮用水源保护是一个全球共同关注的问题，外国及国际社会自20世纪就开始运用法律等手段对饮用水源进行调控和保护。如美国国会1974年制定《安全饮用水法》，其目的是控制饮用水水质和保护地下饮用水源，并授权美国环保局保护人们饮用水的安全。法国主要是通过《公共卫生法典》对饮用水源进行保护，虽没有专门的饮用水源保护法典，但对饮用水源保护的法律调控也极其健全。日本明确规定饮用水源的公共所有，如《河川法》规定，河川为公共物，其保全、利用以及其他管理必须妥善进行以期达到立法目的。日本通过《公害对策基本法》，确立了国家环境管理的基本观念和原则；《水质污染防治法》将国家环境管理引入水质污染防治领域。

三、创新我国区域饮用水源一体保护制度的对策

在区域饮用水源保护中，应当充分发挥法律的作用，在《饮用水水源污染防治管理条例》中明确规定区域饮用水源一体保护制度并予以全面贯彻实施。区域饮用水源一体保护制度至少应包括确保区域公平、城市和农村饮用水源一体保护、集中式饮用水源和分散式饮用水源的共同保护等方面。

（一）确保区域公平

就当代而言，为了保证人人都能公平地取得和利用饮用水源，我们应当努力为那些仍在使用劣质饮用水的人提供合格饮用水。饮用水源开发利用涉及上下游、左右岸的不同利益群体，各利益群体应公平地共享饮用水源。区域公平原则在联合国环境与发展大会《里约宣言》中被提升为国家间的主权原则，即各国拥有按本国的环境与发展政策开发本国自然资源的主权，并负有确保在其管辖范围内或其控制下的活动不致损害其他国或各国管辖范围以外地区的环境的责任。显然，国际河流和国际水体的开发利用应在此原则基础上进行，而一个主权国家范围之内的流域饮用水源的开发利用，应当在考虑流域整体利益的基础上，考虑沿岸各利益群体的发展需求。

在我国，由于饮用水源分布上的不均匀，南方水多，北方水少，特别是农村由于经济发展水平较低等原因，导致对饮用水源保护的不足和不力。经全国布点监测，2000年农村地区饮用水卫生合格率仅为62.1%。因而，对农村地区饮用水源的保护不宜且不能过于强调受益者负担。因此，应在立法中实行城市饮用水源和农村饮用水源一体保护，突出政府责任，确认受益者负担与公共扶持相结合的原则，确认并明确界定受益者和政府应共同和分别承担的责任，实行农村地区饮用水源保护责任的个体负担与公共（社会）负担。这是代内公平即"在任何时候的地球居民之间的公平"的基本要求和具体实现。政府应在财力物力等方面专项安排对饮用水源的保护，实行专项资金补助和优惠政策倾斜，彻底改变农村饮用水源保护不足不力的现状，实现对农村和城市饮用水源的公平保护。

（二） 城市和农村饮用水源一体保护

中国城市供水水源的主要特点是，南方城市的水源比较丰富，且以地表水为主；北方城市的水源相对匮乏，且以地下水为主。对城市饮用水源的保护和管理，我国建立了一系列的制度予以规制，如饮用水源保护区制度、饮用水源水质检测和监测制度、预警和紧急处置制度等。为了实行城市和农村饮用水源的一体保护，必须在人力、物力、财力等各方面向农村饮用水源保护倾斜。

按照国家规定，以用水距离 1km 以上，高差在 100m 以上作为饮水困难的标准。以长江流域为例进行分析：① 需要解决饮水困难的共有 700 多万人口，5400 多万头牲畜，其中川、赣、鄂占其中的 62% 和 69%。农村人畜的饮水问题既有量的问题，也有质的问题。按照国家规定标准，含氟量高于 1mg/L，即不能饮用。而长江流域氟病区需要解决饮水困难的共有 200 多万人。有些平原地区，地下水水质因受地层岩性、海水倒灌和人为污染的影响，也不符合饮用水标准。截至 1996 年底，全流域累计解决 4781 万人和 3375 万头牲畜的饮水问题。根据近几年统计，需要解决饮水的人畜数量，呈逐年递增之势。主要原因是由于工矿企业和乡镇工业的蓬勃发展，产生大量废污水，未经处理排入河川和地下，恶化了水质，降低了可供水量。据饮水调查资料表明，有超过 80% 的人饮用浅井水和江河水，其中水质污染严重、细菌污染超过卫生标准的占 80% 左右；饮用受有机物严重污染的饮水人口约占 1/6；饮用水严重不足的人口约 1000 万。

由于农村污染源极为分散，量大面广，处理起来极为困难。因此，在立法中应当统一考虑农村供水排水问题，禁止未经处理的废水排入河道水渠或随意乱排，防止周围水体或地下水受到日趋严重的污染。在困难地区解决农村人畜供水，宜根据具体情况，适当安排。供水措施一般分集中或分散两种。对于土地连片、人口较集中的地区，采取蓄引提工程，结合农业灌溉集中解决人畜饮水问题。对于地形破碎、村舍零散的地区，一般可采取蓄提两种方式，以积蓄雨水为主，根据资金等情况，分户或联户建设水窖，或以村庄为单位建设中心水池，分散解决。积蓄当地雨水，是一些地区广泛使用的传统措施，应在防渗衬砌和净化防污等方面加以改进，积极推广，从"源头"上防止农村饮用水源污染，切实解决农村人畜饮水问题。

（三） 集中式饮用水源和分散式饮用水源的共同保护

目前，我国城市居民一般是通过集中式饮用水源获得饮用水，农村一般是通过水井和水塘等分散式饮用水源获得饮用水。对这两种饮用水源都应进行保护，而且由于城市集中式饮用水源一般都划定了饮用水源保护区，管理起来更方便有效一些。因而，应对分散式及农村集中式饮用水源倾斜人力、物力和财力等进行重点保护。

在城市集中式饮用水源地应采取下列对策和措施：（1） 完善城市集中式饮用水源

---

① 参见长江技术经济学会主编：《长江流域的水与可持续发展》，中国水利水电出版社 1999 年版，第 112 页。

地保护管理的法规条例及办法，通过法律手段对水源地进行严格管理，通过种植水源涵养林，实施水土保持工程，防止水土流失造成泥沙对水库、湖泊的淤积；保护区内的工业应合理布局，调整结构，不设污染严重的企业，在工厂企业内推行清洁生产与工艺，将污染消灭于生产过程之中；严禁无计划乱采滥用地下水源，特别是不应该在漏斗中心区增设水井，严禁利用渗井渗坑排放生活污水和工业废水，对已有的渗井渗坑应予以填没消除；设地下水人工回灌工程。拦蓄雨水、洪水和水库弃水并人工回灌地下，可增加地下水库贮水量并改善水质，使地下水位逐渐回升等措施来进行调控。（2）加强对饮用水源水质检验。我国《饮用水卫生标准》（GB5749-85）中项目类别分为感官性状和一般化学指标、毒理学指标、细菌学指标和放射性指标。如按水质将饮用水源水分成一级水源水和二级水源水。一级水源水即水质良好，地表水经简易净化处理（如过滤）、消毒后即可供作生活饮用；地下水只需经消毒处理。二级水源水即水质受轻度污染，经常规净化处理（如絮凝、沉淀、过滤、消毒等），其水质即可达 GB5749-85 的标准，可供饮用。因此，应按《饮用水标准检验法》规定建立水质检验室，负责检验饮用水源的水质并进行质量监督和评价。（3）设置卫生防护地带。城市集中式饮用水源卫生防护地带的范围和具体规定，由给水单位提出，并与卫生、环保、公安等部门商议后，报当地人民政府批准公布，书面通知有关单位遵照执行，并在防护地带设置固定的告示牌；对不符合本标准规定要求的集中式饮用水源的卫生防护地带，由给水单位会同卫生、环保、公安等部门提出改造规划，报当地政府批准后，责成有关单位限期完成。

在分散式及农村集中式饮用水源地应采取下列对策和措施：（1）应在立法中规定调整乡镇企业布局，淘汰落后和污染严重的设备，切实治理点源污染，对重点污染源应限期治理；对人口较多的重点乡镇，应建立污水收集与处理工程，防止污水流入水源地；严格控制化肥、农药施用量及其污染，利用生物治虫害削减农药施用量，采用高效长效低毒性新型农药，改进耕作制度，科学施用化肥及农药①；完善农家厕所，有条件的地方应就地进行无害化处理或逐步完善；兴建下水道系统及污水处理工程及设施，发展农家沼气池处理粪便，回收沼气，综合利用沼渣和沼液等措施来进行调控。（2）设置卫生防护地带。分散式饮用水源的卫生防护要求由当地卫生防疫站、环境卫生监测站提出，由使用单位执行。分散式给水水源的卫生防护地带，以地面水为水源时参照下列规定要求，即取水点周围半径 1000 米的水域内，严禁捕捞、停靠船只、游泳和从事其他可能污染水源的任何活动，并由供水单位设置明显的范围标志和严禁事项的告示牌；取水点上游 1000 米至下游 100 米的水域，不得排入工业废水和生活污水；其沿岸防护范围内不得堆放废渣；不得设立有害化学物品仓库、堆栈或装卸垃圾、粪便和有毒物品

---

①　如前所述，农药对地表水和地下水都造成极大的危害。为了减少这种危害，应提高减少农药径流的技术，实行害虫的综合管理。其宗旨是"预防或最大限度地减少害虫的集结，所以当害虫确实达到危险程度时，就可以用较少的农药对其加以控制……害虫综合管理包括各种物理技术、栽培技术和生物技术……通过这些措施，很多农民将农药施用量减少了一半"。［英］朱莉·斯托弗：《水危机》，张康生等译，科学出版社 2000 年版，第 58～59 页。

的码头；不得使用工业废水和生活污水灌溉及施用持久性或剧毒的农药；不得从事放牧等有可能污染该段水域水质的活动。以地下水为水源时，水井周围 30 米的范围内，不得设置渗水厕所、渗水坑、粪坑、垃圾堆和废渣堆等污染源，并建立卫生检查制度。（3）加强对饮用水源水质检验。分散式饮用水源及农村集中式饮用水源的水质，应由当地卫生防疫站、环境卫生监测站根据需要进行检测。对新建、改建、扩建的集中式供水项目，参加其项目选址、工程设计审查和竣工验收，进行预防性卫生监督；对饮用水源水质进行定期监测和评价，开展经常性卫生监督监测和卫生技术指导；负责饮用水污染事故对人体健康影响的调查，参与事故处理；对在饮用水水质保护区内修建危害水源水质卫生的设施或进行有碍水源水质卫生的作业的，新建、改建和扩建的饮用水供水项目未经卫生部门参加选址、设计审查和竣工验收就擅自供水的，责令限期改进，并可处以规定额度的罚款等。

（作者单位：中国地质大学法学系）

第四部分
当下实证——"地方性法制"的困惑与反思

　　法治绝不是一味高调的空谈，从抽象法治到具体法治是从一般发展到区域发展的基本要求。区域发展的重心在于"老、少、边、穷"地区，而少数民族地区的发展问题又具有特别的意义。民族发展权作为民族权利的最重要形式之一，成为区域发展战略的根本价值目标。在"地方性法制"的特殊背景下，探讨区域发展的困惑、问题与出路，具有重大现实紧迫性。而从实证分析视角切入，更有助于把握事物的本来面目，使研究立基于国情、区情的真实地基上。本部分充分运用法社会学的实证研究方法，对关系三江侗族和湖北土家族、苗族地区发展问题进行了大量社会调查，在"让事实说话"之后，研究了上自公权力运作、下到私权利实现的系列发展主题，剖析了地方政治文明建设的法治保障、弱势群体权利保护的特殊对策。在初步实现分配的正义之后，为了实现恢复的正义，必须手握法律的利剑，实现权利和发展的法律救济。然而，法律无情亦有情，作为最具强制性的刑事司法在发挥强大的震慑力的同时，也有其人性化的一面，刑事司法和解与关注民生的公诉在国家强制力的背后透射出一丝法律的人文主义之光，对消弭区域发展中的不和谐因素发挥着独到的功效。

论刑事和解与民族地区传统法律文化的契合

——对鹤峰县人民检察院"关注民生的公诉模式"的法理分析

司马俊莲 谭 明

内容提要：刑事和解制度是体现我国"宽严相济"刑事政策的一种重要方式，而检察机关是实行这一制度的主体之一。民族地区的刑事和解制度有其深厚的社会基础。它有利于实现公平正义、促进民族地区社会关系的和谐发展。作为民族地区的基层检察机关，鹤峰县人民检察院推行"关注民生的公诉模式"产生了良好的社会效果。但这一制度还有必要在和解的法律地位、和解的主体、改进加害人的社区矫正制度、赋予被害人更多的自诉权利等方面进一步加以完善。

关键词：刑事和解；民族地区；和谐社会

自最高人民检察院出台《关于在检察工作中贯彻宽严相济刑事司法政策的若干意见》以来，我国在理论与实践领域开始了对刑事和解制度的探索。民族地区的刑事和解制度如何进行、其社会基础和社会效果怎样、如何进一步改革和完善这一制度等，带着这些问题，我们对恩施州鹤峰县人民检察院"关注民生的公诉模式"进行了专题调研，本文正是在这一调查基础之上形成的。

一、刑事和解制度的社会基础

民族地区与其他地区相比，在社会发展水平、文化传统等方面都有一定差异，因此，在民族地区实行刑事和解制度，更有其社会基础。

（一）刑事和解与民族习惯法相契合

恩施州主要为土家族和苗族的聚居地，其中土家族又是主体民族之一。历史上，由于土司的残暴和官吏的腐败，使得土家族人形成了世代"惧官畏讼"的心理。因此，一旦有了纠纷，土家族人一般是请村寨首领或梯玛①解决②。这一传统至今对人们仍然具有一定的影响。加上该地区社会生产力发展水平与发达地区相比还存在一定差距，截

---

① 土家人旧时信仰鬼神。一般来说，他们以为神会保佑平安、鬼是带来灾祸的，因而他们对待鬼神的态度也不一样，对神敬祭，对鬼则用巫术驱赶、捉杀。从事祭神驱鬼巫术的人常是土老司，土家语称他叫"梯玛"。

② 参见冉春桃、蓝寿：《土家族习惯法研究》，民族出版社2003年版，第54页。

至 2008 年，该地区城镇化率只有 25.5%①。这就意味着该地区在社会形态上仍以农业社会为主，也就是费孝通先生所说的"乡土社会"。因此，在民族地区实行刑事和解制度更有其特定的社会基础。

（二）刑事和解与目前民族地区社会经济发展水平相适应

恩施土家族苗族自治州地处武陵山区，人均耕地较少，农民所使用的土地一般包括山林、旱地和水田三部分。所谓"八山半水一分田"。人们的纠纷也往往与这一地理特征相关。同时，境内生活着 20 多个少数民族，各民族之间形成的是大杂居小聚居状态。这一自然生境和人文居住环境，影响着人际关系的特点。许多纠纷都涉及山林地界、引水通行等侵权类纠纷；同时，纠纷往往发生在亲戚邻里之间。因此，刑事和解制度对这一民族地区来说有着特别的功能：不仅可以促进人际关系和谐，而且还可以促进民族关系的和谐。

案例 1 2007 年，该县走马镇楠木村发生一起亲兄弟之间的伤害案。兄弟四人因对赡养老人的分工问题没有形成统一意见，在一次以物抵账支付赡养费时发生矛盾，犯罪嫌疑人在随后的家庭会议上因为对方语言过激而出手伤人，弟弟致伤哥哥眼睛。鹤峰县人民检察院在处理这一案件时，利用讯问犯罪嫌疑人（未羁押）和听取被害人意见的机会，着力调解了兄弟之间的矛盾，并促使兄弟四人重新达成了分工赡养两位老人的协议，既解决了老有所养的"民生"问题，又实现了兄弟和睦团结的目的，后根据"宽严相济"原则，对犯罪嫌疑人作出相对不起诉的处理，取得了良好的法律效果和社会效果。

二、刑事和解制度的实践路径

刑事和解制度作为一项新兴的刑事司法制度，其理论基础是恢复性正义。其目的是实现愈合创伤、修复关系、恢复正义的核心价值目标。②与传统刑罚理念的最大差别在于：它侧重于恢复被破坏的社会关系，而不单是惩罚犯罪。要使这一理念转化为社会实际，产生实际的社会效果，则需要在司法实践中探索具体的操作办法。鹤峰县人民检察院在探索这一制度时，注意把握法律定性，目标定位明确、处理程序妥当，使得这一制度具有可操作性。

（一）目标定位：实现公平正义，促进社会和谐

"关注民生的公诉模式"，旨在实现公平正义、促进社会和谐。为此，他们强调以人为本，从案件涉及的各方当事人的利益角度出发，去探求公平正义的具体实现。

① 恩施州统计局、恩施州调查队：《2008 年恩施州国民经济和社会发展统计公报》，载《恩施日报》2009 年 4 月 16 日。
② 叶祖怀：《刑事和解若干理论问题研究》，载《法律适用》2008 年第 1、2 期。

在具体案件上，公平正义的实现方式又各有侧重。如交通肇事案件是以维护被害人利益为主，重点放在民事赔偿的落实上。由于受该县地理因素的影响，近几年来，交通肇事案件频发。鹤峰县人民检察院在审查起诉交通肇事案件过程中，始终以维护被害人利益为重，做好调解、和解工作，督促落实民事赔偿。如对2005—2007年3年中办理的20件交通肇事案件，除了2件案件确因赔偿能力不足未及时全额赔偿外，其余18件案件均给予了比较充足的民事赔偿，落实赔偿的案件比例达90%。从死亡被害人亲属的获赔数额来看，人均赔偿额一年比一年高，其中2005年为3.56万元，2006年为6.53万元，2007年为8.84万元，上升幅度非常明显，个案中获赔额度最高的达10万元。社会效果良好。

（二）适用范围：明确从"宽"从"严"案件的适用条件

最高人民检察院《关于在检察工作中贯彻宽严相济刑事司法政策的若干意见》中提出"在审查起诉工作中，严格依法掌握起诉条件，充分考虑起诉的必要性，可诉可不诉的不诉"。此即所谓的"宽严相济"的刑事司法政策。为正确贯彻和实施上述"宽严相济"的刑事政策，鹤峰县人民检察院在司法实践中明确划分了从"宽"从"严"案件的适用范围：

1. 从"宽"案件范围：（1）无逃逸情节的一般交通肇事案件；（2）亲友、邻里、同学、同事之间因纠纷引发的轻微刑事案件；（3）犯罪嫌疑人认罪悔过、积极赔偿损失，双方达成和解协议，社会危害不大的案件；（4）法定刑在3年以下，犯罪嫌疑人主观恶性较小、人身危险性不大，认罪悔罪态度较好的案件；（5）虽然罪行较重，但主观恶性不大，积极赔偿损失并得到被害人谅解，且有重大立功表现的案件。

2. 从"严"案件范围：（1）涉黑、涉恶犯罪、恐怖犯罪、毒品犯罪案件；（2）重伤、强奸、抢劫等严重犯罪案件；（3）严重破坏社会主义新农村建设的犯罪案件；（4）严重危及社会稳定的犯罪人，如累犯、数罪犯和多次犯罪的人等。

（三）处理程序：案件性质不同，处理程序不同

在严格执行规范办案程序的基础上，鹤峰县人民检察院还注意根据案件性质的不同，分别采取不同的处理程序。

1. 从宽处理案件。从宽处理案件的处理程序包括六个方面：（1）向双方进行案件告知时，一并宣传刑事和解的意义，了解双方有无和解意向，并提出和解、调解建议；（2）了解案发原因、有关当事人的过错情况，分析和解、调解的方式或途径；（3）向社区（居委会）、村委会、有关单位通报被害人情况，提出协助帮困解难的建议；（4）协助或者介入解决案件所涉及的矛盾、纠纷，如邻里矛盾、财产纠纷、相邻关系纠纷、赡养、抚养矛盾等，力争达到定纷止争目的；（5）听取人大代表、政协委员等对"刑事和解不诉"等办案方式的意见和建议；（6）结案后，回访当事人，进行宽处案件的效果评价。

2. 从严处理案件。对待从严处理的案件的处理程序包括五个方面：（1）认真听取被害人及其委托的人的意见，协助落实民事诉讼有关问题；（2）向社区（居委会）、村委会、有关单位通报被害人有关情况，提出协助帮困解难的建议；（3）告知犯罪人有赔偿、退赃义务，尽可能督促落实；（4）强化庭审指控，提出从重处罚的量刑建议，并阐述被害人生命健康权、身心健康权及财产权神圣不可侵犯的法治精神，努力平复被害人心理创伤；（5）加强诉讼监督，防止和纠正打击不力情况。

3. 未成年人犯罪案件。（1）告知辩护权利时，一并告知未成年犯罪嫌疑人的监护人，指导或协助落实辩护措施；（2）分析、了解犯罪原因；（3）评价不起诉风险，如系在校学生，又系初犯、偶犯，着重考虑以不起诉方式处理；（4）如系与成年犯罪嫌疑人共同犯罪，实行分案起诉；（5）与学校、社区、家属衔接，协助落实帮教措施；（6）开展针对性的法制教育。此外，还有几种具体情况的例外处理原则：一是轻伤案件中属于团伙性犯罪的，对其主犯，不适用从宽原则处理；二是交通肇事逃逸的，不适用从宽原则处理；三是虽属严重犯罪，但如果对犯罪人从重处罚，对受犯罪人赡养、抚养的人可能产生更大不利影响的，提请有关部门专题研究，探求妥善解决办法。

三、刑事和解制度的社会效果

评价一项法律制度的优劣，除了要看它是否适应一定的社会条件、自身是否符合法的内在规定性等因素外，还要考察它是否能够产生实际的社会效果。鹤峰县人民检察院推行的"关注民生的公诉模式"的社会效果明显，它有利于促进被害人利益保护的最大化、加害人顺畅回归社会以及有利于对传统司法模式的改进和完善等。

（一）被害人利益保护最大化

保障刑事被害人的合法权益，直接关系到刑事司法的公正性和社会秩序的稳定。联合国大会 1985 年 11 月 29 日第 40/34 号决议通过的《为罪行和滥用权力行为受害者取得公理的基本原则宣言》，规定了保障罪行受害者的基本原则。① 我国在刑事被害人权益保护方面，目前尚未建立国家救助制度。现行的刑事司法制度将重点放在打击和惩罚犯罪方面，对于刑事被害人的抚慰功能极为有限。刑事和解正是对这一传统理念的纠偏，强调对被害人利益保护的最大化。司法实践中，对刑事被害人利益的保护主要包括经济补偿和精神抚慰两个方面。刑事和解建立在认罪、悔罪的前提下，同时，被害人通过获得一定数额的经济补偿，可以最大限度地弥补物质损失，从根本上保证了被害人的"民生"利益。由于我国目前还未正式建立刑事被害人的利益保护机制，因此，在刑事和解中如何切实落实被害人的经济补偿，就成为重中之重。

鹤峰县人民检察院在办案过程中，十分注重对被害人利益的最大化保护，并以此作为刑事和解制度的主要出发点之一。2008 年，在该院以刑事和解方式处理的刑事案件中，合计赔偿额为 45.98 万元，平均每案赔偿给被害人 5.75 万元。仅就处理的交通肇

---

① 邹小新：《刑事被害人国家救助制度的基本架构》，载《政法论坛》2007 年第 6 期。

事案件而言，涉及的两件案件平均赔偿 7.25 万元，比 2005 年同类案件对死亡人员的平均赔偿额 3.56 万元高得多；就故意伤害案而言，"刑事和解不诉"的 4 件案件，每件平均赔偿 5.25 万元，也比往年同类案件高出许多。

（二）加害人回归社会顺畅

刑事和解制度具有多元功能。从对犯罪的预防上看，它既有利于对犯罪的一般预防，也有利于对犯罪的特殊预防。尤其是后者的功能可能要大于前者。但犯罪的特殊预防还与对加害人的社区矫正和监督有关。由于刑事案件的影响范围较大，除了当事人之外，还包括当事人的家庭、所在单位及其生活的社区。而且经和解达成协议而被不起诉或被从轻处罚的犯罪行为实施者还将面临回归家庭、单位和社区的现实问题。而刑事和解的过程，实际上就是案件各方利害关系人包括其家庭成员相互沟通和交流的过程。参与这一程序，有利于犯罪行为实施者受到感召、真诚悔过；也有利于被害人加强对加害人一定程度的谅解、消除他们对犯罪行为实施者的敌对情绪。这些都有利于犯罪行为人顺利回归社会，接受社会的帮助、教育和改造。正因为如此，我国很多地方在进行社区矫正的探索。如上海市政法机关提出，对于没有监禁必要的罪犯通过非监禁刑的处理放到社区进行改造，并初步设想了适用非监禁刑的七种对象。①

案例 2 2007 年 11 月 10 日，犯罪嫌疑人刘某（16 岁）在社会青年王某、何某等人唆使下共同实施了故意伤害犯罪，后被公安机关刑拘（随后变更为监视居住）。2008 年 2 月 26 日公安机关将案件移送鹤峰县人民检察院审查起诉，受案后，检察院只用了半个多月就予以审结，于 3 月 18 日提起公诉。开庭审理时，公诉人提出，刘某系未成年人，在共同犯罪中是从犯，具有两项法定从轻或减轻处罚情节；刘某犯罪后能如实供述罪行，又系初犯，具有两项酌定从轻处罚情节。本着教育、感化、挽救的方针和教育为主、惩罚为辅的原则，建议法院对其适用缓刑。4 月 28 日，法院判决完全采纳了上述意见，对刘某以故意伤害罪从轻判处有期徒刑 6 个月，缓刑 1 年。此案的处理使失足少年重返学校学习，顺利回归社会。

（三）有利于恢复被破坏的社会关系

刑事司法对犯罪的惩罚并不是最终目的，相反，它仅仅是一种手段，其根本目标是修复被破坏的社会关系，使之恢复正常，从而创造一个稳定而和谐的社会秩序。犯罪是一种社会行为，它所造成的后果是多方面的。除了直接给被害人带来创伤之外，它还破坏了一定的社会关系，使社会正常的生活之链被打断。因此，刑事司法理应成为构建和谐社会的修复者。恢复性司法强调一个事实，犯罪损害了人与人之间以及社区之间的关系，如果犯罪造成了损害，司法程序就应当修复这种损害。② 刑事和解首先在犯罪方和被害方之间建立了一种对话关系，以犯罪人真诚悔过并主动承担责任为前提，因此，它

---

① 史立梅：《刑事和解：刑事纠纷解决的"第三领域"》，载《政法论坛》2007 年第 6 期。
② 张娅娅：《刑事和解的价值追求与制度构建》，载《法治论丛》2007 年第 6 期。

可以最大可能地消弭双方冲突，从深层次上化解矛盾，并通过社区等有关方面的参与，修复受损的社会关系。

（四）有利于对传统司法模式的改进和完善，探索协商性司法路径

刑事和解强调的是案件各方当事人包括受影响的其他个人或社区成员都可以参与协商对案件的处理过程，因此，它也可以被称为协商性司法。

刑事司法的目的在于恢复正义。正义包括程序正义与实体正义两个方面。在现代法治社会，程序正义又被视为重中之重。程序本身是一个开放的结构。意味着所有主体在程序的导引下共同参与对话、协商沟通，最终达成实体上的公正。协商性司法的要义在于，在维持基本法制底线的框架内，尽可能让不同利益诉求的控辩双方在诉讼过程中有更多的发言权、相互之间减少不必要的对抗而增加更多的对话与合作机会，力争把多元化的价值目标都吸纳到程序之中。此时，传统司法所追求的罪刑法定、无罪推定等原则就不再是司法的唯一价值，而是多种价值并存。达成共识性的解决方案成为基本驱动，妥协的正义由此而生。①

协商性司法有助于构建社会协作型的刑事司法体系，更好地实现刑罚的多元价值。"现代社会的刑法应是具有人性底蕴的，公正、谦抑、人道是现代刑法的三大价值目标，也是构成刑法的三大支点。"② 此时，刑事诉讼中的刑事执法人员不再是追究、裁判刑事责任和执行处罚的唯一主体，社会基层组织等社会力量和利害关系人也可以成为协助司法的人员，享有一定的权利，承担一定的责任。协作型刑事司法是对犯罪控制司法模式的超越，在承认对抗性的同时，把对抗性限制在一定的范围之内，致力于增进和谐；在承认执法机关的权威的同时，把强制性执法的范围限制在一定的范围之内，尽可能地发挥社会力量的作用。③

四、刑事和解制度的完善对策

目前刑事和解在我国主要体现为一种刑事司法政策，相关的法律规定不多。直接对刑事和解作出明文规定的是《刑事诉讼法》第 172 条："人民法院对自诉案件，可以进行调解；自诉人在宣告判决前，可以同被告人自行和解或者撤回自诉。"而此处的刑事和解与司法实践中所谓的刑事和解显然又是不同的所指。司法实践中的刑事和解更多的是指公诉案件中和解不诉。即《刑事诉讼法》第 142 条第 2 款规定的情形："对于犯罪情节轻微，依照刑法规定不需要判处刑罚或者免除刑罚的，人民检察院可以作出不起诉决定。"从上述法条上看，第 172 条只规定了自诉案件的和解而非公诉案件，但我们讨

---

① 马明亮：《正义的妥协——协商性司法在中国的兴起》，http://www.studa.net/faxuelilun/060525/09060340.html，2009 年 2 月 27 日访问。
② 陈兴良：《刑法哲学》，中国政法大学出版社 1997 年版，第 10 页。
③ 谢鹏程：《刑事和解的理念与程序设计》，载《人民检察》2006 年第 7 期。

论的刑事和解是指公诉案件的和解；第142条第2款规定的是酌定不起诉的条件，没有明确规定是否可以适用和解。基于司法实践的需要，我国应在刑事和解的地位、刑事和解适用的前提条件、和解的主体、被害人对诉讼权利的处分、暂缓起诉制度等方面作出明确规定。

（一）将刑事和解制度确立为刑事诉讼的一项基本原则，并对和解案件的适用条件等作出明确规定

"关注民生的公诉模式"探索出了一套自己的办案流程：（1）内勤受案登记作基本分类；（2）科长决定适用"关注民生"模式分派案件；（3）承办人提出办案方案；（4）科长提交"预审"小组研究；（5）承办人督促、协助解决案件中的相关问题，如与村委会等基础组织衔接联系、听取有关意见等，完成相关办案工作；（6）提交检委会研究决定；（7）宣布处理结果；（8）回访、总结、建立案件备考档案。这一模式是检察官们长期探索、勇于创新的结果，也符合本院实际。但目前由于国家对刑事和解程序没有统一的规范要求，对哪些案件适用和解、如何进行和解、和解协议的法律效果等都无明确规定。加上和解案件本身工作量大，协调困难，作出不起诉处理后双方当事人可能出现反复，存在一定风险，所以承办人存在畏难情绪，对该项工作能否持续开展提出了严峻挑战。这就难免造成实践中的随意性。加之刑事和解需要检察官的能力、智慧以及耐心，有的检察官可能觉得刑事和解还不如一般程序简单，因此多一事不如少一事，本应和解的案件却没有用和解来解决。如果在《刑事诉讼法》明确将刑事和解确立为刑事诉讼的一项基本原则，则可克服这种人为的懈惰。

（二）在和解主体上引入第三方调解机构，注重发挥基层调解组织的作用

目前鹤峰县人民检察院在刑事和解中有成为刑事和解的主持者的趋势，这一做法是有待商榷的。应充分发挥人民调解制度和基层群众组织的作用。我国《宪法》规定了人民调解委员会具有调解民间纠纷、协助维护社会治安的职能。《宪法》第111条第2款规定："居民委员会、村民委员会设人民调解、治安保卫、公共卫生等委员会，办理本居住地区的公共事务和公益事业，调解民间纠纷，协助维护社会治安，并且向人民政府反映群众的意见、要求和提出建议。"此外，最高人民法院、司法部《关于进一步加强新时期人民调解工作的意见》强调进一步发挥人民调解在稳定社会、化解矛盾方面的积极作用。这些都为人民调解委员会参与刑事和解工作提供了依据。笔者认为，可采取正式制度与非正式制度相结合，即正式的调解机构与非正式的民间人士相结合的方式。一方面建立正式的中立的第三方调解机构，可以城市的社区和农村的村委会为主；另一方面也可吸纳一些有威望的民间人士包括双方都能接受的亲戚朋友等。检察机关要做的主要是审查当事人达成的和解协议的效力问题，包括协议的真实性、合法性、可行性等问题。①

---

① 董士昙：《刑事和解模式及其中国式构建》，载《求索》2007年第9期。

（三）赋予被害人任何环节对轻微刑事案件撤回告诉的权利

我国在刑事诉讼上与其他大陆法系国家一样，长期奉行的是国家追诉主义和起诉法定主义。这是基于保护法的安定性、公平性以及法的适用的普遍性之目的。这一制度体现的是国家主导公诉权的观念，在新的历史时期有必要进行反思。其弊端主要体现在两个方面：一是可能造成刑事司法机关不必要的负担；二是可能造成实践中的个案的不公正。① 由于这一制度着力维护的是国家利益，因而在实践中带来的是事实上对被害人权利和利益的忽视。如关于自诉人撤回自诉的权利，目前《刑事诉讼法》只在第 172 条中赋予自诉人可以处分自己的权利的一种情况，即对自诉案件，自诉人在宣告判决前，可以同被告人自行和解或者撤回自诉。在最高人民检察院颁布的《人民检察院刑事诉讼规则》第 351 条规定中，对撤回起诉的条件和主体有明确规定：撤回起诉的条件只能是"发现不存在犯罪事实、犯罪事实并非被告人所为或者不应当追究被告人刑事责任"，同时，撤回起诉的主体只能是检察机关而非当事人。其他案件是否可以由被害人撤诉，法律无明确规定。这就带来实践中的问题。即被害人事实上仅仅对自诉案件具有处分权，而对公诉案件无论是起诉环节或是审判环节，都无任何处分权。这种对被害人权利的剥夺，与当代国际上的刑事司法准则是相违背的。正是基于对国家追诉主义和起诉法定主义的反思，新的刑事诉讼构造理论强调"当事人主义"和"起诉便宜主义"。前者认为，当事人在诉讼程序的启动、终结、审理对象的选择等方面拥有主导权，当事人可以自由处分诉讼标的，即使在起诉之后，经被告人同意，也可以撤回起诉。② 因此，我国也有必要赋予被害人任何环节对轻微刑事案件撤回告诉的权利。

（四）设立暂缓起诉制度

实践中，检察院对和解案件的处理一般分三种情况：一是和解不诉；二是退回公安机关做撤案处理；三是和解起诉。对于第一种情况的不诉制度，目前我国《刑事诉讼法》规定了三种，即绝对不诉、相对不诉和存疑不诉。但这三种都未涵盖暂缓起诉。暂缓起诉是有条件不诉，当被告人在规定的时间内履行了法定义务，检察机关对其作出不起诉处理。该制度可以为检察机关更好地推行刑事和解创造条件，尤其是对未成年人犯罪，可以为他们回归社会提供一个缓冲阶段，同时也可节约司法资源。

（五）将犯罪人的人身危险性作为刑事和解适用的前提之一

人身危险性的基本含义，是指再犯可能性。它包括犯罪人的一贯表现、事后态度等因素，在一定程度上可以影响犯罪构成要件从而对定罪发生作用。体现在立法上，许多犯罪都以"情节严重"、"情节恶劣"作为构成犯罪的条件，而所谓"情节严重"、"情节恶劣"，考虑的主要就是犯罪人的人身危险性。我国刑法对人身危险性主要是从量刑

---

① 樊崇义：《正当法律程序研究》，中国人民公安大学出版社 2005 年版，第 300 页。
② 李心鉴：《刑事诉讼构造论》，中国政法大学出版社 1992 年版，第 88 页。

角度上考虑，而其他环节考虑不多。《刑法》第 61 条规定，对犯罪分子决定刑罚的时候，应当根据犯罪的事实、犯罪的性质、情节和对于社会的危害程度，依照本法的有关规定判处。这一规定考虑的主要是刑罪适应的问题，但没有明确提出加害人的人身危险性概念。而在刑事和解案件中，人身危险性是和解适用的前提之一。如前述鹤峰县人民检察院在刑事和解的适用条件中，就明确将犯罪嫌疑人的主观恶性、人身危险性等作为重要因素。因此，有必要考虑在《刑法》第 61 条中将人身危险性作为对犯罪人适用刑罚的重要因素，这样可以为刑事和解的适用提供明确的法律理由。

结　语

鹤峰县人民检察院作为一个基层检察机关，在有关刑事和解的适用范围、办案流程等方面进行了大胆和可行的探索，显示了基层检察官们的创新精神。他们推行的"关注民生的公诉模式"具有一定的示范效用。但由于目前相关的立法还不完善，对他们的司法实践带来了一定困难。因此，对现行的法律需要在实体法与程序法上都作出一定的修改，以进一步完善中国特色的刑事和解制度，更好地发挥其在构建和谐社会中的功能与作用。

（作者单位：湖北民族学院财经政法学院　恩施州检察院）

恩施农村民间金融信用法制调查报告

冯营丽　胡　纯　郑先勇

内容提要：恩施土家族苗族自治州是湖北省西部的一个重要地区，其法制的发展关系到整个湖北省的发展，该地区的农村民间金融是在地域优势、人缘优势的基础上建立的，自其发展之日起，就有着比正规金融更突出的特点——信用。但是随着恩施农村民间金融大幅度的增加，这一优势淡化，而且信用指数严重下降。为了使恩施农村民间金融健康的发展，本文旨在阐述其信用出现的问题，通过分析，以建立良好的法律制度来提高和完善其农村民间金融的信用制度，从而完善恩施土家族苗族自治州的法制。

关键词：农村民间金融；信用；高利率；担保；恩施土家族苗族自治州

湖北省恩施土家族苗族自治州（以下简称恩施）的农村民间金融组织最初是建立在组织间彼此信任的基础上，在自治州的农村民间金融组织中较少有规范形式的合同，更多的是形成自我执行的默契（或者可称之为隐性合同）。但是，也有相当一部分活动失去信用这一原始的特点，或者信用活动不规范。随着组织规模的扩大、参与人数的增加，恩施民间金融的借贷活动信息不对称问题日益严重。由于缺乏对每笔贷款贷前、贷中、贷后严格的调查与监督，在贷款者对借款者的信誉及贷款用途难以知晓及控制时，农村民间金融风险便会加剧。

一、恩施农村民间金融中出现的信用问题

（一）借贷活动不规范引发的信用问题

恩施的农村民间金融的主要形式是自我执行的契约，既然"契约"规定双方的权利和义务不是当时交割的，存在时滞，那么在这个时滞过程中，即契约的履行前，契约双方当事人的信息要彼此流通。但是在实践中，契约双方往往没有做到将信息完整、准确地传达给对方，也就是信息的不对称，从而引发信用风险。

恩施的民间金融大多基于血缘、地缘、业缘关系，在乡村邻里、亲朋好友等社会小团体的基础上建立起来的，其信用域极其有限。当事人之间一般均未签订书面契约，多是出于口头约定，至多有一张并不规范的"白条"。如果一方（尤其是贷方）信用度下降，就极易使另一方的权益遭到损害，在这一过程中就容易出现风险。20世纪80年代，温州乐清地区的"抬会"风波、2004年福安标会大规模"倒会案"等就是明证。

(二) 高利率与信用风险相互滋生

决定恩施农村民间金融服务业发展的根本因素是信息以及建立在信息基础上的信用。根据信息不对称理论，随着自治州民间金融借贷市场的扩大，借贷者之间的熟悉程度逐步减弱，信息不对称日益严重，而信息不对称将导致我国农村民间金融的信用风险。由于没有相应的约束机制，使得一般的民间金融贷出的款项回收率下降，从而降低了贷款者的实际收益。贷款者在信息不对称的情况下，出于对风险的控制和运营成本的硬约束，不会选择低利率。因为低利率不足以弥补风险损失和较高的操作费用。当资金供给者向新的借款者提供贷款时，就会按照上次的实际收益调整利息，收取较高的利率，但是较高的利率也可能使逆向选择和道德风险问题变得更加严重，进一步增加了贷款者收回贷款的风险。

而相反，也就是这种高利率使得恩施的农民借款者无偿还能力，进而引起更多借款不还的信用问题。所以，信用风险就会有高利率，而高利率也同时会带来信用风险。

(三) 欺诈引发的信用问题

信用欺诈是从一开始就以欺骗为目的的，恩施民间金融中信用欺诈最具代表性的是非法集资。在当前恩施市资本市场中投资品短缺的前提下，信用欺诈者抓住人们投资需求旺盛的机会，通过形式多样的诈骗手段，骗取巨额资金。当然，这也是全国性的信用欺诈，比如说：北京长城机电公司案、无锡邓斌集资案、山西璞真公司案、湖南富民公司案、辽宁新源公司案、山东江大荃馨案、吉林纳士塔案、沈阳万象生物养殖公司案、新疆德隆案、安徽蚌埠私立中学案等。发生时间较近、影响较大的还有 2005 年的湖南长沙的中天行房车俱乐部有限公司涉嫌非法集资 1.715 亿元和吉林新同舟公司涉嫌非法集资 2.24 亿元的两起大案。在我们课题组调查的恩施，也出现了很多基于信用欺诈出现的信用问题。

二、恩施农村民间金融中信用问题的分析

(一) 恩施农村民间金融的借贷活动不规范的分析

借贷活动的不规范和管理的混乱主要是恩施因为民间金融以获利为目的，它只有利用自己的地域优势，才能有效地节约信息成本，非正规的借贷经营会使得单笔金融业务的运作成本比较低，由此就节约了民间金融活动的成本。而规范的借贷活动要求规范的管理手段和运行机制，同时还需要有更多的高素质管理者和员工，这就意味着更高的成本，比较适合于正规的金融借贷活动，对于土生土长的民间金融来说规范的借贷经营管理显得并不迫切。但是，没有规范的借贷活动，自治州的民间金融组织面临的信用风险也是可见的，这不仅使得民间金融组织人员的利益受到损害，而且危及着恩施农村民间金融的发展。

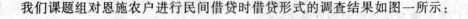

我们课题组对恩施农户进行民间借贷时借贷形式的调查结果如图一所示：

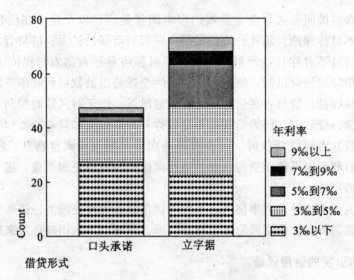

图一　借贷形式与利率

在我国恩施地区，农民进行借贷时，口头承诺借款期限和借贷条件的比例达47%，通过立字据形式的比例达73%，而且在恩施民间金融借贷中，即便是立字据的形式也仅仅是一张没有合法形式、合法内容、合法效率的"白条子"，"白条子"没有强制性的约束效力，字据便仅仅成为了一种形式表达，在恩施的民间金融活动中不能起到有效地监督和事后救济的功能，更不用说比例约为47%的口头承诺的借款方式。口头承诺与"白条子"通常是基于信用而进行，但是在我们调查中却发现，恰恰是这种信用为基础的借贷，导致不规范的民间借贷形式，进而产生了贷而不还，携款逃跑诸如此类的违法事件的发生。

农村民间金融机构没有经过正规引导、培训，基本处于自发、随意运作状态，无规矩难以成方圆，所以需要在立法上对恩施的农村民间金融进行肯定，同时给予其合法的强制性的借贷方式进行规制，使其接待活动规范化、合法化。

（二）恩施农村民间金融高利率的分析

民间金融活动的利率，随着农户和中小企业信用指数、违约时资金供给者遭受损失的程度和正规金融利率的上升而上升。恩施民间金融信息不对称导致高利率，但是利率并不是统一的，它主要是由贷出者根据借贷者的信用度，以及借贷出去可能产生的信用风险决定的。

恩施民间金融的合约关系是关系型合约而非契约型合约。这种合约的特点是在一定范围内（建立在血缘、亲缘、业缘和地缘之上，成本小于民间借贷的预期收益），这种合约的达成和履行具有较低的交易成本，而一旦超出临界点，软性的预算约束下必然导致大量的违约现象发生。随着借贷规模不断扩大，参与人数不断增多，使得借贷双方的信息不对称日益严重，加上信用成本的计算，再加上借贷手续不规范，无据可依，就容易造成各种纠纷。

恩施民间借贷的历史的敏感点就是利率，现在发生争执的焦点也是利率。最高人民法院的司法解释规定，私人之间借贷利率的上浮幅度不得超过同期银行贷款利率的4倍。市场化利率是目前世界各国银行追求的一个目标，民间可以充分发挥其市场导向的优势，甚至可以给银行以示范作用。但是，民间借贷的利率水平与现行银行体系的利率水平存在较大的差异。根据恩施民间信贷调查的结果，民间借贷的利率由借贷双方自行协商、自由浮动、差异明显，其高低与借款人的经济实力、资信状况、关系远近及借款时间、借款区域密切相关。

我们课题组对恩施农户进行民间借贷时年利率的调查结果如图二所示：

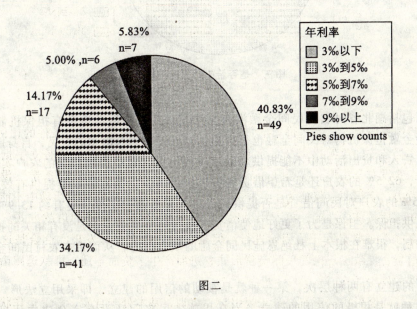

图二

年利率高低档次不等，但是年利率达到9‰以上的比例占到5.83%，年利率达到7‰以上的比例占到10.83%。利率明显高于正规金融部门的利率，因此，恩施民间借贷的利率常常因缺乏规范的管理而导致市场混乱，从而引发信用问题。

（三）恩施农村民间金融中的信用欺诈行为的分析

在恩施农村民间金融中有信用欺诈行为，其实首先是因为恩施农村民间金融没有经过正规的引导，其次是因为：湖北省的甚至是我国的立法不够完善，仅有的非法集资罪不能包含农村民间金融中出现的很多信用欺诈行为，法律对民间金融的规制少之又少，非法集资案虽然处罚很严，但由于集资者资金需要的紧迫，投资者受到高额回报的诱惑，非法集资事件此起彼伏，持续不断。再次，主要是在民间金融活动中，农民很少有对借贷进行担保的，比如，我们课题组对恩施农户民间借贷时是否有担保进行调查的结果如图三所示：

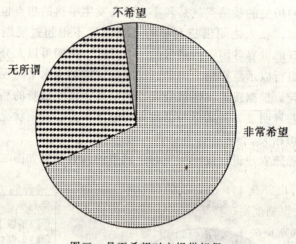

图三　是否希望对方提供担保

　　我国包括湖北省对农村民间金融没有立法，对其借贷活动也没有担保机制进行规范，社会金融担保机构对民间金融也很少提供担保，作为自治州的农民，自身能力的有限性使其贷入和贷出活动中不能提供金融活动的担保，希望提供担保的农户实现不了，如图三中，62.5%的农户还是希望借贷者提供担保的，但是对方很难提供有效的担保；也有23.6%的农户对民间借贷是否提供担保采取无所谓的态度，更有约13.9%的农户不希望提供担保。担保是为了更好地使借贷者履行还贷义务，但是没有相关的担保意识和担保机制，很难在根本上杜绝恩施民间金融的欺诈行为，从而带来农村民间金融的信用问题。

　　信用的建立有两种层次，第一种就是被动的信用的建立，即采用立法形式约束信用；第二种就是积极的信用的建立。当在恩施农民之间还没有完全建立积极地遵守信用的机制时，被动接受信用的要求是必需的。在恩施逐渐走向法治社会阶段时，法律对人们的约束和制止作用是强制性和普遍性的，恩施民间金融没有相应的法律法规进行规制和约束，就给信用欺诈者制造机会和漏洞，进而没有法律的规制使其规避法律的制裁。

三、恩施农村民间金融中信用缺失的对策研究

　　我们课题组在对恩施调查中，当涉及关于农村民间金融需要完善哪些方面时，得出的调查结果如下表显示：

选　　项	选择次数	所占比例
担保	62	20.5%
信用	38	12.5%
国家政策	27	8.9%
中介组织	7	2.3%
其他各项		55.8%
总数	181	100

本题的问卷调查中，其他各项还包括法律意识、纠纷解决、监管等选项，各项总共被选择次数为181次，其中调查问卷111份，有效问卷111份。

从上表中可以看出：在111份有效的问卷中，各种需要完善的方面一共被选择了303次，其中担保法律制度被选择了62次，信用被选择了38次，国家政策选了27次，中介组织选了7次，所以关于我们农村民间金融信用问题的对策中，笔者也主要从以上几个方面进行研究。

（一）制定恩施农村民间金融的法律规范

金融与法永远是密不可分的，恩施的民间融资之所以会有欺骗、诈骗以及信用风险的存在，是因为目前法制环境不够健全。我们需要针对恩施农村民间金融的具体情况制定出成熟的法律规范，把恩施民间组织逐步由"地下"转到"地上"来。这就要对恩施民间金融的组织形式、相关的制度和监管措施实行立法，包括是否纳入存款保险体系或者纳入法定准备金体系等。具体来说，试图让恩施民间金融正规发展应该从法律层面规范、界定一系列相关内容，包括设立准入门槛（规定设立的资格）、运作范围（可以干什么业务，不可以干什么业务）、发生问题后的退出机制、由谁来承担有关债务等。强制性法律的制定，明确民间金融借贷主体之间的权利和义务以及制裁措施，使民间金融活动规范化和合法化，被欺诈者有法可依而诉诸法院，法院有法可依而维持正义，执法机关有法可依而制裁民间金融欺诈者，民间金融法律的制定和实施得以提高其活动的信用程度，减少违法事件。

（二）在恩施引入社会中间层组织

在恩施建立农村民间金融信用补充系统作为社会中间层组织引入机构，该系统包括两个子系统：一是恩施民间金融信用担保系统，组织机构是民间金融担保协会；另一个是恩施民间金融信用保险系统，组织机构是恩施民间金融信用保险公库。恩施民间金融担保协会和民间金融信用保险公库都是社会中间层组织。

当借贷者向恩施民间金融机构申请贷款时可以通过信用担保协会进行担保，然后由恩施信用保险公库对该笔贷款进行保险。这样通过对贷款的担保和保险，降低了对借贷者贷款的风险。当借贷者向恩施民间金融机构申请贷款并同时得到放款，如果借贷者没有合适的抵押或质押合同，恩施民间金融机构在签订贷款协议的同时与信用担保协会签订贷款担保协议。借贷者按照担保合同向信用担保协会支付每年为贷款额1%或低于1%的担保费用。当担保协会批准了担保，而恩施民间金融机构已经发放贷款时，信用保险公库就自动对该笔贷款进行保险，只要担保协会的担保满足保险要求。担保协会向保险公库支付保费，一般保费率为0.5%，如果到期借贷者不能偿还贷款，则有恩施担保协会代替借贷者偿还银行贷款。而恩施保险公库收到担保协会的报告后，审查后会偿还担保协会付给的金额的一定比例，其余金额由担保协会承担。

（三）建立健全恩施社会信用制度

市场经济是信用经济，恩施民间金融是主要依靠血缘、地缘和人缘而形成的关系型信用。信息不对称及由此引起的信用缺失是造成民间金融高利率的主要原因。为了降低利率，自治州政府必须建立健全社会信用体系，主要是自治州个人信用制度和自治州中小企业的信用担保体系。

1. 建立和完善恩施社会个人信用制度

首先，建立自治州个人账户体系，充分利用民间金融机构先进的信息网络传导技术，统一管理个人客户的信息；其次，培育个人信用评估机构，以此实现社会对个人背景信息、保障信息、司法信息、纳税信息的资源共享；再次，建立自治州个人信用评价指标体系，尽快制定我国的个人信用评估标准；最后，加快个人信用制度的立法工作，尽快出台有关恩施个人信用制度的法律法规，使个人信用的登记、评估使用符合法定的程序。通过个人信用制度的建立为民间金融信用扩张，特别使民间金融的信用贷款的发放提供良好的外部条件。

2. 改善恩施中小企业信用担保体系

其一，在恩施政府的引导下，从各方面扩充信用担保基金。政府预算中要为信用担保安排部分补偿资金，建立紧急担保补偿机制：采取税收优惠等政策吸引社会资本入股信用担保机构；担保机构要实现商业化运作与服务相结合的方式，逐步积累资金，实现滚动发展。其二，加强恩施信用担保机构与各民间金融机构之间的协调合作。实行风险按比例分摊的原则，适当放大担保贷款的比例，发展信用抵押担保。其三，加强型中小企业与担保机构的合作。双方应坚持扶持发展与风险防范相结合的原则，自治州企业应真实汇报企业经营情况和反担保条款，恩施担保机构也要实行事后监控实现有效的风险控制。利用风险投资公司的优势，鼓励风险投资公司发展信用担保，对投保企业进行跟踪监督管理。其四，恩施担保公司要尽量降低担保费用标准，从对被担保企业进行严格审查和加强信用监管上降低担保风险。其五，建立恩施信用管理体系：资信评级作为判断借贷中小企业申请者信用可信度的标准，是赢得民间金融机构信任并获得资金的一种有效手段，也是信用管理体系首先应解决的问题。资信评估的主要作用是通过正确地判断风险、分析风险的相互联系，对其进行管理。为了规范恩施民间金融机构的信息披露，降低信用风险，完善恩施中小企业资信评级制度应采取下列措施：首先，明确资信评级的主体，设立一个直属于中国人民银行恩施支行的职能机构，专门负责恩施中小企业的资信管理，随时在整个信贷登记咨询网络上对中小企业信用状况进行公示。其次，在评级方法上，尽量减少对企业报表的过分依赖，多采用现场调查，随时重点掌握民营企业的融资使用、存贷增减、贷款回笼等情况。最后，民营企业自身也应强化信用意识，重视资信评级通过规范财务、会计工作，努力在间接融资活动中树立守信形象。

（四）建立严格的恩施信息披露制度

恩施的农村民间金融借贷是一个高风险行业，所以，在原有自治州农村民间金融机构正规化的过程中，它们过去是否守法经营、有无损害存款人利益的行为，这些信用表现都是可否进入自治州农村民间金融业借贷的重要条件，也就是说在市场准入制度的标准中引进信用标准。因此，建立恩施农村民间金融业的市场信息披露制度是十分必要的。而且自治州民间金融机构能否合法经营，是否有损害相关利益当事人的行为，是否潜伏着金融风险，需要严格的信息披露制度，以保证监管部门对其进行监管。信息披露制度的建立是恩施农村民间金融机构、降低信用风险的重要制度保障。恩施民间金融机构也应该建立包括企业法人、个体工商户、私营企业、合伙制企业、自然人在内的信用管理数据库，从而更好地管理其信贷业务。引导恩施民间金融规范发展，就是要改善恩施民间金融发展的法制环境，帮助大量客观存在的、地下的民间金融走出灰色地带，承认其合法地位，建立监测体系、监管体系加以规范。为富裕的民间资本导向引路，切实加强和改善对小企业的金融服务。

结　语

湖北省恩施农村民间金融是基于当事人之间的人情关系、血缘关系等非正式规则和制度发展起来的，正是有了信用这一特征，湖北省恩施农村民间金融才得以发展和成长起来，在这种信用为主导的民间金融交易中，一旦舍弃这种已经存在的特殊信用关系，那么湖北省恩施农村民间金融的发展将会受到抑制，甚至走入歧途而失去其本意，所以，我们应当通过法律的手段将农村民间金融合法化，并制定相关法律措施，保证其信用特征的稳固，同时在制度层面对引发信用问题的高利率以及不规范的借贷活动和借贷双方信息不对称等问题进行规制，并找出解决方案，从而促使其发展，推动整个湖北省经济的发展。

（作者单位：华中农业大学文法学院）

"小产权房"案件及相关问题调研报告

荆门市中级人民法院课题组

内容提要：本课题对当前荆门市法院处理小产权房纠纷案件的特点、原因、存在的问题进行了调研分析，提出了处理该类案件的对策及建议，希望对法院审理此类案件以及相关部门确定立法、行政、司法对策有所裨益。

关键词：小产权房；纠纷案件；司法

近几年来，随着我国城镇化建设的推进及房地产市场的蓬勃发展，"小产权房"也相伴而生，并逐步占据某些特定市场。但是，由于其特殊的"身世"，导致了其转让的局限性及所涉法律关系的复杂性，引发了不少社会矛盾纠纷。据统计，荆门市两级法院近年受理的涉小产权房纠纷案件呈波动上升态势，审理难度不断加大。荆门市法院一直把正确处理"小产权房"纠纷案件、维护社会和谐稳定及促进房地产市场的健康发展作为一项重要工作，常抓不懈。为进一步做好此类案件的审理工作，依法妥善处理小产权房纠纷案件，及时上报和解决有关的棘手问题，我院成立了专题调研课题组，向有关部门、单位发放问卷调查提纲，走访了国土、规划、房管及其他行政主管部门，调查了解了荆门市的房屋建设审批、产权登记和部分不完全产权房屋未完全确权的情况，同时在法院系统内部对审理此类案件的相关情况进行了调研。

一、调研对象的界定

"小产权房"，严格意义上看，并非法律术语，其只是作为一种社会现象被指称。产权概念本是经济学的范畴，其含义又人言人殊，其范围可狭可广。所以，在何种意义上使用该词，显得非常重要。本文所称的"房产权"主要指特定主体对房屋享有的所有权，属于物权的一种。从现有使用"小产权房"的不同语境看，该词汇有以下几种意义：一是指在农村集体所有的土地上建造的房屋；二是指在农村建设用地上建造的房屋；三是在农村集体建设用地上由乡（镇）政府或村委会单独开发或联合房地产开发企业联合开发建设，并由乡（镇）政府或村委会制作房屋权属证书或者没有房屋权属证书的房屋。

我国实行严格的土地用途管理制度，土地被分为农用地、建设用地和未利用地三部分，农村小产权房只能是在农村集体的建设用地上建设的房屋。① 集体建设用地是指非农

---

① 如果在农村的农用地上建设房屋，将被作为违法建筑而拆除，在农用地上建造的房屋不属于本次调研所讨论的小产权房的范围。

业目的的土地，主要包括宅基地，乡镇村企业用地，乡镇、村公益事业用地及乡镇、村公共设施用地。① 据此，农村小产权房的表现形态主要有三种：一是在农村村民宅基地上建造的农户自住房屋，简称农户自住房；二是在乡村企业及其他单位建设用地上为了集体利益或进行经营性开发而建造的房屋，简称乡村企事业单位用房②；三是在农村城市化过程中成片开发的用于农民自住并在一定程度上对外销售的楼房，简称农村楼宇型住宅。这三类房屋虽然用途有所不同，但其本质特征为均因其所占的集体土地使用权不得转让，也没有政府房屋管理部门核发的房屋产权证，从而不能进入房屋买卖市场进行自由流通③。

本次调研所指称的"小产权房"为农民个人、乡村企业单位、乡村集体经济组织及其联建的房地产开发企业在农村（包括城中村）宅基地或农村建设用地上，在未交纳土地出让金和各种税费的情况下建设，亦未获颁相关权属证书的房屋。

二、荆门市小产权房发展现状

荆门市的"小产权房"诞生于 20 世纪 90 年代末，伴随荆门市城镇化建设进程的迅速推进及房价的急速攀升，小产权房的客观市场需求也呈逐步增长态势。由于已建、在建的小产权房分散而隐秘，其总量很难统计，加之小产权房的交易也未经备案程序，其实际占荆门市住房交易总量的比例也很难统计。据业内人士估计，该比例应在 20% 左右。

荆门市的小产权房多以自用住宅的改扩建、城中村改造、旧城改造、合村并镇、新农村建设、合作联建等多种途径和形式建设。从调查的情况看，荆门市已建成的小产权房大多数没有"两权证"（既无房屋所有权证又无集体土地使用权证，少量房屋有宅基地使用权证），也未办理相关报建手续。从交易价格看，荆门市小产权房的价格一般在每 m^2 800 ~ 1300 元，仅为同样位置商品房价格的 30%；从分布区域看，多集中在"三区"（东宝区、掇刀区及高新区）及各县市行政中心所在中心镇或街道办事处，各乡镇及其所辖行政村亦有零星分布；从实际购买主体看，主要以中低收入者和非本集体经济组织成员为主，包括外来务工人员、进城做小本生意的农民、企事业单位下岗职工、普通工薪阶层及少量投资者；从买卖手续看，均未办理土地使用权证、房屋所有权证，没有缴纳买卖契税，没有在国土房管部门登记备案，买卖双方大多仅有一纸"购房协议（合同）"，在法律上得不到国家的认可；从物业管理看，大多小产权房均无专门物业管理机构，相关配套设施缺失，业主的生活环境水平较低。

荆门市的小产权房除具备一般的物权属性之外，还有其自身特殊性：一是房屋所有权人的身份特殊，一般是该房屋所在地农村（包括城中村）集体经济组织的成员；二是该房屋所占用土地的无偿性、限制性，宅基地及农村建设用地多通过限额审批无偿取得，该类型土地使用权不得任意转让；三是房屋的限制流通性，该类型房屋一般只能转让给与出让人属于同一集体经济组织的村民，且受让人一般应是无房户或房屋不足的居住者。

---

① 王卫国：《中国土地权利研究》，中国政法大学出版社 1997 年版，第 117 页。

② 洪学军主编：《房地产法原理精要与实务指南》，人民法院出版社 2008 年版，第 52 页。

③ 参见我国《土地管理法》第 43 条、第 63 条。

　　课题组分析认为，目前处于灰色地带的小产权房客观上存在如下有利因素：一是有利于加速城乡一体化进程，小产权房冲破了现有的农村土地制度的桎梏，有利于城乡融合和城镇化进程的推进；二是小产权房的上市客观上增加了市场低价房源的供应量，有利于平抑房价；三是有利于解决中低收入者的住房问题；四是有利于增加农民的土地收益，使农民能够分享自己宅基地和房屋出让所获得的收益，从而缩小城乡收入差距；五是为我国农村土地流转提供了一种新的探索模式，并为最终解决我国既存的城乡土地二元结构提供试验经验与教训。当然，小产权房所存在的弊端与问题也是显而易见的，主要表现在：一是小产权房的建设及流转诱发了诸多社会矛盾，比如易引发相邻关系纠纷、建设工程合同纠纷、买卖合同纠纷、财产继承纠纷、征地拆迁纠纷等；二是造成大量土地隐形交易，严重影响土地利用总体规划，易导致土地资源的浪费；三是由于小产权房处于法律灰色地带，相关利益主体的合法权益得不到有效保障，从而诱发一系列不稳定的社会因素；四是造成国家大量规费流失，使得国家、集体利益受损；五是低价的小产权房涌入市场，造成了不公平竞争，从长远来看不利于房地产市场的健康、有序、持续发展。

三、荆门市审理涉"小产权房"纠纷案件的基本情况

（一）受案规模

　　据统计，2005 年 1 月至 2009 年 12 月期间，荆门市两级法院共受理涉及小产权房纠纷的案件合计 346 件，结案 346 件。其中民事案件总计 257 件（其中一审 173 件，二审 84 件），2005 年受理该类民事案件 35 件，2009 年受理 57 件，较 2005 年的受案数增长了62.9%；共受理涉及小产权房的行政案件 65 件，2005 年受理 6 件，2009 年受理 19 件，较2005 年的受案数增长了 217%；共受理涉及"小产权房"的刑事案件 24 件，2005 年受理2 件，2009 年受案数为 7 件，是 2005 年受理案件数的 3.5 倍。详情见图一。

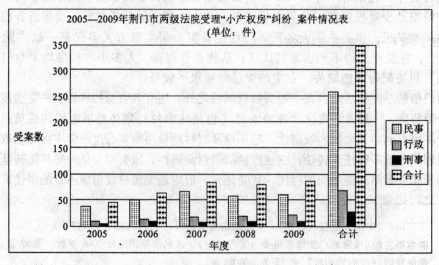

图一

（二）案件类型

1. 以涉案小产权房的类型划分：（1）农村村民在自己通过审批获得的宅基地上建造的自住房屋，简称农户自住房，该类型小产权房纠纷案件约占小产权房纠纷案件总数的35%；（2）在乡村企业及其他单位建设用地上为了集体利益或进行经营性开发而建造的房屋，简称乡村企事业单位用房，该类型小产权房纠纷案件约占小产权房纠纷案件总数的17%；（3）城市化过程中，农村集体经济组织以建设新农村名义与房地产开发商以联建的形式成片开发的用于农民自住并在一定程度上对外销售的楼房，简称农村楼宇型住房，该类型小产权房纠纷案件约占小产权房纠纷案件总数的41%；（4）其他类型的小产权房纠纷案件约占小产权房纠纷案件总数的7%。详情参见图二。

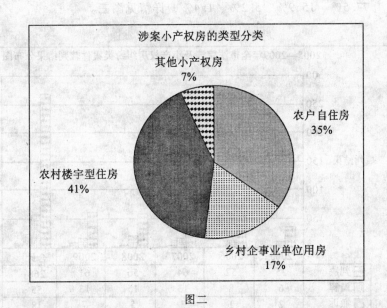

图二

2. 以小产权房纠纷所涉及的法律关系划分：（1）在小产权房的建设、买卖、继承、分割以及赠与等环节所产生的民事纠纷类案件，占涉及小产权房纠纷案件总数的74.3%；（2）由于小产权房的确权、过户、征收、拆迁环节所发生的行政案件，占涉及小产权房纠纷案件总数的18.8%；（3）在小产权房的流转、拆迁及执行过程中所产生的矛盾冲突比较激烈的合同诈骗、暴力抗法、故意伤害类刑事案件，占涉及小产权房纠纷案件总数的6.9%（4）在小产权房纠纷进入司法诉讼程序后，基于复杂法律关系的交叉而发生的民事、行政交叉类案件，约占民事、行政案件总数的8.7%。

3. 以案由划分：民事类小产权房纠纷案件涉及案由较多，由于小产权房本身的特殊性，在其建设、流转的各个环节均易引发民事纠纷，主要涉及：建设工程施工合同纠纷、工程款结算纠纷、相邻关系纠纷、房屋买卖合同纠纷、担保合同纠纷、返还原物纠纷、房屋租赁合同纠纷、继承纠纷、遗赠纠纷、拆迁补偿纠纷等；行政类小产权房纠纷主要发生在小产权房的建设者、受让者、使用者与国土、规划、房屋管理行政机关之间，一般涉及土地确权纠纷、房屋登记纠纷、规划纠纷、拆迁补偿纠纷以及行政机关作为申请人申请法院强制执行类案件；涉及小产权房的刑事案件一般包括涉嫌合同诈骗罪、妨害公务罪、故意伤害罪、伪造国家机关公文罪等案件。

（三）案件的处理情况

2005 年至 2009 年，荆门市两级法院共审结涉及小产权房纠纷类案件合计 346 件（含民事、行政、刑事类案件），其中一审结案 232 件，二审结案 114 件。在所审结的案件中，判决结案 268 件，调解 55 件，撤诉 18 件，其他方式结案 5 件，分别占结案总数的百分比为 77.5%、15.9%、5.2%、1.4%，详情见图三。

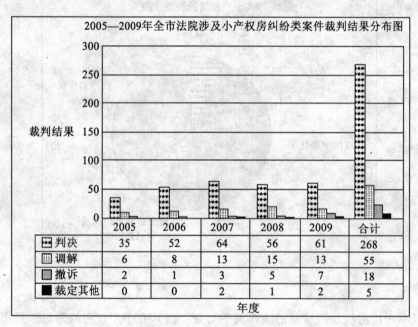

图三

（四）案件呈现的特点

1. 受案数量呈波动上升趋势。荆门市两级法院 2005 年共受理涉及小产权房纠纷类案件 43 件；2006 年受理 61 件，较 2005 年增长了 41.9%；2007 年受理 82 件，较 2006 年增长了 34.4%；2008 年受理 77 件，较 2007 年减少了 6.1%；2009 年受理 83 件，较 2008 年增长了 7.8%。详情参见图四。

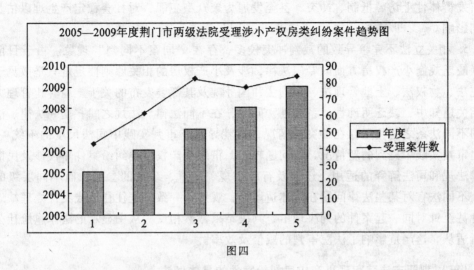

图四

2. 涉小产权房纠纷案件诉讼主体、法律关系复杂，案件处理难度大，判决率高、调撤率低。由于城乡多种形式的土地制度、经济结构及多元化的小产权房买卖主体，小产权房纠纷所涉及的诉讼主体及法律关系愈加复杂。荆门市审结的涉小产权房纠纷案件中诉讼当事人一方主体达 3 个以上的案件占此类案件总量的 23.7%，当事人之间对抗情绪强烈，利益冲突剧烈。当前，易涉小产权房纠纷的环节众多，当事人诉求形式多样，案件背景复杂，这就导致了此类案件涉及法律关系复杂，往往涉及民事、行政及刑事等多重法律关系的交叉。法院在审理案件过程中，案件事实认定难、法律关系复杂，需要综合法律、政策、习惯等多重因素方能判决，如处理不当易激化矛盾，危及社会稳定，法院审判案件难度极大，从已审结的该类案件看，调解、撤诉率约为 20%，较其他类型案件调撤率较低。

3. 涉小产权房合同纠纷类案件占有相当大的比例。荆门市法院审理的涉小产权房纠纷案件中，合同纠纷类案件占总受案数的 75% 以上，审判实践中，判决以认定小产权房买卖合同有效为原则，以认定无效为例外。2005—2009 年在判决的 187 件民事案件中，认定合同有效的案件为 156 件，占判决案件总数的 83.4%，认定合同无效的案件为 31 件，占判决案件总数的 16.6%。该部分案件认定有效的原因，一是部分城镇居民在购买小产权房后依法进行了登记和产权变更手续；二是出卖方已经转为城镇居民；三是法院认定买卖行为发生的时间较长，购买方已经在农村长时间居住（最长的达 10 年以上），且房屋已经翻盖或者改扩建，从保障当事人居住权和稳定社会关系的角度认定流转合同效。其中第三方面的原因也正被越来越多的当事人所接受。

4. 涉小产权房纠纷案件易引发群体性事件。由于小产权房作为一种社会现象存在，具有一定的社会共性，涉及同类人群较多，且该类纠纷标的物关涉当事人的安身立命之所，社会关注度高，加之案件往往涉及农民利益，而"三农"问题又是党和国家工作的重中之重，政治敏感度极强，这一切就决定了此类案件影响面之广，如果处理不好极易引发群体性上访、抵制、冲突，甚至发展为聚众型犯罪，对社会稳定产生难以估量的不利影响。

5. 相关立法不完善导致的裁判冲突较多，存在"同案不同判"现象。由于目前我国尚缺乏规制小产权房方面的专门法律，涉及小产权房的相关原则性规定只是散见于我国宪法、物权法、土地管理法、合同法和国务院及其部委发布的关于土地转让管理方面的相关通知中，缺乏明确性、系统性。同时，在不同法律、法规之间，同一法律、法规内的不同法条之间甚至存在冲突的情况，这就导致了审判实践中司法尺度的不统一，① 加之审判实践中碰到的新情况、新问题较多，审理小产权房类纠纷案件不仅涉及民商事法律法规和司法解释的适用，还涉及行政法规、规章、政策的参照，而不同层级的法院、不同法官对某些法律问题在具体适用上，观点不一致，这往往造成案件处理缺乏统一性甚至针对同一起案件的判决理由、判决结果截然相反，从中显示的法律尴尬让公众无所适从，这严重影响了法院审判的威信及效率。

（五）荆门市法院审理小产权房纠纷案件的具体做法

1. 注重专业化审理，在归口的民事庭成立相对固定的涉小产权房纠纷案件合议庭。为更好地适应小产权房纠纷案件的特殊性及类型化需要，提高审判效率，近年来，荆门市两级法院分别在归口的民事庭成立了相对固定的"小产权纠纷案件合议庭"，加强对小产权房纠纷案件的专业化审理，组成审判经验较为丰富及法学理论功底较为深厚的法官专门审理此类案件，坚持定期学习及对外交流，积极积累审判经验，总结研究相关个性问题。

2. 注重审判效率，初步建立诉裁、诉调对接机制。审判实践中，强化立案审查功能，侧重诉前调解疏导，对于进入立案阶段可能通过土地仲裁、合同仲裁或人民调解委员会解决的小产权房纠纷，积极与相关仲裁机构及人民调解委员会沟通协调，并做好当事人的工作，使案件分流到其他仲裁或调解机构。这样不仅减少了法院审判压力，同时也发挥了专业机构的专长，便于纠纷的解决。对复杂或群体性小产权房纠纷，两级法院始终保持与相关仲裁、调解机构沟通交流，并进行不定期探讨，通过双向互动促进了审判质量的提高。

3. 注重借助外力，强化与相关行政部门的联动与沟通。小产权房问题，不仅是法律问题，还是影响稳定的社会问题，小产权房问题的解决单一依靠法律是无法解决的。审判实践中，荆门市法院以归口民事庭为核心，与辖区内的规划、国土、房管、税务、宣传等部门及基层组织之间建立联动机制，充分发挥审判职能辐射作用，利用各主管部门的管理职能，形成工作合力。具体做到纠纷诉前调处指导，专题案件召开问题讨论会，诉中联动调解、适时召开联席会议，积极向联动单位提出专项司法建议，规范行政行为。这一工作机制，扩充了化解纠纷的资源，预防纠纷的发生，化解纠纷，减轻了审

---

① 同类案件，由于援引不同法律，甚至援引同一部法律的法条，如《土地管理法》第 62 条或第 63 条，判决结果截然不同。

判工作压力，从而最终实现经济发展、社会和谐。

4. 注重和谐审判，以服判息诉为重点，强化判后答疑工作。司法的公信力与权威来源于司法的公正，司法裁判能否得到社会认同，是对法院审理案件的主要评价标准。遇到当事人对法院的裁判不理解，就裁判文书中事实的认定及法律的适用等问题提出疑问时，荆门市法院明确了由承办法官当场解答，促使当事人服判息诉，减少了涉诉上访。在开展判后答疑工作中，我们要求法官力求做到有问必答，充分、细致、耐心地解释，让当事人了解裁判的理由和意图，使当事人了解法律、理解法院工作，取得了较好的社会效果。

四、小产权房纠纷案件产生的原因分析

（一）城乡土地二元结构

调研组分析认为，小产权房产生的根本原因在于目前我国的土地资源被分为国家所有的土地和集体所有的土地，二者的区别在于国家所有的土地可以依法流转，尤其是商品房建设用地更在流转中突显其价值；而农村集体所有的土地则不能流转，只有经过国家征收将其转变为国家所有，性质改变后才能流转。虽然我国《宪法》、《民法通则》、《土地管理法》早已明确农民集体是集体土地的所有权人，但是，即使是《物权法》也没有改变集体土地所有权的权利主体及权利内容不圆满的状况，宅基地使用权及其之上的房屋所有权与城市的商品房便存在区别。当前，集体土地流转受到严格限制，其进入市场的合法途径只能是通过政府征收来转变土地的性质，而在转变的过程中，部分地方政府没有严格遵守"公共利益"的界限，通过低价征收土地，再高价出售给开发商，获得了巨额利益。同时，农民集体的土地处分权受到一定的限制。正是基于这种状况，导致一些农民及农村集体经济组织通过建设小产权房对外转让、租赁、抵押等途径以获取土地财产性收益，随之也产生了一系列涉小产权房类纠纷。

（二）城镇化建设进程的推进，客观上刺激了小产权房的供给与需求

随着农村经济的发展和城镇化步伐的加快，大量农民涌入城市，他们打算卖掉农村的房屋，而部分城镇居民则向往农村田园式的生活，他们打算在农村买房，在这种供需的双重刺激下，小产权房交易日渐增多。与此同时，存在基层政府或集体经济组织片面追求城镇化速度，但又受县、乡镇财力所限，基层政府便利用集体土地建造部分商品房对外出售，获得资金；有的直接"空手套狼"，给予开发商售楼权，不支出分文便修建了农民新居。有些乡镇为了尽快建起小集镇，划定一定的集体土地，给出许多优惠政策，动员社会各方面人士前来投资办厂、居家生活，有的地方出售土地让投资方自己修建，有的地方多建房屋后对外出售，这就导致了小产权房总量逐步增加。

（三）不断攀高的房价以及农村房屋征用、拆迁补偿所带来利益而产生多方利益博弈，易诱发小产权房纠纷

在该类型合同纠纷案件中，有 40% 以上案件的诱因都是基于小产权房价格上涨，或小产权房被征用带来巨额拆迁补偿，巨大的利益与卖房人所得的卖房款之间形成了强烈反差，令卖房人方设法收回房屋。在遭到房屋的买受人拒绝后，便向法院起诉，要求确认房屋买卖合同无效，并要求买受人返还房屋。出卖人所提的理由除违反法律、法规的规定外，还以未经其他权利人同意而擅自处分，或者自己出卖房屋后无房居住等为由。

（四）相关法律、政策的不完善

目前针对小产权房的开发建设、流转及善后处理阶段的法规、政策缺乏稳定性、系统性，相关规范间存在冲突。禁止小产权房交易的主要依据是国务院办公厅 1999 年发布的《关于加强土地转让管理严禁炒卖土地的通知》中"农民的住宅不得向城市居民出售"和 2007 年 12 月 11 日国务院常务会议的禁令。但我国宪法修正案和《土地管理法》都规定：国有土地和集体所有的土地的使用权可以依法转让。土地使用权转让的具体办法，由国务院另行规定。可见宪法和法律是准许集体土地使用权依法转让的，法律授权国务院就集体土地使用权转让的具体办法作出规定。2004 年 10 月 21 日国务院颁布的《关于深化改革严格土地管理的决定》也明确规定："在符合规划的前提下，村庄、集镇、建制镇中的农民集体所有建设用地使用权可以依法流转。"显然，这中间有许多法律空白、缺陷和规范冲突，而法律对公民、法人和其他组织而言"法不禁止即可为之"，这也正是面对小产权房，执法、司法部门陷入无奈的尴尬处境的原因。① 目前，有关小产权房流转的法律法规存在严重的空白和滞后是造成小产权房转让纠纷不断的主要原因，也正是因为这个原因，法院在审理此类案件时也存在着截然不同的做法，这就造成了同种纠纷在不同法院遭遇区别对待，从而破坏了法院审理案件的公平性和严肃性，有损法律的威严。

（五）有些行政职能部门监管缺位，行政执法手段缺乏刚性且各行其是

城镇居民购买小产权房，这一现象早在几年前就已出现，有关职能部门也是知情的，有的小产权房实际上是基层乡镇组织在直接出售。对这一现象政府有关部门往往只是睁只眼，闭只眼，没有采取有力措施加以制止。但是近几年，由于房价急速攀升，在人们的购房压力日益增加的情况下，小产权房迅速发展起来，成为全国性的社会问题，这已引起政府的高度关注。同时，针对小产权房的监管涉及多个行政执法部门，这容易形成大家"都有权管，但都不认真管"的局面，有的监管部门在查处小产权房问题时存在推诿现象，执法手段不硬，导致小产权房也越建越多。

---

① 《法律缺陷是小产权房的直接制造者》，载《竞报》，2007 年 6 月 28 日。

（六）法制宣传力度有待加大，部分群众法制意识较淡薄

调研发现，部分小产权房购买者对潜在的风险是知道的，但面对低价格，铤而走险，存在法不责众的心理。实践中，也有部分群众对国家针对小产权房的法律、政策却知之甚少，法律意识不强，其权益易受侵害。在当前法制弱化的大背景下，开发商受高额利润驱动，顶风上项目，甚至付出巨额腐败成本也在所不惜。

五、当前审理小产权房纠纷案件需要注意的几个问题

（一）小产权房流转①合同效力的认定问题

关于小产权房流转合同效力的认定问题，目前理论界与实务界均无统一认定标准。司法实践中各地、各级法院不同时期掌握的标准也不同，给法官适用法律造成极大困惑。综合起来，大体上有以下三种不同观点：

1. 合同无效，理由主要来自于我国现行《土地管理法》、《物权法》及国务院发布的有关政策性文件，认为目前我国法律、法规明确禁止小产权房所占用土地的转让。第一，根据《土地管理法》第62条及其他相关条款的规定，农村和城市郊区土地属于农民集体所有，农村宅基地使用权的取得有着严格的身份限制，即只有具备集体经济组织成员的身份，才可以依法取得并享有宅基地使用权，且宅基地的分配实行一户一宅制。同时，根据房地一体的原则，当宅基地上所建房屋被转让，该土地的使用权也随之一并被流转，如果允许农村房屋出售给集体经济组织以外的人，将导致宅基地使用权主体的扩大，不具备宅基地使用权资格的人反而成为了宅基地的直接使用者，这与《土地管理法》的规定显然是矛盾的。该法第63条明文规定："农民集体所有的土地使用权不得出让、转让或者出租用与非农业建设。"该禁止性规定对农村集体土地使用权的流转做了严格的限制，这样看来，农村土地的所有权在集体，使用权仅限于村民，农民建设小产权房实质上改变了土地用途，该种行为被法律所禁止，流转合同自始无效。第二，根据《物权法》的规定，部分小产权房所涉宅基地使用权属于用益物权，而用益物权是一种不完整和受限制的物权，其上所盖房屋自然也不具有完整的所有权，不能简单等同于其他具备完全所有权的财产。对于所有权不完整的财产，其流转合同的效力至少也是效力待定的，不能直接认定为有效。第三，国务院办公厅1999年《关于加强土地转让管理严禁炒卖土地通知》第2条第2款规定："农民的住宅不得向城市居民出售，也不得批准城市居民占用农民集体土地建住宅，有关部门不得为违法建筑和购买的住宅发放土地使用证和房产证。"2007年12月30日《国务院办公厅关于严格执行有关农村集体建设用地法律和政策的通知》、2008年中央一号文件《中共中央国务院关于切实加强

---

① 指土地所有权及其四项权能（占有、使用、收益、处分）在不同主体（国家、集体、个人、其他组织）之间的转移或交换。

农业基础设施进一步促进农业发展农民增收的若干意见》都明确表示：城镇居民不得到农村购买宅基地、农民住宅或小产权房。无从获得土地使用证、房产证、契税证等合法手续的房产，其上利益难以获得有效的法律保障，如果放任该类房屋自由流转，不仅会破坏原有的房地产市场的交易秩序，也将引发诸多的社会矛盾，不利于社会的稳定和经济的发展。

2. 合同有效。该观点认为目前我国并未规定小产权房屋不可以买卖，"法无明文禁止即许可"。理由是：其一，源自国务院有关文件及最高法院的司法解释复函精神。1963 年 3 月 20 日中共中央《关于对社员宅基地问题做一些补充规定的通知》第 2 项规定："社员有买卖房屋的权力。房屋出卖后，宅基地的使用权即随之转移给房主，但宅基地所有权仍归集体所有。"这一规定明确了农民享有买卖房屋的权利。房屋出卖后，宅基地的所有权仍归集体所有，但使用权随房屋所有权的转移而归受让方享有。最高人民法院（1992）民他字第 8 号复函中也明确规定："农村房屋买卖应具备书面契约、中人证明等要件，要求办理过户手续的地方还应依法办理该项手续。"这一规定肯定了农村房屋买卖合同原则上不以登记为生效要件，同时也间接肯定了农村宅基地房屋是允许买卖的。其二，《土地管理法》第 62、63 条的规定，从立法本意来分析，其禁止的仅是对宅基地使用权的单独转让，但在宅基地上的房屋所有权发生流转的情况下，该宅基地使用权的附随流转并不禁止。关于小产权房可否流转的问题，从物权①的角度来说也应该是被允许的。物权本质上是一种支配权，是权利人对物的直接支配，具有对抗第三人的效力。而所有权是完全物权，包含占有、使用、收益、处分四项权能，其中处分权是所有权的标志，也是核心权能。权利主体对小产权房本身享有财产性完全物权，其对小产权房享有处分权能自不待言。国务院《关于加强土地转让管理严禁炒卖土地通知》本身的效力在物权法之下，故应以《物权法》为准。其三，认定合同无效，应以《合同法》规定的合同有效要件②为标准，符合合同有效要件的合同则为有效。另外，国务院《关于加强土地转让管理严禁土地炒卖的通知》在形式上既不是法律也不是行政法规，不能作为认定合同无效的根据。

3. 效力待定，允许效力补正。为解决社会效果和法律效果的矛盾，对合同效力的认定分以下几种情形：（1）对于发生在本乡镇范围内的农村经济组织成员之间的小产权房流转，该房屋流转合同认定为有效；（2）对于将房屋出售给本乡镇以外的人员，如果取得有关组织和部门的批准，可以认定合同有效；（3）对于将房屋出售给本乡镇以外的人员，未经有关组织和部门批准，如果合同现实际履行完毕，且购房人已实际居住，使用该房屋的，对合同的效力暂不表态③，承认购房人对房屋的现状以及继续占

---

① 所谓物权，是指权利人依法对特定的物享有直接支配和排他的权利，包括所有权、用益物权和担保物权。

② 《合同法》规定的合同有效要件主要包括四个方面：①合同当事人具有民事权利能力和民事行为能力；②意思表示真实；③合同内容不违反法律、行政法规的强制性规定和社会的公序良俗；④形式上符合法律要求或者规定，有约定的还应当符合约定。

③ 该种观点在法律逻辑上是不严密的，体现在：首先，法院以相关部门的批准作为认定合同效力的前提无法律依据；其次，消极回避合同效力判断缺乏司法实践的可操作性。

有，居住使用该房屋的权利。

调查显示，荆门市已审结的涉小产权房合同类纠纷案件中，认定合同有效的案件占73%，认定合同无效的案件占25%，认定合同效力待定的占2%。荆门市两级法院绝大多数法官的观点是合同有效。他们认为，对合同的效力认定应适用《合同法》的规定，只要该类合同是当事人的真实意思表示，不违反法律和行政法规，不存在《合同法》第44条、第52条规定的无效情形，就对当事人具有法律约束力，当事人就应该履行合同。此外，从维护交易秩序稳定和安全的角度着眼，法院也应认定合同有效。

课题组认为，关于小产权房流转合同效力的认定问题，在审判实践中，应结合个案实际情况来判定合同是否有效，不能一概而论。在审查合同效力时，法院应秉持审慎、严格原则；充分领会《合同法》实施以来在立法上鼓励交易、尊重当事人意思自治、保护交易安全的司法理念；适用法律时应注意《合同法》关于合同效力具有溯及力的问题①，同时严格区分管理性规范与禁止性规范②、严格坚持物权区分原则③来认定合同效力。物权区分原则的基本要求：合同归合同，变动归变动。即合同是否有效与物权变动是否有效是两个不同的概念，前者是债权法效力问题，后者是物权法效力问题；前者是原因，后者是前者履行的结果。合同是否有效，自签订之日就已经确定，而不能通过是否履行反过来决定合同的效力。如果小产权房流转合同签订后，因主观原因（当事人不协助办理）或因客观原因（行政机关不予办理）无法过户，属于不履行合同义务或履行合同不符合约定，只是不发生物权变动的结果，合同效力不因此受到影响。物权区分原则在处理违反禁止性规定的效力判断问题上，要求合同效力与物权效力的判断规则区分适用④。对于小产权房流转合同效力，只能根据法律、行政法规中针对小产权房的债权法强制性规范作出判断，不能根据物权法强制性规范作为合同效力判断依据。相关通知、意见和有关地方性法规对集体土地流通的禁止或限制，根据体系解释论应当理解为系对集体土地的物权法强制性规范，不得作为认定小产权房流转合同效力的依据。

在审判实务中，应注意处理小产权房问题的原则性规定。即遵守法律法规、符合国家政策，以人为本、保护各方当事人基本居住生活条件、有利于社会稳定、促进当地经济发展和改善民生。对于不同用地性质、不同历史时期建成、不同情况的小产权房要区

---

① 《合同法》解释（一）第3条规定："人民法院确认合同效力时，对合同法实施以前成立的合同，适用当时的法律合同无效而适用合同法合同有效的，则适用合同法。"

② 强制性规范区分为管理性规范和效力性规范，具体体现在最高人民法院发布的关于适用《中华人民共和国合同法》若干问题的解释（二）第14条的规定：合同法第52条第（5）项规定的"强制性规定"，是指效力性强制性规定。

③ 所谓物权区分原则，是指把物权变动的原因与物权变动的结果相区分，这一原则现已被《物权法》第15条所吸收。

④ 理由是，从强制性规范类型上存在债权法的强制性规范与物权法的强制性规范之分，违反债权法强制性规范将导致当事人意思表示无效的结果，违反物权法的强制性规范只产生不发生物权变动的结果。

别对待，包括考虑到把乡镇企业用地、乡村公共利益设施用地上的小产权房与宅基地上的小产权房区分开，把符合城市规划区内的小产权房与规划区外的区分开。

在审理小产权房买卖纠纷案件中，一般宜按以下方式操作：（1）在本集体经济组织内部成员之间买卖小产权房的，一般可认定其买卖有效，因为该民事行为不违反法律、法规和禁止性规定；（2）对凡是非法占用耕地、不符合土地利用规划而建设的小产权房所进行的流转关系应认定为无效；（3）注意小产权房与其他形式产权房的区别。小产权房与商品房、经济适用房、限价房、廉租房、公有住房等，在产生的原因、产权的性质、使用的范围上有着明显区别，因其流转而产生纠纷也应区别对待。

（二）关于"小产权房"流转合同被认定无效后的后果处理问题

课题组调研发现，法院在认定房屋买卖无效后，容易引发诸多社会问题：

1. 部分农村房屋买受人买房为了自身居住，有的已经将城市房屋变卖，涉案房屋是其唯一的居所，在法院认定合同无效后，需要腾退房屋，而房屋买受人无其他房屋可以居住，不利于社会稳定。

2. 目前，房屋被赋予了很多的社会意义，居住人的财产关系、社会关系对于房屋具有极强的依附性。尤其当前房屋买卖纠纷中，买卖行为大多发生在几年甚至十几年前，经过多年的经营，很多房屋买受人在涉案房屋已经具有较强的认同感，在当地建立了比较稳定的社会关系，一旦判决房屋买卖无效，买受人的稳定的生活状态将发生极大的改变，很多人在感情上难以接受。

3. 买受人占有房屋后，一般会对房屋进行修缮、装修，甚至扩建、翻建，这就涉及对买受人因房屋翻建、扩建、添附等情况下产生的费用进行补偿。在司法实践中，法院往往对翻建、扩建、添附以前的原价难以鉴定，导致确定返还价值困难。

4. 在判决合同无效后，部分卖房人恶意不履行判决结果，造成买方损失扩大。在调研中，发现有15%左右的小产权房流转纠纷案件是由于涉案房屋面临拆迁补偿而起诉要求无效，但判决合同无效后，由于房屋拆迁补偿周期较长，出卖方一直不履行判决确定的返还房款义务，出现了被告方申请强制执行的现象，造成房屋买受方损失的扩大，易激化社会矛盾。

5. 在确认合同无效后，即使给房屋买受方返还当初的房款并给予一定数量的补偿价款，但由于货币贬值和物价上涨等原因，仍然和目前商品房市场的价格相距甚远，房屋买受方无力购买新的房产，自己的货币投资没有产生任何收益。

6. 确认合同无效将使更多的小产权房屋流转行为处于不确定状态，引发新一轮的诉讼，将导致司法资源供不应求。

7. 导致国家宏观调控与意思自治、诚实信用的矛盾。国家禁止城镇居民到农村购房，但这种调控的思路同《合同法》所确定的意思自治原则产生冲突。《合同法》的基本精神是意思自治、诚实信用，农村房屋买卖体现了当事人的意思自治，农村居民有权处理自己的房产，但由于我国"房、地所有权分离"模式使得农民处理自己的房产受到限制。房屋出卖方在违规出卖房屋获得利益后又因房屋增值、拆迁补偿等原因主张合同无效，这种行为无疑是违反了诚实信用原则，其直接的后果是违反诚实信用的人获得了收益，而恪守诚实信用的买房者却蒙受损失。

课题组认为，要处理好上述诸多认定合同无效所带来的问题，在审判实践中处理合同无效的法律后果时，应当结合《合同法》的公平原则和诚信原则来理解第58条之规定，应全面考虑出卖人因土地升值或拆迁、补偿所获利益以及买受人因房屋现值和原买卖价格的差异造成损失两方面因素，平衡买卖双方的利益，避免认定合同无效给当事人造成利益失衡。

处理合同无效的法律后果的基本思路为：第一，合同无效后，买受人应当将房屋原状返还出卖人、出卖人将收取的价款返还买受人；第二，如果买受人在居住使用诉争房屋期间对诉争房屋及院落进行翻建、装修并在诉争院落内新建有建筑物，出卖人应对买受人添附部分价值给予合理补偿。添附价值的确定首先由双方当事人协商确定，如协商不成，由法院委托有资质的房地产评估机构进行评估。第三，按过错赔偿损失。有过错的一方应当赔偿无过错方因此所受到的损失，双方都有过错的，应当各自承担相应的责任。关于受损方的损失，应当由受损方主张。但审判实践中，一般由小产权房出让方作为原告提起诉讼要求确认流转合同无效，其不可能主动要求自己来承担过错赔偿责任。审判实践中应当注意，法院受理后，经审理可能认定合同无效的，应当向买受人行使释明权①，告知买受人有可能认定合同无效，如果认定合同无效，买受人是否就损失提出反诉，如果买受人没有就损失提出反诉，则在确认买卖合同效力的案件中不宜由法院代买受人主张损失，并径行判决，应当在判决中写明买受人有权就合同无效致其损失另行主张。第四，对于损失的认定，直接损失部分，根据当事人的举证及实物评估确定；间接损失部分，应包含房屋及土地在签订合同时的价值与确认合同无效时的差价部分，此部分也可以认定为买受人的信赖利益损失。对于差价的具体数额，可参照拆迁中确定的房地价值扣减原房地价值、房屋添附价值后形成差价；也可委托有资质的房地产评估部门评估确定房地产现值，扣减相应部分后形成差价。第五，应严格区分过错责任大小，根据合同双方过错各自承担相应的责任。一般情况下，出卖人明知或应当知道国家法律法规及政策对农村集体土地流转的限制而出卖的，其应就合同无效承担主要责任。

（三）审理小产权房纠纷案件过程中存在的"同案不同判"② 问题及其处理

调研发现，在审理小产权房纠纷案件的司法实践中，同审级的不同地区法院、同一

---

① 法官释明权，是指当事人在诉讼过程中的声明和意思表述不清楚、不充分时，或是提出了不当的声明或陈述时，或所取证据不够充分却以为证据已足够时，法官以发问和晓谕的方式提醒和启发当事人把不明确的予以澄清，不充分的予以补充，或把不当的予以排除，或让其提出新的诉讼材料，以证明案件事实的权能。我国授予法官释明权的法律依据参见最高人民法院《关于民事诉讼证据的若干规定》第3条、第35条。

② 严格说，完全相同的案件是不存在的，这里指称的"同案不同判"并非严谨的法律术语，与之相对应的"同案同判"系指在众多的案件中，类似情况应当类似处理，而不能因为当事人的不同、法院的不同、法官的不同而适用不同的法律对类似案件作出截然不同的判决。

地区的不同审级法院之间对小产权房流转合同效力的认定、无效合同的处理、诉讼中新证据的理解、诉讼时效的认定、禁止性规范与管理性规范的区分及适用、合同效力与物权效力的区别判断、法律法规的选择适用等方面存在不统一的问题。以小产权房流转合同效力认定问题为例，荆门市两级法院已审结的此类案件中，一审法院认定合同无效而二审法院认定合同有效（或一审法院认定有效而二审法院认定无效）的案件大约占小产权房合同纠纷类上诉案件总数的17%，不同法院审理此类案件时裁判结果也截然不同，这就往往造成同种纠纷遭遇区别对待的问题。这不仅影响到当事人的合法权益，甚至会引发涉诉上访的问题。

分析存在"同案不同判"问题的原因，主要有：一是裁判依据本身的不确定性。法官在审理小产权房纠纷案件时，需依据或参照的法律法规包括法律、行政法规、地方性法规等，而影响其裁判的规范还有国务院各部委发布的命令、指示、规章，各县、市人大通过的决定、决议以及各级政府发布的决定、命令、规章等。近年来，我国的立法水平虽有很大提高，但由于立法技巧、级别、主体以及地区差异等因素导致现行针对小产权房的立法或政策呈现简约、粗放、可操作性差，现行规范不一致、不完善的特点。这就造成法官裁判时难免要进行法律解释，而由于解释方法及影响其解释观念的不同，往往适用不同的法律规范性文件而得到不同结果。二是审判系统内部交流机制薄弱，表现在同一法院内不同法官以及不同法院法官之间的交流与沟通缺乏。三是裁判主体自身因素对司法裁判的影响。法官本身都是普通人，对小产权房的理解和认识上可能存在差异，且不同的成长环境、成长经历、教育背景、审判经验、生活习惯、脾气性格，也会使每名法官的世界观、价值观、司法理念、思维方式、是非判断标准产生差异，这些主观上的原因也会导致"同案不同判"现象的发生。

课题组认为，针对小产权房纠纷案件中的裁判不统一的问题，可以从如下方面进行探索：

1. 在全国范围内，加强案例指导，最高法院及时遴选、公布涉小产权房纠纷典型案例以统一裁判尺度。在部分省（自治区）范围内，各省高级法院发挥审判指导作用，在慎重研究基础上，结合地区实际情况以会议纪要、审判指南等形式出台针对小产权房案件审理的内部指导性意见。

2. 充分发挥中级及基层法院审判委员会的指导作用，要充分发挥审判委员会在规范审判、提高审判质量、确保裁判统一方面的指导作用，针对本院内出现的对小产权房问题的分歧意见以及本院审判中出现的新问题和有争议小产权房案件进行深入研究，从中提炼出应当适用的裁判规则和经验，研究形成统一意见后向全院或下级法院公布，确保基层法院在本院范围内，中级法院在辖区范围内的司法统一。

3. 加强对法官的培训，培养法官参考适用案例的习惯，以促进法官裁判方法和思维的统一。针对小产权房审理状况，要在裁判方法、法律适用技术、法律解释理论等方面加强对法官的培训，将其裁判案件的思维统一到法律思维上来。另外，要培养法官在裁决案件尤其是疑难案件时养成寻找、参照相似案例的意识和习惯，做到提高审判效率。

4. 加强法官职业共同体内部的交流与沟通，建立法官沟通交流法律适用问题的机制。创建法官能够经常性、持续性地对法律适用等问题交流和探讨的平台。

（四）审理涉小产权房纠纷案件实践中存在的"民事、行政争议交叉"如何处理的问题

调研发现，近年来荆门市两级法院在审理涉小产权房类纠纷案件中，存在"民事、行政争议交叉"案件，司法实践中迫切需要解决行政、民事争议交叉案件审理的问题，理论界也出现诸多主张建立行政附带民事诉讼或者民事附带行政诉讼等合并审理机制的呼声，但是，对于此类案件如何审理的问题，目前尚不存在明确的法规范，导致人民法院在审理该类案件时往往会遇到无所适从的困惑。下面试举一案例作分析：

甲于 1988 年在其所在的村经申请取得宅基地一块并在其上自建房屋 3 间，并取得了由国土局核发的《宅基地使用权证书》，但未办理房屋所有权证（此时甲的身份系农民）。1993 年迁往荆门市某县城经商，其将房屋交由其侄子乙看管（此时甲的身份变为城镇居民）。1999 年 9 月，国土局的工作人员何某在依职权对甲的《宅基地使用权证书》进行年检时，发现甲已经迁往城市居住，且乙口头陈述《宅基地使用权证书》所涉房屋已经由甲卖给了乙，何某遂在该《宅基地使用权证书》上作了使用权人变更批注，将使用权人变更为乙，并加盖了单位公章。2001 年，乙将其甲的房屋卖给了同村村民丙，同年国土部门向丙核发了新的《土地使用权证书》，将原《宅基地使用权证书》收回作废存档。甲知情后提起民事诉讼，要求确认乙与丙之间签订的买卖合同无效。

本案中，要解决乙与丙之间签订的民事买卖合同效力问题就必然涉及国土部门颁发土地使用权证的行政行为的效力问题。针对原告的起诉，法院内部就诉讼程序的适用形成了三种不同的意见：第一种意见认为，本案涉及两种不同的法律关系：一种是本案甲与乙之间的民事法律关系；另一种是本案甲与国土局之间的行政法律关系，民事法律关系的处理必须以行政法律关系的处理为前提，因此建议甲以国土局作为被告另行提起行政诉讼，同时本案裁定中止诉讼，待行政诉讼作出生效判决后再依据相关判决作出民事判决。第二种意见认为，第一种意见对两种法律关系的分析是正确的，但基于诉讼经济性和及时保护当事人合法权益的需要，建议在审理民事案件时一并对行政机关的具体行政行为的合法性、合理性进行审查。第三种意见认为，本案涉及行政行为有效性问题，本案为民事诉讼，因此应当裁定驳回甲的起诉，告知甲另行提起行政诉讼。

上述这种混合了民事法律关系和行政法律关系的案件我们可以简称为民事行政争议交叉案件。当一个案件涉及两种不同性质的法律关系纠纷时，究竟应当适用何种诉讼程序，我国现行法律没有作出明确的规定，以至于审判人员在面对像上述案例的案件时往往感到无所适从。

课题组认为，上述案例按第一种意见处理较妥当，实际上也是目前司法实践中惯用的处理不同性质的法律关系交叉案件的方法。事实上，这种方法是符合现行法律的规定的。

我国《民事诉讼法》及最高人民法院《关于执行〈中华人民共和国行政诉讼法〉若干问题的解释》均规定了案件的审判需以相关民事、刑事或者其他行政案件的审理结果为依据,而相关案件尚未审结的,应中止诉讼。换言之,民事、行政程序、救济程序并行时,存在中止诉讼的可能,此时是民事中止还是行政中止,倘若仅仅简单适用法律条款中规定的"审理结果为依据"作为中止条件,仍无法解决实际问题,而需要进一步分析何为"另一案的审判结果"为依据,有怎样的法律特征可以把握。对此,可根据行政行为对民事行为的介入在意思表示的作用力、影响力的不同,以及行政行为介入的法律目的的具体属性,确定特定个案应当民事先行还是行政先行。具体而言,如果民事行为的效力取决于关联行政行为的合法性,且行政行为对民事行为的意思表示不是补充性的,而是绝对制约性时,应当先行中止民事诉讼。反之,如果民事法律关系成为行政行为合法构成的事实要件,如行政登记、行政确认等,这种事实要件不是行政机关所能直接控制,而是取决于民事主体的意思表示与内容效力,行政行为的意思表示只是程序性的宣示,而非绝对性的控制,且民事行为的法律效力直接制约、决定关联行政行为的合法性时,应当先行中止行政诉讼,等候民事诉讼的判决结果。总之,不能简单说"先行后民"还是"先民后行",而应根据案件的不同情况,依法灵活处置。

(五) 针对小产权房这一特殊标的物执行难的问题

建设在农村建设用地或农户宅基地上的小产权房的特殊性体现在:小产权房屋本身作为独立的物权客体存在,但由于房屋与土地之间的自然关系,其总要建设在集体所有的土地上,对房屋享有物权的权利主体在占有房屋本身时,一并占用了房屋所附着的土地,因此房屋与土地密不可分。与世界其他国家的房、地产权结构将房屋与土地两者合为一物不同,我国的房、地产权结构为房屋所有权与土地所有权分离。虽然目前我国还没有关于土地与房屋是主从关系还是独立的两个物的规定,但我国的土地属于国家和集体所有,排除了个人的土地所有权,却又允许个人拥有房屋所有权,因此土地和建筑物可以被推定为可分离的两个物。为简化房屋所有权人不能拥有土地,给所有权带来缺陷,我国采用了严格的房地产权一致原则,即房屋所有权人与土地使用权人主体一致原则。① 由于建筑物与土地使用权不可分,我国法律确立了土地使用权与地上建筑物、其他附着物一同流转的原则,即通常所说的"房随地走"或"地随房走"的原则。② 然而,小产权房所占用土地系集体所有土地,其用途及流转所受限制较国有土地更严格,小产权房的流转就意味着其所占用土地的一并转让,故其流转受到更多限制。

调研发现,司法实践中小产权房纠纷案件已占据基层法院执行案件一定比例,但针对小产权房案件的执行滞阻难行,执行周期长、执结率低且易引发执行矛盾。近年来,

---

① 参见《城市房屋权属登记管理办法》第6条,《城市国有土地使用权出让和转让暂行条例》第24条,《物权法》第142条的规定。

② 参见《城市房地产管理法》第31条,《城市国有土地使用权出让和转让暂行条例》第23、24条,《物权法》第146、147条的规定。

荆门市两级法院共查封小产权房 73 栋，裁定拍卖 27 栋，评估 21 栋，成功拍卖 13 栋，变卖 9 栋，抵偿 18 栋，无法处分变现的小产权房 33 栋，执行过程中处分变现难，此类案件执结率仅 54.8%，这在一定程度上损害了司法的权威。

分析小产权房纠纷案件执行难的原因，主要有以下几方面：

一是小产权房产权状况十分复杂，权属判断难，强制执行顾虑重重。司法实践中，绝大多数小产权房均未获颁相关权属证书，在我国遵循不动产物权登记生效主义模式下，被执行人的财产很难被发现。即使作为小产权房的财产被发现后，因其权属证明难以取得，导致法院调查取证难；其房屋及所占用的土地面积难以核定，导致法院变现难；其两证不全，导致评估测绘作业难。

二是现行法律政策限制小产权房所涉土地的流转，产权变更困难重重。目前，在我国房地产立法和实践中遵行"房地一体主义"原则①的前提下，由于小产权房所占用土地的特殊性质②，其在我国法律、政策规制下，属"限制流通物"，小产权房所占用土地被限制转让直接导致了其在执行程序中的实际障碍。实务中，执行法院直接对小产权房进行拍卖，但却遇到了买受人的主体资格限制以及难以办理过户手续的问题。

三是部分小产权房涉及农民的生存保障权，其往往属于家庭或家族共有，导致法院处分变现困难重重。强制执行的终极目的在于衡量债权人与债务人双方的情形，依现行规则③，在执行程序中涉及房屋的执行时，债权人的地位往往劣后于债务人。部分小产权房往往涉及被执行人及其抚养家属的生活必需费用和生活必需品，加之其权属份额混同，难以区分，按相关规定该部分小产权房难以得到执行。

课题组认为，要解决小产权房执行难的问题，应从以下几方面着手：

第一，针对在执行过程中小产权房权属判断难的问题，首先，应更新执行实践中惯常依房屋所有权证来判断房屋权利归属的执行观念，对于未办理权属登记的小产权房应查明合法建造行为主体，按照《物权法》第 30 条的规定④，认定建房人即为该小产权房的所有权人。若实际物权人也难以查明的，则应查明涉案小产权房是否有相关审批手续报批人，一般可推定报建申请人即为小产权房的名义所有权人，有相反证据证明的除外。

第二，坚持灵活变通原则，对小产权房的所有权及其权能区别对待，执行中可考虑分开处分小产权房部分物权权能。权利主体在小产权房上所享有的占有、使用、收益、处分权能中，唯有处分权能受到限制。鉴于此，我们认为强制处分小产权房时，可对房

---

① 基于房屋和土地的天然联系，为避免发生权利之间的冲突与摩擦，利于物的有效利用和社会秩序的稳定，房屋和土地在交易中必须共同作为交易标的，不能个别对待。

② 体现在小产权房所涉宅基地使用权具有身份性，所涉建设用地用途具有限定性。

③ 我国《民事诉讼法》及最高院《关于人民法院民事执行中查封、扣押、冻结财产的规定》、《关于人民法院执行设定抵押的房屋的规定》中均体现了"被执行人及其抚养家属就生活必需费用和生活必需品享有执行豁免权"的司法理念。

④ 《物权法》第 30 条规定："因合法建造、拆除房屋等事实行为设立或者消灭物权的，自事实行为成就时发生效力。"

屋物权中的占有、使用、收益权能进行全部或部分处分。如申请执行人无房屋或者房屋不能满足居住需求，同意接受以房抵债的，可同意其在一定期限内接受该房屋物权中的占有、使用、收益权能来折抵债务。如申请执行人不同意接受上述方案的，可以租赁方式出租给第三人，由申请执行人收取租金，直至租金折抵全部债务为止。

第三，逐步放开法律、政策对集体土地（尤其是宅基地）流转及受让人主体资格的限制，从而排除制度性障碍。

从现行法的视角，宅基地使用权具有身份性，只有本集体经济组织成员才能取得宅基地使用权；但同时，现行法又将其架构为物权，其财产性甚为明显。从其身份性来看，宅基地使用权与村民的成员身份相联系，应不允许转让；但从其财产性来看，宅基地使用权作为一种物权，其转让应是自由的。

十七届三中全会通过的《中共中央关于推进农村改革发展若干重大问题的决定》明确指出"依法保障农户宅基地用益物权"，就是要"依法保障农户宅基地依法取得、使用和收益的权利。逐步推行农村宅基地使用权的有偿使用和流转制度，发挥市场机制在资源配置中的基础作用。"由此可见，《决定》意在赋予宅基地使用权人以收益权能。《决定》同时指出，宅基地整理节约的土地在一定情况下可以转为集体建设用地，该集体建设用地在一定情形下也是可以流转的，这也为宅基地使用权的流转留下了制度空间。

修改关于宅基地受让人范围的限制性规定。目前部分小产权房所占用宅基地的集体所有制性质决定了宅基地仅能在同一集体经济组织内部成员之间转让，且转让受到"一户一宅"的严格限制，导致受让人范围也受到严格限制。但随着社会经济形势的变化，我们认为立法规定也应作出相应修改，宅基地的受让人范围应适当放宽。建议将房屋所有权人与集体土地使用权人可以分离，这样房屋受让人资格就可不受同一集体经济组织内部成员的条件限制。对农村村民而言，在不改变土地集体所有制的性质及作为宅基地用途的前提下，将集体土地使用权与房屋所有权相分离，实际上是将集体土地使用权能部分转让。法院在强制执行中就可以裁定小产权房归集体经济组织外部人员所有，同时可增加"但书"规定，在裁定书中载明集体土地使用权不得转移。这样，使申请执行人和被执行人的利益都得到充分保障。

六、处理小产权房问题的对策及建议

"小产权房"问题是一个法律问题，但更是一个社会问题，其实质上是土地制度问题。要彻底解决这一问题，需要改革现行二元土地制度，完善相关法制体系，强化行政管理、规范司法保障等综合配套措施，需要立法、行政、司法多部门的通力合作。

（一）立法制度方面

1. 继续推进户籍制度改革，建立"经常居住地"户籍制度。

随着我国城镇化进程的推进城乡人口的自由流动已是必然趋势。因此，应当树立城乡统筹的整体观念，废除实质上侵犯农民受宪法保障的平等人身权、财产权的城乡二元对立的户籍管理制度，真正实现农民在宪法上的平等权，建立"以经常居住地①登记入户"的制度，统一登记户籍，不再区分农民与市民，而统一称居民。如果一个农民离开农村到城镇就业并连续居住满一年以上，那么他的经常居住地就应当是城镇，他就应当登记为城镇居民而非农民；同样，如果一个市民离开城镇到农村就业并连续居住满一年以上，那么其的经常居住地就应当是农村，他就应当登记为农村居民而非市民。如此，即可破除小产权房所涉土地流转主体的身份限制。

2. 改革现行土地制度，完善农村土地制度立法。

目前，我国施行的是城市市区土地国家所有权与农村和城市郊区的土地农民集体所有权二者并存的"二元土地所有权"制度，这种城乡二元分治割裂了城乡房地产市场的统一与流通。在我国现行二元土地所有权结构下的集体土地所有权存在如下问题：

一是法律明确确立了集体的土地所有权主体地位，但实践中农村和城市郊区土地的所有权主体虚化。虽然我国法律明确规定农村集体土地所有权主体是农民集体，但各个法律具体规定的农村集体土地所有权主体却有：村农民集体、乡（镇）农民集体、农业集体经济组织内的农民集体。② 而且各个法律又没有规定农民集体的组织形式是什么，这就难免在理论和实践中造成农村集体土地所有权主体不明确。实践中，"村民委员会"一开始就攫取了"农民集体"的地位，农村集体土地所有权的主体往往也由村集体经济组织变为村民委员会甚而变为村民委员会干部个人。

二是集体土地所有权具有不完整性。土地所有权是一种特殊的财产所有权，包括占有、使用、收益、处分四项基本权能，而现实情况是，集体可自主行使的权能有限，主要表现在收益和处分方面受到国家极大的限制。例如，在收益权方面，集体所有的土地不能直接用于房地产开发，若用于房地产开发必须先由国家征用转变为国有后再由国家出让给开发商，这就使本应属于集体土地所有权的收益权受到限制。而目前国家征用土地标准的低偿性又使得集体土地所有者的收益权无法充分实现。又如，处分权方面，集体土地不得出让、转让出租用于非农业建设，集体土地所有者不得擅自改变土地用途，其向非农用地者提供土地使用权须经人民政府审批等，均使集体土地所有权中的处分权受到相当大的限制。集体土地所有权的不完整性还集中表现在，集体土地所有权不能交易，也不能转让（国家征用者除外）。实际上使集体土地（财产）所有权弱化和虚化，只承认了集体土地使用权的存在。

课题组建议，鉴于现行二元土地所有权制度将农村和城市建设用地分割开来并适用不同规则，进而导致房地产市场也被人为割裂，农村房地产市场被长期封闭，为小产权房的滋生提供了制度土壤，全国人大应在尊重、保障农民的土地权益基础上，考虑修改

---

① 最高人民法院《关于适用〈中华人民共和国民事诉讼法〉若干问题的意见》第5条规定："经常居住地是指公民离开住所地至起诉时已连续居住一年以上的地方。"

② 参见《宪法》第10条，《民法通则》第74条，《土地管理法》第8条、第10条，《物权法》第60条的规定。

《土地管理法》、《城市房地产管理法》等涉及土地所有权制度的法律规范进行整合，并在城乡规划法的引导下，统一由政府代表国家行使土地所有权，尽快改变国有土地、集体土地并存的二元所有权制度，在全国建立统一的土地所有权制度。将来新的土地立法中，一是应明确集体土地所有权主体，使农村集体土地产权真正做到产权明晰、权属合法、权责明确、责权统一，使农村集体土地的所有权人和使用权人的合法权益得到有效保障。通过明确农村集体土地的所有权主体来进一步强化农民作为土地所有者的权属意识和集体意识。与此同时，还要逐步做到所有权、承包权（使用权）、经营权分离，使国家、集体、个人三者利益都得到法律保护。二是实化农民集体土地所有权权能，具体落实到农民集体所有权权能，包括农民集体全体成员以集体名义持有并实际控制土地的权能；依照土地性能和合同在农民集体和土地使用权人之间进行分配的权能；农民集体对所有权转移和转换的处分权能；保护土地所有权免受不法侵害的权能。① 通过具体行使这些权能，使土地不断增值，以实现村民集体成员的整体利益和个人利益。通过对所有权权能的实化，可以将其纳入市场轨道，允许农村土地使用权的合理流转，建立城乡统一衔接的土地市场，让市场机制在城乡土地资源配置中发挥基础性调节作用，从而为集体土地国有化改制创造条件，同时也为从根本上解决"小产权房"问题提供了制度环境。

（二）行政管理方面

强化依法行政，实现行政管理的合法与合理的有机统一。在处理小产权房问题时，政府应坚持依法行政，做到合理行政、诚实守信。

1. 对小产权房"宜疏不宜堵"。政府在目前对待小产权房政策已经明确和改革举措尚不清晰的情况下，加强对小产权房相关法规和典型案例的宣传，增强民众的法制意识。讲明其面临的市场隐患和经济风险，让更多的消费者理性地看待这一问题，引导消费者回归到大产权房的合法轨道上。政府应加大对廉租房和经济适用住房的建设力度和供应。只有调整住房供应结构，增加社会保障性住房的比例，改变我国商品住房占大头，才能从根本上抑制小产权房的需求。

2. 政府应严格执法，加强土地利用总体规划及总体用途执行情况跟踪监管。对违反用地规划的单位及个人应加大处罚力度，细化相关配套措施，避免在房地产开发中"无规可循"的现象；同时对基层政府及农村集体经济组织的用地行为加强监管，杜绝可能被用于"小产权房"开发的土地隐性流入市场。

3. 政府应当采取区别对待的方法，区分类别合法运作。对符合土地利用总体规划、城镇规划、农民新居工程和新型社区规划的，正在建设的小产权房，按照相关要求加强管理，用地类型、容积率、建筑密度等指标，建筑质量、户型设置等一并纳入建设部门的审查与管理；已经建设竣工的，尽快纳入市场统一管理范畴，将其纳入廉租房、经济

---

① 张玉伟：《中华人民共和国最新土地管理法规适用手册》，中国建材工业出版社1998年版，第28～32页。

适用房等住房保障体系；已经销售的，应当由购买者通过补交土地出让金等方式取得真正产权。对不符合规划的房产开发行为要明令制止；对违法占用耕地和宅基地的行为应当依法坚决查处。

（三）司法保障方面

目前，用司法的途径来解决小产权房问题具有一定的局限性，不可否认当前司法处于一个两难的境地，即在司法的进程中，既要考虑司法导向与国家政策法规相吻合，又要兼顾诚实信用的法律原则，保护社会的公序良俗。但在现行体制下无法找到有效的办法来彻底解决问题前，司法对该问题的态度必须有个抉择，而这个抉择，只能是在现行的法律框架下寻找解决问题的办法。

1. 涉及小产权房类案件审理过程中应坚持的基本原则：

第一，要尊重历史，照顾现实。小产权房是在城乡人口流动加大、居住区域界限打破和城乡一体化的大背景下产生的。审理此类案件应实事求是地看待上述背景，要考虑到目前城乡界限仍未完全打破，农村集体经济组织仍有一定的封闭性，农村土地属于集体所有，目前法律、政策限制集体土地流转是一种现实；同时又要认识到此类案件产生的复杂性，并妥善解决相关的利益冲突和矛盾。

第二，要注重裁判的法律效果和社会效果的有机统一。判决要以"有利于妥善解决现有纠纷、有利于规范当事人交易行为"为指导，起到引导相关利益主体审慎对待小产权房的建设、流转的积极司法导向。遵循法律法规、符合国家政策，以人为本、保护各方当事人基本生活条件、有利于社会稳定、促进当地经济发展和改善民生。

第三，要综合权衡各方利益。首先，要全面考虑到合同无效对当事人的利益影响，尤其是出卖人因土地升值或拆迁、补偿所获利益，以及买受人因房屋现值和原买卖价格的差异造成的损失；其次，对于买受人已经翻建、扩建房屋的情况，应对其添附价值进行补偿；再次，判决返还、腾退房屋同时应注意妥善安置房屋买受人，为其留出合理的腾退时间，避免单纯判决腾退房屋给当事人带来的消极影响。

第四，审慎区别对待，具体问题具体分析。对于不同用地性质、不同历史时期建成、不同情况的小产权房要区别对待，包括考虑到把乡镇企业用地、乡村公共利益设施用地上的小产权房与宅基地上的小产权房区分开，把符合城市总体规划区内的小产权房与规划区外的区分开。

2. 司法实践中可探索的具体做法：

（1）在审判实务中统一判案标准，在法院内部出台审判指导意见，以利于高效、公正、一致地处理"小产权房"纠纷。建议由省高院牵头，在充分调研论证基础上，尽快出台涉及小产权房纠纷案件的内部审判指导意见，统一司法尺度，规范裁判行为。审判指导意见中，首先应确立小产权房流转合同效力认定的原则；其次应明确合同有效及无效的后续处理流程；再次应归集此类案件的裁判理由，以便指导下级法院在审理此类案件正确援引法律；最后，明确审理此类案件过程中的注意事项，起到对法官的警示、指引作用。另外，也可以尝试公布涉及小产权房的典型指导案例，以供法官裁判此类案件时参考。

（2）审理涉及小产权房纠纷时，法院应建立谨慎推进审判工作机制，即每推进一步，都要认真研究，做好预案，审慎对待，既灵活运用政治策略，又充分发挥审判智慧，把握大局，抓好时机，适时展开程序。小产权房纠纷案件审理过程中，应查明如下事实要点：买卖双方当时和现在的身份状态，尤其是买方的身份；诉争标的物的基本情况，包括土地的批示登记情况、房屋的建设审批手续，房屋的建成年限、格局等；买卖合同的签订情况，合同的内容与形式；转让行为是否按规定经过审批，审批机关是不是土地管理法律法规规定的有权机关；买房人购买房屋后的使用情况，房屋有无装修、翻建、扩建等情形，有无翻扩建的合法根据；现房屋使用人有无其他住所，是否具备腾房条件；土地所有权人对争议土地使用权归属的意见；买受人有无再行转让的行为，再行转让后受让人的身份。再行转让后受让人使用房屋情况及装修、翻建、扩建情况。

此外，法官在审理此类案件时，应积极、主动司法，适时、适当行使释明权。比如合同无效，有可能导致恢复原状的法律后果的，法官应提醒受让方是否就合同无效致其损害提出损害赔偿的反诉主张，并向其释明该项请求权的法律依据。再比如针对房屋添附部分的价值当事人不能达成一致的，应晓谕当事人是否申请专业鉴定机构评估。

（3）审慎审理小产权房纠纷类案件中，不宜简单适用《合同法》或《土地管理法》的相关规定来否定合同效力。针对小产权房流转合同的效力认定，法院应秉持审慎、严格原则；充分领会合同法实施以来在立法上鼓励交易、尊重当事人意思自治、保护交易安全的司法理念；适用法律时应注意合同法关于合同效力规定具有溯及力的问题，同时严格区分管理性规范与禁止性规范、严格坚持物权区分原则来认定合同效力。要正确理解《城市房地产管理法》、《土地管理法》等法律、行政法规关于土地使用权转让条件的规定，准确把握物权效力与合同效力的区分原则，尽可能维持合同效力。在目前我国法律、法规及司法解释尚未明确禁止小产权房流转行为的前提下，法院的裁判结果应充分体现保护诚实信用原则及坚持信赖保护的原则，全面考虑平衡各方当事人的利益，不轻易否定合同效力，从而达到裁判的法律效果与社会效果有机统一，发挥司法的政治维度和导向作用。

当法院认定小产权房买卖合同后，应当保护买受人利益。房屋买卖合同被确认无效后，出卖人应当返还房款，买受人应腾退房屋。买受人对房屋所进行的翻建、扩建、添附等行为产生的增值部分，应当由出卖人进行补偿。如果小产权房存在增值部分，还应根据诚实信用和公平原则及过错责任，对增值部分的利益分配应适当向买受人倾斜。

（4）建立诉裁、诉调对接机制，提前介入，将相关小产权房纠纷解决在萌芽状态。可考虑设立诉前调解和速裁中心。诉讼具有可替代性，不是唯一的纠纷解决方式，可以在立案阶段建立诉前调解中心，对案件在立案以前先行进行调解。诉前调解和速裁中心将有调撤可能的案件化解在诉讼初始阶段，避免进行下一步诉讼程序，减少诉讼资源的浪费。

（5）建立小产权房纠纷多元化处理协调机制。小产权房问题已经是一个社会问题，仅仅依靠法院运用单纯的司法手段无法解决。小产权房案件背景原因十分复杂，很难找到模式化的解决方法。课题组建议，在法院系统外部建立由党委牵头的多方协调机制，即在处理案件的过程中，法院应及时将案件的新情况、新问题向同级党委汇报，在党委的支持下，争取得到人大、政府、农村基层组织等各界的配合、协作，实现综合治理，从根源上化解矛盾。同时做好人民调解、仲裁与司法解决的结合、衔接工作，形成合力，共同化解小产权房纠纷；在法院系统内部建立与上级法院沟通协调机制，比如案件请示、汇报制度，遇到小产权房案件的新情况、新问题时，通过简便快捷的请示程序，得到上级法院的指导意见，可以公正、快速地处理好此类案件。

（6）结合审判实践，深入调查研究，积极开展司法建议活动，为制定法规、政策提供依据。加强对小产权房案件审判的前瞻性研究，密切关注案件审判中出现的新情况、新问题并及时提出司法解决对策。一是注意收集各方面的信息，并进行细致的汇总分析，以便法律、政策制定者对"小产权房"问题的总体形势有一个客观准确地把握。二是全面了解司法实践中各地法院处理"小产权房"纠纷的做法及各级政府出台的相关政策，总结经验、查找问题，积极建言献策。三是要及时总结审判经验，有效提高解决疑难复杂问题的能力，为房地产业的健康、持续发展提供可靠的司法保障。

（课题主持人：荆门中院党组成员、副院长　许道恒
课题组成员：夏朝阳　毛官峰　向华波　陈伟靓
执笔人：向华波）

完善一事一议制度
推进民族地区新农村政治文明建设
——以广西三江侗族自治县、湖北恩施土家族苗族自治州为例

韩笑莲

内容提要：在和谐社会建设中，特别是在新农村建设中，一事一议必将以其合法、民主、公平、公开、有序推动社会文明、政治文明的建设和发展。但是，在实践中，"一事一议"制度的实施与执行遇到了许多亟待解决的问题，如果不能正视和解决这些问题，将会削弱社会改革的成果，影响了政治文明的建设。

关键词：税费改革；一事一议；政治文明

一事一议制度是 2000 年之后，作为农村税费改革配套措施出现的一种新型的农民当家做主的民主形式，它作为农民自主筹资筹劳的机制和办法，是动员和组织农民开展农村公益性建设的有效途径。通过建立集中民智的决策机制，科学界定决策范围，严格规范决策程序，激发了农民群众参与公共事务的积极性，提高了乡村民主管理水平。一事一议制度的实行，有力地推动了农村公益事业的发展，基础设施建设得到了进一步的加强，村容村貌发生了较大的变化，进而带动了农村经济的快速发展和各项事业的全面进步。在新农村建设中，积极推行一事一议，完善基层民主决策机制，推动"管理民主"的深入深化，既是推动和谐社会新农村社会发展的重要保障，更是衡量新农村基层政治文明、社会文明建设的硬指标。

2006 年 7—8 月，我们对广西壮族自治区三江侗族自治县与湖北省恩施土家族苗族自治州部分县市进行一事一议的专题调查，较为深入地了解了两地的情况，通过比较，从共性中得到了一些有益的启示。我们认为，作为协商式民主的一种基本形式，一事一议制度及其实施集中了农民的智慧，调动了农民的积极性，充分发挥和实现了农民的当家做主的权利；作为政治民主、经济民主、管理民主的一种方式，是乡村自治的有效机制，推动农民参与社会，参与社区建设和发展，推动了社会的自主性、自治性的提高和实现，推动了农村社会化的进程；作为农村公共事务的决定机制，是（村民）利益及其结构、关系配置和协调的方式，保障了（农村）社会利益体系的构建和维护；作为农村社区、农民合作的机制，通过合作性融资方式，解决了农村筹资筹劳的难题，有力地推动了农村公益事业的建设和发展。一事一议应该本着自愿、民主、公开、合法、合理、公平的原则和精神，按照谁受益谁出资出劳的方式进行集资集劳，解决现实的公共性公益性事务。因此，在和谐社会建设，特别是在新农村建设中，一事一议将以其合

法、民主、公平、公开、有序保证和推动了社会文明、政治文明的建设和发展。

一、一事一议的基本形式

经过我们实地考察，因地区差异，因政治、经济、文化等原因，广西壮族自治区三江侗族自治县、湖北省恩施土家族苗族自治州二地实施一事一议的程度、方式不同，由一事一议所决定和实施的公共事务建设的规模不同，效益不同，对于社会发展的影响不同。这说明各地具有明显的特殊性，具有地方特色和民族特色。但是也有共同的方面，形成了普遍性的特征。这主要体现在以下方面：

1. 合理确定村公益事业建设项目

坚持在村级兴办集体公益事业过程中通过实行"一事一议"制度筹集所需资金和用工，应当始终以切实减轻农民负担，促进村级经济发展为目标，以加强农村民主政治建设，保障村民实行自治为主线，只有把握了这些目标和主线，才能使"一事一议"制度真正为农民所拥护和支持，才能真正起到合理筹资筹劳的作用。就恩施州鹤峰县容美镇张家村而言，该村近几年通过大力调整农业结构发展多种经济，现已逐步形成水果、养殖和畜牧等多种产业齐头并进的良好发展格局，经济实力得到了进一步增强，基本实现了农民增收、农业增效目标。但是，要想继续做大做强这些优势产业，在扩大规模、提升档次和促进销售上寻求新的突破，就必须大力完善该村现有的各项基础设施，改善生产生活条件，只有这样，才能为村级经济发展创造条件，增添动力。然而，这些村内集体公益事业仅靠村级积累一时无法完成，因此只有在积极向上争取资金和支持的同时，由村民通过"一事一议"的方式筹资解决。该村村委针对这一实际，按照"先急后缓、先重后轻"的办法，通过认真分析研究和广泛征求意见，在村内所有集体公益事业中及时筛选出农业生产最为需要、群众最为期盼、对村级发展最为有利的重大事项，然后提交村民代表大会表决通过后，正式确定纳入优先发展之列，并及时通过"一事一议"筹资筹劳先期予以解决。通过先谋定而后动，确保了将主要工作精力、力量、资金和物资等用在刀刃中。如在征求意见过程中，是就先实行自来水工程还是先实行村级道路硬化工程建设，部分村民发生了分歧。村两委及时召开了村民代表大会进行讨论表决。代表们在充分发表意见后，以无记名投票方式当场予以表决。按照少数服从多数的原则，大多数村民支持先进行村级道路硬化工程建设。村两委当即决定先修路，并积极向上争取了部分资金，村民也缴纳了"一事一议"所确定的筹资款额，该村公路硬化工程得以如期完工。

2. 依法议事，明确议事主体，严禁议事范围扩大

"一事一议"只限于村内兴办农田水利基本建设、修建村级桥梁道路、造林植树等集体公益事业，这是原则，也是政策、法律的规定。当前，农村在推行这项工作中最突出的就是一些地方随意扩大议事范围，把日常的村务管理强行塞进"一事一议"，大到制定村规民约，小到邻里不和、婆媳矛盾，都以"一事一议"的名义进行处理。"一事一议"成了万能钥匙。为防止这一现象，恩施市旗峰村两委通过广泛发动群众、召开

村民大会、村民代表会议等办法，反复征求群众意见，制定了《村民代表会议规程》、《村党支部工作规程》和《村务公开监督制度》等村级民主政治建设制度。鹤峰县并在此基础上，制定了《村集体公益事业建设"一事一议"规定》制度。这些制度的制定与实行，明确了什么事该议，什么事不该议，解决了议事内容的制度化问题。明确规定凡涉及筹资筹劳的事项，均列入"一事一议"的范畴，如农田水利基本建设、植树造林、村容村貌建设等。同时也对议题的提出规定了严密的程序：即"一事一议"的议题必须由村党支部、村委会、村集体经济组织、1/10以上村民联名或1/5村民代表联名提出，提出的议题必须填写议题表，经村党支部、村委会联席会议讨论后列入正式议题，但1/3以上村民代表联名提出的议题必须列入会议议题。其他村民如果有议案、有问题、有疑问，要通过村民代表的途径进行反映。不达到1/5联名的，村委会不列入议题研究。明确了公共事务由谁来议，解决了议事主体合法化问题。

3. 积极创新，拓展议事方式，充分体现民意

在推行"一事一议"的过程中，恩施市从实际情况出发，探索了"联户议事"和"联村议事"的形式。所谓"联户议事"，就是针对只有部分农户受益项目进行筹资筹劳的议事。由于是部分农户受益的项目，在全村讨论时，一般很难通过。为解决好这一问题，该市采取由受益农户代表向所在村民小组组长提出申请，由组长召开受益农户会议讨论筹资筹劳的具体方案，受益区2/3以上农户通过后，由村民小组组织实施，并报乡镇政府、县农民负担监督管理部门审核备案，从而有效地解决部分群众需要办理、全村（组）又难以议定的难题，提高了"一事一议"的针对性和实效性。

所谓"联村议事"，就是针对多村受益的水利设施、乡村道路的筹资筹劳的议事。对于这类以筹劳为主的建设项目，一般是采取由乡镇政府依据有关建设规划召开村委会联席会议提出筹劳建议，并采取举手表决的方式通过筹劳方案，再由村委会召开村民代表会议，按照"一事一议"的程序进行表决，从而较好地解决了一些跨村公益项目建设问题。

农村税费改革后，各地以县为单位统一规定了村级"一事一议"项目筹资最高限额。但是县内各村之间、农户之间贫富参差不齐，村民思想意识水平高低不等，一些比较富裕和群众思想意识先进的村，对于"一事一议"项目的筹资，客观上存在着可以突破政策最高限额的现实，而基层组织怕违反政策，不敢突破规定限额。针对这种情况，湖北恩施自治州鹤峰县五里乡瓦屋村采取参与式一事一议。① 在有关公益事务建设中，村民广泛平等地介入到项目的选择、预算编制以及项目的实施、监测与评价等各个运作过程。参与村民是项目的决策者、拥有者和利益分享者，无论贫富差异、文化程度高低、男女老少都有平等的发言权与决策权，即"从群众中来，到群众中去"。通过完全自由的"参与式""一事一议"，形成符合全体村民意愿的决策结果，筹资的多少完全是村民自己的事，不存在违反政策的问题。同时，村民通过参与项目的决策、实施、监测与评价等全过程以及分享项目带来的利益，使参与村民深刻体会到他们是"给自

---

① "参与式"议事方式，见湖北省恩施州鹤峰县2003年度一事一议汇总材料。

己办事",自觉树立主人翁意识,产生高度的责任感和积极性,大胆创新,乐于奉献,最大限度地发挥自身潜能。2005 年,该村采用此种议事方式,村民自愿实行差额筹款,经济条件好的农户多承担一部分议事款,条件略差的以及困难户在议定款额之内适当减免,在全村实行了沼气工程、自来水工程等公益设施建设,大大改善了村民生活条件。

广西三江侗族自治县洋溪乡的安马村,因地处偏远,交通不便,经济条件十分落后。全村青壮劳动力大多出门务工。该村针对这种现状,采用了在一事一议实行过程中,区别对待筹资筹劳的政策。对筹资确有困难的农户,经 2/3 以上村民代表同意,可多出劳;对因子女上学、家有病人等原因确需照顾的贫困户,经村民代表研究同意后,给予只出劳不筹资或免去筹资的照顾;对生活特困难又无劳动力的,给予全部减免。同时该村积极向上争取资金。在全村村民的共同努力下,2006 年 7 月,安马村村级公路顺利完工,改变了多年来村民们进村出村只有一条险峻的羊肠小道可走的历史。

4. 坚持发扬民主、严格程序,确保"一事一议"议而有果,议而必行

在全面推行"一事一议"过程中,必须坚持充分发扬民主,把涉及群众利益的重大事项的知情权、参与权和监督权交给广大群众,实行民主决策、民主管理、民主议事。对是否需要通过"一事一议"筹资筹劳举办集体公益事业以及如何进行筹集等事项,首先认真听取广大群众的意见,由村两委在反复分析研究并综合群众意见的基础上再召开村民会议或村民代表大会进行表决,最后通过"一事一议"确定筹资筹劳的项目、限额、分配方案以及筹集方式,从而确保整个"一事一议"工作始终沿着民主化、制度化和规范化的轨道逐步向前推进。在具体工作中,必须始终坚持规范议事程序、严格运作标准,努力做到程序不减、标准不降、环节不漏,通过严格标准和程序,促使"一事一议"真正具备议而有果、议而必行的实际效力。

在"一事一议"议事程序操作上,恩施州建始县采取以下三个步骤,一是切实把好预算关,作好预算,预算是搞好农村"一事一议"的前提,本着"有事筹资、无事不筹"的原则,每年年初由村委会根据实际情况,在反复分析研究并综合群众意见的基础上编制当年公益事业预算方案,其中筹资标准严格控制在政策规定的标准之内。二是议定表决,适时召开村级会议或村民代表大会进行议事和表决,在充分听取代表们所发表的意见后,以投票的方式当场予以表决,根据表决结果最后正式确定通过"一事一议"筹资筹劳的项目、限额、分配方案以及筹集方式。三是及时报批,"一事一议"筹资方案经 2/3 以上村民或村民代表会议讨论通过后,及时上报乡镇政府审核,并经县农民负担监督管理办公室批准后逐步组织实施。"一事一议"的三个程序性步骤必须环环相扣,分步实施,切不可漏减或忽略,只有这样才能确保"一事一议"的有效性和严谨性,才能真正发挥其破解村级发展难题的作用。①

5. 坚持严格管理,强化监督,确保"一事一议"制度真正取得预期效果

在具体工作中,特别注重加强"一事一议"所筹资金的管理和使用,坚定不移地

---

① 湖北省恩施州建始县"一事一议"议事程序操作,见该县经管局 2002 年第 12 号文件《关于启动一事一议工作的通知》。

做到"五个不准",确保将有限的资金用在刀刃上,用在最需要的地方,即不准用于村内招待费等其他开支,不准用于偿还村级债务,不准提前筹集下年度资金,所筹资金不准跨年度使用,所筹资金属于本村村民集体所有,一律纳入村级财务统一管理,实行专户核算,专款专用,任何人不准平调、截留和挪用,若有节余,留用于以后的公益事业项目。对有违反上述规定的,必须要依照相关规章制度严格实行责任追究,真正做到执行制度不偏不倚,追究责任不袒不护。同时,各村成立"一事一议"监督小组,对"一事一议"专款使用情况实行跟踪监督管理,并充分利用村务公开栏将"一事一议"筹资筹劳的使用、决算等情况分事前、事中和事后三期向村民进行张榜公布,自觉接受群众监督。在公益事业项目兴办结束后,还及时核算收支情况,搞好验收结算,并由村民主理财小组对资金使用及结余情况进行清理和审计,审计结果一并公开,从而有效地消除群众的顾虑,调动群众缴纳"一事一议"款、同心协力兴办集体公益事业的积极性。

二、一事一议的功能

随着"一事一议"制度的全面推行和不断完善,其作用和效果越来越明显,调动了农民群众自办农村公益事业的积极性,较好地解决了农民生产生活中的现实问题,真正让农民群众得到了实惠;保障了农民的知情权、决策权、参与权和监督权,促进了村级民主管理和农村社会的和谐稳定;促进了农村经济社会发展。随着农业基础设施的不断发展和完善,农业综合生产能力不断提高,农业抵御自然风险的能力不断增强,夯实了农业工作基础,促进了农民收入的持续稳定增长。

1. 积极推行"一事一议",为建设新农村注入了活力

推行"一事一议",不仅促进了农村公益事业的发展,为增强农业发展后劲夯实了基础,为农民增收开辟了经济增长点,而且增强了农民的合作能力。我国是个农业大国,经济比较落后,加之自然条件的制约,改善农村条件迫在眉睫。自力更生、艰苦创业仍然是我们必须长期坚持的道路,农户之间、村组之间的合作尤为重要。通过"一事一议"增强了农民之间的合作,拉近了相互之间的关系,为构建农村和谐社会起到了积极推动作用。同时,通过"一事一议"制度的推行,农村干部亦转变了工作作风,从催粮催款中解脱出来,积极投身新农村建设,为农民办好事、干实事,极大地改善了干群关系,消除了村民对干部的抵触情绪,村风村貌得到了很大改变。

2. 积极推行"一事一议"制度,有利于推动农村基层民主政治建设进程

发展社会主义民主政治,建设社会政治文明,是全面建设小康社会的重要目标之一。扩大农村基层民主,实行村民自治,在农村普遍推行村务公开和民主管理制度,是党领导亿万农民建设中国特色社会主义民主政治的伟大创造。"一事一议"改变了农村生产公益用工和集资的传统决策方式和工作方法,赋予广大村民合理确定生产公益事业负担的参与权、选择权、审定权,将村民自治从民主选举扩展到经济决策,可以说,这既是农村税费改革的重要组成部分,也是推进农村基层民主政治建设的一项重大举措。

"一事一议"制度的推行，促进了村务公开的彻底化、透明化，提升了农村村务公开的质量，使村务公开更加制度化、规范化，调动了村民参与自治的热情，彰显了村民自治的生命力。

同时，采取"一事一议"后，由于从事集体公益事业建设的预算到资金的筹集、从资金的使用到集体生产与公益事业项目完工后的决算，都充分发挥了广大村民的监督作用，使农民真正成为"当家人"，从而大大调动了农民参与"民主决策、民主管理、民主监督"的积极性，有效地推动农村基层民主政治建设的进程。而且，推行"一事一议"，对于改善农村农民的生产生活条件、促进村级经济发展起到了非常重要的作用，取得了"围绕发展抓民主、健全民主促发展"的良好效果。

3. 积极推行"一事一议"制度，有利于实现村级公益事业决策的自主性

采取"一事一议"，村民对村级公益的决策可以根据各自资源状况和可承受能力对自己所从事的生产经营活动和所处的生活环境有利为条件，自主安排供给与需求，从而在体制上决定了供给与需求的一致性，而且还有利于保证农民有足够的能力承担村集体公益性事业建设。并对村级公益的建设和使用过程实施全程监督管理，保护自己的合法利益。

4. 积极推行"一事一议"制度，有利于堵绝"三乱"行为的发生

"乱集资、乱摊派、乱收费"是加重农民负担，危及农村稳定的重要方面，单靠清理整顿、限制分摊项目等办法来控制农民负担水平，相当于是"野火烧不尽，春风吹又生"。采取"一事一议"，农民筹集资金数量标准是由村民大会或村民代表大会集体讨论决定的，完全由农民自己当家做主。对未经讨论投票表决而任意向农民摊派、集资或收费，村民均有权拒绝缴纳，这样就从体制上彻底杜绝了"三乱"行为的发生。

5. 积极推行"一事一议"制度，有利于保证对公共资源使用过程的全程监督管理

目前，农民负担监督管理部门在对农民负担的审计和监督管理上缺乏强制约束力，导致出钱的管不了事，花钱的说了算的现象，以至造成公共资源使用效率低下，部分资源被侵占挪用、挥霍浪费或转移用于与农民利益无关的事项。而采取"一事一议"后，由于村民委员会管理和使用的每一项资金都是专款专用，且须经村民主理财小组审核后公布于众，从而进一步有效地实现了约束和监督。通过村民对公共资源过程的全程监督，既有利于村民委员会合理的行使权力，以促进农村集体生产和公益事业的良性发展，更有利于农民保护自己的合法利益。

6. 积极推行"一事一议"制度，有利于加快乡镇基层政府机构改革的步伐

之所以农村基层机构臃肿，人员膨胀，人浮于事，在很大程度上还是由于乡镇政府有一部分预算外资金做保证，有获取资金来源渠道作后盾。而税费改革，特别是取消农业税措施出台，制止了对农村农民的乱收费，因而完全切断了农村基层组织收取额外资金的"源头"，造成乡镇政府自行支配财力下降，不仅大大缩小了农村基层组织增加人员的空间，而且这种机制还迫使乡镇基层政府加快机构改革的步伐，继而达到精简人员、压缩开支、提高效率的目的。

三、一事一议的基本缺陷

但是，我们必须看到，一事一议制度并非是医治农村所有问题的万能之药。它不可能解决农村所有各类问题。一些牵涉到农村村民长远利益的事情，有时是难以用一事一议来通过的，而一些一事一议通过的事情有时与一些法律法规相背离，实际上是在牺牲少数人合法的利益基础上产生的，也需要特别注意。同时，农村工作纷繁复杂，一事一议必然要投入大量的人力和财力，如果过于频繁地动用一事一议制度，则不仅村民难以承担，而且即便是决定下来也难以得到切实落实与有效监督。

具体来说，第一，"一事一议"制度的实施实行受到了农民收入的约束。尽管随着国民经济总量的快速增长，农民的收入有了很大程度的提高，但农民收入低下的格局并未改变。在有限的收入预算约束下，农民的偏好是私人产品而非公共产品，且收入水平越低，对私人产品的偏好越强烈。这样，对"一事一议"所要通过的村级公益提案，部分村民采取实用主义、本位主义的态度，对自己有益的事就赞成参加，没有利益的就反对，"一事一议"搞成只议不决，特别是几个村共用的桥梁、河道等公益设施，更是难以"议"出统一意见，难以决策。

第二，由于在市场经济的感召下，农民迫切希望快速改善经济条件，纷纷走出外出务工的道路。像广西三江侗族自治县的良培村就有95%左右的青壮年农民外出务工，农村社会流动频繁。这样，召开村民大会难度非常大。即使是只召开村民代表会议，按每10~15户一名村民代表计算，开会人数也在百人之多，召集开会时间、地点安排都有难度。而且，在村民代表会议不能够真正发挥自身作用的前提下，"一事一议"更是有可能成为一句空话。即便村民代表会议能够对"一事一议"产生影响，在目前的情况下其代表的范围和程度会有折扣。

第三，"一事一议"是形成村级公益事务的决策机制、实施机制，核心和本质是严防借公益之名行"三乱"之实，达到减轻农民负担的目的。因此，在实施"一事一议"的过程中，各地政府均制定了从村内议事、申报审批、征缴管理、决算公布到审计监督的严格操作程序。具体到村内议事，又要经过项目的提议、论证、审议、实施等多个环节，要召开全村党员、干部、村民代表会、部分村民会、村两委会、全体村民大会等多次会议，要成立项目领导小组及其质量监管、材料、财务等数个分组，要完成筹资筹劳议案、分户负担卡等大量的文件表格卡片报告。众多的环节中哪一个被忽视了，都可能半途而废，前功尽弃。通过这种繁冗的操作，"一事一议"过程中的农民负担固然是得到了控制，可是议事效率却可想而知了。从一件公益项目的提起到最终得以投建，这其中又需要多长的时间？自然也是可想而知的。这种操作程序，如果村级事务相对简单还能够应付过去，但是如果事务多了，"一事一议"又该如何运作？假如仍然通过村民会议来决定村级事务，这样必然导致村民会把许多时间和精力花费在这些问题上，没有多少时间保证自己的正常收入。这种"一事一议"直接民主的成本就是人们必须牺牲从事基本生产和经济活动所需要的时间，导致一定的利益损失。政治肥大症所带来的必然是生产的萎缩和经济上的衰退。这种结果是根本违反市场经济的基本规律的，农民也不可能舍弃自己正常的日子而去追求一些脱离现实的东西。而假如通过村民代表会议来讨论和决定村级事务，久而久之村民代表会议也就成为一种常设机构，这样一个不可回避的问题就出现了：组成村民代表会议的村民代表是否也要像村委会成员一样享受一定的经济补助？如果答案肯定，那么就意味着"一事一议"是有成本的，这种成本无疑将加大村级公共开支，实际上也增加了农民的负担。①

第四，因为规定涉及村里的公益事业必须采取"一事一议"解决，也会在具体运作过程中显露另一个低效率的弊端。举个最简单的例子，麦收之际，村里的电力设施却被突如其来的一场暴风雨毁坏，急需马上整修。可是村委会手中无钱，按照"一事一议"规定，应该召集全体村民商议这件重大事项，但村民们忙于麦收，不愿耽搁时间。在这种情况下，连议事会都难以召开。因为村民的利益与想法不尽相同，凡事如果都要召开村民大会，采取一事一议的话，就很难保证一些村级事务能够得到及时处理和解决。

第五，虽然"一事一议"是一个村民自己付费、民主议事、民主决策的过程，从理论上来说，只要遵循了民主要求，则筹资额高一点、筹劳多几个工作日、以资代劳等，都不能算是增加农民负担，不能视为超过了必要的筹资筹劳的政策界限。但在实际操作中，"一事一议"筹资筹劳实行严格的上限控制，年人均筹资不得超过15元，筹劳不超过10个标准日，以此作为增加农民负担与否的数量界限。以资代劳、以劳代资、劳资减免等，则须经村民代表大会或全体村民讨论通过。

姑且不论这种作法的科学性。我们只来看一看这政策规定的人均15元的上限与农村公益事业投建所需的资金之间的缺口与矛盾。"一事一议"筹集的资金实际上只是农村公益事业建设的部分资金来源。其余的，没有规定，也没有保障。以2000人的村子为例，能够征收到的资金的上限，只不过是3万元而已。这笔钱，仅能用于小型公益事业而已，比如建个棋牌室啊什么的。但是涉及乡村道路硬化工程、饮水工程之类的，就只有望之兴叹了。实践中，大多数农村是采取向政府争取部分资金，再由村民在"一事一议"筹款额外自愿捐献部分资金。为了弥补资金缺口，有的村甚至给村干部规定了必需的筹款额任务，村干部们不得不动用私人关系四处借贷与拉赞助。部分富裕的村，有自办的村级企业还好说，村里还能拿得出钱来补贴，不需要这么劳神费力，大费周章。

事实上，"一事一议"资金上如此艰难，不仅仅是严格控制上限，缺乏灵活性问题，还暴露了我国财政支农绩效低下。对于我们这样的农业大国，国家理应加大对农村公益事业的投入。但财政用于农业基本建设的投资在国家总投资中的比例，由"六五"期间的6%左右下降到目前的不足3%。农业科技三项费用在整个20世纪90年代几乎没有增加。而且，国家对农业的大部分支出为生产和事业性经费，真正用于公益支出方面的十分有限。总的来看，改革开放并未触及城乡公益事业兴办体制的二元结构。国家

---

① 参见马宝成：《税费改革、"一事一议"及村级治理的困境》，载《中国行政管理》2003年第9期。

能力增强了，但提供农村公益的财力却相对不足。即使这数量有限的各级财政用于农村公益事业的资金，经过层层截留和克扣，使用效率也十分低下，虚假提供的现象相当普遍。国家审计署 2004 年 6 月对全国 50 个县的审计公告显示：40 个县本级虚增支农投入、配套资金不到位等 5.35 亿元，占财政支农投入总额的 10.8%。46 个县两年未到应投资金 3.45 亿元和 5.74 亿元，占当年应投入资金的 15% 和 18%。50 个县挤占挪用财政资金 4.95 亿元，占投入总额的 10%。至于村级公益，可谓被公共财政"遗忘的角落"，更遑论形成"一事一议"的配套投入机制。①

第六，一事一议的实施存在如何监督问题。由一事一议所决定的村庄公共事务究竟是由谁来监督，如何监督，各地差异较大，形式多样。甚至有的地方根本就没有什么监督，有的流于形式。可以说，公开化、民主化的监督程序是保证一事一议及其所决定的事务正常进行的必要程序和措施，也是未来其他公共事务得以能够重新决策和实施的保证措施和基础。

第七，在一事一议实施过程中，各级政府，特别是县乡二级政府如何规范、引导和服务是一个重大的现实问题。据我们调查，湖北省及恩施州实行税费改革较早，力量较大，较早面对因税费改革而出现的农村公益公共事务如何处理问题，有关机关认识较为具体和明确，出台相关的规范也具体和详细，如鹤峰县就制定了非常具体的规定，有关乡镇及干部也紧密关注各村的一事一议具体情况。而广西及三江县税费改革晚于湖北及其他省区，三江县没有出台有关制度和规定，甚至很多干部根本就不知道一事一议，更谈不上指导、引导，只是任村民依照传统的方式进行公共事务的决策和自治。

第八，一事一议是通过协商形式，通过妥协方式而达成合意，而民意如何表达，如何集中，如果出现不同主张，出现争论，又如何协调，主流主张得到会议的认同，那些有不同主张的人又如何遵守共同的约定，等等，显然都存在着问题。这就要求民主的程序要深入，方式要多样、具体，结果要符合大多数人的心愿。这也要求高度的政治智慧来进行调解、选择和决策，要有有效的制度约束机制来保证约定和决定的实施。

此外，一事一议较为集中的难题还有：群众如何动员、集中、组织，出资的比例是怎样的，每家每人具体出资出劳的数量是多少，如果拒不执行，如何强制和约束（恩施州问卷统计表明，一事一议的最大弊端是：对不执行一事一议的人，没有过硬的制度来约束），农村基层干部的职能何在，等等。

总之，在现有的环境与政策下，期望在我国广大农村地区通过"一事一议"制度自愿捐献和成本分摊的合作性融资方式来解决公益事业发展问题，显然存在着一些制度缺陷，存在着一些根本性的程序问题。

四、改进的措施和建议

针对目前各地一事一议制度和实施所存在的普遍性问题，我们认为需要从以下几个

---

① 参见黄坚：《"一事一议"下村级公益的困境与出路》，载《乡镇经济》2006 年第 1 期。

方面进行改进：

第一，明确一事一议的出发点、目的。一事一议出发点及目的就是通过合意方式来决定、决策农村公共事务的开展，通过成本分担和共同出资出劳而解决村民实际存在的问题，解决诸如道路、桥梁、水井、沼气等生活生存所面对的实际困难。其出发点及目的性明确、具体、现实，与民众的生活生存直接相关，办实事，办好事，不得任意加重农民的负担。

第二，明确一事一议的原则。各地对于一事一议的要求不同，形成的原则也不同，如有的地方明确提出，无论是农村经济结构调整、兴办集体经济项目，还是村容村貌规划整治、兴办社会公益事业，都要遵循"量力而行、群众受益、民主决策、上限控制、定向使用、财务公开"的原则，广泛听取群众意见，尊重农民意愿，决不能搞强迫命令或形式主义。我们认为，一事一议应该本着自愿、民主、公开、合法、合理、公平的原则和精神，按照谁受益谁出资出劳的方式进行集资集劳，解决现实的公共性公益性事务。

第三，一事一议最为关键的是程序，即合意是如何达成的，如何通过公开公平的程序而决定可操作的解决问题的方法方案。大体上，一事一议的主要环节是：（1）提出一事一议的动议及方案、预算草案；（2）召开村民会议，讨论一事一议的具体内容、方案、经费预算、措施等，在其中要允许村民充分表达自己的想法，提出自己的要求和期望，也要允许展开辩论，遇到争议较大的，应该展开多次的协商，最后形成妥协；（3）初步形成决定，形成实施的基本细则；（4）村民会议表决，通过了即为最后的决定；（5）报批；（6）实施；（7）验收；（8）监督。在具体的事务决策决定及实施过程中，实际上是非常复杂的，各地也有自身的特色，一般也都追求公开、公正的程序。在现代法治社会，程序正义是法律的基础，一事一议也要体现程序正义。程序正当能够保证决议、决定的合法有效。

第四，一事一议是村民自治、自主的基本方式，应该将之纳入到农村社区自治体系之中，它不仅具有经济功能，具有社会公共事务管理功能，而且具有政治功能和文化功能，不仅可以运用于社区的公共事务领域，而且可以运用于政治领域、文化领域，推动村民管理民主的深化。

第五，一事一议是动员民众参与社会生活的一种途径，是凝聚社会力量的一种方式，应该将之纳入到社会化的体系之中，发挥应有的公共力量集合机制。改革开放后，农村集体生活的比重有所下降，人们参与集体参与社区活动的程度有所减弱。人多力量大，通过一事一议，可以将大家的智慧、力量、能量集合起来，形成合力，解决共同面临的问题，这显然比单个人的愚公移山要更为现实和有利。显然，通过一事一议将村民组合起来，关注公共生活，关注公共事务，关注公共利益，是有助于农村的社会化高度发展，能够促进公共力量的组合和发展的。

第六，如前所说，一事一议不仅是意见、想法的沟通、交流，而且是利益的沟通、交流、妥协、整合。因此我们应该将之纳入到社会利益、集体利益、个人利益配置、协调、整合机制之中，成为调控利益的手段，成为整合利益的形式。

第七，各级政府机关，特别是乡镇政府应该充分发挥公共性指导功能、公权力监督功能，给民众提供政策、法律指导，积极引导、监督村民展开一事一议的自治活动。

第八，村支部、村委会、村民大会应该在一事一议中发挥重要、核心的作用，要充分动员村民参与讨论，参与决策，不能消极对待，不能与全体村民形成对立，更不能放任，任由传统的宗族势力或其他民间性组织自行其事。

第九，进行制度建设，制定规范化、系统化，具有可操作性的一事一议的实施办法、管理办法、监督办法，借以保证一事一议的合法、有序实施实现。

第十，农村中的一事一议形式及其经验和教训，不仅仅在农村有意义，而且也可以为城市社区自治所借鉴和吸取，有助于城市社区公共事务的协商和解决。

（作者单位：中南民族大学法学院）

后　记

　　本书是以区域发展为研究对象、覆盖法理学与法治实践一般问题的研究成果。十分感谢湖北省法学会提供的大力支持。我们先后在武汉大学法学院、中南民族大学法学院和湖北民族学院法学院召开了围绕区域发展法治建设的三次学术研讨会，先后有 200 多人次与会进行研讨并提交学术论文。为了展示研究会的各位同仁的研究成果，在湖北省法学会和武汉大学出版社的帮助下，我们推出了这部著作。由于篇幅有限，部分论文未能入选，对此，深表歉意。必须说明的是，由于编辑出版周期，原初提交会议的有关论文已经在有的刊物上公开发表了。但为了反映原貌、保证完整性，我们仍选编于此。为了统一起见，我们大致按照研究领域分为四个部分并在每一个部分配有导语。由于水平所限，其间一定存在不少错漏，敬请各位专家与同仁不吝赐教！